"十二五"普通高等教育本科国家级规划教材

创新思维法学教材　　　国家精品课程教材

海商法

Maritime Law

第三版

张　辉 ▶ 主　编

李凤宁 ▶ 副主编

WUHAN UNIVERSITY PRESS

武汉大学出版社

图书在版编目(CIP)数据

海商法/张辉主编 . —3 版.—武汉：武汉大学出版社,2023.8
创新思维法学教材 "十二五"普通高等教育本科国家级规划教材 国
家精品课程教材
ISBN 978-7-307-23826-8

Ⅰ.海… Ⅱ.张… Ⅲ.海商法—高等学校—教材 Ⅳ.D996.19

中国国家版本馆 CIP 数据核字(2023)第 110192 号

责任编辑:张 欣 责任校对:汪欣怡 版式设计:马 佳

出版发行：**武汉大学出版社** （430072 武昌 珞珈山）
（电子邮箱：cbs22@ whu.edu.cn 网址：www.wdp. com.cn）
印刷:湖北恒泰印务有限公司
开本:787×1092 1/16 印张:25.5 字数:525 千字 插页:2
版次:2008 年 8 月第 1 版 2014 年 12 月第 2 版
2023 年 8 月第 3 版 2023 年 8 月第 3 版第 1 次印刷
ISBN 978-7-307-23826-8 定价:68.00 元

"十二五"普通高等教育本科国家级规划教材
创新思维法学教材　　　国家精品课程教材

《海商法（第三版）》作者简介

张辉，江苏徐州人，法学博士。现任武汉大学法学院教授，博士生导师，武汉大学国际法研究所副所长，《武大国际法评论》副主编。主要研究方向为国际法基本理论、国际经济法、海商法和海洋法。在《中国社会科学》《中国法学》、International Environmental Agreements等国内外学术期刊发表论文数十篇，出版学术著作多部。先后主持国家社科基金、教育部等国家和省部级科研项目十多项。曾获第七届高等学校优秀科研成果三等奖、湖北省第十二届社会科学优秀成果一等奖、国家社科基金优秀文章等学术奖励。

李凤宁，山东莒县人，现任海南师范大学法学院教授，硕士生导师。西北政法学院法学学士，武汉大学法学院民商法硕士、国际经济法博士，美国George Mason University访问学者。主持国家社科基金、教育部人文社科规划基金项目等课题十余项，主编、参编《海商法》《国际商法》《国际贸易法新编》等著作近十部，在《法学杂志》、China & WTO Review等国内外学术期刊发表中英文论文数十篇。主要从事国际经济法、海商法、知识产权法等的教学、研究和实务工作。

第三版前言

本书是武汉大学的品牌课程——"海商法"在教材建设方面的重要成果。自 1983 年以来，武汉大学海商法课程建设取得了长足发展。2007 年，"海商法"课程被评为"国家精品课程"以及首届"国家双语教学示范课程"，2016 年首批获得"国家级精品资源共享课"称号。为进一步深化国家精品课程建设，巩固海商法的教学改革成果，顺应新时期海商法发展的潮流和趋势，在武汉大学出版社襄助下，2008 年张湘兰教授主编出版了本书的第一版，并同武汉大学出版社出版的《海商法学习指导》一起作为"海商法"课程的教学用书。

本书作为"海商法"课程教材，涵盖了海商法的基本制度和内容，包括绪论、船舶、船员、海上货物运输、海上旅客运输、船舶租用、海上拖航、船舶碰撞、船舶污染、海难救助、共同海损、海事赔偿责任限制、海上保险以及海事争议解决等 14 章。本书的特点是，每一章节都从基本概念和原理入手，紧扣国内国际立法规定，密切结合典型案例，力求反映最新的理论成果和立法发展，力求理论性与实践性、传统观点与最新成果、国内立法与国际立法的有机结合与统一。本书可作为高校法律、国际贸易及海运等相关专业的教学和学习用书，也可作为理论研究者和实务从业人员的参考书。

本书是武汉大学以及武汉大学出版社长期以来致力于海商法教材、著作以及配套资料出版工作的延续。自 20 世纪 80 年代开始，武汉大学出版社先后出版了《新编海商法》（张湘兰著，1989 年）；《海商法资料汇编》（张湘兰编著，1989 年）；*U. S. Admiralty——Cases and Comments*（张湘兰著，1995 年）；《海商法论》（张湘兰等著，1996 年，2001 年）；《船舶优先权法律制度研究》（张辉著，2005 年）；《海商法问题专论》（张湘兰主编，2008 年）；《国际海事法新发展》（张湘兰、张辉主编，2012 年）等教学用书。海商法系列丛书的出版使武汉大学"海商法"课程建设不断迈上新台阶。

本书自出版以来，获得了国内各教学单位师生的广泛认可，成为不少高校的课程教材或指定参考书。2012 年，本书入选教育部"十二五"普通高等教育本科国家级规划教材。自 2014 年本书修订出版第二版后，至今已有 9 年，鉴于海商法理论与实践的一些新发展，本书编撰者决定再次进行修订。全书各章对最新的立法和司法实践成果进行了吸收和补充，各章增加了"案例研习"以方便学习者理解，每章后附主要英文专业术语表和拓展阅读篇目。

本书第三版由张辉教授和李凤宁教授主持修订工作，并对全书进行统稿。具体的编写和修订分工如下：

张湘兰（武汉大学法学院教授、博士生导师）：原著第一章、第八章、第十章、第十一章；

张辉（武汉大学法学院教授、博士生导师）：修订第一章，撰写修订第二章、第三章、第六章；

李凤宁（海南师范大学法学院教授、硕士生导师）：撰写修订第四章、第十三章；

朱强（河海大学法学院副教授、硕士生导师）：撰写修订第五章、第九章；

张丽娜（海南大学法学院教授、博士生导师）：撰写修订第七章；

向力（山东大学法学院副教授、硕士生导师）：修订第八章；

郑雷（华东政法大学国际法学院副教授、硕士生导师）：修订第十章；

闻银玲（浙大城市学院法学院副教授、硕士生导师）：修订第十一章；

赵强（中南财经政法大学法学院副教授、硕士生导师）：撰写修订第十二章；

向明华（广东外语外贸大学法学院教授、硕士生导师）：撰写修订第十四章。

由于作者水平有限，错误疏漏与观点冲突在所难免，望读者不吝批评指正。

张　辉　李凤宁

2023 年 4 月

目　　录

第一章 绪 论

第一节 海商法的界定

一、海商法的概念与调整对象

海商法（Maritime Law 或 Law of Admiralty）是调整海上运输关系和船舶关系的法律规范的总称。① 实践中还存在"海事法"这一概念，一般而言，"海商法"与"海事法"所指内容等同，并无根本区别。但在某些特定中文语境下，狭义的海商与海事两个词汇有所区别，前者是指海上商事活动，如海上运输、船舶租赁等，后者则侧重于海上发生的事故，如船舶碰撞、海上污染等。海商法与海洋法虽然都与海洋相关，但属于不同的法律体系，海洋法是国际公法的一个重要分支，是调整主权国家之间在海洋领域关系的公法规范体系，而海商法则是国内法体系的组成部分。

从调整对象的范围来看，海商法有狭义和广义的不同理解。狭义海商法仅指调整平等主体之间海上运输关系和船舶关系的法律规范，即限于私法性质的规范，各国的海商法典通常以私法规范为主体。广义海商法则在狭义海商法规范之外还包括调整非平等主体之间的纵向海上运输关系、船舶关系的法律规范，涉及国家对海商海事活动进行管理的各种公法性规范，如海运市场主体管理规范、海运市场准入和竞争规范、航行规则等。

狭义海商法还可以进一步区分为实质上与形式上的两重含义。实质意义上的海商法是指国家制定的综合性的或单行性的各种海商海事私法规范的总称；形式意义上的海商法则指海商法典本身，如我国 1992 年颁布的《中华人民共和国海商法》。

本书讲授内容以我国《海商法》法典内容为核心，以该法典框架为体系，但也涉及《海商法》之外的其他实质意义或广义的海商法法律规范。因此，除特别说明外，本书所称的"海商法"系指实质意义或广义的海商法，而"《海商法》"专指《中华人民共和国

---

① 参见《海商法》第 1 条："为了调整海上运输关系、船舶关系，维护当事人各方的合法权益，促进海上运输和经济贸易的发展，制定本法。"

海商法》。

根据我国《海商法》第 1 条的规定，海商法调整对象主要包括以下两类。

（一）海上运输中的特定社会关系

按照《海商法》第 2 条规定，海上运输，是指海上货物运输和海上旅客运输，包括海江之间、江海之间的直达运输。海上运输中发生的特定法律关系主要包括各种合同关系、侵权关系及因海上特殊风险而形成的其他法律关系：（1）与海上运输有关的合同关系。这主要有海上货物运输合同关系、海上旅客运输合同关系、海上拖航合同关系、海上船舶租用合同关系、海上救助合同关系以及海上运输保险合同关系等。上述这些关系，都是平等主体之间的权利义务关系，但并没有涵盖所有的海上运输合同关系。例如，我国《海商法》仅调整国际海上货物运输合同关系，而不调整沿海、内河货物运输合同关系。（2）海上侵权关系。主要指在海上运输过程中因船舶碰撞、船舶污染海洋环境等行为引起的肇事方与受害方之间的法律关系。（3）海上特殊风险产生的社会关系。因海上运输的特殊风险产生的社会关系，如共同海损中有关各方分摊与补偿的关系，海事赔偿责任限制中的船舶所有人与各债权人之间的关系等。以上三类关系为平等主体之间的社会关系，在广义海商法概念之下，其调整对象还包括（4）海上运输管理关系。这主要是指在航运管理方面国家与海上运输组织、船舶所有人和经营人等主体之间的关系，例如《海商法》对"沿海运输权"的规定，《海上交通安全法》对船舶安全航行的规范，《国际海运条例》对国际航运市场的规范。

（二）与船舶有关的特定社会关系

一切海上活动，无论是客货运输、海难救助，还是拖航、打捞、捕鱼、采油，都必须有船舶参与。使用船舶是各种海上活动最基本的特征，这就产生了与船舶有关的法律关系：（1）船舶物权关系。包括船舶所有权、船舶抵押权、船舶留置权以及船舶优先权等物权关系，这也是平等主体之间的权利义务关系，其在《海商法》中占据重要地位。（2）船舶安全与管理的纵向关系。主要是围绕船舶登记与管理、船员配备等发生的船舶所有人、经营人等主体与海事主管机关之间的管理关系，如《船舶登记条例》对船舶所有权登记和国籍登记的规范。

二、海商法的适用范围

法律的适用范围是指法律在时间、空间、对象等方面适用的界限。广义海商法涉及众多与船舶和航运相关的法律法规，由于每一法律法规的立法目的和调整事项均有不同，其适用范围自然也存在差异。此处我们主要介绍我国《海商法》的适用范围。

（一）时间范围

我国现行《海商法》于 1992 年 11 月 7 日经第七届全国人民代表大会常务委员会第 28

次会议通过，自 1993 年 7 月 1 日起施行。1993 年 7 月 1 日后发生的相关纠纷才能适用《海商法》，之前发生的纠纷则应适用《民法通则》等当时有效的法律法规。

（二）地域范围

概括而言，《海商法》适用于中华人民共和国管辖范围内的海域和与海相通的可航水域，"与海相通的可航水域"是指长江、珠江等可供商船航行的通达海洋的内河水域。但在具体章节中，其适用的地域范围会有所调整，例如第 155 条规定，"海上拖航合同"一章的规定"不适用于在港区内对船舶提供的拖轮服务"；第 216 条规定，海上保险合同所承保的事故包括"与海上航行有关的发生于内河或者陆上的事故"。

（三）船舶范围

《海商法》所指的"船舶"是特定范围内的船舶，即狭义船舶。《海商法》第 3 条规定："本法所称船舶，是指海船和其他海上移动式装置，但是用于军事的、政府公务的船舶和 20 总吨以下的小型船艇除外。"但在具体问题领域，船舶的范围有所扩大，例如第 14 条允许建造中的船舶设定抵押权，而建造中的船舶原本不属于第 3 条意义上的船舶；第 156 条将船舶扩大到"包括与本法第三条所指船舶碰撞的任何其他非用于军事的或者政府公务的船艇。"

（四）事项范围

《海商法》调整的对象可概括分为海上运输关系和船舶关系，而就其具体调整的事项和社会关系，其范围又有所伸缩。例如，就海上货物运输而言，《海商法》第 2 条规定："本法第四章海上货物运输合同的规定，不适用于中华人民共和国港口之间的海上货物运输。"即我国沿海港口之间的海上运输和长江等内河运输不属于《海商法》适用范围，其应适用《民法典》关于运输合同等规定。

三、海商法的立法体例与内容体系

（一）海商法的立法体例

在大陆法传统法律和法学体系中，海商法是商法的重要分支之一。因此，自拿破仑时代以来，实行民商分立编纂独立商法典的大陆法系国家，大多将海商法纳入商法典中作为单独一编。1804 年《法国商法典》是最早单列"海商"编的商法典①，并被后世其他商法典仿效，包括德、日、韩等国商法典。而实行民商合一的大陆法系国家，除荷兰等极个别国家将海商法编入民法典外，大多制定单行的海商法法典，海商法属于民法特别法，我

---

① 由于《法国商法典》历史久远，20 世纪以来"海商"编历经多次局部条文废止和单行立法，该编现已整体失效，目前除海上保险部分外的各海商单行立法被统一并入 2010 年 12 月 1 日起施行的运输法典（Code de Transports）中。

国即采此种体例。

英国是近代以来海商法发展的最大推动者，今天的海商法留下了深刻的英国法印记。在英美法系国家，并无专门的海商法法典，海商法体系是由判例和单行法共同构成的。这方面的单行法主要包括货物运输、提单、船员、海上保险等方面的立法。

（二）海商法的内容体系

各国对海商法内容和体系的认识不尽相同。在我国，调整平等主体之间的特定海上运输关系和与船舶有关的社会关系的法律制度和规范，构成了海商法的主干部分。此外，关于法律适用和纠纷解决的一些实体和程序事项也被纳入实质意义上的海商法的范畴。因此，我国海商法的内容体系通常包括以下几个方面：

（1）船舶物权法，包括船舶所有权、船舶抵押权、船舶优先权和船舶留置权规范。除了《海商法》外，船舶物权还要受我国《民法典》等法律的约束和规范。

（2）海商合同法，主要包括海上货物运输合同、旅客运输合同、海上拖航合同以及船舶租用合同规范，但《海商法》仅规范国际海上货物运输活动，而沿海和内河货物运输主要受《民法典》的约束。

（3）海上侵权法，主要指船舶碰撞和船舶污染法，我国《海商法》仅规定了船舶碰撞，却没有规定船舶污染。不过我国先后参加了1969年《国际油污损害民事责任公约》和1992年《国际油污损害民事责任公约》，我国还制定有《海洋环境保护法》等法律，这都是船舶污染法的重要渊源。

（4）海上特殊风险与责任法，包括海难救助、共同海损以及海事赔偿责任限制制度。这是基于海上风险的特殊性而产生的法律规则，也是海商法有别于其他民商事立法的最特殊的内容。

（5）海上保险法，我国没有海上保险的单行法，"海上保险合同"单列一章规定在《海商法》中，其与《保险法》是特别法与一般法的关系。

（6）海事争议解决法。这包括诉讼时效的确定、涉外关系的法律适用以及海事诉讼的特别程序等规范，《海商法》《海事诉讼特别程序法》和《民事诉讼法》是其主要渊源。

四、海商法的特点

海上贸易、海上运输规范历史悠久、生成环境特殊，与其他民商事法律相比，海商法具有强烈的独立性和鲜明的特点。

（一）固有性

海商法的固有性，也可称特殊性，主要体现为海商法发展过程中独立形成的、体现其固有本质的规则制度，这包括：（1）船舶优先权制度。船舶优先权制度是海商法所特有的，它所担保的债权项目及其受偿顺序、它的实现和消灭等都与其他一般担保权利存在很大不同，是为适应海上运输和作业环境而产生的一种特殊担保权利。（2）承运人责任制度。海上运输尤其是在海上货物运输中存在着特殊的承运人责任制度，即承运人的不完全过失责任制，以及承运人的单位和总的责任限制制度。这与一般民商事合同责任制度存在显著差异，背离了一般的合同过错责任或严格责任原则，以及全部赔偿原则，但海商法责任制度是为鼓励和保护海上运输业的发展而设计的，有其特定的公共政策考虑。（3）共同海损制度。这是海商法中最古老、最具特色的制度之一，它体现了同舟共济、风险共担的理念。它作为海商法中的固有制度，有着自己的发展轨迹，几乎没有受到民法理论的影响。（4）海难救助制度。海难救助制度也是海商法所特有的一种法律制度，这是由海上的特殊风险所决定的。（5）海事赔偿责任限制制度。同承运人责任制度一样，海事赔偿责任限制制度也是基于鼓励和保护海上运输业发展的需要而逐渐形成的，虽然与民法基本原则相背离，但至今仍为各国立法普遍接受，具有强大生命力。

（二）专业技术性

海商法本身具有很强的专业性和技术性，这是由于船舶本身是技术的构造物，同时驾驶和管理船舶以及运输货物都需要严格遵循特定的技术标准和规范。（1）船舶方面。船舶的构造、性能、设备和安全条件等必须符合一定的标准和等级，这是海上安全航行所必需的。（2）船员与海上航运方面。航海是技术性很强的专业活动，船员首先必须具备船舶驾驶、航线测定、雷达观测、气象报告、海上避碰以及轮机操作等方面的专业知识和技能，此外还要具备有关货物的特性、配载、装运、保管、照料以及危险货物的照管和处置等方面的知识和技能，因此各国国内法及国际公约都规定了船员的资格、培训、值班和发证等方面的制度。总而言之，海商法的技术性和专业性是与航海业务的技术性和专业性紧密联系的，这也是海商法区别于其他民事法律法规的一大特点。

（三）涉外性与国际性

海洋占据地球表面积的71%，货物的全球流动主要依靠船舶经海上运输，海上运输业天然具有涉外性和国际性，也使得海商法表现出强烈的涉外性和国际性。由于船舶全球流动，其承担的运输业务遍及全球各港口，船舶所有人有较强的意愿推动各国各地区海商法的统一与协调，这将有效地提升法律的可预期性，降低不确定性带来的法律风险。因此，在海商法领域存在相当数量的习惯和惯例，在20世纪以来又形成了大量的多边国际公约，各国立法在某些核心制度上逐渐协调和趋同，有力地促进了国际航运和国际贸易的发展。我国海商法在这一点上表现得更为突出，《海商法》是在大量参照国际公约或国际惯例的基础上制订的，同时我国也参加了许多海商海事国际公约，使得海商法成为民商事法律中最具涉外性和国际性的一部法律。

第二节 海商法的历史发展

海商法是随着航海贸易的兴起而产生和发展起来的。就其历史发展而言，它起源于公元前时代，复兴于中世纪，体系化的海商法典则诞生于近代，而现代海商法则趋于国际统一化。

一、古代海商法

海商法是一门古老的法律。早在远古时代，人类的祖先就已经开始了航海贸易活动，并逐渐产生了某些习惯规则。迄今发现最早的一部成文法——公元前18世纪的《汉谟拉比法典》中就有关于船舶和运输的法律规范，不过《汉谟拉比法典》调整的是两河流域的内河运输，因此它还不是严格意义上的海商法。古希腊时期，罗得人（Rhodians）和东地中海的腓尼基人（Phoenicians）在欧、亚、非三洲从事海上贸易，当时的罗得岛成为航海贸易的中心。许多海事案件在此经商人法庭裁决并渐成习惯，经过几个世纪的汇集，到公元前9世纪，逐渐形成了一部航海贸易的习惯法汇编——"罗得法"（Lex Rhodia）。不过，这部法典并没有保存下来，仅散见于后来罗马法学者的著作中，如《查士丁尼学说汇纂》（Justinian's Digest）记载了罗得法中有关抛货共同海损的规定。罗得法在罗马帝国时期依然在海上贸易中发挥重要作用。到了公元9世纪下半叶，由东罗马帝国皇帝巴西尔一世及其子里奥六世命令编纂的巴西利加法典（Basilica）完成，这是对罗马海法的整理汇编，包括公法（海洋自由原则）、私法（租船、赔偿、救助、碰撞、抵押借贷、共同海损等规定）、程序法三部分。罗马海商法是对罗得法的继承和发展。

二、中世纪海商法

进入中世纪中后期，随着航海贸易的发展，以地中海、大西洋、北海和波罗的海各港口为中心，海商法得到了迅速发展，并先后出现了被称为中世纪三大海法的三部航运惯例和海商海事判例汇编。

（1）《奥列隆惯例集》（Lex Oleron）。《奥列隆惯例集》形成于12世纪（也有观点认为是13世纪后期到14世纪初期），汇集了法国西海岸奥列隆市国际海事法庭的判决书和适用的习惯法，该惯例集对大西洋沿岸的航海贸易具有较大影响。14世纪传入英国，对英国海商法发展产生了重要作用，此后英国的海事黑皮书（Black Book of the Admiralty）汇集了英国法院的判例和所适用的习惯，对欧洲各国有重要影响。

（2）《海事裁判集》（Lex Consolato，也有音译为"康索拉多海事法典"）。《海事裁判集》据推测是 13 世纪在西班牙的巴塞罗那编纂而成的。它汇集了西班牙地中海地区的海事判例，主要通行于地中海地区的海上贸易。

（3）《维斯比海法》（Law of Visby）。《维斯比海法》是汉萨同盟于 15 世纪在瑞典的果特兰岛维斯比市编纂的，它继承了《奥列隆惯例集》的传统，在波罗的海和北海沿岸广为流行。

除上述三大海商法汇编外，中世纪欧洲各地还存在其他众多地区性习惯法汇编，如阿马尔非、比萨、汉萨、威尼斯、马赛、热那亚等地的海法。这一时期的海法具有两个特点：其一是地区性，与当时欧洲城市经济相适应，海商法仅适用于沿岸国某地区的某些港口城市，尚未形成较大地域内统一的法律。其二是自治性，当时的各个海法是对航海贸易习惯和商人法庭海事判例的编纂，属于商人的自治性规范，而非国家立法。但这些海法影响深远，为近代海商法典的诞生奠定了基础。

三、近代海商法

到了近代，为了适应航海贸易的需要，欧洲各国根据通行的习惯法，相继制定了本国的海商法。1681 年法国国王路易十四颁布的《海事条例》（Ordonnance de La Marine）开启了近代主权国家海商法立法先河。该条例不但内容广泛，而且自成体系，是近代欧洲第一部综合性海商法典。1807 年拿破仑颁布《法国商法典》，将《海事条例》中私法部分纳入其中，作为第二编"海商"（Commerce Maritime）编。《法国商法典》影响了众多大陆法系国家的海商立法，如 1861 年和 1897 年的《德国商法典》均包括"海商"一编，其他欧洲、拉丁美洲各国商法典也大都纳入了海商法的内容。

英国海商法的早期发展受到欧洲大陆海商法的较大影响，英国法官裁判海商案件以《奥列隆惯例集》为指导。18 世纪中后期英国王座法庭首席法官曼斯菲尔德（Mansfield）勋爵对商人法融入英国普通法作出重要贡献。伴随英国海洋霸主和世界殖民帝国地位的确立，英国海商法逐渐摆脱欧陆法律的影响，开始成为近代海商法发展的新动力和源头。在英国海商法的发展历程中，法院判例发挥了重要作用，但在判例法发展的同时，英国也制定了大量成文法，例如 1855 年《提单法》（Bill of Lading Act）、1894 年《商船航运法》（Merchant Shipping Act）、1906 年《海上保险法》（Marine Insurance Act）等。英国海商法传统得到其殖民地国家的继受，并且由于英国在近代国际贸易和航运领域的优势地位，其海商法立法和司法实践也影响到大陆法系国家。

进入近代，随着各国航运贸易的发展以及各国法律制度的建立与完善，自治性的商人法逐渐消失，主权国家开始主导海商海事立法，从而导致了各国海商法在形式上和内容上的差异，并形成了法国法系、德国法系、英美法系等不同的海商法体系。各国海商法的不统一，给国际航运带来诸多不便。因此，从 19 世纪末以来，各国航运界要求协调和统一各国海商法规则的呼声日趋强烈。

四、现代海商法

1897 年 6 月 6 日，国际海事委员会（Comité Maritime International，CMI）在比利时安特卫普成立，它是一个由各国海商法协会组成的非政府间国际组织。该组织的宗旨是"在各国国内协会的协助下，实现海商法的统一，为此，推动建立国家海商法协会，并与其他国际组织合作"。这标志着现代海商法时代的开始。国际海事委员会成立 100 多年来，为实现其宗旨进行了多方面卓有成效的工作，制定了包括《1910 年船舶碰撞公约》《1910 年救助公约》《鹿特丹规则》等在内的一系列公约草案，并提交外交会议通过，为推动各国海商法的统一，作出了巨大贡献。

1959 年，政府间海事协商组织（Inter-Governmental Maritime Consultative Organization，IMCO）在伦敦成立，1982 年更名为国际海事组织（International Maritime Organization，IMO）。国际海事组织是重要的联合国专门机构，有 175 个成员国，其主要职责是维护海上航行中的人命与财产安全，防止船舶造成海洋和大气污染，研究和制定相应的国际规则。国际海事组织主持通过并管理的国际公约有 50 余个，重要者如《海上人命安全公约》《海员培训、发证和值班标准国际公约》《防止船舶污染国际公约》《国际油污损害民事责任公约》等。

除国际海事委员会和国际海事组织外，还有一些国际组织也活跃在国际海事领域。如 1964 年成立于日内瓦的联合国贸易与发展会议（UNCTAD），作为政府间国际组织，其宗旨在于促进各国，尤其是发展中国家的经济增长与发展。它积极参与海商法统一运动，由其主持通过的海运国际公约有《1974 年班轮公会行动守则公约》、1978 年《汉堡规则》《1980 年联合国国际货物多式联运公约》和《1986 年船舶登记条件公约》等。再如联合国国际贸易法委员会（UNCITRAL），也曾主持《汉堡规则》和《鹿特丹规则》起草工作。国际商会（ICC）、波罗的海国际航运公会（BIMCO）等行业组织也通过制定任意性规则、标准合同条款等积极服务于贸易和航运界，推动相关海运实践的协调与统一。

20 世纪以来，在各个国际组织的推动下，国际社会先后制定了 100 多个国际公约、议定书，涉及海上客货运输、船舶抵押权和船舶优先权等担保权利、船舶碰撞和船舶污染等侵权行为、海难救助、海事赔偿责任限制、船舶扣押与民事刑事管辖权、海员资格、船舶登记条件、航运市场竞争等方方面面，基本涵盖了海商法各个领域。国际立法统一化的发展极大促进了海商法规则的国际协调。

第三节　海商法的渊源

海商法的渊源，即海商法的表现形式。海商法的渊源通常有国内立法、国际条约、国际惯例以及判例与学说等形式。

一、国内立法

国内立法是海商法的主要表现形式。国家机关制定的关于海事方面的法律、条例、规定、办法、决议和指示等规范性文件都是海商法的表现形式。在这些规范性文件中，法律具有最重要的地位，在我国主要包括《海商法》《民法典》《保险法》《海上交通安全法》《海事诉讼特别程序法》等。其中，《海商法》是我国海商法领域最主要的渊源。

除法律外，行政法规和部门规章也是海商法的重要渊源。国务院颁布的与海运有关的条例、规定等行政法规，如《船舶登记条例》《国际海运条例》，对海商海事活动具有重大影响。交通运输部作为国家交通主管部门颁布的部门规章，如《关于不满 300 总吨船舶及沿海运输、沿海作业船舶海事赔偿限额的规定》《水路旅客运输规则》等，也是我国海商法的渊源之一。此外，一些地方性法规和地方政府规章中也有关于海运的规定。

二、国际条约

国家批准和加入的有关海商法方面的多边或双边国际条约是海商法的重要渊源。20 世纪 80 年代以来，我国先后批准了一系列重要的多边条约，如《1910 年船舶碰撞公约》《1974 年国际海上人命安全公约》《1972 年国际海上避碰规则公约》《1978 年国际海员培训、发证和值班标准公约》《1969 年国际油污损害民事责任公约》及其 1992 年议定书、《1974 年海上旅客及其行李运输雅典公约》《1989 年国际救助公约》等。这些国际公约已经成为我国海商法的主要渊源之一。我国还与其他国家缔结有数十个双边海运协定，调整彼此间的海运市场准入、船舶与船员待遇等问题。

对于我国加入的国际条约与我国国内立法的关系，《海商法》第 268 条第 1 款规定："中华人民共和国缔结或者参加的国际条约同本法有不同规定的，适用国际条约的规定；但是，中华人民共和国声明保留的条款除外。"即采取国际条约优先于国内法的方式来解决两者的矛盾或冲突。

三、国际惯例

国际交往中逐渐形成的不成文原则、准则和规则，谓之国际惯例。作为海商法渊源之一的国际惯例，主要是指国际海运惯例。一般认为，国际惯例是在行业范围内众所周知，且为人们广泛接受的习惯规则，如《约克—安特卫普规则》，它在共同海损理算方面，为业内人士所认可，是被各界广泛接受的一个民间任意性规则。《海商法》第 268 条第 2 款规定："中华人民共和国法律或中华人民共和国缔结或参加的国际条约没有规定的，可以适用国际惯例。"我国《民法典》第 10 条规定："处理民事纠纷，应当依照法律；法律没有规定的，可以适用习惯，但是不得违背公序良俗。"即认可习惯在法律无规定情况下的补缺功能。因此，在中国法律体系内，只有在法律和国际条约没有规定时，才可以适用国际惯例。换言之，国际惯例可以作为法律、国际条约的补充。当然，所适用的国际惯例，不得违背我国的社会公共利益。

四、判例与学说

在普通法系国家，判例是法律的主要渊源。根据"遵循先例"原则，某一判决中的法律规则不仅适用于本案，还适用于以后该法院或下级法院所判决的相同的或者相似的案件。当然，并不是任何法院的判决都可以成为"先例"得到遵循，而是根据法院的权威等级来划分，即下级法院必须服从上级法院的判决，上诉法院原则上也要受自己判例的约束。在英国，上议院曾作为最高法院，长期以来一直强调必须遵循该院的先例。直至 1966年，上议院发表声明，允许其在背离一项以前的判决是正当的时候，不遵循自己的先例。在适用普通法系国家的法律时，除成文法外，还要注意其判例法。

在大陆法系国家，法院判决不是法律的正式渊源，但某些重要判决对于解释和适用法律十分重要，对后续同类案件的裁判具有实际影响。在我国，案件判决和裁定对其他案件不具有当然的约束力，不能认为是海商法的渊源。但是，我们不能忽视案例对法院审理同类案件所起的参考作用，特别是最高人民法院发布的指导性案例或典型案例。最高人民法院发布的关于海商海事的司法解释，具有法律拘束力，是海商法的重要渊源。

在历史上，权威学者的学说曾经被视为法律渊源。但在当代各国包括我国，权威学者的学说观点并不具有法律拘束力。

第四节　海商法在中国的发展

一、海商法在中国的历史

我国是一个拥有广阔水域的国家，大陆海岸线长达 18000 公里，有着众多优良的港口。我国也有着悠久的航海和海上贸易历史，航海业曾经高度发达，海上丝绸之路和郑和下西洋都是这一段辉煌历史的写照。但是在明清时期厉行海禁等闭关锁国政策后，我国的航海和海上贸易陷入了长时间的停滞。而在法律上，由于我国固有的"重刑轻民"的传统，现代意义上的海商法并没能出现。

鸦片战争以后，清政府被迫开放与外国通商，逐渐感到商法的重要性。1901 年，清政府开始大规模修改旧律，制定新法。清政府聘请日本著名商法学者志田钾太郎为顾问，协助起草完成《大清商律草案》，其中包括《海船法》编，但该法未及正式公布清朝即被推翻。1925 年王宠惠奉命修订《大清商律草案》海商法部分，制定《海船法案》，并于 1926 年经北洋政府司法部批准暂行适用。1927 年南京国民政府成立后，考虑到海商法对海上贸易的重大作用，将海商法列为重要法典规划。1929 年《中华民国海商法》制定完成并公布，这是中国历史上第一部正式实施的海商法。该法起草中以法国专家爱斯加拉为顾问，根据中国传统习惯，折中英美惯例和德日法典，并参考了当时的国际公约。随后又颁布《船舶法》《船舶登记法》《引航法》《航海避碰》《内河航行规章》等关系法规。

中华人民共和国成立后，尽管当时西方国家对我国实行贸易禁运和海上封锁，中国政府仍采取措施积极发展海运事业，很早就意识到海商法的重要性。1952 年成立海商法起草委员会，着手起草《中华人民共和国海商法》。《海商法》起草以"独立自主，平等互利，参照国际惯例"以及"维护当事人的合法权益"为立法原则，从我国海上运输、经济贸易实际情况出发，以国际通行的公约和海事惯例为基础，借鉴具有广泛影响的国际通用的合同格式，并适当考虑国际海事立法的发展趋势。1963 年《中华人民共和国海商法草案》第一稿完成并上报国务院审议。其后，由于众所周知的原因，我国海商法立法工作中断了近二十年。

1979 年改革开放以后，我国对外贸易和经济合作有了很大发展，我国商船总吨位和进出口贸易增长迅速。在此背景下，海商海事立法工作得到重视，海商法的起草也得以重新启动。1981 年交通部调整充实了海商法起草委员会，邀请国内各有关部门、单位和高等院校的专家学者参加起草工作，于 1985 年 1 月向国务院报送《海商法（送审稿）》。

1989 年 1 月起，国务院法制局、交通部和中国远洋运输总公司共同组成海商法草案审查研究小组，对草案进行系统深入研究，先后多次形成征求意见稿、修改稿和草案。1992 年 6 月 5 日，国务院常务会议审议通过海商法草案。同年 11 月 7 日，第七届全国人大常委会第二十八次会议通过《中华人民共和国海商法》，自 1993 年 7 月 1 日起施行。历时 40 年，经历几代人艰辛和努力，《海商法》终于诞生了。它改变了我国海运领域无法可依的状况，是我国海运业发展史上的一个里程碑，标志着我国航运法治建设进入了一个新阶段。

除《海商法》外，我国还先后颁布了一系列海商海事相关法律法规，这包括《海事诉讼特别程序法》《海上交通安全法》《港口法》《航道法》《国际海运条例》《船舶登记条例》《船员条例》《海船船员适任考试和发证规则》等。此外，其他相关民商事法律法规也陆续颁布，其中《民法典》《民事诉讼法》《保险法》《涉外民事关系法律适用法》等法律为海商海事案件的裁判提供了重要的保障和支持。可以说，目前我国的海商海事法律体系已经初步形成并日臻完备。

二、《海商法》的内容与特点

（一）《海商法》的内容体系

我国《海商法》共分 15 章，总计 278 条。第 1 章"总则"共计 6 条，规定了我国《海商法》的立法宗旨、适用范围等；第 2 章"船舶"共计 24 条，是有关船舶物权的规定，包括船舶所有权、船舶抵押权、船舶留置权以及船舶优先权等；第 3 章"船员"共计 10 条，规定了船员的定义、任用、职责等内容；第 4 章"海上货物运输合同"共计 66 条，是关于国际海上货物运输的规定，涉及提单、航次租船合同、多式联运合同等重要内容，是我国《海商法》的核心章节；第 5 章"海上旅客运输合同"共计 20 条，规范的是海上旅客及其行李运输事项；第 6 章"船舶租用合同"共计 28 条，本章规定多为任意性规范，主要规范定期租船合同和光船租赁合同；第 7 章"海上拖航合同"共计 10 条，主要规范海上拖航合同；第 8 章"船舶碰撞"共计 6 条，规定了船舶碰撞的不同类型及其赔偿责任；第 9 章"海难救助"共计 22 条，规定了海难救助涉及到的救助费用和特别补偿等事项；第 10 章"共同海损"共计 11 条，规定了共同海损牺牲和费用的确定及其分摊事项；第 11 章"海事赔偿责任限制"共计 12 条，确定了船舶所有人等主体享有的总的赔偿责任限制制度；第 12 章"海上保险合同"共计 41 条，主要规范海上保险合同；第 13 章"时效"共计 11 条，具体规定了上述各章所涉及的请求权的时效期间、时效的中止以及中断等问题；第 14 章"涉外关系的法律适用"共计 9 条，规定了《海商法》所调整的各种涉外关系的法律适用规则；第 15 章"附则"共计 2 条，规定了《海商法》所称"计算单位"（SDR）以及生效日期。

（二）《海商法》的立法特点

1. 规则的高度国际化

在我国《海商法》立法过程中，全国人大法工委、国务院法制局和交通部均认为，这部法律具有很强的涉外性，其规定应与国际通行做法保持一致。《海商法》的起草充分参考了海商海事领域主要的国际公约、国际惯例，以及具有广泛影响的标准合同条款和其他国家立法。

《海商法》中"海上旅客运输合同""船舶碰撞""海难救助""海事赔偿责任限制"

等章，分别参照《1974 年海上旅客及其行李运输的雅典公约》《1910 年统一船舶碰撞若干法律规则的国际公约》《1989 年国际救助公约》和《1976 年海事赔偿责任限制公约》拟定条文，基本采纳了各公约的核心规则。"船舶"一章中关于船舶担保权利的部分主要参照了《1993 年船舶优先权和抵押权国际公约》。"海上货物运输合同"一章主要参照了《海牙规则》《海牙—维斯比规则》和《汉堡规则》。

在不存在普遍接受的国际公约的领域，《海商法》起草者则主要参考了相关国际惯例和标准合同条款。例如，"航次租船合同""船舶租用合同""海上拖航合同"等章节主要借鉴了在国际海运实践中具有较大影响的几种标准租船合同和拖航合同。"共同海损"一章条文基本来自《1974 年约克—安特卫普规则》这一普遍适用的国际惯例。此外，鉴于英国《1906 年海上保险法》在实践中具有广泛影响，得到各主要海运国家的立法参照，《海商法》"海上保险合同"章也对其进行了充分借鉴。

对国际通行规则的开放性吸收成就了《海商法》在当时的先进性，不仅成为那一时期我国商事立法的先进典范，而且获得了国际社会的普遍赞誉，也使《海商法》在此后 30 年中能够未经修改，沿用至今。

2. 制度的选择性和混合性

《海商法》的制定充分借鉴了相关国际公约，但这种借鉴是有选择的，特别是对那些中国并未加入的国际公约，《海商法》仅选择其中符合我国实践需要的制度和规则加以借鉴，有时还根据我国情况对借鉴的规则进行一定修改或调整后方纳入。例如，我国《海商法》中船舶优先权所担保海事请求权的范围与《1993 年船舶优先权和抵押权国际公约》相关规定保持一致，但对受偿顺序进行了调整。

这种选择性借鉴使《海商法》某些领域的制度形成了混合性特征，这是由于有些领域存在若干国际公约，《海商法》起草者从各公约中分别借鉴不同制度和规则，从而形成了独特的混合制度（hybrid regime）模式，这在"海上货物运输合同"部分体现得格外明显。这一部分制度以《海牙规则》和《海牙—维斯比规则》为基础，吸收了《汉堡规则》的部分规定。这种混合制度模式使相关制度和规则更符合中国实践需要，但来自不同公约体系也导致规则的协调性和制度的周延性存在一定缺憾。

3. 一体适用原则下的内外分流

《海商法》的立法过程伴随改革开放和社会主义市场经济发展的过程，因而《海商法》是时代的产物，留下了立法所处时代的烙印。在法律起草的 20 世纪 80 年代到 90 年代初，中国在许多涉外领域采取了内外分流的立法模式，如《经济合同法》和《涉外经济合同法》。《海商法》调整的海上运输等社会关系中有很大部分具有涉外性，在法律适用上采取内外一体适用方式是较好的选择。因此，《海商法》中的绝大部分制度和规则是内外一体适用的，并不区分法律关系是否具有涉外性，但也有少数领域采取了内外分流的立法模式。内外分流立法的原因主要在于两方面：一是当时我国经济发展水平较低，在赔偿限额等问题上无法与有关国际公约标准完全接轨，例如《海商法》中海上旅客运输损害赔偿限额仅适用于国际运输，而不适用于国内运输；二是国际运输所面对的海上风险远大于国内运输，因此其可以享受法律的特殊保护和照顾，而国内运输则不应被同等对待。

三、《海商法》的完善与发展

《海商法》自1993年7月1日施行以来，在调整海上运输关系、船舶关系，维护各方当事人权益，促进海上运输和经济贸易发展，进一步扩大对外开放等方面发挥了积极作用。不过，伴随《海商法》的实施，《海商法》存在的一些不足之处也日益显露。

首先，《海商法》已经不完全适应时代的需求，需要进一步完善。现代航运技术的发展显著改变了海运风险负担水平，需要对各方当事人权利、义务和责任进行相应调整，使之处于新的平衡状态；大数据、区块链、人工智能等新技术推动了航运业态的更新和变革，也对法律规则发展提出了新课题；我国经济发展水平的不断提升对既有的责任制度，特别是赔偿责任限额提出了更高的要求；海洋环境保护成为全球关注的热点问题，《海商法》却缺失船舶污染的相关制度和规则；凡此种种，都说明《海商法》亟待与时俱进。

其次，自《海商法》生效实施以来，我国国内立法有了飞速的发展，《海商法》与其他法律的协调问题日益凸显。《海商法》立法时，我国法律体系尚未建成，当时除《民法通则》外，其他民商事立法大多尚未制定。目前，《民法典》《保险法》《涉外民事关系法律适用法》等重要民商事法律已经颁布，《海商法》与一般法之间出现了重复、用语不一致甚至规范冲突等问题，造成法律体系的不协调和法律适用的争议。因此，需要通过修订，协调《海商法》与各相关一般法之间的关系，进一步明确《海商法》作为特别法的地位和作用。

最后，《海商法》已在一定程度上滞后于国际立法的新发展。参照当时通行的国际公约、国际惯例和标准合同格式立法，是《海商法》制定的一大特色。但自20世纪90年代以来，这些当时的国际公约、国际惯例或者合同格式，许多已发展形成新的公约、惯例或者合同格式。这使得《海商法》需要及时修改完善，跟进国际立法发展趋势，以保持我国海事海商立法的国际性和先进性，为我国航运事业以及对外贸易的持续健康发展提供保障。

目前，现行《海商法》的修订工作已经展开，但由于《海商法》修订工作牵涉面较广，法律的地位重要，影响巨大，各方争议性意见较多，立法机关态度谨慎，修订工作预计将持续较长一段时间。

【专业术语】

海商法	Maritime Law 或 Law of Admiralty
海洋法	The Law of the Sea
航运法	Shipping Law
《中华人民共和国海商法》	Maritime Code of the People's Republic of China
罗得法	*Lex Rhodia*
奥列隆惯例集	*Lex Oleron*
海事裁判集	*Lex Consolato*
维斯比海法	Law of Visby
国际海事委员会	Comité Maritime International，CMI
国际海事组织	International Maritime Organization，IMO

【拓展阅读】

1. 司玉琢：《海商法专论》（第四版），中国人民大学出版社 2018 年版。

2. 张丽英：《海商法学》（第四版），高等教育出版社 2022 年版。

3. 郭瑜：《海商法的精神——中国的实践与理论》，北京大学出版社 2005 年版。

4. ［美］G. 吉尔摩、C. L. 布莱克：《海商法》，杨召南等译，中国大百科全书出版社 2000 年版。

5. ［加］威廉·台特雷著：《国际海商法》，张永坚等译，法律出版社 2005 年版。

6. 郭日齐：《我国〈海商法〉立法特点简介》，载《海商法学习必读》，人民交通出版社 1993 年版，第 29 页。

7. 何丽新等：《〈海商法〉实施 25 年司法适用研究报告》，载《中国海商法研究》 2018 年第 2 期。

8. 曹兴国、初北平：《作为特别法的〈海商法〉的修改——制度体系、修法时机及规范设计》，载《政法论丛》2018 年第 1 期。

第二章　船舶与船舶物权

船舶是海上运输所必需的工具，是海商海事法律关系中最重要的客体之一，各国均在海商法或其他单行法中对船舶加以调整。我国《海商法》第一章"总则"和第二章"船舶"对船舶的概念、航行、国籍取得以及物权等做了专门规定，在其他相关法律、行政法规、部门规章中也存在有关船舶的一些特别规定。了解船舶的相关知识和法律制度，是明确《海商法》的适用范围以及掌握海商海事法律制度的基础。

第一节　船舶概述

一、船舶的界定

（一）船舶的概念

船舶的概念是海商法中最重要的概念之一，但其内涵却因为人们的观念和法律所适用的领域不同而有所差别。一般认为，船舶的概念可以分为广义和狭义两种。

广义的船舶是指通常意义上的船舶，即凡是具有一定构造，能在水上航行的工具，均可称为船舶，其基本特征是可作为水上航行工具或者装置。

狭义的船舶则是指法律法规中定义的船舶。如我国《海上交通安全法》第117条规定："船舶，是指各类排水或者非排水的船、艇、筏、水上飞行器、潜水器、移动式平台以及其他移动式装置。"《船舶登记条例》第56条规定，"船舶"是指各类机动、非机动船舶以及其他水上移动装置，但是船舶上装备的救生艇筏和长度小于5米的艇筏除外。此外，一些国际条约也对船舶做出了定义，如1972年《避碰规则》第3条规定，"船舶"指用作或者能够用作水上运输工具的各类水上船筏，包括非排水船舶和水上飞机。各种法律法规中对船舶界定的差异，是由于法律的调整对象和适用范围的不同造成的。

海商法所指的船舶是狭义的船舶。凡有海商立法的国家都会对船舶加以规定，目的在于对适用海商法的船舶范围进行限制，但各国海商法的规定不尽一致。如英国2002年《商船法》第2条将船舶定义为"包括各种用于航海的船舶"；《日本商法典》第684条规定：“本法所指的船舶，系以商事行为为目的，供航海使用的船舶”；《希腊海事私法典》第 1 条规定，“本法所称船舶，是指大于 10 净登记吨的以其自身的动力，航行于海上的各种船舶”；《韩国商法典》第 740 条规定：“本法所称船舶，是指从事商事行为或为其他营利目的而供航海之用的船舶。”

从世界各国海商法对船舶的定义来看，一般都对船舶的航行区域（如限于在海上或与海相通的水域航行）、船舶吨位（如排除小于一定吨位的船舶）、使用目的（如排除用于军事目的、公务目的的船舶）等加以限制，因此，海商法中的船舶只是我们日常生活中所说船舶的一部分。

我国《海商法》第 3 条对船舶进行了定义：“本法所称船舶，是指海船和其他海上移动式装置；但是用于军事、政府公务的船舶和 20 总吨以下的小型船艇除外。前款所称船舶，包括船舶属具。”根据这一规定，构成我国《海商法》上的船舶，必须具备如下几个要件：

（1）作为一种“装置”，它应当是构造物。船舶本身是个合成物，由船体、桅樯、船机、甲板、船舱等部分构成，同时还要配备锚链、罗经、海图、探测仪、消防救生设备等属具。竹筏、木排等由于不具有一定的构造，不能被视为《海商法》上的船舶。

（2）它应当具备航行功能，以移动为目的。如果不能航行，如灯船、驳船、无动力的石油钻井平台等，在一般情况下不属于海商法的调整范围。但我国《海商法》对船舶航行的动力并无限制，即使是非机动船，只要具备航行器具，如风帆等，也可作为《海商法》上的船舶。

（3）它应当能在海上或与海相通的水域航行，即属于海船。这是指在海上航行或江海之间航行的船舶，才是我国《海商法》调整的对象，而航行于我国内湖或内河的船舶，虽然也是航行于水面或水中，但不能算作《海商法》上的船舶，因为内河船舶与海上航行的海船在船舶构造、性能以及对航行的要求、船员的配备等方面有所不同。

在有些法律中，明确指出“水上飞机”属于船舶，那么水上飞机是否《海商法》上的船舶呢？有学者认为只有持续位于海上的船舶才是《海商法》上的船舶，而水上飞机以飞为主，应予排除。① 水上飞机具有在水上航行的装置，当它处于海上时，完全符合《海商法》对船舶的要求，因此应当认为在此时它是一种船舶。而当它飞离海面时，则不再受《海商法》调整。自航式的石油钻井平台在外观上似乎并非人们观念中的船舶，但当它在海上航行时，它同样符合法律要求，应当被视为船舶，而一旦它在某海域固定下来开始钻探工作，不再以移动为目的，则丧失船舶的地位。

除正面的定义外，《海商法》还通过列举将以下几种船舶排除出调整范围：

① 侯军、吕建：《当代国际海事法》，人民交通出版社 1992 年版，第 59 页。

（1）用于军事用途的船舶。主要是指用于军事用途的军舰和潜水艇。它们之所以不受海商法的调整，主要是由于其行为属于国家行使统治权的行为，其航行并非为了商事目的。

（2）用于政府公务的船舶。这是指专门为执行政府管理职能而使用的船舶，如检疫船、消防船、缉私船等，这些船舶的航行，不以营利为目的，不具有商事行为的性质。

（3）20总吨以下的小型船舶。20总吨以下的船舶抗风浪能力有限，不适合远海航行。为保证海上航行安全，各国一般将其排除在外。

需要注意的是，在特定情况下，《海商法》会扩大适用于一些本被排除在外的船舶，例如建造中的船舶。严格来讲，正在建造的船舶还不是船舶，因为其不具备航行功能。但为了融资造船的需要，我国《海商法》第14条明确规定可视其为船舶而设定抵押权。失事沉没的船舶，丧失了航行功能，但在海难救助法律关系中，可视为船舶。在《海商法》"船舶碰撞"和"海难救助"两章中，船舶的内涵也进行了扩大。《海商法》第165条与第172条规定，"船舶"是指《海商法》第3条所称船舶和与其发生碰撞或者救助关系的任何其他非用于军事的或者政府公务的船艇，即扩大适用于内河船和20总吨以下的小型船艇，但不包括用于军事的或者政府公务的船艇。

（二）船舶的种类和吨位术语

根据不同的标准对船舶可以进行不同的分类。

（1）按照国籍可将船舶分为在内国登记并悬挂内国国旗的国轮与在外国登记并悬挂外国国旗的外轮。

（2）按照船舶动力装置可将船舶分为以机械为动力的机动船和以风力、人力为动力的非机动船。

（3）按照航行能力和区域不同可将船舶分为内河船和海船。内河船一般抗御风浪能力有限，不适合在海上航行，而只能在内河行驶；而海船则是针对海上航行而建造，在船舶结构、航行设备、船员配备等方面都高于内河船，并且海船还可以根据航行区域的限制进一步划分为无限航区海船、近洋航区海船、沿海航区海船和近岸航区海船。区分内河船和海船有重要的法律意义，二者适用的法律不同，在责任制度上有较大区别。

（4）按照船舶使用目的可将船舶分为非商船和商船。非商船是指不以营利为目的的船舶，如军舰和各种公务船舶，有些国家或地区的海商法规定，这些船舶除碰撞外，均不适用海商法。商船是指以船舶为工具承载旅客、货物，并将客货从一港运往另一港的船舶。

商船又可分为客船、货船和客货船。客船指专门运载旅客的船舶或兼运少量货物的船舶；货船指专门承运货物的船舶或兼搭载旅客不超过12人的船舶；货船搭载旅客12人以上的称为客货船。

货船可分为干货船和液货船两大类。干货船主要包括：杂货船（General Cargo Ship），适于装载一般杂货，也能装载粮食、煤炭等散货，用途最为广泛；散货船（Bulk Cargo Ship），用于装载散装货物，如煤、矿砂、谷物等；冷藏船（Refrigerated Vessel），专用于装载冷藏货物，船上设有冷藏装置及适合于运输冷藏货物的货舱；木材船（Timber Ship），专用于装载木材，其货舱及甲板上均可装载；滚装船（Roll on and Roll off Ship），适于装运各种特大重件、管材，也可以装运集装箱，陆上车辆可直接上下进出货舱装卸货物；载驳船或称子母船（Maritime Kangaroo），指携带小型驳船或其他作业船的船舶；集装箱船（Container Ship）专用于装运集装箱货物，其舱盖、上甲板和货舱内设有系固集装箱装置。

液货船主要包括：油船（Oil Tanker），专用于装载液态石油类货物，分原油和成品油船。目前世界上最大油轮的载重量达 50 多万吨，载重量在 20 万吨以上的称为巨型油轮，30 万吨以上的称为超巨型油轮；液化气船（Liquid Gas Ship），专用于运送液化石油气和天然气的船舶，一般技术标准较高；液体化学品船，专用于运送液态的化学品，如醚、醇、酸等货物，也属于技术含量高、造价高昂的船舶。

船舶的大小是通过吨位来反映的，吨位计算方式主要分容积吨位（总吨和净吨）和重量吨位（排水吨和载重吨）：

（1）总吨（Gross Tonnage）是指全船所有围蔽空间以 100 立方英尺为一个吨位加起来的丈量总和；或者以公制立方米来丈量，总的立方米数除以 2.83，这两种方式计算出的即船舶总吨位。

（2）净吨（Net Tonnage）是指船内能载运旅客及货物的空间的总和。从船舶总吨位减去机舱、驾驶台、船员起居室、物料房和压载舱等部分的容积即船舶的净吨位。

（3）排水吨（Displacement Tonnage）是指船漂浮在水上，装货吃水到满载排水线（载重线）时，船体所排开的水的重量，亦即船体和货物的总重量。根据阿基米德定律，浸在流体中的物体（全部或部分）受到向上浮力的影响，其受力大小等于物体所排开流体的重量。

（4）载重吨（Dead Weight Tonnage）是指船舶满载时的排水吨位，减去空船时的排水吨位（空船只包括船体、机器、水泵等设备，不包括燃料、淡水、物料等），即船舶最大的载货重量。

确定船舶吨位，可以方便国家对航运安全进行管理。根据排水吨确定的船舶载重线是船舶装货的吃水上限，船舶必须保证载货时不超过载重线。国际社会在 1930 年和 1966 年制定了两个载重线公约，我国是后一公约的缔约国。船舶吨位也是征收港航税费的计算标准，如港口使费按总吨计算，海关吨税大都按净吨计算，系解缆费一般按总吨计算，运河费按净吨计算，码头停泊费按总吨及停泊时间计算，引航费一般按船舶净吨参照里程计算。

（三）船舶的法律性质和地位

1. 拟人性

船舶作为一种物，是法律关系的客体而非主体，但它却是一种特殊的物。法律往往把船舶作拟人化处理，即赋予船舶以自然人或法人的某些特征，从而具有了法律主体的一些属性：

（1）船舶具有专有名称。船舶如同自然人或法人一样，有自己特定的名称。按照我国《海商法》及《船舶登记条例》，船舶登记要有特定的名称，其名称由船舶所有人决定。一艘船舶只能有一个名称，由船籍港船舶登记机关核定，船名不得与登记在先的船舶重名或者同音。船名应在船体上标明，非经许可不得变更。

（2）船舶具有国籍。我国《海商法》第5条与《船舶登记条例》第3条、第4条均规定，船舶经依法登记，取得中华人民共和国国籍，方可悬挂中华人民共和国国旗航行。船舶不得具有双重国籍。凡在外国登记的船舶，未中止或者注销原登记国国籍的，不得取得中华人民共和国国籍。关于船舶的国籍问题还将在下面有关章节中详述。

（3）船舶具有住所。自然人和法人拥有法律意义上的住所，该住所成为其实施各种法律行为的基地，是法院管辖的重要依据。与此类似，船舶也有住所，这就是船籍港。船舶应由船舶所有人自定船籍港。《船舶登记条例》第9条规定："船舶登记港为船籍港。船舶登记港由船舶所有人依据其住所或者主要营业所所在地就近选择，但是不得选择两个或者两个以上的船舶登记港。"

（4）船舶具有类似主体资格终止的制度。当船舶发生拆解、沉没、失踪或灭失时，与自然人、法人一样，要进行消灭主体资格的注销登记。

船舶的拟人化处理是在法律上部分地把船舶视为当事人或权利义务主体。拟人化做法来自于航运实践的要求，由于船舶在海上四处流动，不易管理，拟人化使得船舶容易识别和辨认，有利于其所属国家对其进行监督。这种做法也便于海事纠纷的解决，当事人不必追踪船舶所有人到国外诉讼，而只需扣押船舶就近诉讼甚至直接以船舶为被告。这方面最突出的体现就是英美法系国家实行的"对物诉讼"（Action in Rem）制度，原告可以船舶作为被告，提起诉讼。如果该船舶所有人不出庭应诉或不提供担保，原告可以申请法院判决船舶承担责任，以强制拍卖该船舶所得价款清偿债务。

但"对物诉讼"不是大陆法系国家做法，不符合我国《民事诉讼法》关于诉讼当事人的规定，因为船舶不具有诉讼权利能力和诉讼行为能力，船舶只是诉讼的客体，不能作为诉讼的主体。根据《海事诉讼特别程序法》的规定，海事法院可以应当事人的申请对船舶实行诉前扣押，但这属于海事请求保全措施，并不是"对物诉讼"。大陆法系国家对船舶拟人化的做法主要是形式上的，出于方便管理和诉讼目的，船舶所引发的责任最终由船舶所有人和经营人承担。

2. 不动产性

船舶的功能是在海上移动，并且不会因为移动而损害其经济价值，因此它本应属于动产。但由于船舶价值较高，船舶所有人的变更并不频繁，并且发生侵权的后果较为严重，所以各国都将其按不动产处理。在海商法中，对船舶的不动产处理主要表现在船舶物权变动和强制执行两方面。

（1）在物权变动上，船舶和不动产一样，对其所有权、抵押权、光船租赁权的取得、设定、变更和消灭需办理登记手续，否则不能对抗善意第三人（《民法典》第225条，《海商法》第9条、第13条，《船舶登记条例》第5条、第6条）。但是船舶的物权登记与房地产等不动产的物权登记，在法律效力上仍有较大差异。

（2）在强制执行上，船舶依照不动产执行的方式处理，被视为不动产。

3. 国家领土属性

在国际法上，有学者提出"船舶浮动领土说"，认为船舶是国家领土的延伸，是广义上的国家领土。对于国家对其船舶所享有的类似领土权利的管辖权，国际社会普遍承认。特别是对于在海上发生的与船舶有关的争议以及在船舶上发生的纠纷，一般由船旗国管辖，形成了以船旗国管辖来解决海事法律争议的惯例。但应指出的是，船舶的这种领土属性不能与一般领土等同，它是在不违反沿岸国利益和国际公共利益的情况下才存在的，例如军舰在公海上享有对他国船舶的登临权，沿岸国对船上发生的民事或刑事案件有依情况介入的权利。

二、船舶的国籍与登记

（一）船舶国籍

船舶国籍是指船舶与某一国家产生固定法律联系的身份。要取得这种身份，船舶必须按照该国的船舶登记法律在指定的港口进行登记，取得了国籍证书，以表明该船与登记国具有法律上的身份关系，可以悬挂该国国旗航行，并在彼此之间产生一定的权利义务。船舶的国籍国一般被称作船旗国。

1. 船舶国籍的意义

（1）国内法上的意义。船舶取得一国的国籍，如同自然人、法人一样，在该国享受法律规定的权利和承担法律规定的义务。首先，船旗国保护船舶权利人和船舶的合法权利，无国籍船舶不受保护。其次，可以享受船旗国提供的各种优惠待遇。由于各国多实行航运保护政策，对外轮从事本国沿海运输有一定限制，一般只允许本国船舶从事本国的沿海运输，而且船旗国与其他海运国家缔结的双边或多边海运条约中所提供的各种优惠也只能由本国船享有，本国船还可享受到税收优惠及造船差额补贴等照顾和奖励。再次，船舶国籍是确定海事纠纷准据法的重要根据。最后，船舶具有国籍，也便于船旗国对船舶的监督管理以保障海上安全。根据我国法律，具有中国国籍的船舶享有以下几项权利：沿海和内河航行权；领海内渔业权和其他事业权；本国税收优惠；与我国缔结有条约的国家提供的最惠国待遇；必要时的本国海军护航权；我国使领馆的保护与帮助权等。

（2）国际法上的意义。船舶国籍的国际法意义在 1958 年《公海公约》、1982 年《联合国海洋法公约》中规定得较为明确。根据两公约，每一国家，不论是沿海国还是内陆国，都有权在公海上行驶悬挂其本国国旗的船舶，进入并使用公海的船舶必须拥有特定国籍，无国籍船舶不受国际法保护，任何国家都可对其采取强制措施。除国际法规定的特别事项，船舶原则上只受船旗国的专属管辖，并受该国保护。船舶应当与船旗国有真正联系，船旗国应当对于悬挂其旗帜的船舶有效实施行政、技术和社会事项的管辖和控制。在战争和武装冲突期间，船舶国籍可表明船舶是否具有中立地位，免受拿捕和攻击。

2. 船舶国籍的取得

《联合国海洋法公约》第 91 条规定："每个国家应确定对船舶给予国籍，船舶在其领土内登记及船舶悬挂该国旗帜的权利的条件。"可见，是否给予某船舶国籍，依据什么条件给予，是一个国家行使主权的体现。由于各国国情和海运政策有很大不同，在国籍取得条件上也有较大差异，但一般都考虑如下因素：船舶是否为本国人（包括自然人和法人）所有、船舶是否在本国制造。具体做法主要可分为以下几种类型：

（1）封闭型。这种做法要求船舶所有权必须全部为本国人所有，才能取得本国国籍。如果所有人是法人，则要求本国人的出资不能低于一定比例。此外，这种做法还要求船员或高级船员应为本国公民。英国、美国、日本、德国、巴西、智利等国属于封闭型立法模式。

（2）开放型。这种做法与封闭型相反，本国国籍的取得条件极为宽松，只要船龄和技术标准符合要求，任何船舶均可在该国登记，并能享受税收优惠。巴拿马、利比里亚、塞浦路斯、巴哈马等国是著名的开放登记国家。

（3）半封闭型。这种做法只要求船舶所有权 1/2 以上为本国人所有，有些还要求本国船员应占一定比例，法国、意大利、希腊、荷兰。北欧各国等属于这种类型。

除此之外，也有少数国家要求船舶必须在本国制造，方能取得本国国籍，如美国，以保护本国造船业发展。

我国关于船舶国籍取得的立法属于封闭型模式。根据《船舶登记条例》规定，取得中国国籍的船舶，必须是：（1）在中国境内有住所或主要营业所的中国公民的船舶；（2）根据中国法律设立且主要营业所在中国境内的中国企业法人的船舶。如果该法人注册资本中有外商出资，中方出资额不得低于50%；（3）中国政府的公务船舶和事业法人的船舶；（4）中国港务监督机构认为应该在中国登记的其他船舶。

根据《船舶登记条例》，船舶取得国籍需交验船舶所有权登记证书及相关船舶技术证书。对于符合规定的船舶，船籍港登记机关予以核准，发给国籍证书，有效期为5年。

3. "方便旗"问题

"方便旗"（Flag of Convenience）是指船舶悬挂的是开放登记国的国旗。一般来说，挂方便旗的船舶与船旗国并没有真正的联系，船舶所有权既不属于该国国民所有，船上的船员也不一定是该国公民。方便旗船最初出现于20世纪20年代，在"二战"后发展迅速，其吨位在世界商船队总载重吨位中所占比例，到20世纪80年代已占到1/3。方便旗盛行的主要原因有以下三个方面：（1）逃避税收。开放登记国多为避税港，所得税和财产税税率很低甚至免税。（2）逃避严格的监督管理。开放登记国虽然也加入了基本的航运公约，对船舶登记也有技术安全要求，但在严格程度和执行监督方面远不如正常登记国家。（3）减少人力成本开支。开放登记国缺乏船员雇佣和待遇的严格限制，船舶所有人可以雇佣发展中国家船员，从而降低了成本。

挂方便旗对于船舶所有人和开放登记国是一件有利可图的事情，但由于开放登记国无法对方便旗船实行有效的管理和控制，方便旗船的事故率较高，不利于航行安全，危害他人利益和海洋环境，也易滋生违法犯罪活动。

为此，《联合国海洋法公约》要求船旗国和船舶之间必须有真正的联系并专门规定了船旗国的具体义务，即船旗国必须在行政、技术和社会事项三个方面行使管辖和控制。另外，公约第217条还要求船旗国保证其船舶遵照国际规则和标准以及根据国际公约而制定的法律、法规确保海洋环境免受污染，尤其是船旗国应当保证其船舶携带各种必备证书并定期检查船舶，以保证其与证书要求的条件相符。1986年国际社会通过了《联合国船舶登记条件公约》，试图遏制方便旗船盛行的势头，但该公约迄今未生效。由于涉及复杂的利益关系，方便旗问题很难彻底得到解决。

（二）船舶登记

船舶登记（Ship Registry）是指船舶所有人向船舶登记机关申请，并提交相应的文件，经船舶登记机关审查，对船舶国籍、自然状况和权利状况予以记载并颁发相应证书的制度。船舶登记使主管机关能对其进行有效的监督管理，有利于海上航行安全。此外，船舶事项记载于相关证书和主管机关保存的登记簿上，查阅方便，有利于保护其他当事人利益，维护交易安全。

1. 船舶登记的类型

船舶登记按不同标准可分不同类型。按照登记事项可分为船舶国籍登记、自然状况登记和权利状况登记。自然状况登记是指就船舶名称、船籍港、船舶种类、用途、吨位、尺度等所做的登记；权利状况登记则指就船舶所有权、抵押权和光船租赁所做的登记。

按照登记目的，则可分为设定登记、变更登记和注销登记。设定登记是指为设定一定权利而进行的登记；变更登记是指为变更原登记内容而做的登记；注销登记是指为消灭一定权利而进行的登记。

还可以按照登记权利不同分为船舶所有权登记、抵押权登记和光船租赁权登记。

此外，还可按照登记的有效期限分为永久登记和临时登记。永久登记一般由船舶登记机关签发证书，证书有效期较长；而临时登记可由船舶登记机关签发证书，也可由驻外使领馆签发，证书有效期较短，一般为 1 年。

2. 船舶所有权登记

办理船舶所有权登记时，船舶所有人应当选定船籍港。根据我国《船舶登记条例》第 9 条，船籍港由船舶所有人依据其住所或者主要营业所所在地就近选择，并且应当是唯一的。

选定船籍港后，船舶所有人应当向船籍港船舶登记机关交验足以证明其合法身份的文件，提供有关船舶技术资料和所有权取得的证明文件的正本、副本。船舶登记机关经过审查核实，对符合条件的，自收到申请及规定文件之日起 7 日内向船舶所有人颁发船舶所有权登记证书，授予船舶登记号码，并在船舶登记簿中载明下列事项：船舶名称、船舶呼号；船籍港和登记号码、登记标志；船舶所有人的名称、地址及其法定代表人的姓名；船舶所有权的取得方式和取得日期；船舶所有权登记日期；船舶建造商名称、建造日期和建造地点；船舶价值、船体材料和船舶主要技术数据；船舶的曾用名、原船籍港以及原船舶登记的注销或者中止的日期；船舶为数人共有的，还应当载明船舶共有人的共有情况；船舶所有人不实际使用和控制船舶的，还应当载明光船承租人或者船舶经营人的名称、地址及其法定代表人的姓名；船舶已设定抵押权的，还应当载明船舶抵押权的设定情况。在海上航行中，船舶所有权登记证书无需随船而行。

3. 船舶国籍登记

根据我国《船舶登记条例》的规定，在船舶所有权登记完毕后方可申请国籍登记。其具体登记条件详见前述，船舶国籍证书需随船而行以证明自己的身份。

4. 船舶抵押权登记

船舶抵押权登记只能在船旗国进行。根据我国《船舶登记条例》的规定，对 20 总吨以上的船舶设定抵押权时，抵押权人和抵押人应当持书面申请书、船舶所有权登记证书或船舶建造合同、船舶抵押合同，到船籍港船舶登记机关办理登记。该船舶设定有其他抵押权的，还应当提供有关证明文件。船舶共有人就共有船舶设定抵押权的，还应当提供 2/3

以上份额或者约定份额的共有人同意证明文件。

对经审查符合条例规定的，船籍港船舶登记机关应当自收到申请之日起7日内将有关抵押人、抵押权人和船舶抵押情况以及抵押登记日期载入船舶登记簿和船舶所有权登记证书，并向抵押权人核发船舶抵押权登记证书。船舶抵押权登记，包括下列主要事项：抵押权人和抵押人的姓名或者名称、地址；被抵押船舶的名称、国籍，船舶所有权登记证书的颁发机关和号码；所担保的债权数额、利息率、受偿期限。

船舶抵押权转移时，抵押权人应当通知抵押人。抵押权人和承转人应持船舶抵押权转移合同到船籍港船舶登记机关办理抵押权转移登记。船籍港船舶登记机关应当将承转人作为抵押权人载入船舶登记簿和船舶所有权登记证书，并向承转人核发船舶抵押权登记证书，封存原船舶抵押权登记证书。同一船舶设定二个以上抵押权的，船舶登记机关应当按照抵押权登记申请日期的先后顺序进行登记，船舶登记簿上载明登记日期为申请日期，同日申请的，登记日期相同。

5. 光船租赁登记

光船租赁是一种财产租赁形式。租赁合同在当事人之间既引起债权法律关系，又引起物权法律关系，即一般就不动产的租赁而言，导致承租人获得物权性的租赁权和先买权。租赁权表现为，在合同有效期内，出租人不得将财产再租给第三人；出租物所有权转让不影响租赁关系继续有效。先买权则表现为，当出租物被转让时，承租人有同等条件下的优先购买权。① 船舶作为一种动产被不动产化处理，其光船租赁也具有较强的物权性，被要求进行登记。

6. 船舶的变更和注销登记

当船舶登记事项发生变化时，船舶所有人应持船舶证书和变化情况的证明文件，到原船籍港船舶登记机关办理变更登记或注销登记。

根据我国《船舶登记条例》的规定，船舶变更船籍港、船舶共有情况及抵押合同发生变更、船舶所有权发生转移、船舶灭失和失踪、船舶抵押合同解除、光船租赁合同期满或光船租赁关系终止、以光船条件向境外出租船舶、以光船条件租进船舶等情况下，应当办理变更或注销登记。

三、船舶安全航行与监督管理

海上航行具有高风险性，要保证航行安全，首先必须使船舶本身符合一定的技术要求，能够抗御正常的海上风险；其次要对航行条件如航行规则、人员配备、载运货物等加以规范，防止人为原因造成事故。对此，各国和国际社会制定有相应的国内法和国际公

---

① 参见余延满：《合同法原论》，武汉大学出版社1999年版，第606~607页。

约，对船舶进行持续的监督和管理。

（一）主要立法

1. 国际公约

20 世纪以来，为保证海上人命和财产安全，国际社会制定了大量技术性公约。在国际立法中，国际海事组织（IMO）主要负责海运技术与安全问题，在公约起草、缔结过程中作用巨大，其他国际组织如国际海事卫星组织（INMARSAT）、国际航道测量组织（IHO）、国际航标协会（IALA）、国际船级社协会（IACS）等也有较多参与。其中主要公约包括：

（1）《国际海上人命安全公约》

1912 年泰坦尼克号沉船事件引起人们对海上人命安全的重视，从而形成了《国际海上人命安全公约》体系。到目前国际社会先后召开了 5 次国际海上人命安全会议，分别在 1914 年、1929 年、1948 年、1960 年和 1974 年制定了 5 个《国际海上人命安全公约》（International Convention for the Safety of Life at Sea，SOLAS），其中 1974 年公约还形成了 1978 年和 1988 年两个议定书。1974 年公约有 130 多个缔约国，我国也是缔约国之一。

该公约主要针对船舶安全的技术标准和检验进行规定，缔约国所属船舶必须经过各国政府或其授权的组织或人员的检验，符合公约规定的技术标准并取得合格证书后，方能从事国际航行。1974 年公约生效后，对原规定不断根据航运实践需要加以改进补充，形成了大量的修正案，使船舶的各种技术标准日趋严格。尽管如此，世界范围内的海难事故并没有得到有效遏制，国际社会逐渐意识到，必须同时加强对人为因素，特别是船舶所有人的安全管理水平的控制。国际海事组织 1994 年通过了《国际船舶安全营运和防止污染管理规则》，并将其作为《国际海上人命安全公约》附则新增的第九章，成为强制性规则，就船舶安全管理、安全营运和防止污染提供了最低国际标准。

（2）《国际船舶载重线公约》

船舶吃水情况直接关系航行安全。载重线是船舶载货适当的重要判断标准。载重线公约是为核定国际船舶载重限额而制定的，最早的是 1930 年的《国际船舶载重线公约》（International Convention on Load Lines，LL），1966 年新公约通过并于 1968 年生效，旧公约同时废止。该公约规定了载重线的划定标准及其证书的颁发和承认，以及证书的格式。我国于 1973 年加入该公约。

（3）《1972 年国际海上避碰规则公约》

为避免船舶在海上发生碰撞事故，早在 1889 年就制定有《海上避碰规则》，该规则在 1910 年、1929 年、1960 年和 1972 年多次修改，1972 年《国际海上避碰规则》作为 1972 年《国际海上避碰规则公约》（Convention on the International Regulations for Preventing

Collisions at Sea，COLREG）的附件，是目前国际航行通用的避碰规则，它规定了驾驶人员操纵船舶时的技术规范，以避免船舶碰撞。在已发生碰撞事故的情况下，避碰规则可用来分析碰撞原因，确定责任归属。

（4）《1978 年海员培训、发证和值班标准国际公约》

在海上航行中，人为事故占很大比例，因此提高船员驾驶和管理船舶水平是保证航行安全的必要前提，《1978 年海员培训、发证和值班标准国际公约》为海员的职业技能设定了最低标准。该公约的详细情况将在"船员"一章中介绍。

除以上几个重要公约外，还有大量公约涉及航行安全问题，如《1958 年公海公约》《1969 年国际船舶吨位丈量公约》《1972 年集装箱安全公约》《1976 年国际海事卫星组织公约》《1977 年国际渔船安全公约》《1986 年联合国船舶登记条件公约》《1988 年制止危及海上航行安全非法行为公约》等。

2. 国内立法

我国于 1983 年颁布《海上交通安全法》，以加强海上交通管理，保障船舶、设施和人命财产安全。作为调整我国海上交通安全法律关系的主要法律依据，该法适用于在我国沿海水域航行、停泊和作业的一切船舶、设施和人员以及船舶、设施的所有人和经营人，涉及船舶的检验和登记、船舶设施和人员、航行停泊和作业、海上安全保障、危险货物运输、海难救助、打捞清除、交通事故的调查和处理、法律责任等内容。对沿海水域的交通安全实施监督管理的机构是港务监督机构，即国家和地方海事局。

除《海上交通安全法》外，交通运输部还颁布了数十项有关船舶和航行安全的部门规章，涉及各个方面，如《船舶最低安全配员规则》《船舶安全检查规则》《高速客船安全管理规则》《航运公司安全与防污染管理规定》等。

以上这些公约和国内立法为船舶、船员、载货、航行等设立的技术标准和要求，对于判定承运人是否适当履行义务及责任承担具有十分重要的意义。

（二）船舶检验

船舶检验是由国家授权或船舶所有人选定的船舶检验机构，按照国际公约和有关国家船舶规范的要求，对船舶实行的技术监督检验。根据国际航运界的惯例，100 总吨以上的海运船舶都必须在船级社或船舶检验机构的监督下进行建造，船舶及其各组成部分的规格和技术条件必须经有关机构检验合格。船舶建成投入营运后仍需要定期接受检验以保证其技术条件始终符合安全航行要求。船舶检验一般可分为法定检验、船级检验和公证检验三种。

1. 法定检验

法定检验（Statutory Survey）是船旗国主管机关或其授权机构依照法律和国际公约规定对船舶进行的强制检验。法定检验的标准是进行安全航海必须具备的最低技术标准，检验的依据是船旗国的法律、船旗国所加入的国际公约的有关规定。法定检验又可分为初次检验、定期检验。初次检验（Initial Survey）是指船舶投入营运以前的检验以及未经我国验船机构监督下建造的国外船舶，为换发我国船舶证书所进行的检验。其目的是检查船舶技术状况是否符合安全航行的要求。定期检验（Periodical Survey）是指验船机构对营运中的船舶按规定的间隔期限进行的检验。常见的船舶法定检验项目包括船舶结构安全、设备安全、载重线、防污染、灯光信号、起货设备、无线电报、无线电话等。

在我国法定检验的主管机关是中华人民共和国海事局，法定检验的实施主要由国家授权的机构——船级社进行。

2. 船级检验

船级检验（Classification Survey）也称为入级检验，是船级社应船舶所有人的申请，对船舶的技术状态和性能进行的检验，以便船舶获得船级和保持船级。在国际航运界，尽管各国船队几乎无一例外地都要接受船级检验。但它并不是一种法律规定的强制性检验。所谓"入级"，是表明船舶的技术状况满足了船级社规范的要求，船级社根据其用途、技术状况、航行区域等具体情况确定不同的船级，以符号和附加标志来表示。

船舶入级具有十分重要的意义。一方面它可以确保航行安全，只有技术状态符合船级社质量标准的船舶才能获得船级，船级证书有效期一般为4年，即4年要进行一次检验以保持船级。另一方面，入级也是船舶经营的需要。它便于承租人和托运人选择适合自己需要的船只，同时也便于保险公司决定船货保险费率，因为船舶的技术性能越好，船货受损的可能性就越小，保险费率就越低。此外，有些国家要求装运危险货物的船舶必须达到特定船级方能进港。

不过船舶入级并不意味着船舶必然适航，而没有入级的船舶也不代表就不适航。因为有些影响船舶适航的问题并不包括在船级证书范围之内，如船舶的救生艇或船员配备问题。而且船级检验毕竟只是定期进行，不可能保证其技术状况始终与检验时完全一致。但船级证书是判断船舶是否适航的主要参考依据之一，可以作为船舶所有人的抗辩理由。

目前世界上有40多家主要船舶检验机构，如英国劳埃德船级社（LR）、美国船级局（AB）、日本海事协会（NK）、意大利船级社（RI）、韩国船级社（KR）、德国劳埃德船级社（GL）、挪威船级社（DVN）、法国船级社（BV）和中国船级社（CCS）等。其中1760年成立的英国劳埃德船级社是世界上最古老也是最著名的船级社，它每年出版《劳氏年鉴》，收录全世界船舶的名称、吨位、动力等项目，并注明船舶的等级。主要由以上船级社所构成的国际船级社协会（IACS）承担着150多个国家和地区政府授权的法定检验业务，由其确定船级的商船吨位占世界的90%以上。中国船级社1986年成立，并作为独立法人办理船舶、海上设施和水运集装箱及其材料设备的入级检验、法定检验和公证检验业务，同时接受我国政府和外国政府的授权，代行检验和发证工作。

船级检验主要包括建造中入级检验、初次入级检验、特别检验、定期检验、循环检验、年度检验、坞内检验、螺旋桨检验、尾轴检验和锅炉检验。除前两项为入级检验外，其余项目都属于保持船级检验。

3. 公证检验

公证检验（Notarial Survey）是指由船舶所有人、承租人、保险人、货主等申请验船机构进行的一种专门检验，旨在证明船舶的技术状况或海损事故的原因及其损害程度，主要包括损坏检验、起退租检验、赔偿检验、海损检验、起货设备检验、状况检验、修理检验等。检验报告对于确定当事人之间的权利、义务和责任关系具有重要作用。

（三）船舶证书和船舶文书

在海上航行的船舶，不仅要悬挂本国国旗，还要随船携带证明其身份的国籍证书、符合船旗国和沿岸国法律要求的技术证书以及有关船舶文书。

1. 船舶证书

船舶证书可分为国籍证书和检验证书两种，其中检验证书又可分为：（1）船级证书，是船舶检验机构根据入级规则签发的证明船舶船体、设备等符合有关技术标准的证书。具体包括船舶入级证书、轮机和电气设备入级证书、货物冷藏设备入级证书；（2）法定证书，指根据有关国际法和国内法的规定，船舶应当具备的最低标准的技术证书。包括船舶吨位丈量证书、货船载重线证书、货船构造安全证书、货船设备安全证书、货船无线电报和无线电话安全证书、乘客定额证书、客船安全证书、船舶起货设备证书、防止油污证书、防止生活污水污染证书等。

2. 船舶文书

船舶文书是指船舶在海上航行应当具备的反映船舶的动态情况的文件，包括航海日志、轮机日志、无线电记录簿、航行签证簿、油类记录簿、船员名册等。

（1）航海日志，也叫甲板日志，是记载船舶航行情况的法定文件。它记录的内容包括天气、海况、航线、航速、位置、碰撞、救助、锚泊、装卸、管理等各种在航行和停泊中所发生的情况。航海日志一般每两小时记录一次，由大副审核、船长阅签，如有错误，只能按规定划去重写，并加签名。因此，作为船舶情况的原始记录，它对于判断船方是否适当地履行了义务十分重要，是解决海事争议的重要依据。

（2）轮机日志，也叫机舱日志，是船舶发动机运转、燃料消耗、机舱作业等情况的记录，也是判断海损事故原因和责任的重要证据，常用来和航海日志内容相互补充和印证。

（3）无线电记录簿，是记载船载无线电台使用情况的文件，其内容对于判定事故发生时间、地点、船舶所采取的措施以及外界指令等具有重要意义。

（4）航行签证簿，是我国港务监督部门签发的一种文件，凭该文件船舶方能进出港口和航行。港务监督部门是否同意签证的标准主要在于：船舶具有有效证书；适航；配备船员符合要求；危险品装载符合要求；救生消防设备合格；载客、装货符合规定；未违反港口规章等。

（5）油类记录簿，分油轮类和非油轮类两种，主要记载货油装卸作业、油舱处理等事项，以防止油污事故发生。

（6）船员名册，是对船舶上所有任职人员姓名及其职务、持证情况的记录，是判断船舶配员是否符合要求的依据。

（四）我国对外国籍船舶的管理

为维护国家主权，加强海上交通管理，保障港口和沿海水域的航行安全和航行秩序，各国均制定有关于外国籍船舶管理的法律。我国也制定有相关法律规章，主要包括《对外国籍船舶管理规则》《海上交通安全法》《国际航行船舶进出中华人民共和国口岸检查办法》《外国籍船舶航行长江水域管理规定》《船舶引航管理规定》等。

1. 外国籍船舶进出我国港口

船长或船舶所有人应在船舶预定到达港口一星期之前，通过外轮代理公司填具规定的表报，向港务监督办理进口申请批准手续，并在到达港口之前二十四小时（航程不足二十四小时的，在驶离前一港口时），将预计到港时间、前、后吃水等情况通过外轮代理公司向港务监督报告。船舶抵港之后，应立即申报进口报告书及报表，同时还应交验船舶证书及有关文书，并接受检查。船舶出港前，应呈报出口报告书及其他有关表报，经检查后由当地港务机关发给出口许可证，方可出港。

船舶遇有下列情况之一者，港务监督机关有权在一定期间内禁止其出港或命令其停航、改航或返航：（1）船舶处于不适航状态；（2）违反中华人民共和国的法律及规章；（3）发生海损事故；（4）未缴付应承担的款项，且未提供适当担保者；（5）其他需要禁止航行的情况。

此外，外国籍船舶进出我国港口还必须遵守我国法律有关航行、危险货物运输、海难救助、打捞清除等方面的规定，如按规定悬挂各项旗号，包括船旗等。

2. 引航制度

引航是指由持有引航员证书的人，在规定或约定的航区、航段内，指引船舶安全航行、靠离码头或通过船闸及其他限定水域的行为。执行引航职务的人称为引航员。在各国法律中几乎都有关于船舶引航的规定，但如何实施引航或采取什么性质的引航，则完全由一国自行决定。国家享有的引航权是国家主权的重要体现。根据我国《海上交通安全法》第30条规定，外国籍船舶在国务院交通运输主管部门划定的引航区内航行、停泊或者移泊的,应当向引航机构申请引航。

引航制度有强制性引航和非强制性引航两种:

(1)强制性引航。强制性引航是指强制对船舶实施引领,而不论其同意与否或有无提出申请。目前各国对管辖水域大多划定有强制引航区,实行强制引航制度。我国的强制引航区,绝大多数是对外国籍船舶而言的,只有少部分的强制引航区同样适用于本国船舶。我国法律规定,对进出我国港口、在港内航行、移泊以及在长江水域及其港口航行和移泊的外籍船舶,一律实行强制引航。但对于下列两种情况的船舶,免除强制引航:一是在我国港口施工的外国籍工程船,除第一次进港和最后一次离港外,均可免除;二是在我国沿海勘探、开采石油的外国籍工程船所携带的小型供应船、交通船,可以免除。

(2)非强制性引航,也称服务性引航。在强制引航区以外水域航行,是否申请引航以及引航距离和地段由船长决定。如果外国籍船舶的船长对有关航区的水文、气象、潮流、航道等情况不熟悉,绝大多数情况下会为了安全起见而申请引航。

我国的引航员完全由中国公民担任。引航工作必须由经考试合格,持有中华人民共和国引航员证书的引航员进行。按照《海商法》第39条、《海上交通安全法》第31条,船长管理和驾驶船舶的责任,不因引航员的引领船舶而解除。根据《船舶引航管理规定》,如果船长发现引航员的指令可能对船舶安全构成威胁,可以要求引航员更改指令,必要时可要求更换引航员。引航员在执行职务中由于自身的过失造成他人损害的,不承担民事赔偿责任,而由船舶所有人负责。但这一做法不影响船舶所有人向保险人索赔的权利,也不排除引航员受行政或刑事处分。

3. 联合检查制度

我国《海关法》《进出口船舶、船员、旅客、行李检查暂行通则》《国际航行船舶进出中华人民共和国口岸检查办法》以及其他有关法律、法规规定了船舶联合检查制度,即进出中华人民共和国口岸的国际航行船舶及其所载船员、旅客、货物和其他物品,由当地港务监督机关负责组织,海关、边防检查机关、卫生检疫机关、动植物检疫机关等参加实施检查。目的在于保护船舶的航行安全,维护国境治安,查禁走私,使之有利于船舶进出港口和对外贸易的开展。

第二节　船舶所有权

一、船舶所有权概述

(一)船舶所有权的定义和权能范围

对于所有权,有概括式和列举式两种定义方式。我国立法一般采取列举式,从其权能范围角度进行定义。《海商法》也是如此，第 7 条将"船舶所有权"定义为"船舶所有人依法对其船舶享有占有、使用、收益和处分的权利"。

船舶所有权的权能可分为积极权能和消极权能两方面。

1. 船舶所有权的积极权能

积极权能包括占有、使用、收益和处分四项，但应指出的是，船舶所有权的本质是船舶所有人对船舶依法享有的终极支配权，并非各项权能的简单相加。即使船舶所有权的一项或数项权能分离出去，也并不导致船舶所有人丧失其所有权，而这种权能的分离倒恰恰是船舶所有权行使的正常状态。

（1）占有权。对于船舶所有权而言，占有权表现为船舶所有人直接或间接地对船舶的掌握和控制。在现实中，船舶所有人不占有船舶的情况十分常见，例如船舶租赁、委托经营等，船舶由租船人和经营人实际占有。即使船舶所有人直接占有船舶，这种占有也与一般财产的占有有所不同。由于船舶常年在海上移动，船舶所有人很难时时了解船舶情况，并对驾驶和管理船舶的船员发出具体指令。因此，这种占有在很大程度上是通过船长、船员等雇员来实现的，船长拥有很大的决断权力，特别是在过去通讯不发达的年代。随着现代通讯技术和船舶代理的发展，船舶所有人对船舶的控制能力不断增强，船长权力逐渐缩减，但由于船舶的国际流动性，船舶所有人间接控制船舶的基本状况不会发生根本改变。这使得船舶所有人很难如陆上财产所有人那样，对海上风险的发生、防范和抵御进行有效控制，因而出现了船舶所有人对其雇员的某些过失导致的货物损失不承担赔偿责任的规定。

（2）使用权。使用权是指船舶所有人对船舶按其性质和用途加以实际利用的权利，这种使用可分为船舶所有人使用和非船舶所有人使用两种情况。在大多数情况下，船舶是由非所有人使用的，因为船舶所提供的主要是运输服务，只有在船舶为他人使用的情况下才能获取服务费用。例如将船舶的部分或全部舱位提供给货主装载货物，将船舶出租给他人从事运输服务等。

（3）收益权。这是指通过船舶的使用获得经济利益的权利。海商法所规范的船舶主要是用于商业用途，因此获取经济收益是船舶所有人的主要目的。船舶收益主要是船舶所产生的法定孳息，包括运费、租金等。对船舶的收益权也可以由非所有人行使，例如定期和光船租赁情况下，船舶的承租人可以获取船舶的营运收益，而与此同时，船舶所有人可以获取船舶的出租收益，对船舶的收益权由二者共同享有。

（4）处分权。这是指对船舶依法加以处置的权利。它包括事实上的处分，如对船舶的改造、拆解等，以及法律上的处分，如出租、转让、抵押等。由于处分权被认为是所有权的核心内容，因此一般情况下处分权只能由船舶所有人行使。

2. 船舶所有权的消极权能

船舶所有权的消极权能是指排除他人非法干涉的权利，是所有权绝对性的体现。这种权利平时隐藏，只在存在非法干涉的情况下才会表现出来。

（二）船舶所有权的主体

许多国家立法规定，本国船舶的所有权人必须是本国人，包括自然人和法人，如果是法人则还有本国资本所占最低比例的限制。

由于我国经济制度的特点，使得国家从经济意义上讲是许多船舶的最终所有权人。《海商法》第 8 条规定："国家所有的船舶由国家授予具有法人资格的全民所有制企业经营管理的，本法有关船舶所有人的规定适用于该法人。"但应注意的是，这里所说的"国家所有"并非法律意义上的所有权关系，而是经济意义上的。船舶所有权登记中，只会将所有权人登记为有关企业，但国家可以通过股权来控制企业以及船舶。

现实中船舶所有权可能是单一所有，也可能是共同所有。共有船舶按照当事人之间的协议，可以是按份共有，也可以是共同共有。按照《民法典》第 308 条的规定，如果对船舶的共有关系没有约定是何种共有形式，则应认为是按份共有，其份额按照出资额确定。并且，按照《海商法》第 10 条，这种共有关系应进行登记，否则不能对抗第三人。

在实践中，与船舶所有权主体相关联的还有船舶经营人、船舶管理人等概念。船舶经营人（Ship Operator）这一用语在国际公约中很常见，我国《海商法》也予以接受，但未加以定义，其范围很不明确。按照《1986 年联合国船舶登记条件公约》，经营人是指"所有人或光船承租人，或经正式转让承担所有人或光船承租人的责任的其他任何自然人或法人"。因此，船舶经营人可以是船舶所有人、光船承租人或者其他人，他应当是实际占有、控制船舶、获取收益以及承担船舶所有人责任的人。

船舶管理人（Ship Manager）是指从事船舶管理的专业公司，管理人一般根据与所有人的协议为船舶提供船舶机务、配员、安全等方面的管理服务，并收取相应费用。一些较小的航运企业或对航运业不太熟悉的企业，在管理船舶方面往往经验欠缺，而船舶管理人则可以提供这方面专业服务，这体现了航运业专业分工日趋细化的特点。船舶管理人不从事船舶经营，也不从船舶的运营中获取收益，而只是根据服务收取费用，因此也不承担任何船舶所有人或经营人的义务和责任。

（三）船舶所有权的客体

船舶所有权的客体是船舶，但船舶是合成物，由众多不同的物件、物料结合而成，因此必须确定船舶系由哪些部分组成。一般认为，凡是航行和营业必需的一切设备和属具，均是船舶的一部分，概括起来主要有三个部分：一是船体，即船舶主体，它主要由船舶骨架、外板、甲板和主机、辅机等机械构成，是船舶最主要的部分。二是设备，指船舶在航行及营业上所必需的一切设备，如货舱、客舱、通讯设备、卫生设备、消防设备、排水设备等。三是属具，指附属于船舶并能够与船舶分离的各种用具，包括锚、救生艇、缆绳等。相对船体而言，设备和属具作为船舶的辅助设备，都属于船舶所有权范围。在所有权转移、投保、委付时，设备和属具与船体一起包括在内，但习惯认为供船员生活的粮食、蔬菜等给养品，不应被视为船舶所有权的范围。

建造中的船舶尚不具备船舶的形体和航行功能，因此本不应构成海商法上的船舶，如果造船材料、船载设备系由订购人提供，则订购人可享有这些材料、设备的所有权。但由于船舶建造需要融资，如果允许就其所有权进行登记，则可使设定船舶抵押权更为便利，因此建造中的船舶在成立所有权问题上常被视为海商法上的船舶。为了统一各国在建造中的船舶权利登记方面的法律规定，《1967年建造中船舶权利登记公约》规定，造船合同订立或建造者声明已决定建造一船舶时起，应允许进行权利登记，但各国也可立法规定以安放船舶龙骨作为权利登记的条件。该公约虽然未能生效，但对各国立法产生了很大影响。我国《船舶登记条例》也允许就建造中的船舶进行所有权登记，并且在实践中也是以安放船舶龙骨作为所有权登记的条件。

二、船舶所有权的取得

基于所有权取得所依据的法律事实不同，船舶所有权的取得可以分为原始取得和继受取得（所有权转移）。

（一）原始取得

船舶所有权的原始取得是指不基于任何人的所有权，而是由于一定的法律事实，法律确认所有权关系的最初发生。它还可以进一步分为法定的原始取得和约定的原始取得。法定的原始取得是指通过捕获、征用、没收、强制出售等公法行为取得船舶所有权，而约定的原始取得则主要是指通过建造和购买等私法行为取得船舶所有权。

在一般情况下，约定的船舶所有权原始取得均系就新造船舶取得所有权，造船人和购船人订立船舶建造合同，约定船舶技术标准，造船人根据合同建造、交付船舶，购船人支付价款。这种建造合同在性质上属于承揽合同，具体还可分为加工和定作两种具体情形，前者系指建造材料主要由购船人提供，而后者建造材料由造船人自行提供。实践中，有许多船舶建造合同也被命名为"船舶买卖合同"，这导致在适用法律时产生分歧和混乱。有些学者认为应依据当事人的意思来确定合同的性质，如果当事人重在船舶建造及进度和质量，则应认为是承揽合同；如果当事人重在船舶所有权的转移和船舶交付，则应认为是买卖合同；如果当事人意思不明，则可解释为承揽买卖混合合同。① 我们认为，如果建造材

① 参见赵德铭主编：《国际海事法学》，北京大学出版社1999年版，第73页。

料由购船人提供，则船舶建造合同应为承揽合同；如果建造材料由造船人提供，则其为承揽买卖混合合同，其中承揽合同性质居于主导。

（二）继受取得（所有权转移）

船舶所有权继受取得是指以原所有权为基础，基于一定法律行为或事实而取得船舶所有权，这实际上是船舶所有权的转移。它也可以分为法定的继受取得和约定的继受取得两种方式。法定的继受取得主要体现为继承、承受等，而约定的继受取得主要体现为船舶买卖、赠与、互易、保险委付等，约定的继受取得也被称为船舶所有权的转让。

船舶所有权的转移可以是全部转移，也可以是部分转移。根据我国《海商法》第9条的规定，"船舶所有权的转让，应当签订书面合同"。因此，船舶买卖、赠与、互易、保险委付①等应当采取书面形式，但这并不意味着欠缺书面形式就必然导致合同无效。根据《合同法》第36条，"法律、行政法规规定或当事人约定采用书面形式订立合同，当事人未采用书面形式但一方已经履行主要义务，对方接受的，该合同成立"。《海商法》中还有数种情况，如航次租船合同、定期租船合同、光船租船合同、拖航合同等，要求合同采取书面形式，均可依此理解。

《海商法》对船舶所有权转移的生效时间并无规定，可适用其他相关法律来确定。根据《民法典》，在一般情况下，财产所有权从交付时起转移，但法律另有规定或当事人另有约定除外。船舶买卖、赠与、互易的，船舶所有权自交付转移较易确定，而在保险委付情况下，有时船舶处于无法为所有人占有的状态，无法进行实际交付，则船舶所有人将权益转让书送达给保险人时起，应认为所有权转移。

三、船舶所有权的消灭

船舶所有权的消灭，是指基于一定法律事实的发生，船舶所有人丧失对船舶的所有权。船舶所有权消灭的原因可分两类，即船舶所有权的相对消灭和绝对消灭。

（一）船舶所有权的相对消灭

船舶所有权的相对消灭是指船舶作为所有权客体仍存在，但权利主体发生了变更，对于原船舶所有人而言，所有权消灭，不复存在。它还可以区分为因私法上的原因导致的相对消灭和因公法上的原因导致的相对消灭。

导致船舶所有权相对消灭的私法原因主要有：船舶的买卖、继承、赠与、互易、保险委付、法院强制拍卖等。为行使海事债权，债权人依法申请法院扣押船舶，如果船舶所有人未提供满意的担保时，船舶可被法院强制拍卖，船舶所有人即丧失其所有权。

导致船舶所有权相对消灭的公法原因主要包括：被国家捕获、征用、没收等。捕获是

---

① 保险委付制度具体参见本书第十三章。

指战时船舶被敌国捕获，成为敌国财产，原所有权人丧失其权利。征用是指因某种公共需要或特殊原因，船旗国强制剥夺船舶所有人的所有权。没收则是由于船舶所有人的行为违反国家刑法或行政管理法而导致船舶被收归国有，所有人丧失了其所有权。

（二）船舶所有权的绝对消灭

船舶所有权的绝对消灭是指船舶在形体上不复为所有人所能占有，不能再发挥其作为船舶的功能。其原因主要包括：

（1）船舶灭失。船舶灭失是指船舶拆解和船舶沉没，船舶沉没并不意味着船舶就已经灭失，在一定时期内，船舶所有人可以对其进行打捞修复，无法打捞并超过法定期限时才作为船舶灭失处理。

（2）船舶失踪。根据我国《船舶登记条例》第 40 条的规定，船舶灭失和失踪的法定期限为 3 个月，船舶所有人应办理注销登记。

（3）船舶失去原形体、功能。如果船舶遭遇重大事故，导致毁损严重，无法修复，不再作为船舶发挥其功能，则其不再属于船舶范畴，船舶所有权自然也应消灭，但对船舶残骸，船舶所有人仍具有一般财产所有权。

（4）抛弃所有权。财产所有人在法律允许范围内，可以主动放弃财产所有权，导致所有权消灭。但应注意的是，弃船和抛弃船舶所有权是两个不同的概念，弃船是在船舶遭遇危险并无法脱险情况下，船长和船员撤离船舶的应急措施，系为保全人命，而非处分船舶所有权的行为。

四、船舶所有权的登记

船舶在物理上属于动产，但由于价值巨大，被作为不动产处理，采取权利登记制度。对于船舶所有权，有些国家实行登记生效主义，即船舶所有权的取得、变动和消灭以登记为生效要件，例如希腊等。而有些国家则实行登记对抗主义，不登记并不影响该法律行为的效力，但不能对抗第三人，如日本、韩国等。

我国在船舶所有权登记问题上采取的是登记对抗主义，《海商法》第 9 条规定："船舶所有权的取得、转让和消灭，应当向船舶登记机关登记；未经登记的，不得对抗第三人。"第 10 条规定船舶共有情况也应登记，否则也不能对抗第三人。不仅限于船舶所有权，在其他船舶权利变动问题上，我国同样贯彻了登记对抗主义。

登记对抗主义中的第三人，是指船舶所有权变动所涉及的当事人之外的人，如船舶转让交易双方之外的第三方，再如船舶共有人之外的其他人。但此种第三人应在主观上为善意，即对于船舶所有权登记内容与实际状况不相符的事实毫不知晓，如果第三人明知此种不符仍进行交易，则应视为恶意，船舶所有人仍可主张对抗。

【案例研习 2-1】

王某珍、荆州市源琪运贸有限公司诉杨某山、车某君船舶所有权纠纷案①

2006 年 10 月 8 日，王某珍与杨某山签订船舶买卖合同，约定王某珍将租给杨某山的"鄂荆州货威龙 89"轮卖给杨某山，船价为 45 万元人民币。合同签订后，杨某山分别在 2006 年 11 月 30 日和 12 月 8 日向王某珍支付购船款 3 万元和 7 万元。2007 年 1 月 18 日，杨某山向王某珍发出通知称：其已经履行了合同的全部义务，要求王某珍办理过户手续。2006 年 12 月 2 日，杨某山与车某君签订船舶买卖协议，约定：杨某山将其所属的"鄂荆州货威龙 89"轮卖给车某君，船价为 51 万元人民币。同日，车某君一次性付清全部购船款，杨某山将证书和船舶交付车某君占有使用。

经查明，该轮船舶所有权登记证书及船舶营业运输证载明：该船舶所有人为荆州市源琪运贸有限公司（以下简称源琪公司）。源琪公司出具证明及声明：该船舶登记所有人虽为源琪公司，但实际出资人为王某珍，源琪公司授权实际出资人王某珍享有该轮的所有权益。地方海事局出具证明证实：该船舶系王某珍所有，为在符合国家规定的条件下取得《水路运输许可证》及《船舶营业运输证》，而令该船舶挂靠在源琪公司，但该船舶实属王某珍个人所有。原告王某珍与源琪公司向海事法院提起诉讼，请求确认原告王某珍对"鄂荆州货威龙 89"轮的实际所有权及源琪公司对该轮的登记所有权。

法院经审理认为，《海商法》第 9 条规定："船舶所有权的取得、转让和消灭，应当向船舶登记机关登记；未经登记的，不得对抗第三人。"被告车某君签订合同后，未向船舶登记机关办理登记，涉案船舶仍登记在源琪公司名下，因此，该所有权转移的效力仅在被告杨某山与被告车某君之间存在，不具有对抗第三人源琪公司和王某珍的法律效力，法院确认船舶所有权应归属原告王某珍。

第三节　船舶抵押权

在航海技术不发达的年代，海上航行属于冒险事业，为获得远航贸易的资金，船舶所有人以船舶和货物为抵押物进行贷款，这就是早期的船货抵押贷款制度，它是现代船舶抵押制度的起源。在今天，以船舶为担保是船舶所有人获得船舶建造和营运贷款的主要方式，船舶抵押权制度直接关系到航运企业的经营和发展，也关系到一国航运业和贸易活动

①　参见青岛海事法院（2007）青海法烟海商初字第 45 号民事判决书。

的发展。

一、船舶抵押权概述

（一）船舶抵押权的概念

抵押是债务人或第三人以不动产或特定动产向债权人提供债务清偿担保的法律行为，债权人由此取得的担保权利为抵押权。如果债务人到期不能清偿债务，抵押权人可以通过对抵押物进行折价、拍卖或变卖等方式获得优先受偿。船舶抵押权是对民法抵押权制度在海商法领域具体的适用，二者并无根本区别。根据《海商法》第11条，"船舶抵押权，是指抵押权人对于抵押人提供的作为债务担保的船舶，在抵押人不履行债务时，可以依法拍卖，从卖得的价款中优先受偿的权利。"

与其他船舶担保物权相比，船舶抵押权有如下一些特征：（1）非占有性，即船舶抵押权人无须占有船舶，而以登记作为公示方法，以充分发挥船舶使用权能，获得收益。（2）意定性，指权利须经当事人主观意思创设。（3）物上代位性，即船舶抵押权的效力可及于船舶的代位物上，一般包括保险赔偿金、损害赔偿金等。（4）不可分性，即船舶抵押权所担保的系债权的全部并及于抵押船舶的全部。即使债权数额因清偿而减少或债权因分割而转变为数个，该变化的债权仍得到全部船舶价值的担保。

（二）船舶抵押权的主体

1. 船舶抵押人

船舶抵押人是指以自己所有的或有处分权的船舶为债务人的债务进行抵押担保的人。我国《海商法》第12条规定："船舶所有人或者船舶所有人授权的人可以设定船舶抵押权。"在航运领域，船舶所有权和经营权发生分离的情况时有发生，船舶经营人可以在所有权人授权范围内对船舶进行处分，包括设立抵押。

对于船舶所有人设定船舶抵押权，引起较多争议的是船舶共有情况下的抵押设定。我国《海商法》第16条规定："船舶共有人就共有船舶设定抵押权，应当取得持有三分之二以上份额的共有人的同意，共有人之间另有约定的除外。"

除了债务人以自己所有的船舶设定抵押权以外，抵押人也可以是第三人，以其所有或有权处分的船舶为债务人的债务提供抵押担保，在民法理论中，该第三人也被称为物上保证人。在航运领域，为了减少经营风险，出现了大量的单船公司，即船舶所有人就每一条船分别成立公司，这样一旦有一条船出现债务问题，不会导致其他姐妹船也牵连被扣押或用于清偿债务。而单船公司的经营实力较弱，在发生债务时可能就需要以姐妹船做抵押担保。此外，船舶所有人从经营的全局考虑也会让姐妹船之间相互担保，或为其他经营业务做担保。

2. 船舶抵押权人

根据我国担保法理论和相关法律，抵押权绝对地附随于主债权，故而船舶抵押权人和债权人是同一的。

（三）担保债权范围

对于船舶抵押权担保的债权范围，我国《海商法》并未作出明确规定，根据《民法典》第 389 条的规定，当事人可在抵押合同中约定抵押权所担保的债权范围，如果没有约定，则包括主债权及利息、违约金、损害赔偿金和实现抵押权的费用等。其中主债权是抵押权担保的当然范围，无论抵押合同是否对其做出明确约定，主债权都是抵押担保的对象。就船舶抵押权而言，主债权多数情况下为建造或购买船舶融资贷款合同的本金，但也可能是其他形式的金钱债权，例如船舶营运所需的周转资金贷款、银行为海损事故、扣船等提供的担保等。船舶抵押权所担保的主债权数额多少，应根据抵押合同的规定确定，如果在船舶登记机关进行了登记，则应以登记数额为准。双方当事人对主债权进行变更的，也应当对抵押登记进行变更，否则不能对抗第三人。

（四）船舶抵押权标的范围

1. 船舶

如船舶所有权范围一样，船舶抵押权标的的范围也及于船舶整体，包括船体、设备和属具。建造中的船舶严格讲并不属于船舶，因为它尚不具备船舶航行特性，甚至不具备形体，但在船舶抵押问题上将其作为船舶处理。这是因为船舶建造需巨额资金，一般要向银行融资，允许以建造中的船舶为抵押，可以促进本国航运业和造船业的发展。我国《海商法》第 14 条规定："建造中的船舶可以设定船舶抵押权。"根据《船舶登记条例》第 20 条的规定，抵押人和抵押权人可以持船舶所有权证书或船舶建造合同以及船舶抵押合同申请船舶抵押登记，从这一规定来看，船舶所有权登记并非船舶抵押权登记的前提条件。对于建造中的船舶何时起可以设定船舶抵押权，《海商法》和《船舶登记条例》未作出直接规定，从《船舶登记条例》第 20 条来看，只要签订了船舶建造合同就可以申请抵押登记。

2. 孳息

孳息是指从某物中分离出来的被社会习惯视为该物收益的部分，可分为天然孳息和法定孳息。船舶的孳息仅为法定孳息，是抵押人通过船舶与第三人发生一定的法律关系所取得的收益，一般表现为抵押船舶的运费和租金收入以及抵押船舶从事海上救助取得的救助报酬。

法定孳息从本质上说是抵押人对抵押物经营的结果，各国立法一般规定法定孳息原则上不应为抵押权效力所及，在特定情况下，如抵押权人依法扣押抵押物，抵押权方及于法定孳息。我国《海商法》对船舶抵押权效力能否及于法定孳息未做规定，而《民法》第412条规定："债务人不履行到期债务或者发生当事人约定的实现抵押权的情形，致使抵押财产被人民法院依法扣押的，自扣押之日起抵押权人有权收取该抵押财产的天然孳息和法定孳息。"可以理解为虽已产生但抵押人尚未收取的以及未来产生的法定孳息。

3. 船舶的代位物

船舶的代位物是指因船舶发生毁损或价值形态的变化而使抵押人获得的代替船舶价值形态的其他物。这种价值形态转化主要有两种情况，一是因抵押物的绝对灭失，包括抵押物事实上的灭失（如船舶被焚毁）和法律上的灭失（如船舶被国家征用），二是因抵押物的相对灭失（如船舶被转让）。

我国《民法典》第390条规定："担保期间，担保财产毁损、灭失或者被征收等，担保物权人可以就获得的保险金、赔偿金或者补偿金等优先受偿。"因此，代位物的具体表现主要包括船舶损毁的保险赔偿金[1]、损害赔偿金、国家征用船舶的补偿金。此外，船舶在发生海损情况下，船舶形体发生变化，不再具备船舶一般形态和航行功能，已丧失船舶的实质内涵，相关船舶登记已虚化。但残骸属于船舶价值形态的一种变化，也应当是船舶的代位物。对于船舶变卖价款上能否成立物上代位，各国规定不同。根据我国《民法典》第406条的规定，"抵押人转让抵押财产的，应当及时通知抵押权人。抵押权人能够证明抵押财产转让可能损害抵押权的，可以请求抵押人将转让所得的价款向抵押权人提前清偿债务或者提存"。船舶抵押权人在船舶被转让时可要求抵押人将价款提存，以便在债权到期时，可对之行使物上代位权。

根据我国《民法典》和《海商法》的规定，抵押权物上代位只适用于抵押物灭失情况，即船舶实际全损、被征用或转让。而对于船舶推定全损和部分损失则不适用物上代位，船舶抵押权效力不及于此类赔偿金。对于抵押人因船舶推定全损和部分损失而获得的保险赔偿金、损害赔偿金以及共同海损分摊等，船舶抵押权人不能优先受偿，但可要求抵押人恢复船舶价值，或者提供相当的担保。

二、船舶抵押权的取得、转移和消灭

（一）取得

船舶抵押权的取得是指因法律行为或事实而获得船舶抵押权，在我国现行立法中，取得抵押权的最主要方式是通过抵押合同设定抵押权。根据《海商法》第12条的规定，"船舶抵押权的设定，应当签订书面合同"。

---

① 《海商法》第20条也规定："被抵押船舶灭失，抵押权随之消灭。由于船舶灭失得到的保险赔偿金，抵押权人有权优先于其他债权人受偿。"

（二）转移

船舶抵押权的转移是指抵押权人发生变更，对于新抵押权人而言是抵押权的取得，而对于原抵押权人则是抵押权的丧失。抵押权作为担保物权，可以随主债权的转移而转移。《海商法》第18条规定："抵押权人将被抵押船舶所担保的债权全部或部分转让他人的，抵押权随之转移。"

（三）消灭

船舶抵押权的消灭是指抵押权不复存在，从而绝对消灭。一般而言，船舶抵押权的消灭主要有以下几种情形：

（1）因主债权消灭而消灭。由于船舶抵押权的从属性，被担保的主债权消灭的，抵押权自然随之消灭，如主债权因履行、抵销、混同、免除等消灭。

（2）因抵押船舶灭失而消灭。《海商法》第20条规定："被抵押船舶灭失，抵押权随之消灭。"这是由于抵押权的存在必须以抵押物为条件，抵押物灭失，抵押权也就失去了担保受偿的基础。

（3）因抵押权行使而消灭。如果债务人逾期不履行债务，被抵押船舶经过折价转归债权人、变卖或拍卖，即使主债权未获得足额清偿，船舶抵押权都归于消灭。

三、船舶抵押权的登记

船舶作为特殊的动产，设定抵押权无须转移占有，船舶所有人可以继续营运船舶获得收益，并可进行处分，如果不要求它采取一定的公示方法，必然致使第三人无法知晓船舶权利状况，损害第三人利益，危及交易安全。一般而言，抵押权的公示方法采取登记方式。

对于船舶抵押登记的效力，在立法上主要有两种做法，一是登记成立主义，另一是登记对抗主义。根据登记成立主义，物权变动未经登记不发生权利变动的效果，船舶抵押不登记则抵押权不成立。而根据登记对抗主义，物权变动虽未经登记也可发生权利变动的效果，但不登记不得对抗第三人。对于船舶抵押，德国、荷兰、希腊、挪威等国采取登记成立主义，而法国、日本、我国则采取登记对抗主义。登记成立主义的优点主要在于简单明白，债权人在船舶登记机关查阅船舶登记簿即可了解船舶上的权利状况，但也存在不便之处，即无论债权大小，期限长短，债务人清偿能力强弱，均不准当事人自行斟酌协商，都必须进行登记，否则不受法律保护，未免过于严苛麻烦。登记对抗主义的优缺点正相反，允许当事人自己决定是否登记，方便了交易，但由于可能有部分抵押权未登记，使船舶上的权利状况无法从船舶登记簿中获得全面了解。

我国《海商法》第13条第1款规定："设定船舶抵押权，由抵押权人和抵押人共同向船舶登记机关办理抵押权登记，未经登记的，不得对抗第三人。"这是典型的登记对抗主义。这里的第三人应指未登记和登记顺序在后的船舶抵押权人和继受取得的船舶所有权人。并且，此第三人应当为善意，对于恶意第三人，仍可产生对抗效力。除了船舶抵押权的设定外，根据《船舶登记条例》的规定，抵押权的转让和消灭也需要履行登记手续。抵押权转让系权利主体的变更，应进行变更登记，而抵押权消灭则要进行注销登记，不经登记同样不得对抗第三人。

四、船舶抵押权的行使

船舶抵押权担保的主债权到期未获清偿的，抵押权人可以行使其抵押权。一般情况下，抵押权通过拍卖被抵押船舶来行使，从拍卖价款中优先获得清偿。我国《海商法》第11条规定："船舶抵押权，是指抵押权人对于抵押人提供的作为债务担保的船舶，在抵押人不履行债务时，可以依法拍卖，从卖得的价款中优先受偿的权利。"该条明确指出拍卖是行使船舶抵押权的方式，但拍卖不是抵押权的唯一行使方式，还存在折价和变卖两种方式。《民法典》第410条规定："债务人不履行到期债务或者发生当事人约定的实现抵押权的情形，抵押权人可以与抵押人协议以抵押财产折价或者以拍卖、变卖该抵押财产所得的价款优先受偿。"

折价方式是指船舶抵押权人和抵押人协议，按照抵押船舶的市场价格或由双方共同委托的估价机构对船舶的实际价值进行评估，以双方均认可的价格将抵押船舶的所有权由抵押人转让给抵押权人，从而全部或部分地了结双方的债权债务关系。由于船舶抵押权人往往是银行等金融机构，他们不能从事船舶的营运，因此并不便于作为船舶所有权人，最终还是要通过拍卖、变卖等方式将船舶再转让给其他人，因此折价方式的采用并不普遍。此外，折价方式行使船舶抵押权的，必须是船舶之上只有一个抵押权。抵押权人折价受让船舶，还需要办理船舶所有权的登记，并且要注意审查船舶上是否附着有船舶优先权。

拍卖方式是船舶抵押权行使的通常方式。由于拍卖是公开竞价，因此能够使船舶价值获得充分体现，有利于维护抵押人的利益。实践中，拍卖存在自愿拍卖和强制拍卖两种情形。自愿拍卖是船舶抵押人委托拍卖机构进行拍卖，而强制拍卖则是由司法机关委托拍卖机构进行的拍卖。

变卖方式也是通过船舶抵押权人和抵押人协议将船舶出售，以价款清偿债务的方式，但与拍卖不同的是，变卖不是公开竞价，而是与第三人进行谈判确定价格。这种方式相对简便，交易成本低，但不利于充分维护抵押人利益，在实践中可作为拍卖方式的补充。

以上三种行使方式都可以根据船舶抵押权人和抵押人的协议进行，但也有一些情况下，双方当事人无法达成协议，而只能向法院起诉，由法院判决。

五、船舶抵押权的受偿顺序

由于船舶抵押权无须占有船舶，因此在同一船舶之上可能存在多个抵押权，当船舶价款不足以满足所有抵押债权时，就必须确定这些抵押权应当按照何种顺序依次受偿。一般情况下，船舶抵押权的受偿顺序可根据以下规则确定：

第一，已登记船舶抵押权优先于未登记船舶抵押权。由于未登记船舶抵押权不具有对抗效力，因此，即使已登记船舶抵押权在后成立，也应优先受偿。

第二，登记在先，顺序在先。根据各国一般做法，船舶抵押权登记在先的在受偿顺序上也先于登记在后的船舶抵押权。如果船舶抵押权在同一天登记，大多数国家规定彼此间处于同一顺序受偿，我国《海商法》亦如此规定；但也有国家严格遵循时间先后顺序，即使同一天也不例外，如英国、巴拿马、西班牙等国。关于登记时间有当事人申请登记时间和登记机关在登记簿作出记载时间的区别，相较而言，以登记申请时间为登记时间较为合理。我国《船舶登记条例》第24条规定："同一船舶设定两个以上抵押权的，船舶登记机关应当按照抵押权登记申请日期的先后顺序进行登记，并在船舶登记簿上载明登记日期。登记申请日期为登记日期；同日申请的，登记日期应当相同。"

第三，未登记船舶抵押权按照债权比例受偿。

【案例研习 2-2】

北欧商业银行—欧洲银行诉佛他贸易有限公司船舶抵押权案①

原告北欧商业银行—欧洲银行和案外人海洋资源贸易商业公司（以下简称资源公司）于1999年签订贷款协议，兰德尔公司作为担保人将"凤凰"轮抵押给原告并办理抵押登记，后因资源公司未能归还原告贷款，原告于2001年向法国巴黎商业法庭提起诉讼并胜诉。

"凤凰"轮船籍国为圣文森特和格林纳丁斯，所有人为兰德尔公司，原告为"凤凰"轮第一优先顺序抵押权人。"凤凰"轮2003年被朝鲜罗津法院扣留，2004年被拍卖给朝鲜罗津石油公司（以下简称罗津公司）。但拍卖后，"凤凰"轮在圣文森特和格林纳丁斯的抵押登记和船舶注册登记均未注销。2005年罗津公司将"凤凰"轮更名为"罗津"轮并在朝鲜海事局办理了临时登记，朝鲜海事局向罗津公司颁发了没有第三人索赔证书，该证书记载，"罗津"轮"自登记之日起不存在任何的抵押权和

① 参见天津海事法院（2005）津海法商初字第401号民事判决书、天津市高级人民法院（2006）津高民终字第95号民事判决书。

第三人的索赔"。2005年6月罗津公司与被告佛他贸易有限公司签订"罗津"轮买卖合同，将"罗津"轮转让给被告，被告将该轮更名为"联盟"轮并于2005年7月在伯利兹国际商船登记处办理了船舶登记。

因资源公司未履行巴黎商业法庭的上述判决，原告以行使船舶抵押权为由，于2005年6月24日申请天津海事法院扣押"联盟"轮，请求实现其船舶抵押权。

法院审理认为，法院拍卖船舶不同于通常的商业买卖，买受人通过法院强制拍卖程序购买船舶属于原始取得，买受人对依附于原船舶上的各种债务不承担任何责任。罗津公司拍得"凤凰"轮后，朝鲜海事局颁发了没有第三人索赔证书，"凤凰"轮原有船舶抵押权已经消灭。根据《海商法》规定，抵押权人既可以自行申请法院拍卖抵押船舶，也可以在其他债权人已经提起的拍卖程序中进行债权登记，从拍卖价款中优先受偿，无论其债权是否得到满足，均属抵押权的实现，其未满足的部分债权成为普通债权。原告未在朝鲜罗津法院拍卖"凤凰"轮时主张并实行其抵押权，则原告丧失了实现其抵押权的唯一机会，其抵押权应随朝鲜罗津法院拍卖船舶程序的结束而消灭。朝鲜罗津法院拍卖"凤凰"轮后，"凤凰"轮原所有人兰德尔公司应办理"凤凰"轮抵押权的注销登记，但其不办理抵押权的注销登记并不影响"凤凰"轮抵押权依法消灭。判决驳回原告诉讼请求。

第四节　船舶优先权

船舶优先权是一种非常特殊的担保权利，一般认为它与船舶抵押权同样都源自古代的"船舶抵押冒险贷款"制度。在不同的国家，船舶优先权所担保的债权范围、船舶优先权标的范围等存在很大差异，但其立法目的都是为体现一定的公共政策，维护特定债权人的利益，进而保障航运事业的发展。

一、船舶优先权概述

（一）概念

船舶优先权在不同的国家有不同的称谓，如《德国商法典》称之为"法定质权"，《法国商法典》称之为"优先权"，《日本商法典》称为"先取特权"，希腊《海事私法典》称为"海上留置权"，而英美法系国家则称为"Maritime Lien"，可直译为"海上留置权"或"海事留置权"，目前三个关于船舶优先权的国际公约英文本均使用"Maritime Lien"一词，法文本则使用"Privilège Maritime"一词。我国《海商法》使用"船舶优先权"这一用语，它与众多国际海事条约中使用的，为国际社会广为接受的 Maritime Lien 是相对应的，其基本特征都是担保特定种类债权优先受偿。

由于各国立法的差异，很难给船舶优先权下一个统一的定义，我国《海商法》第 21 条规定："船舶优先权，是指海事请求人依照本法第 22 条的规定，向船舶所有人、光船承租人、船舶经营人提出海事请求，对产生该海事请求的船舶具有优先受偿的权利。"

（二）法律性质

船舶优先权的法律性质问题，在国内外理论界和司法实务界长期存在争议。许多英美学者认为它是一种程序性权利，我国学界主流观点认为它是一种实体性权利。在持实体权利说的学者中，有的认为它是担保物权，也有认为它是具有优先受偿力的特殊债权，还有认为它是海商法中的一种法定优先受偿权利。

（1）债权说。债权说认为，船舶优先权系基于船舶而产生的特定债权，因法律的规定，就该船舶及附属物享有的优先受偿权利。其成立既不必登记，也不必占有，不具有物权的公示性特点，因此不属于担保物权。

（2）物权说。物权说认为，船舶优先权具有追及性、法定性等物权的基本特征，目的在于担保特定债权人就标的物的拍卖价金有优先受偿之权，因此是一种担保物权。

（3）债权物权化说。这一观点认为，上述债权说和物权说均有缺点，不能说明船舶优先权的性质。债权说仅注意船舶优先权系独立发生的权利，不像担保物权具有从属性，而忽略其优先性和追及性；而物权说则相反，仅注意其物权效力。船舶优先权的产生基于契约、侵权行为和准契约，因此是特定债权，法律明文规定其具有担保物权的效力，因此是债权的物权化。

（4）法定权利说或特殊制度说。这种观点认为船舶优先权既不是债权，也不是物权，它是海商法中特有的制度，不能用民法中物权和债权的理论来解释。船舶优先权的产生和发展取决于海上运输的特殊性，它是法律规定的，不是当事人合意的，是法律赋予的一种非独立的特权，"非独立"是指优先权不能离开特定债权存在，而"特权"则指其高于一般债权的地位。

从各国立法和国际公约规定来看，大多持担保物权观点。船舶优先权性质为物权的理由在于它符合物权的基本特征。首先，在权利发生上，物权实行法定主义，船舶优先权无疑是一种法律特别规定的权利，海商法对其项目、内容、效力等均有规定，当事人不能任意创设变更。其次，在权利的标的上，物权的标的是物，而债权的标的是行为，船舶优先权的标的不是行为而是特定的海上财产。再次，在权利内容上，物权的内容，体现为对物的管领和支配的权利，其实质是一种支配权；而债权的内容则体现为权利主体请求他人为或不为一定行为的权利，其实质是一种请求权。船舶优先权的内容显然不是请求债务人为或不为一定行为，它的内容是间接支配标的物——船舶以保证自己的债权优先得到清偿。第四，在权利义务主体上，物权的权利主体是特定的，而义务主体是不特定的；债权的权利主体和义务主体则都是特定的。船舶优先权的权利主体是特定的几类债权人，而义务主体则不特定，不仅包括船舶所有人、租船人、经营人、管理人，还包括不知情的船舶购买人等。第五，在权利的优先效力上，物权具有优先性，而债权则不具有，物权的优先效力体现在两个方面，一是当物权与债权并存于同一标的物之上时，物权优先于债权，二是同一物上数个物权并存时，物权之间也存在效力强弱，法律规定在先的优先。债权之间一般不存在效力优劣问题，平等受偿，若有优先受偿的债权，则它是因取得物权的担保才会如此。船舶优先权不仅优先于普通债权受偿，而且在优先权内部也存在效力差别，有先后顺序之分，显然符合物权特征。第六，在权利的追及效力上，物权具有追及性，而债权则没有，船舶优先权可随船转移的特征反映了其追及效力。

船舶优先权是优先权人在债务人船舶上所设定的权利，因此船舶优先权属于他物权。在他物权中，按照设立的目的不同还可划分为用益物权和担保物权，船舶优先权设立的目的是为保证债权的实现，因此它是担保物权。即使是英美法系，对船舶优先权的担保性质也是认同的。

（三）特征

船舶优先权主要有以下法律特征。

1. 法定性

船舶优先权系基于法律规定而产生，不能由当事人在合同中约定成立。法律规定的特定债权只要其具备法定要件，即自然享有船舶优先权担保，先于其他债权受偿。船舶优先权的法定性还表现在其担保的债权种类是法律明文规定的，即特定债权，这种特定债权的范围在各国法律中有不同规定，有的国家范围较广，如美国；有的国家则范围较窄，如我国。船舶优先权的法定性还表现在其产生、存续、行使不得附加条件上，如果允许对船舶优产权的产生、存续、行使附条件，势必引起优先权受偿顺序、效力的混乱。

2. 非公示性

物权作为对世权，以公示性为基本特征。但作为担保物权的船舶优先权却不以登记或占有为要件，无需任何公示方法。这是它与其他担保物权的最大区别之处，也是最大问题所在。由于船舶优先权是一种不公开的特权，外人无从得知，因此在英美法上也被称为"秘密留置权"（Secret Lien）。船舶优先权的非公示性特点对第三人利益影响甚大，因此各国均严格限定其担保债权范围，以减少对第三人的可能损害，维护第三人利益。

3. 追及性

船舶优先权一旦产生，即附着在标的物之上，不因船舶所有权转移、登记事项变更、船旗变更等而受影响。这种追及力可以对抗善意第三人，效力十分强大。但这并不是说船舶优先权不能消灭，善意第三人经司法程序拍得船舶，则其上优先权消灭。如果优先权人怠于行使权利超过一定时限，则优先权也会随期间经过而消灭。

4. 优先受偿性

优先受偿性是担保物权的固有特性，但对于船舶优先权而言，这种优先受偿性更为显著。它使得其所担保的债权不仅优先于普通无担保债权受偿，而且也优先于其他种类有担保的债权受偿，国际公约和绝大多数国家立法均规定享有船舶优先权的债权优先于船舶留置权、抵押权和质权担保的债权受偿。

5. 期限性

由于船舶优先权具有非公示性特点，是一项秘密的特权，因此其权利行使期间较短，以使其尽早消灭，减轻船舶负担，防止其他债权人因此而蒙受意外损失。各国一般均规定船舶优先权有 1 至 2 年的行使期限，以督促债权人行使权利，避免妨害其他债权人利益。债权人逾期不行使优先权的，船舶优先权消灭，其所担保的债权丧失优先受偿机会，变为普通债权。船舶优先权的行使期间是一种不变期间，不得中止、中断，以促使其尽早消灭。

6. 程序性

船舶优先权的行使必须通过特定的程序，这一程序即船舶扣押程序。船舶被扣押后，如果船舶所有人未提供担保，则法院可以强制拍卖、变卖船舶，以所得价款来支付债权人，实现船舶优先权。我国《海商法》第 28 条规定："船舶优先权应当通过法院扣押产生优先权的船舶行使。"因此在我国船舶扣押程序是实现船舶优先权必不可少的要件。船舶优先权的程序性特点在大陆法系的担保物权体系中可谓是一个异类，它充分反映了在其起源和发展过程中英美法系程序性理论的作用，船舶优先权正是通过扣船程序发展而来的。如果债权人未扣押船舶，而是直接提起诉讼以实现债权，法院同样受理，但其债权只能作为普通的无担保债权，不能享有优先受偿权利。

二、船舶优先权的标的

船舶优先权的标的，也就是船舶优先权法律关系的客体。它是船舶优先权所指向的对象，作为具有优先权的债权的担保，使债权人可就其主张优先受偿。作为担保，船舶优先权的范围大小，直接关系到权利人的受偿可能性。考察有关船舶优先权标的主要立法，其范围各有差异，宽狭不一。一般而言，英美法系国家的船舶优先权标的范围较宽，包括船舶、运费及其附属权利，以及货物。而在大陆法系国家，船舶优先权标的范围相对狭窄一些，一般不包括货物。有些大陆法系国家在最初立法时也曾将货物列为船舶优先权标的，但在后来法典修订中又予以取消。

国际社会先后制定了三个关于船舶担保物权的国际公约，分别为《1926 年统一船舶抵押权与优先权若干规定的国际公约》《1967 年统一船舶优先权与抵押权若干规定的国际公约》和《1993 年船舶优先权与抵押权国际公约》（以下分别简称《1926 年公约》《1967年公约》和《1993 年公约》）。《1926 年公约》规定的船舶优先权标的，包括船舶、运费及其附属权利，其中附属权利是指：（1）船舶或运费损失的赔偿金；（2）船舶所有人可主张的共同海损分摊额；（3）船舶所有人应得的救助报酬。《1967 年公约》和《1993 年公约》大大缩小了船舶优先权标的的范围，仅局限于船舶本身。

从世界各国和国际公约立法的发展趋势看，船舶优先权标的的范围在逐渐缩小，我国《海商法》的相关规定也反映了这一趋势，仅规定船舶作为船舶优先权标的。三个国际公约均将船舶保险赔偿排除出船舶优先权标的范围，即优先权人不能就船舶灭失、损坏的保险赔偿金主张优先受偿，我国《海商法》对此未明确规定，但一般理解也不包括保险赔偿金。

三、船舶优先权所担保的海事请求及其受偿顺序

（一）被担保海事请求的范围

船舶优先权与其所担保的海事请求系两个不同的权利，前者是担保物权，是从权利，而后者是债权，是主权利，前者的存在必须以后者存在为前提。而反过来，船舶优先权消灭并不影响其担保的海事债权的存续，只不过这一债权不能再享有优先受偿的地位，而成为普通债权。

哪些海事请求可以获得船舶优先权的担保，取决于国家的公共政策选择，各国差别很大。在历史上，船舶优先权所担保的海事请求曾经种类繁多，达十几种，按其所担保的海事请求的性质进行分类，可以分为基于契约、准契约、侵权行为和其他原因产生的船舶优先权。基于契约产生的船舶优先权主要包括船长船员工资优先权、船长费用开支优先权、船货抵押贷款优先权、共同海损优先权、货物或行李灭失优先权、托运人优先权、修船人优先权、拖航费用优先权等。基于准契约产生的船舶优先权是指海难救助报酬优先权。救助行为被认为属于准契约行为或无因管理行为，不过这是基于传统上的"无效果—无报酬"原则（No Cure，No Pay）[①] 而言的，现代海难救助实践中，契约救助的情况已十分普遍。基于侵权行为产生的船舶优先权被称为损害赔偿优先权，按照损害对象又可分为人身伤亡损害赔偿优先权和财产损害赔偿优先权。基于其他原因产生的船舶优先权主要包括司法费用优先权、为债权人共同利益而支出的有关费用的优先权和港航税费优先权等。这

---

① "无效果—无报酬"原则参见本书第十章"海难救助"。

些不同的船舶优先权通常被称为船舶优先权的项目（Items）。

在船舶优先权项目的发展过程中，基于合同产生的优先权项目逐渐减少，其原因在于，合同当事人有自由选择缔约对手的权利，因此也应承受自己选择失误造成的风险。而基于侵权行为产生的优先权项目，权利人完全是无辜受害，应当予以保留。其他类别优先权项目立法目的具有较强公共利益属性，也应保留。《1926 年公约》为约束各国设定优先权项目，限定了享有优先权担保的海事请求范围。而《1967 年公约》在《1926 年公约》基础上又对海事请求范围有所缩小，《1993 年公约》则进一步缩小范围，只规定了五项船舶优先权。

我国《海商法》第 22 条有关船舶优先权所担保海事请求范围的规定基本参照《1993 年公约》，分别是：

（1）船长、船员和在船上工作的其他在编人员根据劳动法律、行政法规或者劳动合同所产生的工资、其他劳动报酬、船员遣返费用和社会保险费用的给付请求；

（2）在船舶营运中发生的人身伤亡的赔偿请求；

（3）船舶吨税、引航费、港务费和其他港口规费的缴付请求；

（4）海难救助的救助款项的给付请求；

（5）船舶在营运中因侵权行为产生的财产损害赔偿请求。

至于因行使船舶优先权产生的诉讼费用，保存、拍卖船舶和分配船舶价款产生的费用，以及为海事请求人的共同利益而支付的其他费用，根据《海商法》第 24 条规定，则从船舶拍卖所得价款中先行拨付。

【案例研习 2-3】

中国船舶燃料供应福建有限公司诉台州东海
海运有限公司船舶碰撞损害赔偿确权纠纷案①

1999 年 3 月 24 日，原告所属"闽燃供 2"轮在珠江水域与被告所属"东海 209"轮发生船舶碰撞事故，"闽燃供 2"轮沉没。其后，原告与广州救助打捞局签订了打捞协议，广州救助打捞局于 1999 年 4 月 2 日完成打捞作业，原告共向广州救助打捞局支付打捞费 960000 元。碰撞事故发生后，被告申请了海事赔偿责任限制，并设立了基金。原告申请了债权登记，请求法院按碰撞责任比例判令被告赔偿原告打捞费损失 264000 元，并确认上述债权具有船舶优先权，可以在被告设立的海事赔偿责任限制基金中受偿。

---

① 参见广州海事法院（2001）广海法初字第 57 号民事判决书。

法院认为，本案碰撞事故是原、被告所属船舶在营运过程中发生的，原告请求因此次碰撞事故遭受的损失，根据《海商法》第 22 条的规定，该请求具有船舶优先权。本案碰撞事故发生后，被告申请设立了海事赔偿责任限制基金，原告已按法院公告的要求进行了债权登记。原告主张符合法律规定，予以支持。

（二）被担保海事请求的受偿顺序

船舶优先权的特殊性决定了其受偿顺序的原则较为特殊。这些原则主要包括：倒序原则、同等地位原则、公共政策原则。倒序原则又称后来居上原则，是指在时间上后来发生的海事请求先于先发生的海事请求受偿。适用倒序原则的原因在于，某些海事请求对于其他优先权具有保全作用，例如海难救助使船舶脱离危险境地，保全了其他海事请求优先受偿的担保物，使其他船舶优先权得以存续，因此应当给予这些海事请求更为优先的受偿顺位。同等地位原则是指海事请求不分发生先后，按比例同等受偿。公共政策原则则是各国立法机关为维护社会公共利益而规定海事请求权人享有不同的受偿顺序，船舶优先权受偿顺序所遵循的公共政策与设立船舶优先权所遵循的公共政策基本一致，主要有对船员等不利地位人员利益的特别保护，对海上救助事业的鼓励，对保全船舶行为及对航运业的鼓励，对航运安全的促进，对无辜受害者的保护等。船舶优先权在公共政策指引下，分成等级，分别依次受偿。

《海商法》第 23 条规定，"本法第二十二条第一款所列各项海事请求，依照顺序受偿。但是，第（4）项海事请求，后于第（1）项至第（3）项发生的，应当先于第（1）项至第（3）项受偿。本法第二十二条第一款第（1）、（2）、（3）、（5）项中有两个以上海事请求的，不分先后，同时受偿；不足受偿的，按照比例受偿。第（四）项中有两个以上海事请求的，后发生的先受偿。"根据这一规定，第 22 条所列 5 项海事请求应当依照法定顺序受偿，而这个顺序正是基于一定的公共政策设定的。对于海难救助款项请求权，应适用倒序原则确定受偿顺序，即如果海难救助款项请求权后于前三项请求权发生，则先受偿，并且如果存在两个海难救助款项请求权的，后发生的同样先受偿。海难救助款项请求权之外的其他四种海事请求，如果同一顺序中同时存在两个以上海事请求的，则其地位平等，同时受偿，船舶价款不足清偿的，则按照比例受偿。

四、船舶优先权的取得、转移、行使和消灭

（一）船舶优先权的取得

船舶优先权作为一种担保权利，它的取得以特定的海事请求的存在为前提。船舶优先权的成立完全取决于法律规定，并不需要权利人和义务人的主观意思介入，特定的海事请求产生，请求权人即取得相应的船舶优先权。

（二）船舶优先权的转移

船舶优先权的转移是指其权利主体的变更。作为担保物权，船舶优先权具有从属性，不能脱离主债权而单独存在，因此并不存在船舶优先权的单独转移问题。船舶优先权的转移实际上是其所担保的海事请求发生转移，而连带地使船舶优先权也一同转移。

由于船舶优先权是为保护特定的海事请求权人的利益而设定的，因此如果海事请求权人发生变化，那么就改变了船舶优先权立法的目的，是否应当承认海事请求权的受让人继续获得船舶优先权担保呢？英国法曾长期不承认船舶优先权可以转移，《1926 年公约》对此问题没有规定，但《1967 年公约》和《1993 年公约》均承认船舶优先权与其所担保的海事请求同时转让或代位，我国《海商法》第 27 条规定："海事请求权转移的，其船舶优先权随之转移。"允许船舶优先权转移的规定显然更有利于海事请求权人获得及时的清偿，可以促进船舶优先权立法目的的实现。

（三）船舶优先权的行使

船舶优先权的行使必须通过特定的司法程序，这是世界各国的普遍做法。其原因主要在于，船舶优先权是一种秘密的权利，无须公示，极易损害其他债权人的利益，因此必须对其行使规定较严格的条件。在英美法系国家，船舶优先权的行使要通过"对物诉讼"程序进行，在大陆法系国家则要经过法院扣押当事船舶来实现优先权。我国《海商法》第 28 条明确规定："船舶优先权应当通过法院扣押产生优先权的船舶行使。"

（四）船舶优先权的消灭

船舶优先权的消灭，是指海事请求权人就优先权标的优先受偿权利的丧失。船舶优先权消灭并不等于其所担保的海事请求也随之消灭，该海事请求只是失去优先受偿的权利，但仍可作为普通债权要求清偿。

根据我国《海商法》的规定，船舶优先权的消灭主要有以下几种原因：

（1）船舶优先权自产生之日起满一年不行使，该一年期限不得中止或者中断。船舶优先权的一年行使期间不是消灭时效或诉讼时效，而是除斥期间，该期间经过，船舶优先权即绝对消灭，而非丧失胜诉权。

（2）船舶经法院强制出售。法院强制出售是公法上的处分，买受人所取得的船舶所有权系原始取得。船舶所有权为买受人取得后，除法院所发的权利证明文件上另有载明或买受人另有承诺外，船舶上原有优先权即不复存在。但船舶拍卖所得价款，应视为船舶的代位物，船舶优先权人可就价款享有优先受偿权利。

（3）船舶灭失。这里的船舶灭失是指船舶彻底失去形体和价值，完全不能满足海事请求权人的清偿所需。如果船舶虽然失去功能，但仍有残余价值，则船舶优先权不消灭，仍可主张受偿。

（4）法院船舶优先权催告期满。当船舶所有权进行转让时，受让人为避免接收存在不知晓的船舶优先权的船舶，可向法院申请催告程序，要求优先权人在公告之日起60日内向法院登记其优先权。按照《海事诉讼特别程序法》的规定，在优先权催告期内无人主张优先权的，法院可应申请作出除权判决。在催告期内有人主张优先权，其权利可得到法院确认，而对于未主张的优先权，则随催告期满而消灭。

此外，船舶优先权还可因所担保的主债权消灭而消灭，因国家没收、捕获等公法行为而消灭。

第五节　船舶留置权

一、船舶留置权概述

（一）船舶留置权的概念和特征

船舶留置权是指债权人按照合同约定占有债务人的船舶，当债务人不按照合同规定的期限履行债务时，债权人继续保持对船舶的占有并从船舶价款中优先受偿的权利。船舶留置权的法律特征在于：（1）船舶留置权是法定担保物权，其成立条件由海商法明确规定，无须当事人就其成立再行约定。（2）船舶留置权具有不可分性，其标的是债权人占有的船舶全部。船舶虽然是由船体、船舶设备和船舶属具组成的合成物，但在法律上船舶是不可分物，因此并不要求留置船舶的价值与债权数额相当。（3）船舶留置权无追及力，它的存在必须以占有船舶为前提，一旦失去占有，船舶留置权即归于消灭。（4）船舶留置权为可发生二次效力的权利。其第一次效力是指对债务人返还请求权的对抗权，第二次效力则是其对船舶的变价权和优先受偿权。（5）船舶留置权具有从属性，随主债权的存灭而存灭。

（二）船舶留置权的立法方式

船舶留置权的立法主要有两种方式：

（1）海商法中存在船舶留置权的特别规定。这种船舶留置权主要指修船人和造船人的留置权，即造船人和修船人可以就占有中的船舶担保其造船费用和修缮费用。不过，海商法为民事特别法，对于海商法未予以规定的事项，仍可按照民法的一般规定处理，因此，造船人和修船人以外的其他船舶占有人仍可依民法成立民法上的船舶留置权。按照这一立法方式，船舶留置权可因其成立依据不同而分为海商法上的船舶留置权和民法上的船舶留置权。我国《海商法》即采取这一立法方式，其第25条规定："船舶留置权，是指造船人、修船人在合同另一方未履行合同时，可以留置所占有的船舶，以保证造船费用或者修船费用得以偿还的权利。"

（2）海商法对船舶留置权未加任何特别规定，完全依民法成立船舶留置权。这种立法方式不对海商法上的船舶留置权和民法上的船舶留置权进行区分，对修船人、造船人的船舶留置权并不加以特别保护，而是与其他船舶占有人的船舶留置权等同对待。我国台湾地区"海商法"即采取这一做法。

（三）船舶留置权的权利主体

修船人与造船人就修船费用和造船费用所享有的特殊利益，为不少国家立法所承认，也体现在国际公约中。前述三个关于船舶担保物权的国际公约都专设一条规定船舶留置权，以强调对修船人和造船人的保护。给予修船人、造船人以特殊保护是公共政策原则的体现。航运是把世界经济联系在一起的最重要途径，促进了国际分工和世界市场的形成，有力推动了世界经济的融合发展。由于航运依赖船舶，因此，各国都十分重视造船业的发展，鼓励建造船舶进行远洋航行，并且造船业也是许多海运大国的支柱产业，对国民经济有重大影响，因此对造船人保护便成为必然。对修船人而言，其所修船舶来自世界各地，如果修船人不享有船舶留置权，一旦所修船舶驶离修船厂，则修船人将不得不到世界各地追索修船费用，对其十分不便。况且，修理船舶使之重获利用，对航运业、海上航行安全等均有利，因此修船人的利益应得到法律更为周全的保护。

虽然《海商法》上的船舶留置权主体仅限于造船人和修船人，但其他人也可根据《民法典》享有针对船舶的留置权。

我国《海商法》第188条第3款规定："在未根据救助人的要求对获救的船舶或者其他财产提供满意的担保以前，未经救助方同意，不得将获救的船舶和其他财产从救助作业者完成后最初到达的港口或地点移走。"这一条款是否规定了海商法上的船舶留置权，不无疑问。法律承认了救助方的占有船舶行为，并赋予其对抗船舶所有人和任何第三人的效力，但并未明确赋予救助方变价权和优先受偿权，还必须参照《民法典》的有关规定，因此它应是民法上的船舶留置权，而非海商法上的船舶留置权。

《海商法》第161条规定："被拖方未按照约定支付拖航费和其他合理费用的，承拖方对被拖物有留置权。"根据这一条，如果被拖物是船舶，那么拖航作业的承拖方也可以主张留置权，他不是《海商法》上船舶留置权的主体，但仍可根据其他法律主张权利。

民法上的船舶留置权与海商法上的船舶留置权主要区别在于留置权人范围上的差异，后者限于造船人、修船人，而前者则范围较广，只要是依合同约定占有船舶之人均可行使船舶留置权。由于权利主体范围扩展，其所担保的债权也不仅限于船舶修理和建造费用。但民法上的船舶留置权和海商法上船舶留置权在法律效力上并无分别。

二、船舶留置权的取得、行使和消灭

（一）船舶留置权的取得

船舶留置权属于法定的担保物权，其成立无须当事人约定，只需符合法律规定即可自动成立。根据民法一般理论和《海商法》，船舶留置权的取得条件为：（1）造船人、修船人须占有船舶；（2）该船舶系造船人、修船人根据合同约定进行建造或修理的船舶；（3）债权已届清偿期。船舶留置权的取得不得与造船人、修船人所承担的义务相违背，如果造船人、修船人在合同中承诺不留置船舶，则其不能主张这一权利。

（二）船舶留置权的行使

船舶留置权的行使是指留置权人保持对船舶的占有对抗债务人的交付请求，并在债务人不清偿债务的情况下以船舶价值实现债权。《海商法》并未规定船舶留置权的行使问题，《民法典》第453条规定："留置权人与债务人应当约定留置财产后的债务履行期限；没有约定或者约定不明确的，留置权人应当给债务人60日以上履行债务的期限，但是鲜活易腐等不易保管的动产除外。债务人逾期未履行的，留置权人可以与债务人协议以留置财产折价，也可以就拍卖、变卖留置财产所得的价款优先受偿。"因此，船舶留置权人行使其权利的，应当在债权清偿期届满后给予债务人两个月的额外履行期，而后才能实现留置权。船舶留置权所担保的债权的实现方式与抵押权基本一致，即通过折价、拍卖、变卖三种方式。

（三）船舶留置权的消灭

《海商法》中并未专门规定船舶留置权的消灭问题，仅在第25条第2款提及："船舶留置权在造船人、修船人不再占有所造或者所修的船舶时消灭。"从《民法典》的有关规定和一般原理来看，船舶留置权的消灭主要有以下原因：

（1）因船舶的灭失而消灭。留置权人不能再占有船舶的实体，因而不能再获得它的担保。

（2）因所担保的主债权消灭而消灭。船舶留置权作为从权利，以主权利存在为条件，当主债权不复存在时，船舶留置权自然也跟随消灭。

（3）因留置权人接受债务人的另行担保而消灭。《民法典》规定，如果债务人另行提供担保并为债权人所接受，则留置权消灭。

（4）因留置权人丧失对船舶的占有而消灭。这种占有的丧失应当是因合法原因导致，如果因侵权行为致使留置权人丧失对船舶的占有，留置权人可以通过诉讼请求恢复占有。但如果留置权人不能通过合法的方式恢复占有，则留置权将最终消灭。

【案例研习 2-4】

台州市园山船务工程有限公司诉舟山宏浚港口工程有限公司、
舟山市安达船务有限公司船舶修理合同纠纷案①

2012 年 10 月 10 日，安达船务有限公司为修理"琼洋浦 F8132"轮与园山船务工程有限公司订立了一份修船合同。"琼洋浦 F8132"轮原登记在宏浚港口工程有限公司名下，但为安达船务有限公司实际占有控制，双方对船舶所有权存在争议。12 月 21 日，宏浚港口工程有限公司人员强行将系泊在园山公司码头的涉案船舶拖走。12 月 24 日，园山公司与安达公司对已修理项目的费用进行结算，确认修理费为 2369875 元。安达公司以涉案船舶已被宏浚公司强行拖走并占有为由，拒付上述修理费。

法院认为，虽然我国《海商法》规定船舶留置权在丧失占有时归于消灭，但修船人园山公司依船舶修理合同合法占有船舶，其在船舶被强行拖走后依法对该船享有物上返还请求权。在该请求权实现之前，仍应认定园山公司享有占有涉案船舶的权利，故其留置权并未消灭，有权优先受偿。

三、船舶留置权与其他船舶担保物权竞合的受偿顺序

船舶留置权需要占有船舶，而船舶抵押权和船舶优先权都不需要占有船舶，这使得在同一船舶之上可能存在三种担保物权，必须确定它们竞合时的受偿顺序。按照各国和国际公约的通常做法，船舶优先权居于最优先的受偿地位，船舶留置权其次，而船舶抵押权最后受偿，我国《海商法》第 25 条也是如此规定。

如此规定受偿顺序的原因在于，船舶优先权的立法目的是为保护特定的债权人，系出于公共政策，应得到最优先的考虑。船舶留置权所担保的债权对于航运事业也具有较重大的意义，并且其直接占有船舶，居于有利地位，因此也应得到较优先的考虑。事实上，在有些国家，船舶留置权所担保的债权处于被船舶优先权所担保的地位，得到更多的保护。而船舶抵押权所担保的一般为借贷之债，虽然也对航运业至关重要，但受偿的迫切性方面弱于前两者，因而被列于最后位次。

四、船舶担保物权的国际公约

随着船舶技术密集程度的提高，船舶价值越来越大，船舶所有人大多不可能完全依靠自我资金积累来购买和建造船舶，而必须借助金融机构的贷款，船舶设定抵押情况十分普遍。在过去，船舶优先权所担保的海事债权种类繁多，许多债权人都可以享有比抵押权人

---

① 参见宁波海事法院（2014）甬海法台商初字第 88 号民事判决书，浙江省高级人民法院（2015）浙海终字第 3 号民事判决书。

更优先的受偿顺位，损害了抵押权人的利益，引起了他们的极大不满。这种情况的发展显然不利于鼓励对航运业的融资活动，最终将不利于国家发展本国船队，开展国际贸易。此外，由于各国的担保权利制度差异较大，存在海事债权人的担保权利能否在其他国家诉讼中得到承认的问题。如前所述，从 20 世纪初开始，国际社会就试图制定有关船舶担保物权的国际公约，弥合各国在此领域的巨大差异，协调各个利益群体的分歧和冲突，并形成了 1926 年、1967 年和 1993 年三个国际公约。

在这三个公约中，《1926 年公约》未专门提及船舶留置权，其他两个公约都将船舶留置权限于造船人和修船人的权利；船舶抵押权是三公约的重要内容，前后公约条文基本维持一致，它规定两大法系国家应彼此承认对方相当于船舶抵押权的权利；变化最大的是船舶优先权，呈现出项目逐渐减少，标的范围缩小的趋势。

《1926 年公约》中的船舶优先权种类较多，主要包括诉讼费、为债权人共同利益而支付的费用、公共税费；船长、船员工资；救助报酬、共同海损分摊；财产损害赔偿；旅客和船员人身伤害赔偿；货物或行李灭失或损害赔偿；船长为保存船舶或继续航行所需，而签订的契约或所作的行为所引起的请求等。《1967 年公约》中，船舶优先权范围有所缩小，包括船长、船员工资；港口、运河及其他水道费用和引航费；人身伤亡请求；财产灭失或损害请求；救助报酬、船舶残骸清除以及共同海损分摊请求。《1993 年公约》进一步缩小范围，包括船长、船员工资；人身伤亡请求；救助报酬；水路规费和引航费；船舶侵权行为造成的有形灭失或损坏等。对于船舶优先权标的范围，《1926 年公约》规定为船舶、运费及其附属权利，《1993 年公约》则将其缩小到船舶一项。

通过限制船舶优先权，《1993 年公约》已经较好地缓解了船舶优先权和船舶抵押权之间的冲突，在相当程度上维护了抵押权人的利益。

但由于各种利益关系复杂，三个国际公约试图协调各国立法的目的并未完全达到。《1926 年公约》参加国最多，也只有 20 多个，许多海运大国并未加入，其他两个公约的参加国更少，说明公约离统一立法所需的普遍性还相距甚远。但这并不说明公约没有意义，它起到了示范的作用，许多国家关于船舶优先权的规定是参照《1926 年公约》制定的，而后两公约所体现的船舶担保物权的发展趋势也引起了各国立法者的注意，并得到了不同程度的接受，如我国《海商法》相关条文就是参照《1993 年公约》起草的。

【专业术语】

船旗国	Flag State
船籍港	Port of Registry
引航	Pilotage
引航员	Pilot

续表

航海日志	Logbook
船舶所有人/船东	Shipowner
船舶所有权	Ownership of Ship
船舶抵押权	Ship Mortgage
船舶优先权	Maritime Lien
船舶留置权	Possessory Lien of Ship

【拓展阅读】

1. 李志文：《船舶所有权法律制度研究》，法律出版社 2008 年版。

2. 刘安宁：《船舶抵押权法律制度研究》，辽宁师范大学出版社 2013 年版。

3. 张辉：《船舶优先权法律制度研究》，武汉大学出版社 2005 年版。

第三章 船长与船员

海上航行必须以船舶为物质条件，同时还必须有船员（Crew）来操纵和管理船舶。为了使船舶能够安全航行，各国都十分重视通过立法来规范船员的任职资格。并且，由于船员职业危险程度较高，工作条件艰苦，为鼓励人们从事这一职业，各国还制定了保护船员利益的法律法规，特别是在船员雇佣合同领域。在这两方面，20 世纪初以来国际社会陆续通过了一些国际公约，对国内法的统一和协调发挥了较大作用。

第一节 船 员

对于船员，英美法系国家一般通过单行法方式规范，而大陆法系国家情况较复杂。有些国家在海商法或商法典的"海商"编中有关于船员的专章，但又通过船员法等单行法形式补充规定，如德国、荷兰、希腊等国。有些国家则在海商法中并无船员的规定，而是完全通过船员法予以规范，如日本。我国《海商法》有"船员"一章，同时又制定有《船员条例》。

一、船员的概念

通观各国立法，船员概念有广义和狭义之分。广义的船员是指包括船长在内的所有船上任职人员，而狭义的船员则不包括船长，仅指其他船上任职人员。一般而言，大陆法系国家往往采取广义船员概念，如《德国商法典》第 481 条规定："船员是指船长、船舶职员、船舶属员及所有在船上的其他成员。"日本《船员法》第 1 条规定，船员是指在船舶上服务的船长、船员及预备船员。而在英美法系国家，一般采取狭义船员概念，将船长和船员区别开来。

我国《海商法》采取广义船员概念，其第 31 条规定："船员，是指包括船长在内的船上一切任职人员。"《船员条例》第 4 条第 1 款规定："本条例所称船员，是指依照本条例的规定取得船员适任证书的人员，包括船长、高级船员、普通船员。"按照《船员条例》规定，凡年满 18 周岁且初次申请不超过 60 周岁、符合任职岗位健康要求、经过船员基本安全培训的人均可申请船员适任证书。参加航行和轮机值班的船员还应当经过相应的船员适任培训、特殊培训。此外，国际航行船舶的船员申请适任证书的，还应当通过船员专业外语考试。申请船员适任证书，可以向任何有相应船员适任证书签发权限的海事管理机构提出书面申请，对符合规定条件并通过国家海事管理机构组织的船员任职考试的，海事管理机构应当发给相应的船员适任证书及船员服务簿。船员适任证书应当注明船员适任的航区（线）、船舶类别和等级、职务以及有效期限等事项。船员服务簿是船员的职业身份证件，载明船员的姓名、住所、联系人、联系方式、履职情况以及其他有关事项。

在各国立法中，还存在海员（Seaman）概念。一般而言，船员与海员内涵相同，但在有些国家，二者间存在一定区别。如美国法中，海员包括港口装卸工人以及其他为船舶提供服务的人，其范围大于船员。在我国，从持证角度来看，海员范围实际小于船员，仅限于从事国际航行的船员。《船员条例》第 11 条规定，以海员身份出入国境和在国外船舶上从事工作的中国籍船员，应当向指定的海事管理机构申请中华人民共和国海员证。海员证是中国籍船员在境外执行任务时表明其中华人民共和国公民身份的证件。

二、船员的岗位与配备

各个国家和地区海事立法对船员岗位的规定并不完全一致，如按船员工作的不同性质划分，大体可分为四类：（1）甲板部船员（或称驾驶部船员），包括船长、大副、二副、三副、水手长、水手和舵工等。其中，以船长为首，负责驾驶；大副是甲板部行政负责人，是船长的主要助手，在船长的领导下，主持甲板部的日常工作，同时负责货物的配载、装卸和运输管理，在船长不能履行职务时可代行船长职责；二副是在船长、大副领导下，履行驾驶、航行和停泊职责，主管驾驶设备的船员；三副是在大副领导下工作的船员，主管救生、消防设备等工作。（2）轮机部船员，包括轮机长、大管轮、二管轮、三管轮、机工、车工、电工等。主要负责轮机操作和维修工作。其中轮机长主要是对全船机械、动力、电气（无线电通信导航和由甲板部使用的电子仪器除外）设备进行管理，全面负责轮机部的安全生产、行政管理、技术业务工作，并对其他部门所属设备的技术管理有监督和指导的职权；大管轮是轮机长的副手，负责轮机部设备的安全和预防工作。（3）事务部船员，包括事务长、厨师、服务员、医务人员等。其中以事务长为首，处理船上各项事务。（4）电信部船员，包括报务主任、无线电报务员、无线电话务员等，负责船上的电讯业务。

在实践中，我国基本上把船员岗位分为三个部分，即驾驶部分、轮机部分和事务部分。船长是三部分的总负责人。如按船员的职务不同，还可将船员分为船长、高级船员和普通船员。其中高级船员是指依照《船员条例》的规定取得相应任职资格的大副、二副、三副、轮机长、大管轮、二管轮、三管轮、通信人员以及其他在船舶上任职的高级技术或者管理人员。普通船员是指除高级船员以外的其他在船上服务的人员。

为使船舶能够在海上安全航行，各国法律均规定，船舶必须配备数量足够的适任船员。关于船舶的船员配备数量，目前并无国际统一标准。但它不外乎包括两个方面的内容，一方面是指船舶应当配备的所有船员的总数，另一方面是指船舶上必须保证持有适任证书的船员的数额。船员数额的多少，一般由船舶所有人根据船舶登记国的法律规定安排。我国《海上交通安全法》第33条规定："船舶应当满足最低安全配员要求，配备持有合格有效证书的船员。"这里指的最低安全配员要求主要是强调配备持有适任证书的船员的数额。交通运输部颁布的《船舶最低安全配员规则》专门就船员配备问题进行了详细规定，综合考虑了船舶的种类、吨位、技术状况、主推进动力装置功率、航区、航程、航行时间、通航环境和船员值班、休息制度等因素，分别规定了海船甲板部、轮机部和客运部最低安全配员标准、海船无线电人员最低安全配员标准和内河船最低安全配员标准。中国籍船舶必须持有海事管理机构颁发的《船舶最低安全配员证书》，在我国内水、领海及管辖海域的外国籍船舶，应当按照我国缔结或者参加的有关国际条约的规定，持有其船旗国政府主管机关签发的《船舶最低安全配员证书》或者等效文件。

三、船员适任证书的取得

为了保证船舶的安全航行，各国除了对船舶技术条件进行严格的管理和控制外，还要求从事船上工作的各类船员都必须接受过相应的技术训练，特别是那些准备担任重要职务的船员，如船长、大副、二副、三副、轮机长、大管轮、二管轮、三管轮、报务员、话务员等，都必须通过严格的考试，对于考试合格者，才发给船员适任证书。持有有关适任证书的船员，才有资格在船上担任相应的职务，出海航行。我国《海上交通安全法》第13条规定："中国籍船员应当依照有关船员管理的法律、行政法规的规定向海事管理机构申请取得船员适任证书。"《海商法》第32条也规定："船长、驾驶员、轮机长、轮机员、电机员、报务员，必须由持有相应适任证书的人担任。"

有关船员的考试和发证制度，由各国自行规定。但为了统一考试的原则和标准，使船员任职资格达到一个最低水平，国际海事组织主持制定并通过了《1978年海员培训、发证和值班标准国际公约》（International Convention on Standards of Training, Certification and Watchkeeping for Seafarers，简称"STCW公约"）。该公约明确规定，所有的船长、驾驶员应掌握天文航海、地文航海、雷达导航、船舶定位、气象学、海洋学、罗经、信号、消防、救生、船舶稳性、船舶操纵、船舶构造、医疗救护、搜索、救助、防止海上环境污染等方面的知识。公约要求轮机部船员应掌握热力学、传热学、力学、流体力学、船舶动力装置、电子学、自动控制基本原理、造船学、船舶结构、燃烧过程、舵机系统等知识。此外，公约对无线电报务员、话务员应掌握的基本知识也作了规定。

进入 20 世纪 90 年代以来，航海技术又有了很大提高，STCW 公约在 1995 年进行了全面修订。修订后的公约对船员的考试和发证实行功能发证方法，船员适任能力将根据七项功能来衡量，即航行，货物装卸和积载，控制船舶操作和管理船上人员，轮机工程，电子、电气和控制工程，维护和修理，无线电通信。2010 年，公约再次全面修改，理顺船员证书管理体系，提高证书签发、签证和认可的审查要求，防止伪造船员适任证书并强化对缔约国履约的评估。

我国早在 1981 年 6 月 8 日就批准了该公约，并于 1987 年根据公约基本原则，颁布了《海船船员考试发证规则》。为了适应 1995 年公约修订的变化，我国交通部 1997 年颁布《海船船员适任考试、评估和发证规则》。其后，伴随着公约 2010 年修订，交通运输部 2011 年颁布《海船船员适任考试和发证规则》，并进行多次修订，目前为 2022 年修订文本。

第二节　船　长

一、船长的法律地位

根据 STCW 公约规定，船长"是指挥一艘船的人"。我国《海商法》第 35 条规定，船长负责船舶的管理和驾驶。因此，船长是一艘船上的最高指挥者，在航行期间全面负责船舶的驾驶和管理。

船长在航行期间负有重大责任，需要及时处理所面对的各种问题。在历史上，船舶所有人曾经较多地亲自担任船长或派遣代表驻船处理运输事务，其后随着航海和商业活动的更加专业化，船舶所有人逐渐不再直接驾驶船舶，而是委托船长履行航海职责。由于非机动船航速慢，航期较长，加上通讯不发达，因此过去船长往往代船舶所有人和货物所有人行使许多权利，拥有非常大的决断权和处置权，包括代船舶所有人和货物所有人与第三人签订救助、引航、拖航、临时修理、购买必需品等方面的合同，代为签发提单，在有关船舶、货物和运费等海事诉讼中，代为起诉和应诉等。进入工业社会后，随着人类航海和通讯技术的提高，以及海运业代理制的全球化和网络化，船舶所有人对船舶的控制能力大大加强，船长的决断权和处置权大为缩小。但考虑到船长身处海上事故现场，法律仍保障船长一定范围内的独立决定权力，我国《海上交通安全法》第 38 条规定："在保障海上生命安全、船舶保安和防治船舶污染方面，船长有权独立作出决定。"

由于船长工作性质和职责的特殊性，其法律地位也较特殊。从他所涉及的法律关系来看，可分为他与船东①之间的关系以及他与第三人的关系。

对于船长与船东之间的关系，一般有两种观点。在英美法系国家，通行观点认为船长是船东的代理人，这是因为在英美法中，代理的内涵十分广泛，可以包括一人同意为另一人的利益进行活动的各种情况，雇佣关系也不例外。但在我国等大陆法系国家，代理的内涵则要狭窄得多，船长和船东之间签订的并非委托合同，而是雇佣合同，船长不是船东的代理人，而是代表。船长基于雇佣关系在职责范围内所为的行为，视为船东本人的行为，其法律后果直接由船东承担。因此，不论是代理说还是代表说，都不影响第三人直接向船东主张权利。

对于船长与第三人之间的关系，主要涉及他与船上货物所有人的关系。我国《海商法》第175条第2款规定："遇险船舶的船长或者船舶所有人有权代表船上财产所有人订立救助合同。"在这种情况下，船长根据法律而取得对船上财产所有人的代理权，成为其代理人。而在其他情况下，虽然船长往往并不向第三人披露其雇主为何人，但也并非以自己的名义从事活动，而是表明自己为某船舶的船长，从而隐含地说明其并不具有独立地位，第三人应向船东主张权利。

二、船长的职责范围

对于船长的职责，我国《海商法》和《海上交通安全法》做了基本相同的规定。

（一）管理和驾驶职责

各国家和地区的海商法都把管理和驾驶职责作为船长的首要职责。我国《海商法》第35条和《海上交通安全法》第38条规定，船长负责船舶的管理和驾驶，船长在其职权范围内发布的命令，船员、旅客和其他在船人员必须执行。可见，指挥与管理船舶及人员不仅是船长的权力，也是他的义务。因此，有关船舶及船上一切人员，都应听从船长的指挥。航运公司确定航次任务后，货物的装卸、航线的设计、航行命令的发布等均由船长决定。船上发生事件，船长有权予以及时正确处理，并领导全体船员完成运输等任务。如果船长在航行中死亡或者因故不能执行职务时，应当由驾驶员中职务最高的人代理船长职务，在下一个港口开航前，船舶所有人应当指派新船长接任。

（二）维护船上安全与秩序职责

《海商法》第35条第3款和《海上交通安全法》第38条规定，船长应当采取必要的措施，保护船舶和在船人员、文件、邮件、货物以及其他财产。对于船上人员的行为，船长应给予密切注意，同时应注意保护他们的人身安全。《海商法》第36条和《海上交通安

---

① 船东包括船舶所有人、经营人和光船承租人等，是与船长签订雇佣合同的雇主。

全法》第 39 条规定，如果在船上发现有危害船舶或船员生命及财产安全的情况，船长有权对违法犯罪的人采取禁闭或其他必要措施拘禁肇事者，并且船长在行使此项权力时，应做成案情报告书，经船长和两名以上在船人员签字作证后，将报告书连同肇事人一起送交有关公安机关。如果发生在国外，通常是征求或请求并按照我国驻外使领馆指示处理。如果船长没有根据地故意禁闭或限制他人人身自由，应追究其法律责任。

（三）紧急处置职责

《海商法》第 38 条规定了船长的紧急处置权。船舶发生了海上事故，危及在船人员和财产安全时，船长应当组织船员和其他在船人员尽力施救，并可电请他船或附近港口机关前来援救。如果船长认为船舶的沉没、毁灭已不可避免或对该船实在无法控制，船长可以作出弃船的决定。但是，除紧急情况外，应当报经船舶所有人同意，这是因为船舶作为特殊财产，本身及所载货物价值巨大。弃船时，船长应首先组织旅客安全离船，指挥船员尽力抢救航海日志、机舱日志、油类记录簿、无线电台日志、本航次使用过的海图和文件，以及贵重物品、邮件和现金等，并随带离船，然后安排船员离船。如果船长本人不可能离船时，应当将上述资料及物品交由其他船员携带离船。船长在最后一个离船时，还要降下船舶悬挂的我国国旗。

（四）公证职责

根据《海商法》第 37 条规定，船长应当将船上发生的出生或者死亡事件记入航海日志，并在两名证人的参加下制作证明书。死亡证明书应当附有死者遗物清单，如有遗嘱的，船长应当予以证明。死亡证明书和遗嘱由船长保管，并送交家属或者有关方面，一般通过本国驻外国港口使领馆来处理。如果船舶在公海上航行时发生人员死亡，而距离下一个停靠港航程较长，尸体可进行冷藏处理，若确实无法保存，或者为了保持船上卫生，防止疫病的发生，船长可以按照航海惯例，为死者举行海葬，并在死亡证明书上予以注明。

（五）代理职责

船长的代理职责是由海上运输的特点决定的。按照民法原理，代理分为法定代理、委托代理、指定代理，除委托代理外，船长依法律规定享有若干法定代理权。各国海事立法都赋予船长在特定情况下可以代表船舶所有人或货物所有人履行职责，不必有事先的委托。船长的代理权，主要体现在两个方面：首先是作为船舶所有人的代理人，代表船舶所有人签发提单，向收货人交付货物，对船舶进行管理、修理，补充船员的给养或者把船舶出卖或抵押。当船舶或货物遭遇海难时，船长代表船货双方签订救助合同。这一权利在 1989 年《国际救助公约》中首次得到明确。其次，船长作为货主的代理人，负责办理与货物有关的各项事宜。有的国家海商法，还把船长的代理权扩及到可以代为诉讼。《日本商法典》规定:"船长在船籍港外,为了航海的必要,有为诉讼或诉讼外的一切行为的权限。"

(六) 制作法律文书的职责

当船舶发生海损事故或污染水域事件时,船长不但要采取措施,防止海损扩大,而且要制作海损事故或污染事故报告书,载明事情详细经过,同时附有事故发生时两名以上在船船员或旅客的书面证明,报送有关的中国海事管理机构。

第三节 船员劳动合同

一、船员劳动合同概述

船员劳动合同是指船舶所有人等雇主与船员签订的,约定在一定或不定的期限内,由船员向雇主提供服务,雇主向船员支付报酬的协议。船员劳动合同的存续期限一般可分为定期、航次和不定期三种。船员劳动合同中的雇主一方可能是船舶所有人,但当船舶由经营人和光船租船人经营、使用时,他们往往自行配备、雇佣船员。

船员劳动合同具有以下特征:(1) 双务有偿性,在双方当事人之间存在着供给劳务和支付报酬的对价关系。(2) 要式性,各国为保护船员利益,普遍对船员劳动合同订立方式作了特别规定,要求采用书面形式,并由政府主管部门监督。(3) 半强制性。与其他合同的签订方式一样,根据合同自由原则,船员与雇主双方意思表示一致时,船员劳动合同成立。但其内容并不完全由双方当事人自由约定,而在很大程度上受法律的强制性约束,如船员的报酬范围与最低标准、劳动保护、社会保险等。

船员劳动合同一般应包括以下几个方面内容:船员的姓名、年龄、职务名称;订立合同的时间及地点;服务船舶名称;航行种类;工资报酬(包括有关的津贴);雇佣期限;生活标准;享受假期的条件和期限;合同终止条件;当事人双方其他权利和义务等。

船员劳动合同的终止可分为以下几种情形:(1) 因雇主方面原因终止。如船舶改变预定航程、违反船员劳动合同等;(2) 因船员方面原因终止。如船员不能胜任职务或在执行职务时有重大过失、严重扰乱船上秩序等;(3) 因合同期间届满终止;(4) 因双方协议终止;(5) 因合同不能继续履行而终止。如预定航次无法执行、服务船舶灭失、失去航行能力等。多数国家法律对船员劳动合同的终止有一定限制,如果合同期间届满时,有关海上运输合同尚未履行完毕,或者发生海损事故等意外情况,无法及时补充船员,则船员劳动合同应适当延长。

在实践中,还存在一种船员劳务合同,与船员劳动合同有所区别。这种船员劳务合同也被称为船员派遣合同，即船员管理公司与海运企业签订合同，将与自己存在劳动合同或劳务合同关系的船员派遣到有关海运企业从事服务，因此在船员和其服务的海运企业之间并无劳动合同关系。

二、船员的基本权利和义务

关于船员的基本权利和义务，目前在《1926 年海员协议条款公约》《1926 年海员遣返公约》以及 STCW 公约中有一些原则性的条款。各国国内法中，如英国 1970 年商船法，日本、德国的商法典中，也有关于船员基本权利、义务的条款，我国《海商法》第 34 条也规定："船的任用和劳动方面的权利、义务，本法没有规定的适用有关法律、行政法规的规定。"船员的基本权利与义务应在订立合同时根据其所在国的劳动法规议定。

（一）船员的基本权利

1. 生活保障的权利

船员的生活保障，主要表现在船员的劳动报酬、生活必需品等方面。劳动报酬包括工资和津贴，船员有依据法律和劳动合同请求给付的权利，船员的雇主有给付的义务。雇主必须提供船员必要的生活空间、伙食、淡水等。

2. 安全保障的权利

船舶所有人有义务提供安全的工作环境，保障船上工作人员的健康和安全。如果船员在船工作期间遭受人身伤亡，船舶所有人应承担赔偿残疾赔偿金、医疗费、误工费、护理费、交通费、住宿费、住院伙食补助费和必要的营养费等费用。船员死亡的，船舶所有人还应支付丧葬费和抚恤金。受害人遭受精神损害的，可以请求赔偿精神损害抚慰金。

3. 请求送返原籍的权利

根据《1926 年海员遣返公约》，凡船员在受雇佣期间或受雇佣期满时被送登岸者，应享有被送回本国或者其受雇佣的港口或船舶开航港口的权利。同时，船员有获得遣返费用的权利，特别是由于船舶失事或医治疾病或雇佣期满等非因船员原因终止劳动合同时。

4. 获得保险的权利

船员可要求船舶所有人负担全部保险费，出现索赔事件，所领赔偿金额不足以抵偿损失时，船方予以补足。

5. 救助报酬请求权

航程中如因救助船舶、人命或货物等紧急措施而付出劳务，船员有权请求获得救助报酬。

除了上述权利之外，船员还有非职务范围内的拒绝执行权、罢工权等。

【案例研习 3-1】

孟某某诉上海五洲邮轮管理有限公司海上人身损害赔偿纠纷案①

2008 年 10 月 22 日，上海赛尔船舶管理有限公司与邮轮公司签订船员聘用合同，约定邮轮公司聘用赛尔公司的船员到其指定的"环球公主"轮工作。2008 年 10 月 26 日，孟某某与赛尔公司签订船员劳务合同，合同约定赛尔公司聘用孟某某到"环球公主"轮任大管轮一职。当日，孟某某登船工作。10 月 29 日，孟某某在该轮工作期间摔倒受伤，于 11 月 21 日下船。孟某某因返回原籍港、住院手术等产生相关费用，要求邮轮公司给付未果，遂诉至法院。

法院认为，邮轮公司接受赛尔公司指派的孟某某上船工作，故邮轮公司为孟某某的用工单位。邮轮公司作为用工单位，雇佣孟某某在船工作，有义务提供安全的工作环境，保证在船人员的生命健康安全。孟某某在工作期间遭受人身损害，邮轮公司未能提供证据证明孟某某对于自身损害存在故意或过失，邮轮公司应当承担赔偿责任。法院判决邮轮公司应支付孟某某残疾赔偿金、医疗费、误工费、护理费、交通费、住院伙食补助费、营养费、精神损害抚慰金等共计 429500.88 元。

(二) 船员的基本义务

各国海商法对船员的义务规定都比较简单，主要有：

1. 提供劳务的义务

船员必须按照劳动合同的规定，提供相应的劳务，完成航行工作，这是其基本义务。

2. 服从管理的义务

船员应服从上级命令，忠于职守，听从指挥，不经船长批准，不得任意离船，准许离船的船员，在规定的开航时间必须回船，不得迟延。不得酗酒、斗殴，不得扰乱船上秩序。

3. 守法义务

船员不得私载货物，更不能从事走私活动。

三、有关船员雇佣的主要国际立法

20 世纪以来，国际社会十分重视维护船员在雇佣关系中的利益，其中国际劳工组织发挥了很大作用，先后主持通过了 40 余个相关国际公约，主要包括《1921 年确定准许儿童

---

① 参见上海海事法院（2009）沪海法海初字第 18 号民事判决书，上海高级人民法院（2009）沪高民四（海）终字第 238 号民事判决书。

在海上工作的最低年龄公约》《1926 年海员协议条款公约》《1926 年海员遣返公约》《1936 年船舶工作时间及人员配备公约》《1936 年船舶所有人对海员疾病伤害或死亡应负责任公约》《1936 年海员疾病保险公约》《1946 年海员退休金公约》《1946 年船舶船员伙食公约》《1949 年海员休假公约》《1949 年船舶船员起居处所公约》《1964 年海员体格检查公约》和《2006 年海事劳工公约》等。

（一）《1926 年海员协议条款公约》

《海员协议条款公约》（Convention Concerning Seamen's Article of Agreement）于 1926 年 6 月在国际劳工组织第九届全体大会上通过，并于 1928 年 4 月 4 日生效，当时的中国政府批准了公约，1984 年我国政府承认该批准对中华人民共和国有效。该公约规定，海员协议条款应由船舶所有人或其代表与海员双方签订，缔约国法律应规定适当方法，给予海员及其顾问在签订协议之前审查协议条款的便利条件，海员应依照缔约国法律规定的程序和方式签订协议，以期保证主管机关的适当监督。公约还对协议应包含的双方权利义务内容、协议终止情形做了较详细规定。

（二）《2006 年海事劳工公约》

2006 年 2 月，在国际劳工大会第 94 届海事会议上，《2006 年海事劳工公约》（Maritime Labour Convention）获得通过，并于 2013 年 8 月 20 日生效。我国 2015 年加入该公约。国际劳工组织将既往形成的海员劳工标准整合进单一公约，使其内容较为全面而细致，力图形成在世界范围内得到普遍遵守的海事劳工权益保护标准，被称为海上劳动者的"权利法案"。其中主要分五个部分：（1）船员上船工作的最低要求；（2）船员就业条件，涉及就业协议、工资、工作时间和休息时间、休假、遣返、赔偿、职业技能发展等方面；（3）起居舱室、娱乐设施、食品；（4）健康保护、医疗、福利和社会保障；（5）遵守和执行。

【专业术语】

船员	Crew
海员	Seaman
船长	Master/ Captain
大副	First Mate
二副	Second Mate
三副	Third Mate
轮机长	Chief Engineer

续表

大管轮	First Engineer
二管轮	Second Engineer
三管轮	Third Engineer
船员服务簿	Seaman's Record Book
船员遣返	Repatriate of Crew

【拓展阅读】

1. 陈刚、郝勇：《船员劳动权益与社会保障》，武汉理工大学出版社 2012 年版。

2. 王秀芬主编：《国际劳工组织的船员立法趋势及我国的对策研究：以〈2006 年海事劳工公约〉为视角》，法律出版社 2009 年版。

3. 王亚男：《外派船员人身伤亡损害赔偿法律问题研究》，东南大学出版社 2017 年版。

第四章　海上货物运输

海上货物运输在国际贸易中占据着重要地位，我国90%以上的进出口货物是通过海上运输来完成的。海上货物运输通常是通过海上运输合同订立和履行来实现的，并且通过提单等运输单据来确定运输事项及当事人之间的相互关系。我国《海商法》第四章对海上货物运输合同作了明确规定，但该章的规定仅适用于国际海上运输，而不适用于国内沿海、内河水路货物运输。基于班轮运输的公共运输特性，《海商法》第四章规定了特殊的承运人义务与责任制度，并确立了海上货物运输法的强制性体制，这构成了国际海上货物运输法的重要特点。

第一节　国际海上货物运输合同

一、概述

（一）国际海上货物运输的界定

海上货物运输是承运人利用船舶经海路将货物由一港运至另一港的运输方式，这也是它区别于其他运输方式（如陆路、航空运输）的最本质特征。海上货物运输有国际、国内之分。国际海上货物运输，是指承运人负责将托运人托运的货物经海路由一国的某一港口运至另一国的某一港口，而由托运人或者收货人支付运费的运输方式。国内海上货物运输或者沿海货物运输，在我国又称水路货物运输，是指承运人负责将托运人托运的货物经海路由国内一港运至国内另一港，由托运人或收货人支付运费的运输方式。我国内地至港澳台地区的海上货物运输通常参照国际海上货物运输处理。

这一分类具有重要意义，因为我国现行立法对海上货物运输实行国内与国际相分离的双轨制。我国《海商法》第41条规定，海上货物运输合同是指承运人收取运费，负责将托运人托运的货物经海路由一港运至另一港的合同。而《海商法》第2条第2款又规定："本法第四章海上货物运输合同的规定，不适用于中华人民共和国港口之间的海上货物运输。"因此，《海商法》第四章规定的"海上货物运输合同"实际上指的是"国际海上货物运输合同"，该章规定也仅适用于国际海上货物运输。至于国内水路（海上）货物运输，则主要适用《民法典》等的规定，而不能适用《海商法》第四章的规定。

之所以如此，一方面是因为《海商法》制订的时候国内水路货物运输仍然受计划经济的影响，而国际海上货物运输实行的不是计划经济而是随行就市。①另一方面，在国际上，随着 1924 年《海牙规则》以及其他国际海上货物运输公约的陆续生效实施，国际海上货物运输逐渐形成了不同于国内水路货物运输的规则体系，尤其是在合同当事人类型、承运人的法定义务、免责事由以及责任限制等方面与后者存在重要区别。因此，在海上运输中必须对国际、国内海上货物运输进行严格区分。据此，本章主要以我国《海商法》第四章"海上货物运输合同"以及相关国际公约为基础对国际海上货物运输进行论述。除特殊说明外，本章所称"海上货物运输合同"均指国际海上货物运输合同。对于国内水路（海上）货物运输合同，由于在民法或合同法等相关学科内已有述及，本书略去不谈。

对于国际海上货物运输合同的理解，应重点从以下几个方面入手：（1）它具有国际性或涉外性，即海上货物运输的始发港与目的港应位于不同的国家，这是它与国内水路（海上）货物运输合同的重要区别之一。（2）它的参与主体更加广泛多样。国内水路（海上）货物运输的参与主体主要包括托运人、承运人以及收货人等。但是按照我国《海商法》第四章的规定，国际海上货物运输的当事人除托运人和承运人外，还包括未与托运人订立运输合同但实际承担或参与运输的人即实际承运人，而且托运人还有两种不同的类型。此外，船代、货代、港口经营人以及银行等提单持有人也是国际海上货物运输的积极参与者。（3）它受《海商法》第四章调整，该章关于承运人、实际承运人的法定义务、责任基础（归责原则）、赔偿责任限制以及提单制度等的规定，与《民法典》相比存在着重大区别，应优先得以适用，这将在后文中予以详细论述。（4）同《民法典》一样，它对所运输的货物则并无特殊规定。尽管《海商法》第 42 条规定"货物"包括活动物和由托运人提供的用于集装货物的集装箱、货盘或者类似的装运器具，但这并不是对"货物"的定义，只是强调上述客体可以成为国际海上运输的标的物而已。因此，各种货物、制品、商品和任何种类的物件，理论上均属于货物的范畴。考虑到"甲板货"的运输特点和特殊风险，我国《海商法》没有明确其是否属于"货物"，只是在第 53 条中对其运输责任作了特别规定，但理论上"甲板货"亦属于货物的范畴。

【案例研习 4-1】

深圳市恒通海船务有限公司与吉安恒康航运有限公司航次租船合同纠纷案②

深圳市恒通海公司于 2015 年 9 月 23 日与吉安公司签订航次租船合同，前者委托

---

① 傅旭梅：《中华人民共和国海商法诠释》，人民法院出版社 1995 年版，第 6~7 页。
② 参见最高人民法院（2019）最高法民申第 3906、3907 号民事裁定书，广东省高级人民法院（2018）粤民终第 1257、1258 号民事判决书，广州海事法院（2017）粤 72 民初第 533、1152 号民事判决书。该案为最高人民法院发布的 2019 年度海事审判典型案例之一。

后者从深圳运输3000吨散装玉米至湛江。吉安公司"吉安顺"轮到达湛江后，遭遇台风"彩虹"，船舶走锚，海水和雨水从舱盖的缝隙处流入舱内，货物受损，恒通海公司请求吉安公司赔偿货物损失。吉安公司辩称本案是由于不可抗力所导致，并反诉恒通海公司要求赔偿船体损失。

本案首要问题，是涉案航次租船合同的定性及其法律适用问题。涉案航次租船合同的运输是自深圳至湛江，属于国内沿海航次租船运输，而非国际航次租船运输，故应适用当时《合同法》《民法通则》等的规定（现在则适用《民法典》的相关规定），① 而不能适用《海商法》第四章的规定。

（二）国际海上货物运输的当事人和关系人

参与国际海上货物运输的民事主体可以分为当事人和关系人两种类型，其中当事人主要包括托运人、承运人以及实际承运人三种。

1. 承运人

承运人是与托运人相对应的另一方当事人，俗称契约承运人，以与实际承运人相区别，在实践中则常被称为船方或船东。我国《海商法》第42条将承运人定义为"本人或者委托他人以本人名义与托运人订立海上货物运输合同的人"。无论是本人自己直接与托运人订立运输合同，还是委托他人以本人名义与托运人订立运输合同，都不影响其承运人的地位。

承运人通常是船舶的所有人，但也可能是船舶经营人、船舶承租人以及无船承运人。船舶经营人是指本身不拥有船舶，但接受船舶所有人或光船出租人的委托，为其经营船舶的人。船舶承租人，是指以航次租船、定期租船或光船租赁等方式租用他人船舶从事运输的人。船舶经营人与船舶承租人又被称为"二船东"。

无船承运人是指虽然不拥有船舶，但以承运人身份从事海上货物运输服务的人，不包括船舶经营人与船舶承租人在内。无船承运人与拥有船舶的承运人之间的区别在于是否拥有船舶，但二者在海上货物运输法律关系中的权利义务并无不同。在实践中，无船承运人先是以承运人身份与托运人订立合同，以承运人身份接收货物、签发提单或其他运输单证并收取费用，然后再以托运人身份向船舶运输经营者或其他运输方式经营者为其所承运的货物订舱、办理托运，并支付有关费用。这样，通过他人的实际运输达到承运货物、赚取利润的目的。②

---

　① 本案中，涉案航次租船合同约定有关承租人与出租人之间的权利、义务和责任界限适用《国内水路货物运输规则》及运价规费的有关规定。尽管《国内水路货物运输规则》已经失效，但法院认为，该约定为当事人的真实意思表示，对双方当事人具有约束力。这一观点在当前司法实践中较为普遍。

　② 司玉琢：《海商法专论》，法律出版社2007年版，第228～229页。

2. 托运人

托运人是与承运人相对的另一方当事人。按照我国《海商法》第42条规定，托运人是指：（1）"本人或者委托他人以本人名义或者委托他人为本人与承运人订立海上货物运输合同的人"；（2）"本人或者委托他人以本人名义或者委托他人为本人将货物交给与海上货物运输合同有关的承运人的人"。根据该规定，第一种托运人是与承运人订立海上货物运输合同的人，故俗称"契约托运人"，第二种托运人是将货物交给承运人的人，故俗称"发货人"，有时也称之为"实际托运人"。第二种托运人并非运输合同的契约当事人，其托运人的地位、权利义务等是法定的，这同样是对传统海商法和合同相对性原则的突破。不过值得注意的是，《海商法》将此两种托运人统一称为"托运人"，这与将承运人和实际承运人分别称呼的做法不同。

由此可见，托运人的核心条件是订约或交货，只要具有一种行为者即为托运人。而根据这一定义，在同一海上货物运输合同下，可能同时存在两种托运人。例如，在国际货物贸易FOB术语下，货物的买方因与承运人订立海上货物运输合同而成为上述第一种托运人，而卖方将货物交给承运人从而成为上述第二种托运人。

【案例研习4-2】

浙江省纺织品进出口集团公司与长荣国际

储运股份有限公司海上货物运输合同纠纷案①

2000年7月31日、8月7日，浙江省纺织品进出口集团公司（以下简称浙纺公司）作为卖方与案外人签订校服售货确认书。浙纺公司通过四家国际货运有限公司的依次代理，分批向承运人长荣国际储运股份有限公司（以下简称长荣公司）订舱出运，并取得长荣公司代理人签发的21套正本海运提单。21套提单载明的托运人分别为三家国外公司。浙纺公司按规定支付了海运费，长荣公司也确认收到。货物出运后，浙纺公司通过银行托收货款，因无人赎单，全套贸易单证包括提单被银行退回。长荣公司确认在正本提单未收回的情况下将货物交付收货人。为此，浙纺公司以长荣公司无正本提单放货为由，向上海海事法院提起诉讼，请求判令长荣公司赔偿其货款等损失。

长荣公司以浙纺公司不是托运人等为由提出抗辩。一审认为，《海商法》第42条规定了两种托运人，在《海商法》未作强制性规定的情况下，不能以交货人名称是否

---

① 参见上海市高级人民法院（2003）沪高民四（海）终字第39号民事判决书，另载《最高人民法院公报》2015年第9期。该案为最高人民法院发布的2014年度海事审判典型案例之一。

在相应单证上载明作为认定其是否具有托运人资格的法定条件。涉案货物的价格条款为 CNF，浙纺公司据此通过货运代理人向立荣公司订舱、交付货物和支付运费，立荣公司亦接收货物、出具提单和收取运费，并无他人向立荣公司交付涉案货物并指示其履行相应的海上货物运输合同。虽然浙纺公司根据贸易合同中的约定，未将其名称在提单中载明，但浙纺公司无疑是涉案海上货物运输合同项下唯一的缔约人和交货人，浙纺公司作为涉案货物托运人的主体资格应当依法得以认定。二审对此予以确认。①

3. 实际承运人

按照我国《海商法》第 42 条规定，实际承运人是指接受承运人委托，从事货物运输或者部分运输的人，包括接受转委托从事此项运输的其他人。由此可见，实际承运人应具备以下两个要件：首先，接受承运人的委托（包括转委托），而不是直接面对托运人的委托，亦即实际承运人并没有与托运人直接订立运输合同；其次，实际承运人虽未与托运人订立合同，但却实际从事运输，包括全部货物的全程运输、全部货物的部分航程运输、部分货物的全程运输以及部分货物的部分航程运输等。这两个要件是区别实际承运人与承运人的重要标志。

由于实际承运人并没有与托运人订立合同，因而并非通常意义上的合同当事人，其在合同法律关系中本处于代位履约人或代位清偿人的地位。但是，实际承运人毕竟是海上货物运输的实际承担者，因此为更好地调整和规范海上货物运输关系，立法者便创造了"实际承运人"这一概念，并赋予其相当于承运人的法律地位，这是对传统海商法和合同相对性原则的突破。因此，我国《海商法》第四章对承运人责任的规定也适用于实际承运人，实际承运人的权利义务及责任、实际承运人与托运人、承运人、收货人的关系等首先应该依照第四章的规定予以确定。当然，由于海上运输合同的缔约当事人是承运人（和托运人），而不是实际承运人，因此承运人应作为合同当事人全面承受运输合同约定的和法定的权利和义务，而实际承运人并不直接承受运输合同约定的权利和义务，只在法律规定范围内享有其权利、承担其义务及责任。

在海上货物运输中，出现实际承运人的情形主要有：（1）货运公司或船公司作为承运人与托运人订立海上货物运输合同后转而委托其他船公司承运，接受委托的其他船公司以自己行为完成实际运输，即成为实际承运人。无船承运人即是通过实际承运人的承运行为

---

① 2022 年"全国法院涉外商事海事审判工作座谈会会议纪要"第 51 条对这一观点进行了确认。该条规定："提单或者其他运输单证记载的托运人与向承运人或其代理人订舱的人不一致的，提单或者其他运输单证的记载对于承托双方仅具有初步的证明效力，人民法院应当结合运输合同的订立及履行情况准确认定托运人；有证据证明订舱人系接受他人委托并以他人名义或者为他人订舱的，人民法院应当根据《海商法》第 42 条第 3 项第 1 点的规定，认定该'他人'为托运人。"

实现其承运货物的目的。（2）在租船运输情况下，承租人与托运人订立海上货物运输合同，货物运输是通过租用船舶所有人的船舶进行的。此时，承租人是承运人，船舶所有人则为实际承运人。（3）在多式联运或海上联运情况下，多式联运（或海上联运）经营人与托运人订立多式联运（或海上联运）合同后，各运输区段的承运人即为实际承运人。（4）在直达运输情况下，由于某种意外情况的发生，货物在途中不得不由其他船公司转运，承担该转运任务的其他船公司即为实际承运人。①

4. 关系人

（1）收货人与提单持有人。收货人是有权收取货物的人。收货人可能是托运人，但也可能是托运人以外的第三人。在后一种情形下，收货人并不是运输合同的当事人，而是运输合同的重要关系人，其有权接收货物，同样有权要求承运人向其交付货物。提单持有人是指合法持有提单的人，包括持有提单的托运人、银行、提单受让人以及收货人等。提单持有人与承运人的关系依据提单的规定确定，但是要受到法律强制性规则的约束。不过，提单持有人合法受让提单并收取货物的，为收货人，此时与承运人之间成立以提单为证明的海上货物运输关系。

（2）出租人和承租人。租赁他人船舶来运输货物是海上货物运输的一种常见方式。例如上文关于"实际承运人"四种情形中，承运人通常是通过与实际承运人订立租船合同的方式，来使实际承运人承担运输任务的。此时，就承运人与实际承运人之间的关系而言，实际承运人是出租人，承运人则是承租人。

（3）受雇人和代理人。在海上货物运输中，承运人、托运人以及收货人可能是雇佣他人或由他人代理完成的，即由其受雇人或代理人来完成。例如承运人雇佣装卸工人为其装卸货物，装卸工人即为其受雇人。显然，受雇人不是运输合同的当事人，而是运输合同的关系人。

在海上货物运输中，有专门从事航运代理的组织，这主要包括船舶代理人和货运代理人。船舶代理人，简称船代，是在货物运输中代理船方从事货运业务的人，主要负责代表船方与货方进行磋商、安排运输等事宜。船代通常是船方即承运人的代理人。货运代理人，简称货代，主要负责安排货物抵达港口、代为报关、定舱、协调货物从始发地到目的地的运送事宜。

（4）港口经营人。港口经营人是指在码头和其他港口设施从事货物的装卸、驳运、储存和港口拖航等经营业务的人。港口经营人在海上货物运输中的地位尚缺乏法律的明文规定，学者们的意见也不一致，有承运人的受雇人、实际承运人、独立合同人等不同看法。在司法实践中，有的法院认为港口经营人是承运人的受雇人，从而适用《海商法》的规

---

① 参见傅旭梅：《中华人民共和国海商法诠释》，人民法院出版社 1995 年版，第 73~74 页。

定，有的法院则否认其作为海上货物运输关系人的地位，从而适用《民法通则》等的规定。①

【案例研习 4-3】

哈池曼海运公司与上海申福化工有限公司、
日本德宝海运株式会社海上货物运输合同货损赔偿纠纷案②

2008 年 9 月 23 日，上海申福公司就购买苯酚与住友商事株式会社（香港）公司签订了买卖合同，约定 CFR（中国青岛），苯酚色度最高不超过 10 哈森（HAZEN）。2008 年 9 月 24 日，申福公司申请开立了以住友商事株式会社（香港）公司为受益人的不可撤销的×××号远期跟单信用证，货物单价为每吨 1530 美元，信用证金额为×××美元。2008 年 12 月 4 日，申福公司在信用证项下支付货款人民币×××元。

涉案货物即苯酚于 2008 年 8 月 23 日在西班牙某港装船，由巴拿马籍"金色蒂凡尼"轮承运，哈池曼公司为"金色蒂凡尼"轮所有人。日本德宝公司就涉案货物签发了 GTHQ-5702 号清洁指示提单，提单记载：托运人住友德国公司，收货人凭指示，货物为 1001.53 吨苯酚，卸货港中国青岛港，运费预付。申福公司经托运人背书受让了该提单，并据此在卸货港提取了货物。涉案货物装船前，SGS 公司进行了品质、重量检验，出具了重量证书、质量证书，其中质量证书载明了苯酚色度小于 5 哈森以及其他品质指标。货物抵达卸货港后，经联合检验，部分货物的苯酚色度超过 10 哈森。

法院认为，该案具有涉外因素，且当事人皆认为应适用中华人民共和国法律，故应以中华人民共和国法律作为本案纠纷适用的法律。而该案又为国际海上货物运输，故应当优先适用《海商法》，尤其是《海商法》第四章的相关规定。该案中，德宝公司签发已装船清洁提单，故为涉案海上货物运输的承运人，哈池曼公司所属"金色蒂凡尼"轮实际承运涉案货物，为实际承运人。提单已由托运人背书转让，申福公司成为提单合法持有人，是收货人。申福公司与德宝公司之间成立了以提单为证明的海上货物运输关系。

---

① 参见司玉琢：《海商法专论》，法律出版社 2007 年版，第 240~250 页。《民法通则》目前已为《民法典》所取代。

② 参见最高人民法院（2013）民提字第 6 号民事判决书。该案为最高人民法院发布的 2015 年"一带一路"建设司法服务和保障典型案例之一。

（三）国际海上货物运输的类型

1. 班轮运输

班轮运输，是指承运人以固定的航线、固定的航期和固定的运费将众多托运人的件杂货运至目的地而由托运人（或收货人）支付运费的运输方式，故班轮运输又称件杂货运输或零担运输。班轮运输多以传统的提单作为合同的证明，故班轮运输又称为提单运输。目前，件杂货的班轮运输多采用集装箱运输方式。按照《海商法》第2条第2款规定，本章所指的班轮运输实际上指的是国际班轮运输。

国际班轮运输通常被认为是一种公共运输方式，班轮运输的承运人属于"公共承运人"。基于维护社会公共利益以及公共政策的需要，许多国内立法和国际公约对契约自由原则进行了一定的限制，例如强制性规定承运人的最低法定义务和责任，不允许承运人对其进行减损或免除等，对班轮运输进行不同程度的干预。

2. 航次租船运输

航次租船，又称航程租船或者程租，是指船舶出租人向承租人提供船舶或者船舶的部分舱位，装运约定的货物，从一港运至另一港，由承租人支付约定运费的运输方式。航次租船在形式上属于船舶租用，但实质上仍然属于货物运输方式。因此，在我国《海商法》中关于航次租船的内容是在第四章"海上货物运输合同"而不是第六章"船舶租用合同"中予以规定的。同样，本章所涉及的航次租船运输实际上指的是国际航次租船运输。

与班轮运输不同，国际航次租船运输一般认为属于私人运输方式，仍践行契约自由原则，除少数强行性规定外，允许当事人自由设定其权利义务关系。本章的论述多针对国际班轮运输方式，关于国际航次租船运输的特别规定请见本章第三节内容。

3. 海上货物联运与多式联运

海上货物联运，是指承运人负责将货物自一港经两段或者两段以上的海路运至另一港，而由托运人或者收货人支付运费的运输方式。海上货物联运中，货物由不属于同一船舶所有人的两艘或者多艘船舶从起运港运至目的港，但承运人对全程货物运输负责。除作为合同当事一方的承运人外，参加货物运输的还有与承运人具有其他合同关系的其他海上承运人，称为区段承运人、实际承运人、履约承运人或海上履约方。《海商法》调整的国际海上货物联运通常以海上联运提单作为运输证明。

海商法调整的货物多式联运，是指多式联运经营人负责将货物以包括海上运输在内的两种或多种运输方式，从一地运至另一地，而由托运人或收货人支付运费的运输方式。只有包括海上运输方式在内的货物多式联运才是海商法的调整对象。《海商法》调整的国际货物多式联运也多以多式联运单证或者多式联运提单作为运输的证明。以海上货物运输为基础的国际多式联运合同，详见本章第四节内容。

4. 海上货物运输总合同

海上货物运输总合同，又称批量合同、包运合同或者货运数量合同，是指承运人负责将一定数量的货物，在约定时期内，分批经海路由一港运至另一港，而由托运人或者收货人支付运费的合同。在这种运输方式中，通常订明一定时期内托运人交运的货物数量或者批量、承运人提供的船舶吨位数、装货和卸货的港口或者地区、装卸期限、运价及其他运输条件。每一批货物装船后，承运人按照托运人的要求签发提单或者双方就每一批货物的运输签订具体的航次租船合同。这种运输和缔约方式一般适用于大批量货物的运输，尤其是煤炭、矿石、石油、粮食等散装货物的国际运输。《海商法》第四章仅调整国际性的海上货物运输总合同。

（四）国际海上货物运输的法律调整

1. 国际海上货物运输法的发展

海上货物运输法是海商法的核心部分，拥有悠久的历史，这在"罗得海法"以及中世纪各海法中都有所体现。在 18 世纪后，包括海上货物运输法在内的海商法进入国内立法时期，这一时期的海上货物运输法主要以英国法为典型代表。根据英国普通法，从事海上件杂货运输的承运人为"公共承运人"，其对货物灭失或损坏的责任非常严格。除非承运人能证明货物的损害是由于天灾、公敌、货物潜在缺陷、托运人过失所造成的，或者货损构成共同海损外，无论有无过失，承运人都必须承担赔偿责任。不过与这种严厉的责任制度不相适应的是，这一时期又是一个非常崇尚契约自由的时代，反映在海上货物运输中就是承运人利用其有利的谈判地位在海上货物运输合同中加上各种免责条款，包括承运人有过失也可以免除责任的条款。有的提单上免责事项甚至多达六七十项，以至于到了承运人除了收取运费的权利外已没有任何责任可言的地步。此外，提单上通常还规定了较短的时效期间以及适用英国法和由英国法院管辖的内容。

当时的英国号称"日不落帝国"，其商船航运在世界航运舞台上占据着举足轻重的地位，其海上货物运输法也由此影响到世界的每一个角落。这种状况使得各国货方的权益无从保障，不仅严重妨碍了提单的流通，出现了银行不肯承兑、保险公司不敢承保货物运输风险的局面，而且势必将影响到海运业的长远发展。因此，限制承运人滥用契约自由原则的要求日渐强烈，并引起了各国特别是货主利益比较突出的国家的注意。1893 年，美国率先通过了《哈特法》（Harter Act）。该法规定，在美国国内港口之间以及美国港口与外国港口之间进行货物运输的承运人，不得在提单上加入基于过失造成的货损可以免责的条款。该法还规定了承运人最低限度的义务，即承运人应谨慎处理使船舶适航，船长、船员对货物应谨慎装载、管理和交付。同时，该法明确了承运人的最大免责范围，除承认承运人享有普通法下的四项免责事由外，还规定了承运人对于航海技术和船舶管理上的过失也可免除责任，并规定了承运人可以享受限制责任的权利。《哈特法》的上述规定具有强制性，违反上述规定的提单条款，将以违反美国"公共秩序"为由被宣告无效。

继《哈特法》之后，澳大利亚于 1904 年制定了《海上货物运输法》，加拿大于 1910年制定了《水上货物运输法》，基本上都按照《哈特法》的规定对提单内容进行了调整。但是，只有少数国家的努力是难以彻底解决上述问题的，这需要各国以及国际社会的共同努力。而英国则担心类似的国内立法会影响到英国航运业的竞争力及其航运大国的地位，因而也采取了妥协态度，希望通过制定国际公约的方式来控制这一事态的发展。这样，1921 年国际法协会在荷兰海牙召开会议并起草了关于提单运输的规则，后又几经修改，在1924 年通过了《统一提单若干法律规定的国际公约》（International Convention for the Unification of Certain Rules Relating to Bill of Lading），简称《海牙规则》（Hague Rules），并于 1931 年 6 月 2 日起生效。

《海牙规则》第一次用国际公约的形式确定了海上货物运输合同中的权利义务分配规则，这是一个巨大的进步。《海牙规则》的立法指导思想与《哈特法》是一致的，即海上货物运输合同中的契约自由原则必须受到一定的限制，其采用的手段与《哈特法》也基本一致，即确定了承运人的最低法定义务和最高免责范围。不过，虽然它在一定程度上限制了承运人的合同自由，但也赋予了承运人多达十几项的免责及责任限制的权利，因此它仍然偏重对承运人利益的保护。

《海牙规则》的生效和实施，标志着海上货物运输法开始步入了国际统一的新时代。《海牙规则》现在仍然有效存续，不过随着国际政治经济形势的变化以及航运业的发展，《海牙规则》的不足日渐明显，于是 1959 年国际海事委员会决定对其进行修改，并于1968 年通过了《修订统一提单若干法律规定的国际公约的议定书》（Protocol to Amend the International Convention for the Unification of Certain Rules Relating to Bill of Lading），该议定书简称《维斯比规则》（Visby Rules），被修订后的《海牙规则》通常称为《海牙—维斯比规则》（Hague-Visby Rules）。

《海牙—维斯比规则》同样偏重对承运人利益的保护，因此广大第三世界国家以及代表货主利益的部分发达国家对此表示严重不满，要求修订和完善国际海上货物运输立法的呼声也越来越强烈。这一任务最终由联合国国际贸易法委员会（United Nations Commission on International Trade Law，简称 UNCITRAL）承担并具体实施。1978 年，在德国汉堡召开的联合国海上货物运输会议上通过了《1978 年联合国海上货物运输公约》（United Nations Convention on the Carriage of Goods by Sea, 1978），简称《汉堡规则》（Hamburg Rules），并于 1992 年 11 月 1 日生效。《汉堡规则》进一步加重了承运人的义务和责任，但是它的影响和适用范围远不及前两个公约。

《海牙规则》《海牙—维斯比规则》以及《汉堡规则》的生效实施，使得海上货物运输法律制度在三个公约的范围内得到了统一。不过三部公约的同时存在也成为国际海上货物运输法律制度未能实现最终统一的明证。在联合国国际贸易法委员会的主持下，一部新的国际公约即《联合国全程或部分海上国际货物运输合同公约》（UN Convention on the Contracts of International Carriage of Goods Wholly or Partly by Sea），于 2008 年 12 月 12 日获得联大第 35 次会议审议和通过，并于 2009 年 9 月在荷兰鹿特丹正式签署发布。该公约又被称为《鹿特丹规则》（Rotterdam Rules），截至目前尚未生效。

2. 国际海上货物运输法的特点

通过海上货物运输法的发展历程可以看出，国际海上货物运输法的勃兴与发展是对当事人尤其是承运人利用合同自由原则任意订立合同进行限制和强制干预的产物，其核心在于一方面强加给承运人以适航等法定义务和责任，另一方面又赋予承运人免责、责任限制等权利，以达成船方与货方利益的妥协与平衡。纵观上述国际公约以及国内法的相关规定，其有两大共同特征：一是规定了国际海上货物运输当事人尤其是承运人的特殊义务与责任制度；二是赋予了国际海上货物运输法以强制性，这也是海上货物运输法与其他方式运输法的区别所在。当然，这通常是对班轮运输而言的，而租船运输仍遵从合同自由原则，有关法律规定基本上是任意性的。

承运人的特殊义务和责任肇始于《哈特法》，《海牙规则》《海牙—维斯比规则》予以采纳，它主要体现在以下几个方面：（1）法定义务方面，承运人负有适航、管货等最低法定义务；（2）责任基础方面，承运人承担的是不完全过失责任，承运人航海和管理的过失可以免责；（3）责任期间方面，承运人的强制责任期间为装船后卸货前，而不是整个合同期间；（4）免责方面，承运人航海和管理的过失、天灾等自然灾害或者意外事故、社会事件、海上救助货方行为、经谨慎处理仍未发现的船舶潜在缺陷等原因造成的货损，承运人不予负责；（5）责任限制方面，承运人享有单位责任限制的权利。虽然《汉堡规则》更进一步加重了承运人的责任，但并没有构成对这一制度的根本削弱。

强制性是国际海上货物运输法的另一个特色。上述海上货物运输当事人及关系人的权利义务，尤其是承运人的义务和责任的立法规定，是以维护公共政策和海上货物运输发展为目的的，因而属于强制性规则，不能为当事人所减损或免除，尤其是承运人的义务和责任只能增加不能减少，与强制性规则相冲突或者约定不适用强制性规则的条款一律无效。《海牙规则》第 3 条第 8 项规定："运输合同中的任何条款、约定或协议，凡是解除承运人或由于船舶疏忽、过失或未履行本条规定的责任与义务而引起的货物或与货物有关的损失或损害，或以本规则规定以外的方式减轻这种责任的，均应作废并无效。"我国《海商法》第 44 条也有类似规定。当然，这并不影响承运人增加其责任和义务，无论是承运人单方面增加、协议增加，或者承运人放弃其享有的权利、提高赔偿限额都是允许的。

国际海上货物运输法的强制性体现了国家干预的政策，是对合同自由原则的限制和例外。它的出现既有其内在原因，也有着积极作用。首先，它是保护海运弱势方利益的需要。在海上货物运输尤其是班轮运输中，承托双方的地位往往是不平衡的，使用法律手段对货方进行特殊保护显得更有必要。其次，它是保护可转让提单的善意受让人的需要。由于海运时间较长，为方便货主处理在途货物，海运中采用了可转让提单作为运输单据，提单受让人在受让提单时也取得提单下的权利。但由于提单受让人不参与合同缔结，不可能就合同条件进行磋商，因此必须限制承运人的合同自由，以免损害提单持有人的利益。再次，这是应对格式条款的需要。海上货物运输合同往往基于承运人的格式条款缔结，用强制性立法对此进行约束和纠正，有利于实现公平和正义。最后，强制性体制使得海上货物运输各参加者的风险更有预见性，因而风险衡量、分担以及保险补偿变得更加方便有效。

3. 我国对国际海上货物运输的法律调整

我国并没有加入上述任一国际公约，但是《海商法》在立法过程中借鉴了公约的有关规定，并继承了国际海上货物运输法的强制性体制及特殊的义务责任制度。例如，关于承运人义务、责任以及免责和责任限制等的规定，主要借鉴了《海牙规则》的规定；关于提单证据效力、非合同之诉、承运人受雇人和代理人的地位以及诉讼时效等规定，则来自于《海牙—维斯比规则》；而《汉堡规则》关于实际承运人、责任期间以及托运人的义务责任等内容也被吸收进来。可以说，我国《海商法》中的国际海上货物运输法律规则是以《海牙—维斯比规则》为基础，吸收《汉堡规则》中成熟、合理的内容，并结合我国实际形成的"混合运输制度"的立法模式。

除《海商法》外，我国调整国际海上货物运输的法律还有《民法典》等法律法规。对于国际海上货物运输，首先应适用《海商法》第四章"海上货物运输合同"的规定；《海商法》没有规定的，则适用《民法典》等的规定。对于国内水路货物运输，则主要适用《民法典》等的相关规定。

二、合同的订立与解除

（一）合同的订立

1. 合同订立的方式

《海商法》对合同订立方式并没有明确规定。按照《民法典》的规定，海上货物运输合同的订立仍采取要约、承诺等方式。

在国际班轮运输实践中，班轮公司为了揽货，通常会在报纸、航运交易场所、网络等媒体上刊登所经营的班轮航线和船期表，这一行为通常构成"要约邀请"。托运人（或者其代理人）则选定航线和船期，并向班轮公司（或其代理人）办理货物托运手续，这称为订舱。订舱一般是通过填写订舱单、托运单或者发送相应的传真、电子邮件等数据电文等方式进行的，并应载明货物的品名和数量、装船期限、装卸港等内容。托运人的订舱行为通常构成要约。承运人或其代理人则根据订舱的内容，并结合船舶的航线、停靠港、船期和舱位等情况，决定是否接受订舱。如承运人接受订舱，即构成承诺，双方达成合意，合同即告成立。但是，这也可能是一个反复磋商的过程。因此，托运人的订舱行为是否构成要约，承运人接受订舱的行为是否构成承诺，需依据具体情况并结合《民法典》的有关规定予以确定。

2. 合同的形式要求

《海商法》仅要求国际航次租船合同应以书面形式订立，而未对国际班轮运输合同作出书面形式的要求。因此，国际班轮运输合同可以通过口头或者书面形式订立，而在实践中船期表、订舱单、托运单等也常常成为其合同文件的重要组成部分。由于上述方式容易产生纠纷，因此《海商法》第 43 条规定，承运人或者托运人可以要求书面确认海上货物运输合同的成立。

合同成立后，托运人向承运人托运货物的，承运人通常会向其签发提单，以证明其收到货物并以此作为提货的凭证。而依据有关国际公约和我国《海商法》的规定，此时提单也会成为海上货物运输合同的证明。这是因为，一方面，提单上的部分内容，尤其是有关承运人、运输事项和货物描述等，是对海上货物运输合同的记载和反映；另一方面，订舱单、托运单等文件作为证据容易缺失毁损，而提单作为一种重要的贸易和运输单据，容易得到固定和保留。因此，立法赋予提单以证明海上货物运输合同是否成立以及该合同内容的效力。不过，提单毕竟是在合同成立后由承运人单方签发的，因此它不是合同本身，而只是运输合同的证明。倘若有相反证据证明，提单上的记载事项是可以被推翻的。

提单中通常包含有承运人（或者其他航运组织等）自行制定的标准条款（格式条款），尤其是关于责任免除、责任限制等的规定。对此，倘若上述条款违反海上货物运输法的强制性规则，则相关条款会被归于无效。此外，如果上述条款构成我国《民法典》第 496 条第 1 款规定的格式条款时，还应受《民法典》第 496~498 条规定的约束。

3. 合同的成立与货物交付以及提单签发的关系

根据合同成立是否以交付标的物为条件，合同可分为诺成合同和要物合同。《海商法》和《民法典》均没有货物运输合同自货物交付时起成立的规定，因此海上货物运输合同是诺成合同。货物的交付是合同的履约行为，而不是海上货物运输合同成立的标志。

如前所述，承运人接收货物后一般会签发一份提单，有人主张提单签发时才是合同成立的时间。这一观点是错误的，因为海上货物运输合同在当事人达成合意时即成立，如果需要书面形式，则在双方于书面合同上签字或盖章时成立。而签发提单，只是海上货物运输合同的履约行为。

【案例研习 4-4】

招商局物流集团（天津）有限公司与以星综合航运有限公司、合肥索尔特化工有限公司海上货物运输合同纠纷案①

以色列以星航运公司与招商物流公司签订订舱协议，约定招商物流公司委托以星航运公司作为其在天津的进出口货物运输承运人；若货物在目的港无人提取，招商物流公司将与托运人对因此给以星航运公司所造成的一切责任、后果和费用承担连带责任。2014 年 8 月，招商物流公司委托以星航运公司将一个集装箱货物从天津新港运至乌克兰敖德萨港。以星航运公司签发了托运人为索尔特公司的指示提单，提单载明了集装箱的免费使用期与超期收费标准。货物到港后，一直没有收货人持正本提单提货，后货物在目的港被销毁，以星航运公司为此支付了销毁费用、堆存费、装卸费等，随后起诉请求判令招商物流公司、索尔特公司连带赔偿上述费用及集装箱超期使用费等经济损失及其利息。案件审理中，以星航运公司与招商物流公司均主张适用中国法律处理本案合同争议。

一审判令招商物流公司赔偿以星航运公司在目的港支付的货物处置费用及按照购置成本基础计算的集装箱超期使用费及利息，驳回以星航运公司的其他诉讼请求。二审认为：涉案提单系以星航运公司基于招商物流公司按照订舱协议提出的订舱要求所签发，虽提单记载托运人并非招商物流公司，但以星航运公司仍有权按照由订舱所形成的运输合同法律关系向订舱的托运人主张权利，当货物在目的港无人提货时，以星航运公司有权向合同相对方招商物流公司主张相应权利。遂判决驳回上诉，维持原判。二审终审后，招商物流公司主动履行了判决确定的义务。

（二）合同的解除

《海商法》关于合同解除的规定有两条，并且主要适用于国际班轮运输，国际航次租船合同对此可以约定排除适用。《海商法》没有规定的，则可以适用《民法典》第 562～563 条等关于合同解除的规定。按照《海商法》的规定，国际海上货物运输合同的解除主要限于以下两种情形。

---

① 参见天津海事法院（2015）津海法商初字第 730 号民事判决书，天津市高级人民法院（2017）津民终第 320 号民事判决书。该案为最高人民法院发布的 2017 年度海事审判典型案例之一。

1. 开航前托运人单方的法定解除

《海商法》第 89 条规定，船舶在装货港开航前，托运人可以要求解除合同，这是赋予托运人一方的法定解除权。托运人所享有的这种法定解除权利只能在开航前行使。至于何为"开航"，法律上没有明确规定，学理上则有不同的观点。有的认为船舱已全部封妥，开航命令已经发出时是开航；有的认为应以船舶起锚或解清全部缆绳为准；也有的认为应以船舶主机转动为准。正常状态下这三个时间是很靠近的，但以"动车"作为开航之时似更合理，因为开航应该是船舶不可逆转地驶离港口，而船舶起锚或解缆以后并不一定立即开动；同样，开航命令发出和船舶开动之间也有时间差，而且开航命令是可能被收回的。

对于托运人行使此项法定解除权的后果，如果当事人有约定的，则依照约定处理。如果没有约定，托运人应当向承运人支付约定运费的一半；货物已经装船的，还应当负担装货、卸货和其他与此有关的费用。

2. 开航前承运人与托运人双方的法定解除

《海商法》第 90 条规定，船舶在装货港开航前，因不可抗力或者其他不能归责于承运人和托运人的原因致使合同不能履行的，双方均可以解除合同，并互相不负赔偿责任。这是开航前双方均享有的法定解除权，其行使的要件包括：（1）行使的时间：仍然是在开航前；（2）行使的条件：因不可抗力或者其他不能归责于承运人和托运人的原因致使合同不能履行；（3）行使的主体：承运人和托运人双方均可行使。

对于此种类型的合同解除，如果因为合同解除给对方造成损失的，双方互相不负赔偿责任。此外，除合同另有约定外，运费已经支付的，承运人应当将运费退还给托运人；货物已经装船的，托运人应当承担装卸费用；已经签发提单的，托运人应当将提单退还承运人。

三、托运人的义务、责任与权利

在与承运人订立合同后，托运人在海上货物运输中的角色主要是向承运人支付运费、托运货物并取得提单或其他单证，然后再对单证作出相关处理。其权利义务主要体现在以下几个方面。

（一）托运人的义务

1. 提供约定货物、妥善包装和正确申报货物的义务

《海商法》第 66 条第 1 款规定："托运人托运货物，应当妥善包装，并向承运人保证，货物装船时所提供的货物的品名、标志、包数或件数、重量或者体积的正确性。"这主要包括以下几方面的内容：（1）托运人应当按照约定时间，将约定货物运至船边、码头仓库或者其他地点，以供装船。（2）托运人应妥善包装货物，即对需要包装的货物，使用适当

的包装方法，以满足货物装卸作业和海上运输安全的要求。如果承运人与托运人约定了包装方法，或者法律法规或有关技术规范规定了包装的方法，则包装应满足这种约定或规定。如果没有约定或规定，则应采取通用的方式包装，或者在没有通用方式时，采取足以保护货物的包装方式。（3）托运人应正确申报货物，即托运人所提供的货物的品名、标志、包数或件数，重量或体积，应与货物的实际情况相符合。

2. 及时办理货物运输手续的义务

按照《海商法》第67条规定，托运人应当及时向港口、海关、检疫、检验和其他主管机关办理货物运输所需要的各项手续，并将已办理各项手续的单证送交承运人。

3. 妥善托运危险货物的义务

托运人托运危险货物，可能会严重危及船货和人身安全。因而《海商法》第68条规定，托运人应当依照有关海上危险货物运输的规定，妥善包装，作出危险品标志和标签，并将其正式名称和性质以及应当采取的预防危害措施书面通知承运人；托运人未通知或者通知有误的，承运人可以在任何时间、任何地点根据情况需要将货物卸下、销毁或者使之不能为害，而不负赔偿责任。此外，即使承运人知道危险货物的性质并已同意装运的，仍然可以在该项货物对于船舶、人员或者其他货物构成实际危险时，将货物卸下、销毁或者使之不能为害，而不负赔偿责任。

4. 支付运费及其他费用的义务

托运人应当按照约定向承运人支付运费。运费有预付运费和到付运费两种。预付运费通常在货物装船后，承运人、船长或承运人的代理人签发提单之前支付，这通常是托运人的义务。到付运费是指托运人与承运人约定运费由收货人支付，只要该约定在运输单证中载明，无须得到收货人的同意。在运输单证中约定运费到付的，承运人应当向收货人请求支付，收货人未支付的，承运人可以留置货物作为运费的担保。而按照《民法典》第523条规定，承运人此时仍有权向托运人提出运费请求。当事人未明确运费为预付或到付的，托运人仍负有支付运费的义务。

除运费外，托运人还可能支付其他类型费用，这主要包括：（1）亏舱费：亦称空舱运费，是托运人未按运输合同交运约定货量，或交运的货量不足，造成所订舱位部分闲置而向承运人支付的空舱费。亏舱费中应扣除因船舶亏舱所节省的费用，以及另装货物所取得的运费。（2）滞期费：通常是在航次租船情况下，承租人因未能在合同规定的装卸货时间内完成货物装卸，应由承租人支付的费用。（3）共同海损分摊费用、承运人为货物垫付的必要费用以及其他应由托运人支付的费用。（4）集装箱使用费：对于承运人提供给托运人使用的集装箱，承运人得依据合同约定主张集装箱使用费或超期使用费。没有约定费用计算标准，承运人举证证明集装箱提供者网站公布的标准或者同类集装箱经营者网站公布的同期同地的市场标准的，按照该标准计算费用。但是，根据《民法典》第 584 条规定的可合理预见规则和《民法典》第 591 条规定的减损规则，承运人应当及时采取措施减少因集装箱超期使用对其造成的损失，故集装箱超期使用费赔偿额应在合理限度之内。① （5） 目的港无人提货的费用：提单持有人在目的港没有向承运人主张提货或者行使其他权利的，因无人提取货物而产生的费用和风险由托运人承担。承运人可以依据运输合同关系向托运人主张运费、堆存费、集装箱超期使用费或者其他因无人提取货物而产生的费用。②

（二）托运人的责任

1. 托运人违反《海商法》第 66~68 条义务的责任

托运人违反前述《海商法》第 66~68 条规定的义务，即由于包装不良或者货物资料不正确，对承运人造成损失的；因办理各项手续的有关单证送交不及时、不完备或者不正确，使承运人的利益受到损害时；以及托运人对承运人因运输危险货物所受到的损害，都应当负赔偿责任。

托运人违反《海商法》第 66~68 条义务应承担何种性质的责任，学者有不同观点。有人认为违反《海商法》第 66~68 条义务属于《海商法》第 70 条关于托运人的过错责任的范畴。也有人认为，托运人违反《海商法》第 66~68 条义务的，不以过错为条件，即托运人应承担严格责任。③本书同意后一种观点，这从法条的措辞中即可看出，托运人违反《海商法》第 66~68 条义务的责任构成了托运人过错责任原则的例外。

还要注意的是，在包装不良或者货物资料不正确的场合，承运人对托运人享有的此种请求权，不影响其根据海上货物运输合同对托运人以外的人应承担的责任。也就是说，通常应该由承运人向托运人以外的第三人（收货人）承担赔偿责任，然后承运人再向托运人追偿。

2. 托运人的其他损害赔偿责任

《海商法》第 70 条规定："托运人对承运人、实际承运人所遭受的损失或者船舶所遭受的损坏，不负赔偿责任；但是，这种损失或者损坏是由于托运人或者托运人的受雇人、代理人的过失造成的除外。托运人的受雇人、代理人对承运人、实际承运人所遭受的损失或者船舶所遭受的损坏，不负赔偿责任；但是，这种损失或者损坏是由于托运人的受雇人、代理人的过失造成的除外。"这一规定表明，托运人及其受雇人、代理人对承运人、实际承运人的损害承担过错责任。承运人、实际承运人或船舶遭受的损失主要有：在装货和卸货过程中，由托运人雇佣的装卸工人对船舶和货物所造成的损害；有缺陷的货物对船

---

① 目前司法实践中原则上以同类新集装箱市价 1 倍为基准确定赔偿额，同时可以根据具体案情适当浮动或者调整。参见 2022 年《全国法院涉外商事海事审判工作座谈会会议纪要》第 65 条规定。

② 参见 2022 年《全国法院涉外商事海事审判工作座谈会会议纪要》第 61 条规定。

③ 参见司玉琢：《海商法专论》，法律出版社 2007 年版，第 151~152 页。

舶和其他货物造成的损害；托运人由于装卸迟延给承运人造成的高额滞期费等。

3. 两种托运人间的责任分担

如果在一个运输合同下同时存在两个独立的托运人，其在运输合同下以及相互之间的权利义务关系如何，目前尚没有明确的立法规定。

理论上对此有多种解决方法。一是要求双方对运输合同下的权利义务都负责，并相互承担连带责任。二是借鉴实际承运人的有关规定，由第一种托运人承担与承运人约定的或法律规定的所有责任，而第二种托运人则承担与其将货物交给承运人有关的责任，包括对货物进行妥善包装和正确申报货物、及时办理货物运输手续、妥善托运危险货物的责任，但不承担提供承运人与第一种托运人约定的货物、支付承运人与托运人约定的运费及其他费用的责任，因为这两项义务系根据承运人与托运人之间的约定而产生；但是，第二种托运人承担其将货物交给承运人有关的责任，并不免除第一种托运人应承担的责任。① 比较而言，后者更加合理。

（三）托运人的主要权利

托运人首先享有要求承运人依约将货物安全、及时运至卸货港并交给收货人的权利；其次则是在承运人违约时向其请求损害赔偿的权利。除此之外，托运人还具有以下两项权利。

1. 要求承运人签发提单或者其他运输单证的权利

《海商法》第72条第1款规定："货物由承运人接收或者装船后，应托运人的要求，承运人应当签发提单。"

提单是重要的海上运输和国际贸易单证。货物由承运人接收或者装船后，托运人有权要求承运人签发提单，以作为双方订立海上货物运输合同、货物已经由承运人接收或者装船，以及承运人保证据以交付货物的凭证。当然，如果承运人与托运人约定签发海运单等提单以外的其他运输单证，则托运人有权要求承运人签发这种运输单证。

提单在承运人、托运人、收货人之间的流转顺序通常为：首先，托运人依据运输合同将货物运交承运人指定的地点或直接交到船上后，承运人通常会签发装货单。装货单一般由三联组成，一联作为留底，供承运人编制装船清单之用，又称作"装货清单"；一联为装货单正本，返还给托运人作货物出口报关之用，故又称作"关单"；另一联则为收货单，返还给托运人作为承运人已收取货物的凭证，由于其上有船上大副的签字，习惯上又称为"大副收据"。托运人一般凭大副收据向承运人换取提单。其次，托运人取得提单后，即将提单寄交目的港的收货人，以便收货人能凭提单提取货物。托运人也可能不是直接将提单递交收货人，而是根据买卖合同下的付款协议（例如信用证付款方式），将提单寄给作为

---

① 参见郭瑜：《海商法教程》，北京大学出版社2002年版，第123页。

付款中介的银行，再由银行将提单转交给买方。如果货物在运输途中发生了转卖，提单就可能通过转卖的买方、银行等再转交给最终的买方。最后，最终的买方（收货人）则凭提单要求承运人向其交付货物。

2. 要求承运人中止运输、返还货物、变更卸货港或者收货人的权利

《民法典》第829条规定："在承运人将货物交付收货人之前，托运人可以要求承运人中止运输、返还货物、变更到达地或者将货物交给其他收货人，但应当赔偿承运人因此受到的损失。"中止运输或者返还货物产生合同解除的效力，变更卸货港或者收货人属于合同的变更。但在《民法典》中，托运人通常是指与承运人订立运输合同的人，因此《海商法》第42条规定的第二种托运人能否享有上述权利尚不明确。

此外，在国际海上货物运输情况下，如果提单已经转移至第三人，则承运人需受提单的约束，对提单持有人负有凭提单在载明的卸货港交付货物的义务。此时托运人行使上述权利，将使承运人无法履行对第三人（提单持有人）的义务。虽然承运人在赔偿提单持有人的损失后，可依《民法典》第829条规定向托运人追偿，但如果托运人丧失或不具备足够的赔偿能力，承运人将因此遭受损失。①因此有必要对此作出限制。

【案例研习 4-5】

浙江隆达不锈钢有限公司诉 A. P. 穆勒-马士基 有限公司海上货物运输合同纠纷案②

2014年6月，浙江隆达公司由宁波港出口一批货物至斯里兰卡科伦坡港。隆达公司通过货代向马士基公司订舱，涉案货物于同年6月28日装船出运。同年7月9日，隆达公司通过货代向马士基公司发邮件称，发现货物运错目的地要求改港或者退运。马士基公司回复称因货物距抵达目的港不足2天，无法安排改港，如需退运则需与目的港确认后回复。次日，隆达公司的货代询问货物退运是否可以原船带回，马士基公司回复称，"原船退回不具有操作性，货物在目的港卸货后，需要由现在的收货人在目的港清关后，再向当地海关申请退运。海关批准后，才可以安排退运事宜"。7月10日，隆达公司又提出"这个货要安排退运，就是因为清关清不了，所以才退回宁波的，有其他办法吗"。此后，马士基公司再未回复邮件。

涉案货物于同年7月12日左右到达目的港。2015年5月19日，隆达公司向马士

---

① 参见司玉琢：《海商法》，法律出版社2007年版，第121~122页。

② 参见最高人民法院（2017）最高法民再第412号民事判决书，浙江省高级人民法院（2016）浙民终第222号民事判决书，宁波海事法院（2015）甬海法商初字第534号民事判决书。该案为2019年最高人民法院发布的涉"一带一路"建设专题指导性案例之一（第108号）。

基公司发邮件表示已按马士基公司要求申请退运。马士基公司随后告知涉案货物已被拍卖。隆达公司起诉要求马士基公司赔偿货物损失。

本案争议的焦点之一，是隆达公司是否享有退运或改港的权利。隆达公司系涉案货物托运人，且持有全套正本提单，其对涉案货物享有控制权，故可行使《民法典》第 829 条规定的权利。即便如此，双方当事人仍要遵循《民法典》上的公平原则行事。海上货物运输具有运输量大、航程预先拟定、航线相对固定等特殊性，托运人要求改港或者退运的请求有时不仅不易操作，还会妨碍承运人的正常营运，或者给其他货方造成损失。因此，如果变更运输合同难以实现或者将严重影响承运人正常营运，承运人可以拒绝，但应当及时通知托运人不能执行的原因。涉案运输方式为国际班轮运输，载货船舶除运载隆达公司的货物外，还运载了其他货主托运的众多货物。涉案货物于 2014 年 6 月 28 日装船出运，7 月 12 日左右到达目的港，而隆达公司于 7 月 9 日才要求马士基公司改港或者退运，在承运船舶距离到达目的港只有两三天时间的情形下，马士基公司主张由于航程等原因无法安排改港、原船退回不具有操作性，客观合理，应予支持。

四、承运人的义务与权利

承运人是海上货物运输的实际承担者，其依据法律规定和合同约定承担义务并享有权利，这主要包括《海商法》规定的最低法定义务，以及《海商法》《民法典》等规定的其他运输、交货等的义务。

（一）承运人的最低法定义务

根据我国《海商法》的规定，承运人必须承担适航、管货、不作不合理绕航的义务，以为海上运输安全和货主利益提供最低限度的保障。基于国际海上货物运输法的强制性，运输合同、提单或其他单证等不得对上述义务和责任进行减损或免除，但可以再增加承运人的其他义务，故上述义务又称为承运人的"最低法定义务"。

1. 适航义务

我国《海商法》第 47 条规定："承运人在船舶开航前和开航当时，应当谨慎处理，使船舶处于适航状态，妥善配备船员、装备船舶和配备供应品，并使货舱、冷藏舱、冷气舱和其他载货处所适于并能安全收受、载运和保管货物。"此即承运人的适航义务。

（1）适航义务的内容和标准

适航义务要求承运人用于运输货物的船舶应该处于适合航行的正常状态，能够安全收受、载运和保管货物。它主要包括以下三方面的内容：① 适船：这是针对船体本身的，即船舶应该坚固、水密，各种航行设备应处于良好状态，并应配备必要的供应物品。这方面不适航的实例如船舶舱口漏水，主机或发电机工作不正常，管道破裂，助航设备配备不齐等。② 适员：这是针对船上人员的，即应配备足量的适格船员，例如船长、船员应该数量充足、经过良好训练，取得适当资格证书并有必需的技能。这方面不适航的实例如船员数量不够、没有有效的资格证书等。③ 适货：这是针对船上的载货处所的，货舱、冷藏舱、冷气舱和其他载货处所应适于并可安全收受、载运和保管货物。对于承运人提供的集装箱也应符合安全收受、载运和保管所装载货物的要求。这方面不适航的实例如装载冰冻货时制冷设备出现故障，货舱没有打扫干净以致污染货物等。

适航义务三方面的内容都是针对特定航次的，航次不同，装载的货物不同，运输中的风险不同，这三方面的要求标准也就不同。如船舶没有冷藏设备，对于需要冷藏的货物就是不适航，而对于无需冷藏的货物则不构成不适航。

船舶适航并不要求船舶绝对安全，也不要求船舶应配备所有最现代化的安全设备，而只要求船舶达到行业内正常的安全水平即可。《国际船舶安全营运和防止污染管理规则》（ISM 规则）等规定的一系列技术指标是船舶是否适航的重要参照，但并不是判断船舶是否适航的唯一依据。

（2）适航义务的期间

班轮运输中，承运人适航义务的时间是开航前和开航当时。"开航前和开航当时"是指特定航次从船舶开始装货时起最迟至船舶开航时止的一段时间。所谓航次，是指合同航次或者提单航次，即提单载明的货物从装货港至卸货港的整个航程，不包括运输途中停靠中途港后再次开航。如果船舶在中途港停靠后，继续开航前或开航时即使存在安全问题，也不影响船舶的适航性。①

（3）适航义务的主观要求

适航对承运人来说并不是绝对的，他只要做到谨慎处理就可以了。所谓谨慎处理，与恪尽职责、适当谨慎以及合理注意等同义，即尽到了谨慎的、合理的注意义务。这必须在具体案件中结合具体案情才能知道。如水从污水管漏出并损害了货物，船员在开航前检验船舶时只对水管进行了目测检查，而没有使用任何工具，如果对这些通常的检查方法是目测而不使用工具，则承运人可能被认为尽到了适当谨慎的义务。但如果常规检查方法是要使用工具检验，则承运人很可能被认为没有尽到适当谨慎的义务。

如果承运人是将适航任务交由其雇员或代理人，或独立的第三人履行，则承运人的雇员和代理人、第三人也必须适当谨慎。否则，即使承运人在委任他人时做到了适当谨慎，仍必须对不适航负责。

---

① 参见司玉琢：《海商法》，法律出版社 2007 年版，第 102 页。

（4）不适航的后果及其举证责任

适航是海上货物运输中的一个重要而特殊的概念。在传统法下适航义务比较严格，但合同当事人可以明确约定排除这项义务。《海牙规则》下，适航义务不再是绝对的，而是限制在"适当谨慎"的范畴内；即使船舶不适航，承运人也只在不适航引起了货损发生时才负责，即要求在适航与损失之间要求有因果关系。在我国，通常认为适航只是承运人义务之一，违反适航义务与其他违约行为的后果是一样的，即承运人应对由此引起的货物灭失或损坏负责，损失和船舶不适航之间必须要有因果关系。不适航也并不必然构成"根本违约"或使另一方得到解除合同的权利。

在船舶不适航导致货损的情况下，托运人应先举证证明货物有损害且因船舶不适航的事实所致，再由承运人对船舶的适航与否承担举证责任。承运人主张免责时，应提供充分、确实的证据，证明其在船舶开航前和开航当时已尽谨慎处理之责，货物毁损灭失是由于经谨慎处理仍未发现的船舶潜在缺陷造成的。通常认为，船舶适航证书或者其他表明船舶处于适航状态的证书，并不构成承运人已尽谨慎处理之责的充分证据。

（5）不适航与船级社的责任

虽然适航证书本身不能证明船舶确实适航，但在船舶取得了适航证书却实际上不适航时，如果货主不能从承运人处得到赔偿（如单船公司船舶沉没），一个自然的选择就是追究不适当地出具了适航证书的船级社的责任。当然，船东也可能希望就不适航造成的损失起诉船级社。这就牵涉到船级社的责任问题。

关于船级社的法律地位和责任目前尚没有统一的国际法规范，我国《海商法》对这个问题也没有明确规定。无论船东还是货主，向船级社追究责任都会遇到一个首要的问题，即船级社的工作有行政性质，因而似乎不应被追究民事责任。此外，船级社对船舶的检验是应船东要求进行的，船级社和货主不存在直接的合同关系，货主对船级社并不具备合同诉权。而如果是以侵权起诉，由于国际上早就公认适航证书不能作为适航的证据，即使船级社检查中有过失，其过失和货主的损失之间也没有因果关系，因为货主没有也不可能依赖于船级社的证书而行事，因此侵权之诉也不成立。毕竟，船舶不适航不是船级社的责任，而是承运人不可推卸的义务。① 目前鲜有因此追究船级社责任的案例。

【案例研习 4-6】

英国"CMA CGM LIBRA"轮船舶适航案②

2011 年 5 月 17 日，装载 6000 个集装箱的"CMA CGM LIBRA"轮在离开中国厦

---

① 参见李科浚：《船级社的法律地位》，载《海商法研究》1999 年第 1 期。
② Alize 1954 v AllianzElementar Versicherungs AG（The CMA CGM LIBRA）［2021］UKSC 51.

门港时搁浅。有证据显示该船二副在制定航次计划时忽视了航行通告上关于海图水深不可信的提示，未在海图上做相应标注，致使船长误以为海图水深准确，在该轮离开厦门港驶出航道时导致船舶搁浅。

该案经过英国高等法院海事法庭、上诉法院和最高法院三级法院并主要依据《海牙规则》进行了审理。一审法院认为：（1）由于未能记录航海通告所要求的警告，说明航行计划和海图是有缺陷的，这些缺陷使船舶在开航时即不适航；（2）船东未能尽到合理谨慎，因为船长和二副未能采用合理技术和谨慎准备航次计划；（3）有缺陷的航行计划和海图与船舶搁浅事故之间具有因果关系。二审法院认为，航行或管理方面的错误如果发生在航程开始之前，就会使船舶不适航。船东作为承运人对货物承担责任，船长和船员在为船舶准备航行时（即使是航行开始前或开始时的航行行为）的所有行为都是作为承运人而不是作为航行者进行的。因此，船东要对所有这些行为负责，而船员未能尽最大努力使船舶适航而造成的损失则应由船东负责。英国最高法院终审认为，有缺陷的航次计划构成船舶不适航，且适航是不可推诿之义务，承运人不可以船员行事为由规避其对适航义务应尽的谨慎处理之责。

2. 管货义务

我国《海商法》第 48 条规定："承运人应当妥善地、谨慎地装载、搬移、积载、运输、保管、照料和卸载所运货物。"这项义务一般称为"管货义务"。

（1）管货义务的内容

承运人的管货义务限于装载、搬移、积载、运输、保管、照料和卸载所运货物七个方面。首先是装载，即承运人应该在约定的时间，约定的地点，将货物安全装船。其次是搬移和积载。搬移是指货物自装载后到积载之间的一切活动；积载是指将货物在船舱内适当妥善地加以堆积配置，以保持船舶良好的稳性以及货物安全。例如，相互会起化学反应的货物不宜堆放在一起、堆码不宜过高以免压坏底层货物等。再次是运输、保管和照料货物。承运人应该将货物从起运地安全运抵目的地，并且在整个运输途中都要妥善保管和照料好货物。由于照料货物是针对具体货物的，是否妥当要根据货物情况判断。最后是卸载，承运人应该采用安全和合适的方法将货物卸下船。船上没有积载图造成货物不能迅速卸下，或为了赶船期而不顾货物怕潮的特性在雨天卸货等都是不恰当的卸载。[1]

上述解释只具有一般意义，因为上述环节在含义上存在重复，彼此间很难完全分开，它实际上包含了货物从装船到卸船的整个过程。承运人未能妥善地、谨慎地履行上述管货义务，应对由此造成的损失负责。

---

[1]　参见郭瑜：《海商法教程》，北京大学出版社 2002 年版，第 83 页。

（2）管货义务的主观要求

对于管货义务，只需要承运人做到妥善地、谨慎地处理即可。所谓"妥善"，通常指技术上的要求，即承运人、船员或者其他受雇人员在管理货物的各个环节中，应发挥通常要求的或者为所运货物特殊要求的知识与技能；所谓"谨慎"，通常是指责任心上的要求，即承运人、船员或者其他受雇人员在管理货物的各个环节中，应发挥作为一名能胜任货物管理或者海上货物运输工作的人可预期表现出来的谨慎程度。这二者相辅相成，缺一不可。通常情况下，这需要结合具体情况才能确定。①

（3）管货义务的期间

从法条规定来看，管货义务的时间应该是从开始装货到卸货完毕的整个货运期间。②从理论上来说，管货义务的期间要短于运输合同的期间。在运输合同的其他时间里，例如收到货物后开始装货之前，承运人仍然负有照管货物的义务，只是该义务并非法定的管货义务，允许当事人协商免除。

（4）管货义务的免除与抗辩

管货是承运人的法定义务。有的运输中提单包括"FIO"（Free in and out，不负责装卸）等条款。该条款在航次租船合同中可能是有效的，但在提单运输中，这种条款显然不能将装卸责任转移给托运人或收货人。因为《海商法》规定承运人的管货义务是强制性的，承运人不能用合同条款将其免除或减轻。

实践中，货物的装载、搬移、积载以及卸载工作多由港口经营人、装卸工人完成，承运人应对其所委托的港口经营人、装卸工人的过错负责。有时，承托双方可能会约定由托运人（包括托运人的受雇人、代理人）自行负责装载工作。按照这样的条款，托运人在装载中若损坏了自己的货物，承运人对此可不负任何责任。但是，若损坏了第三方的货物，应由承运人而不是托运人对第三方负责，因为承运人的这一义务是强制性的，不能因为托运人的参与而解除。不过，按照我国《海商法》第51条规定，在承运人责任期间发生的货物灭失或者损坏是由于"托运人、货物所有人或者他们的代理人的行为"造成的，承运人可以免责。因此，承运人通常会基于托运人及其代理人的过失而免责。但如果承运人被认定为不能基于上述规定而免责的，可在赔偿第三方的损失以后，向托运人行使追偿权。

---

① 参见司玉琢：《海商法专论》，法律出版社2007年版，第138页。

② 在本章第4-1号案例即"深圳市恒通海船务有限公司与吉安恒康航运有限公司航次租船合同纠纷案"中，法院认为，吉安公司在"吉安顺"轮锚泊防台风过程中，明知该轮货舱水密性较差，仅针对货物采取加盖三层帆布并用绳子加固舱盖的措施，没有对舱盖的缝隙进行及时有效的处理，不足以保证货舱的水密性，也不足以保证货物的安全，属于管货过失（尽管该纠纷属于国内运输不能适用《海商法》第四章规定，但不考虑这一因素而仅从《海商法》的角度来说属于管货过失，因此本案也有助于我们理解何为管货过失）。故法院判决吉安公司赔偿恒通海公司货物损失及利息，并驳回吉安公司反诉请求。

在某些情况下，船方为了避免承担装载不当的责任，可能在提单上注明：承运人是作为托运人的代理进行货物装载工作的，这样的条款往往会被视为减轻承运人的责任而被宣布无效。当然，在租船合同中作此种约定，则另当别论。

【案例研习 4-7】

美国 International Navigation Co. v. Farr & Bailey Manufacturing Co. 案①

该案中，货物自英国利物浦运抵美国费城后发现已因海水浸泡发生货损，经查船舶状况良好，也配备了适当的人员、设备和补给，航行途中亦未遇到恶劣天气，但是船员在开航前没有牢固扣紧涉案货物所在的货舱舱盖。承运人主张，船员未扣紧舱盖是管船过失，可以援引《哈特法》中的管船过失主张免责。美国最高法院未支持该主张，认为船舶在开航前和开航当时适航是一个先决条件，如果在船舶开航前承运人未谨慎处理，则管船过失不是抗辩理由。即使损失是由于管船过失造成的，除非船舶在开航时已经适航，或者承运人已经谨慎处理使其适航，否则承运人不能主张管船过失免责。

3. 不作不合理绕航义务

我国《海商法》第49条规定："承运人应当按照约定的或者习惯的或者地理上的航线将货物运往卸货港。"此即承运人的第三项法定义务：不作不合理绕航。

（1）不合理绕航

所谓绕航，是指船舶有意脱离约定的或者习惯的或者地理上的航线航行。所谓"约定的"航线，是指承托双方以合同方式约定的航线；"习惯的"航线，是指经过长期的航海实践形成的为航运界所公认的惯常运行的航线；"地理上"的航线，是指在航海地理上距离最近的航线。绕航必须是明知而有意为之。如船长为了让随船的多余人员下船而离开预定航线停靠中途港，即可构成绕航行为。而如果是发生了海难事故，船舶在大风的吹动下被迫偏离了航线，则不属于绕航。

绕航有合理与不合理之分。绕航一般是基于承运人本身的利益和方便而发生的，而绕航行为不仅可能会增加航行时间，造成运输迟延，还可能招致额外的风险，因此不合理绕航对收货人的危害较大，应予严格禁止。

当然，并非所有的绕航都是不合理的。按照我国《海商法》第49条第2款的规定，

---

① International Navigation Co. v. Farr & Bailey Manufacturing Co., 181 U. S. 218, 21 S. Ct. 591（1901）.

船舶在海上为救助或者企图救助人命或者财产而发生的绕航或者其他合理绕航，不属于不合理绕航的行为。最典型的合理绕航是为救助或者企图救助人命或者财产而进行的绕航。无论是否实际采取了救助行动、救助是否有效果，只要有证据证明绕航的动机是为了救助或者企图救助人命或者财产的，即为合理绕航。至于其他合理绕航的界定，要取决于具体案情，通常是为了船货双方的利益或其他的合理事由。例如：躲避风暴或战争风险，送病危人员上岸治疗，基于有关政府或主管当局的命令等。承运人对合理绕航引起的任何灭失或损害，不予负责。

有时，运输合同会规定承运人有权根据需要偏离既定航线，此即"自由绕航条款"。这一条款通常会被认为违反了《海商法》第 44 条的规定，通常被认为是无效的。

（2）不合理绕航的后果

航线的选择是海上航行中最重要的事项之一，因此绕航一直被视为非常严重的违约行为。英国普通法下，承运人未经许可驶离规定的航线，货物即失去保险的保障，即使货物发生的灭失或损害与绕航无关，承运人仍然被剥夺了抗辩的权利；此外，货损与绕航之间不需要存在因果关系，而且绕航会使承运人丧失运输合同下的一切权利。《海牙规则》第 4 条第 4 款仅对合理绕航作了规定，但没有规定不合理绕航的定义和后果，承运人是否仍受到公约或合同规定的免责或责任限制的保护同样并不明确。《海牙—维斯比规则》《汉堡规则》对此也没有提出明确的解决措施。

我国《海商法》对绕航的规定和《海牙规则》基本一致，同样存在上述缺陷。因此，在解释上应该认为不合理绕航为一项普通违约行为，货损与绕航之间具有因果关系时承运人应予负责。而且，只要没有按照有关规定被剥夺免责或责任限制的权利，就应享受上述权利。此外，在举证责任方面，应由承运人举证证明其绕航行为的合理性。

【案例研习 4-8】

徐州天业金属资源有限公司与圣克莱蒙特航运股份公司、东京产业株式会社海上货物运输合同纠纷案①

2010 年 12 月 29 日，徐州天业与 CJ 公司签订买卖合同，向其购买 5 万吨（加减 10%）散装印度尼西亚红土镍矿。2011 年 1 月 28 日，承运人圣克莱蒙特航运公司和东京产业株式会社共同所有的"海运漓江"轮驶抵印度尼西亚北克纳韦港受载货物，

---

① 参见上海海事法院（2011）沪海法商初字第 753 号民事判决书，上海市高级人民法院（2013）沪高民四（海）终字第 24 号民事判决书，最高人民法院（2015）民申字第 1896 号民事判决书。本案系最高人民法院第二批涉"一带一路"建设典型案例之一。

因质疑货物水分过高而决定该轮自 2011 年 2 月 12 日起停留北克纳韦港锚地开舱晒货并取样检验。之后，该轮于 2011 年 3 月 27 日航行两天后于 3 月 29 日抵达菲律宾达沃港继续开舱晒货并检验，5 月 16 日驶离达沃港，于 5 月 23 日抵达目的港连云港。CJ 公司作为托运人取得承运人为涉案货物签发的全套正本清洁指示提单，徐州天业通过信用证付款方式取得了该套正本提单。徐州天业于 2011 年 6 月 28 日以承运人违反了不得绕航和速遣义务为由请求法院判令承运人赔偿其货物市价下跌损失人民币 1414 万元及其利息。

一审认为承运人在装货港及达沃港采取停航、晒货、检验等行为不属于不合理绕航，不违反合理速遣义务，据此判决驳回徐州天业的诉讼请求。二审认为，"海运漓江"轮绕道达沃港停留属于不合理绕航，但徐州天业不能证明其货物转卖损失的客观性与合理性，遂判决驳回上诉，维持原判。最高人民法院经审查认为：双方当事人一致选择适用中华人民共和国法律审理，中华人民共和国作为经修正的《1974 年国际海上人命安全公约》的缔约国，《国际海运固体散装货物规则》依据该公约成为强制性规则，于 2011 年 1 月 1 日对中国生效。根据该散货规则规定，托运人在装载前须向船长或其代表提供易流态化货物的水分含量、适运水分极限等适当信息的声明与测试证书，以便能够采取必要的措施对货物进行妥善积载和安全运输；易流态化货物除装载于专门建造或装有专用设备的船舶上外，只有在实际含水量少于适运水分极限时方可装载运输。托运人和承运人提供的检验报告等证据均没有载明涉案货物中尺寸大于 7 毫米或者 6.7 毫米货物的适运水分极限和整批货物的适运水分极限，承运人在装货港判断货物不适合安全运输的理据相对充分，船舶航行至达沃港，属于合理绕航。据此，裁定驳回再审申请。

（二）承运人的运输、交货及其他义务

除最低法定义务外，承运人依据《海商法》以及《民法典》等的规定还负有运输、交付货物以及签发提单等义务。

1. 运输及签发提单的义务

（1）及时、安全运输的义务。《民法典》第 811 条规定："承运人应当在约定期限或者合理期限内将旅客、货物安全运输到约定地点。"因此，将货物及时、安全运抵目的地并交付货物应当是承运人的合同义务，也是主给付义务：首先，承运人收到货物后应当及时运输，包括及时装船、开航、尽快完成航次，在约定期限或者合理期限内将货物运至目的地，而不应有不合理的延误。承运人的此项义务也称为"直航速遣"或"合理速遣"义务。其次，承运人还应当将货物安全运抵目的地。若货物发生损坏灭失，承运人应在法定范围内承担损害赔偿责任。

（2）公共运输承运人的法定缔约义务：我国《民法典》第810条规定："从事公共运输的承运人不得拒绝旅客、托运人通常、合理的运输要求。"据此，出于维护社会公共利益以及公共政策的需要，公共运输承运人不得拒绝旅客、托运人通常、合理的运输要求。

（3）应托运人要求签发提单的义务：按照我国《海商法》的规定，货物由承运人接收或者装船后，应托运人的要求，承运人应当签发提单。但这一义务并不具有绝对强制性，因为它以托运人的请求为前提条件，而且当事人也可以约定使用其他运输单据。这一义务将在本章第二节"提单及其他运输单证"中予以详述。

【案例研习4-9】

马士基（中国）航运有限公司、马士基（中国）航运有限公司厦门分公司、中国厦门外轮代理有限公司与厦门瀛海实业发展有限公司国际海上货运代理经营权损害赔偿纠纷案①

我国理论界和实务界曾长期认为班轮运输承运人属于该条所称的"从事公共运输的承运人"，故不得拒绝旅客、托运人通常、合理的运输要求，但在本案中最高人民法院对此进行了重新解释。

在该案中，马士基公司在厦门口岸经营国际集装箱班轮运输，中国厦门外代担任马士基公司集装箱运输业务的代理人。马士基公司于2005年3月3日通知厦门外代停止向瀛海公司提供马士基公司的集装箱及集装箱铅封。在该日之前，厦门瀛海公司均能从厦门外代处正常提取马士基公司的集装箱，从事进出口集装箱拖运等陆路运输业务。瀛海公司遂以马士基公司等不接受其代理货主订舱托运造成其损失为由向厦门海事法院起诉，请求法院判令马士基公司等向瀛海公司提供货运订舱和相关服务，并不得拒绝瀛海公司接受委托办理与马士基公司等有关的集装箱进出口货运和陆路集装箱运输业务。

厦门海事法院一审认为，国际班轮公司不是公共承运人，不负有法定强制缔约义务，判决驳回诉讼请求。福建省高级人民法院二审认为，马士基公司属于公共承运人，其表示不与瀛海公司发生业务关系，违反了公共承运人的强制缔约义务，遂判决撤销一审判决。最高人民法院再审认为：公共运输是指为社会提供公用事业性服务并

---

① 参见最高人民法院（2010）民提字第213号民事判决书，载《最高人民法院公报》2015年第9期。该案为最高人民法院发布的2014年度海事审判典型案例之一。

具有垄断地位的运输。国际海上集装箱班轮运输是服务于国际贸易的商事经营活动，不属于公用事业，不具有公益性，也不具有垄断性、价格受严格管制的特征，故不属于《合同法》第289条（现《民法典》第810条）规定的公共运输，其承运人不负有强制缔约义务，遂判决撤销二审判决，维持一审判决。

2. 货物的交付与通知

承运人有向收货人交付货物的义务。交付通常是指实际的交付，即提单持有人（收货人）向承运人出示正本提单，承运人则将货物交给收货人或其指定的人。正本指示提单的持有人请求承运人向其交付货物，承运人应当合理谨慎地审查提单。承运人凭背书不连续的正本指示提单交付货物，除非承运人举证证明提单持有人通过背书之外其他合法方式取得提单，承运人应当承担因此造成的损失。若承运人没有签发正本提单，或者虽签发正本提单但已收回正本提单并约定采用电放交付货物的，承运人应当根据运输合同约定、托运人电放指示或者托运人以其他方式作出的指示交付货物。①

但有时承运人并不直接将货物交给收货人，而是将其存放在固定地点或场所而发生交付的效果，这是货物实际交付的例外，通常基于以下法律规定、习惯或者约定而发生。（1）不可抗力等因素下的推定交付：我国《海商法》第91条规定，因不可抗力或者其他不能归责于承运人和托运人的原因致使船舶不能在合同约定的目的港卸货的，除合同另有约定外，船长有权将货物在目的港邻近的安全港口或者地点卸载，视为已经履行合同，即承运人的运输责任已经终止。船长决定将货物卸载的，应当及时通知托运人或者收货人，并考虑托运人或者收货人的利益，例如尽量选择邻近预定目的港的安全港口、要考虑由此给收货人造成的费用和损失等。（2）因收货人原因产生的拟制交付：如我国《海商法》第86条规定，在卸货港无人提取货物或者收货人迟延、拒绝提取货物的，船长可以将货物卸在仓库或者其他适当场所，由此产生的费用和风险由收货人承担。此种情况下应当认为承运人已经履行了交付货物的责任。（3）依据港口所在地法律或习惯所做的拟制交付：在有些实行贸易管制的国家，进口货物需要经过报关获海关放行才能卸下船舶，有的国家的法律或习惯则要求货物交给港口当局，因此基于法律、命令或者习惯做法进行的货物交付与实际交付具有同样的效果，这不构成承运人交货义务的违反。

从目前的国际航运实务来看，承运人的交货无需事先通知收货人。虽然在提单上往往有一栏记载着"通知方"的地址名称，这主要是为了承运人需要通知货主时可以找到通知对象，但这并不表明承运人有通知通知方提货的义务，我国《海商法》对此也没有明确规定。不过我国《民法典》第830条规定："货物运输到达后，承运人知道收货人的，应当

---

① 参见2022年《全国法院涉外商事海事审判工作座谈会会议纪要》第58、59条规定。

及时通知收货人,收货人应当及时提货。"收货人逾期提货的,应当向承运人支付保管费等费用。从理论上来看,这一规定也应该适用于国际海上货物运输。

【案例研习 4-10】

浙江隆达不锈钢有限公司诉 A. P. 穆勒-马士基
有限公司海上货物运输合同纠纷案

案情介绍请见本章第4-5号案例。该案的另一个争议焦点是,马士基公司是否应当赔偿隆达公司因涉案货物在目的港被拍卖造成的货损。《海商法》第86条规定:"在卸货港无人提取货物或者收货人迟延、拒绝提取货物的,船长可以将货物卸在仓库或者其他适当场所,由此产生的费用和风险由收货人承担。"马士基公司将涉案货物运至目的港后,因无人提货,将货物卸载至目的港码头符合前述法律规定。马士基公司于2014年7月9日通过邮件回复隆达公司距抵达目的港不足2日。隆达公司已了解货物到港的大体时间并明知涉案货物在目的港无人提货,但在长达8个月的时间里未采取措施处理涉案货物致其被海关拍卖。隆达公司虽主张马士基公司未尽到谨慎管货义务,但并未举证证明马士基公司存在管货不当的事实。隆达公司的该项主张缺乏依据,不予支持。因此,马士基公司卸货后所产生的费用和风险应由收货人承担,马士基公司作为承运人无需承担相应的风险。

3. 对交付货物的检验与索赔

承运人交付的货物可能存在灭失损坏情形,这就需要对货物进行检验并提出索赔。按照《海商法》规定,收货人在目的港提取货物前或者承运人在目的港交付货物前,均有权要求检验机构对货物状况进行检验;要求检验的一方应当支付检验费用,但有权向造成货物损失的责任方追偿。货物交付时,收货人也可以会同承运人对货物进行联合检查或者检验。在对货物进行检验时,承运人和收货人双方应当相互提供合理的便利条件。

如果货物处于不良状态,收货人应及时书面通知承运人,口头方式通常不发生索赔的效力。如果货物的灭失或损坏是显而易见的,通知应当场作出,以便于双方及时进行辨认和确定货损状况。如果收货人已经会同承运人对货物进行联合检查或者检验的,无需就所查明的灭失或者损坏的情况提交书面通知。

按照《海商法》第81条规定,如果承运人向收货人交付货物时,收货人未将货物灭失或损坏的情况书面通知承运人,此项交付视为承运人已经按照运输单证的记载交付以及货物状况良好的初步证据。而在货物灭失或者损坏非显而易见的情形下,在货物交付的次日起连续 7 日内，集装箱货物交付的次日起连续 15 日内，收货人未提交书面通知的，也仍然视为承运人已经按照运输单证的记载交付以及货物状况良好的初步证据。所谓"初步证据"，是指收货人未在规定时间内依规定方式提出索赔通知的，即初步认为承运人已经按照运输单证的记载交付且货物状况良好。但是，如果收货人能在时效期限内提出充分有效的证据证明确有货损发生的，承运人仍应承担赔偿责任，故收货人未及时提出通知并不意味着其索赔权利的丧失。但是，若收货人未按照上述规定提出异议，之后又向承运人主张货损赔偿，如果可能发生货损的原因和区间存在多个，收货人仅举证证明货损可能发生在承运人责任期间，而不能排除货损发生于非承运人责任期间的，该请求应不予支持。①此外，收货人依据规定提出索赔通知的，也并不能因此确认货物已发生灭失或损坏，收货人仍应承担货损的举证责任。②

对于上述货损的索赔通知，如果货物由实际承运人交付的，收货人向实际承运人提交的书面通知，与向承运人提交书面通知具有同等效力；向承运人提交的书面通知，与向实际承运人提交书面通知具有同等效力。不过对于迟延交付的通知，《海商法》没有此类规定。

4. 货物的迟延交付

除货物发生灭失或损坏外，还存在其他一些不正常交付的情形，例如迟延交付、无正本提单交付货物等。对于无正本提单交付货物，将在下文"提单及其他运输单证"一节中予以阐述，此处仅介绍迟延交付这一情形。

所谓迟延交付，按照《海商法》第 50 条第 1 款规定，是指货物未能在明确约定的时间内在约定的卸货港交付的情形。迟延交付是对承运人及时运输和交货义务的违反。

不过，对上述规定应如何理解存在争议。有的认为，这是给迟延交付下的一个定义，因此只有明确约定交付时间的，才会发生迟延交付；没有约定便没有迟延交付，不存在交付超过合理时间的问题。也有观点认为它不构成对迟延交付的定义，而只是对约定交付时间而发生迟延交付这一种情况的规定，因此没有约定交付时间的仍应在合理期间内交付货物。③

目前理论界和司法界占主流的观点是第一种观点。但本书赞同第二种观点，其理由如下：首先，从立法渊源和比较法的观点来看，该规定来自于《汉堡规则》第 5 条第 2 款规定，但《汉堡规则》的规定除明确约定时间外，还规定"未按照具体情况对一个勤勉的承运人所能合理要求的时间内，在海上运输契约规定的卸货港交货"，同样构成迟延交货。

① 参见 2022 年《全国法院涉外商事海事审判工作座谈会会议纪要》第 55 条规定。
② 参见傅旭梅：《中华人民共和国海商法诠释》，人民法院出版社 1995 年版，第 161 页。
③ 参见赵德铭：《国际海事法学》，北京大学出版社 1999 年版，第 280~281 页。

其次，从国际航运实务来看，基于运输的复杂性考虑，运输合同通常并不明确约定交付时间，因此第一种观点与通常事实不符，适用的余地不大。再次，从法理上讲，即使没有约定时间，承运人也不应当有不合理的延误，更不应当在不合理延误时逃避应承担的责任，这对收货人是不公平的。虽然是否构成合理期限没有一个固定标准，但是在具体案件中总会有一个合理与否的临界点，基于这一理由否定承运人的责任和收货人的索赔权利，无异于因噎废食。按照第二种观点，未在明确约定的时间内交付的，属于《海商法》第 50 条规定的范畴；未在合理期间内交付货物的，属于《民法典》第 811 条规定的范围。① 不过，由于《海商法》与《民法典》对这两种类型责任的规定不同，分开适用又会带来不同的法律后果。因此无论第一种观点还是第二种观点都会带来不公平的结果，而立法的修订才是解决该问题的最终途径。

如果构成迟延交付，收货人必须自交货次日起连续 60 日内提出迟延造成经济损失的书面通知，否则承运人不负赔偿责任。与上述对货损的通知不同，未在法定期间内采用法定方式提出迟延交付通知的，按照《海商法》第 82 条规定，承运人不再承担赔偿责任。之所以如此，是因为迟延交付造成的损失是一种纯经济损失，与有形的货损相比，它的确定要难得多。而且，这种金钱上的损失是与特定时间、特定地点的市场行情等紧密相关的，因此及时通知承运人有利于采取措施、保全证据并确定损失。不过，如果因迟延交付发生货物的灭失或损坏，仍然应该按照货损的规定提出索赔通知。

（三）承运人的货物留置权及其他权利

按照《海商法》《民法典》等的规定，承运人依法或依约享有运费、亏舱费、滞期费等费用请求权（见上文"托运人的义务"相关内容），免责与赔偿责任限制的权利（见下文"承运人的责任"相关内容），以及货物留置权等权利。

承运人的货物留置权，是指承运人在交付货物前，可以基于法律的规定或合同的约定留置货物的权利。我国《海商法》第 87 条规定，应当向承运人支付的运费、共同海损分摊、滞期费和承运人为货物垫付的必要费用以及应当向承运人支付的其他费用没有付清，又没有提供适当担保的，承运人可以在合理的限度内留置其货物。不过，在司法实践中，若提单或者运输合同载明"运费预付"或者类似性质说明的，承运人不得依据上述规定以运费尚未支付为由对提单持有人的货物主张留置权，但是提单持有人与托运人相同的除外。②

依照上述《海商法》第 87 条规定，对于该留置权的行使，应符合以下要件：（1）留

---

① 《民法典》第 811 条规定，承运人应当在约定期限或者合理期限内将旅客、货物安全运输到约定地点。

② 参见 2022 年《全国法院涉外商事海事审判工作座谈会会议纪要》第 71 条规定。

置的货物须在其控制之下，货物已经脱离其控制的不能再行使留置权。不过这并不仅限于直接占有，货物卸下后存放于承运人或其代理人的仓库或者其能控制的第三方仓库，或者行使留置权后由于法院等的扣押而丧失控制的，留置权仍能成立。（2）留置货物必须是在合理限度内，即货物价值和欠付款项大致相当。如果留置的货物价值大大超过应付款项，承运人要对由此引起的货方损失负责。（3）承运人留置的应当是债务人所有的货物。虽然对"留置其货物"有不同的理解，但通说认为"其"指的是债务人。如果应该向承运人支付运费的是托运人，而货物的所有权已经转让给了收货人，那么承运人就不能在卸货港留置收货人的货物。这与《民法典》第836条"承运人对相应的运输货物享有留置权"的规定不同。①

就该留置权的行使方式来说，承运人可以自行控制该货物，也可以申请法院予以扣押。至于该留置权的实现方式，则有多种可能：（1）如果收货人及时付清了欠付款项或者提供了相应的担保，承运人应交付货物。（2）如果货物抵达卸货港的次日起满60日无人提取的，承运人可以申请法院裁定拍卖。对此应从两个方面理解，一是申请拍卖的期间，是以货物抵达卸货港作为计算60日期限的根据，而不是以货物卸离船或者承运人留置货物作为依据，因为后者易受承运人的影响，容易产生对收货人不公的现象；二是"无人提取"货物不是指无人要求提货，而是指收货人既没有付清欠款又没有提供相应的担保，因而无法提货。（3）在货物易腐烂或者货物的保管费用可能超过其价值的情形下，如果收货人既没有付清欠款又没有提供相应的担保，承运人还可以申请提前拍卖而不受"货物抵达卸货港的次日起满60日"的期限限制。对于拍卖所得价款，应用于清偿保管、拍卖费用和欠付费用，不足部分还可以向托运人追偿，多余部分则退还托运人；无法退还且自拍卖之日起满一年又无人领取的，上缴国库。

【案例研习 4-11】

招商局物流集团（天津）有限公司与以星综合航运有限公司、合肥索尔特化工有限公司海上货物运输合同纠纷案

案情介绍请见本章第4-4号案例。该案判决，一方面明确了在卸货港无人提取货物的情况下，承运人有权基于海上货物运输合同关系，向合同相对方即托运人主张相应权利。另一方面，该案中承运人依据《海商法》第87、88条规定享有货物留置权，其在未行使留置权的情况下还是否享有有关费用的索赔权不无疑问。对此，二审法院

---

① 《民法典》第836条规定："托运人或者收货人不支付运费、保管费或者其他费用的，承运人对相应的运输货物享有留置权，但是当事人另有约定的除外。"

明确指出，《海商法》第87~88条规定的承运人留置权并非其向托运人索赔的前置条件。留置货物仅为承运人主张债权的方式之一，承运人不留置货物并不影响其向托运人主张相关费用的权利。

五、承运人的责任

承运人违反其应承担的法定或约定义务的，便应承担相应的责任。不过，由于海上运输风险较大，所需投资也多，因此为鼓励海上运输事业发展，促进国际贸易的繁荣，《海商法》第四章对承运人的责任做出了许多限制，赋予承运人许多免责和责任限制的权利，使其在责任期间、归责原则、免责事由、责任限制等方面，形成了与一般运输法有重大区别的特殊的承运人责任制度。

同时，为保障这一特殊的承运人责任制度的实现，切实维护承运人的利益，《海商法》还规定了"非合同之诉（侵权之诉）"制度。按照该法第58条特别规定，就海上货物运输合同所涉及的货物灭失、损坏或者迟延交付对承运人提起的任何诉讼，不论海事请求人是否合同的一方，也不论是根据合同或者是根据侵权行为提起的，均适用《海商法》第四章关于承运人的抗辩理由和限制赔偿责任的规定；上述诉讼是对承运人的受雇人或者代理人提起的，经承运人的受雇人或者代理人证明，其行为是在受雇或者受委托的范围之内的，也适用上述规定。这样，即使托运人、收货人以"非合同之诉（侵权之诉）"起诉承运人，或者托运人、收货人试图绕开承运人而去起诉承运人的受雇人或者代理人的，承运人、承运人的受雇人或者代理人仍可以依法享有《海商法》第四章规定的"承运人的抗辩理由和限制赔偿责任"的权利。这对于维护承运人的特殊利益、保障国际海上货物运输法强制性体制的实现，具有重要意义。

（一）承运人的责任期间

对于承运人的责任期间，我国《海商法》对《海牙规则》（以及《海牙—维斯比规则》）和《汉堡规则》的有关规定进行了借鉴和折中处理。《海商法》第46条第1款规定：（1）对集装箱装运货物：承运人的责任期间是指从装货港接收货物时起至卸货港交付货物时止，货物处于承运人掌管之下的全部期间；（2）对非集装箱装运货物：承运人的责任期间是指从货物装上船时起至卸下船时止，货物处于承运人掌管之下的全部期间，俗称"钩到钩"或"舷到舷"。

在非集装箱运输时，承运人可能在装船前就已接收货物，倘若在接货后装船前货物发生灭失或者损坏，承运人是否应承担责任，不无疑问。这主要取决于对承运人责任期间的性质的理解。通常认为，责任期间只是承运人要承担法律责任的强制期间，在责任期间内，该项义务是不可通过合同改变的，而在责任期间以外的合同期间内承运人的责任可以通过合同减轻或解除。因此，《海商法》第 46 条第 2 款规定，"前款规定，不影响承运人就非集装箱装运的货物，在装船前和卸船后所承担的责任，达成任何协议。"

（二）承运人的责任基础与免责

《海商法》第 51~53 条对承运人的免责事由进行了详细规定。其中，第 51 条是关于承运人的一般免责事由的规定，而第 52~53 条则仅针对两类特殊类型的货物，即活动物和舱面货，规定了承运人可以免责的情形。依据该规定，可以看出在责任基础（归责原则）方面，我国《海商法》继承了《海牙规则》（以及《海牙—维斯比规则》）的规定，在过错责任的基础上，还允许承运人对船长、船员等的某些过失主张免责，这被称为"不完全的过错责任制"。这与民法和一般货物运输法中的归责原则有所区别。

1. 承运人的一般免责事由

根据《海商法》第 51 条的规定，在承运人责任期间内，货物发生的灭失或者损坏是由于下列原因之一造成时，承运人不负赔偿责任。虽然此处未明确涵盖"迟延交付"这一情形，但依据承运人《海商法》第 50 条的规定，承运人在迟延交付时也应可享受以下免责。

（1）船长、船员、引航员或者承运人的其他受雇人在驾驶船舶或者管理船舶中的过失

此即通常所说的驾驶船舶过失（驾船过失）和管理船舶过失（管船过失）免责，或者统称"航海过失免责"。不过，该免责仅限于船长、船员、引航员或者承运人的其他受雇人的过失，而不适用于承运人本人的过失。承运人可以基于船长、船员、引航员或者承运人的其他受雇人的航海过失免责，这正是上述"不完全过错责任制"的体现。

"驾驶船舶"中的过失，是指船长、船员和引航员等在船舶航行或者停泊操纵上的过失。前者主要表现为船长、船员或者引航员违反国际性的或者地方性的避碰规则或其他航行规则，如疏于瞭望、没有适当采取避让措施等；或者违反良好船艺的要求，如没有顶风浪靠码头造成船舶碰撞、搁浅等。后者是指在船舶锚泊或者系泊中的过失，如锚泊的位置或者方式不当，系泊所用的缆绳数量不够或者系泊方法有误等。

"管理船舶"中的过失，是指船长、船员等在维持船舶的性能和有效状态上的过失，例如操纵机器不当致使机器损坏；开启阀门失误使燃油混水，船舶失去动力；风浪太大但没有采取适当的压载措施致使船舶倾覆等。这里的"管理船舶"，既非船舶的经营管理，也非船舶上对船员的日常管理。

上述过失免责正是承运人承担不完全过错责任的症结所在。不过实践中，管船过失常常与管货义务中的过失难以分辨。如何区分有多种学说，但通常以行为的对象和目的作为区分标准。如果某一行为针对货物，其目的是管理货物，则该行为属于管理货物的行为；

反之，则属于管理船舶的行为。例如风浪太大需往压载舱打压载水以提高船舶的稳性，但误将海水打入货舱使货物湿损，由于该行为的目的是管理船舶，因此属于管理船舶的过失。又如，在进入货舱察看货物时打开舱盖但忘记将其关上，后因雨水进入货舱使货物受损，由于该行为的目的是管理货物，这一过失属于管理货物的过失。①

（2）火灾，但是由于承运人本人的过失所造成的除外

火灾既可能是船长、船员、承运人的其他受雇人或者代理人的过失造成的，也可能是不可抗力事件、意外事故或者其他原因造成的。不过，无论何种原因，只要不是承运人本人过失造成的，承运人便可以免责。承运人可以主张免责的火灾损失，既包括火焚或者烟熏造成的损失，也包括在采取合理的救火措施过程中造成的损失，如湿损、践踏、喷洒化学灭火剂造成货物污染等。

对于因船长、船员、承运人的其他受雇人或者代理人的过失造成的火灾，承运人可以主张免责，这是"不完全过错责任制"的另一体现。但是，如果火灾是承运人本人过失造成的，承运人便不能免责。由于承运人多为航运公司，因此如何确定承运人本人有不同观点。狭义观点认为"承运人"仅指公司的董事会成员或有所有权的经理人，而广义观点认为"承运人"指参与公司的主要经营管理的人，包括所有在陆上或船上的公司高级雇员、职员以及具体负责工作的管理人员。②广义观点更为合理。

（3）天灾，海上或者其他可航水域的危险或者意外事故

天灾是指承运人通过采取合理预期的各种措施后，仍不能抵御或者防止的自然现象，诸如海啸、地震、雷击和冰冻等。天灾与不可抗力不是一个概念，天灾是自然现象，不涉及人为因素；不可抗力则既可以是自然现象，也可以是社会事件，如战争等。

海上或者其他可航水域的危险或者意外事故，即通常所说的海难或者海上危险，包括海上大风浪、暴风雨、暗礁、浅滩等。一般应为不能合理预见、超出一艘适航的船舶所能抵御的范围。

【案例研习 4-12】

深圳市恒通海船务有限公司与吉安恒康航运有限公司航次租船合同纠纷案

案情介绍请见本章第 4-1 号案例。该案的争议焦点在于承运人吉安公司能否基于台风主张不可抗力免责。一审法院认为，判断台风是否属于不可抗力需要结合案情具体分析。中央气象台、广东海事局网站发布了台风"彩虹"在海南琼海到广东湛江一

---

① 参见司玉琢：《海商法专论》，法律出版社 2007 年版，第 142 页。
② 参见尹东年、郭瑜：《海上货物运输法》，人民法院出版社 2000 年版，第 102 页。

带沿海登陆的预报，吉安公司疏于履行对天气预报的注意义务，并怠于履行采取防台风措施的义务，其仅基于台风"彩虹"实际强度与预报强度不符，从而认为台风"彩虹"属于不可预见的抗辩主张不予支持。二审法院认为，吉安公司是专业运输公司，每日关注船舶拟航行海域的天气情况系其基本工作要求，因台风来临前两天中央气象台、广东海事局网站已经对台风"彩虹"进行预报，此后于台风登陆前两天仍不断地对台风强度和路径予以修正，故一审法院认定台风"彩虹"对吉安公司而言属于可以预见的客观情况、故未支持吉安公司关于不可抗力的主张并无不当，判决驳回上诉，维持原判。最高人民法院此后亦裁定驳回吉安公司的再审申请。涉案运输虽然不属于《海商法》第四章规定的国际海上货物运输方式，但是对不可抗力免责的理解是一致的。

（4）战争或者武装冲突

战争或武装冲突造成的损失，不论宣战与否，也不论是战时或战后（如战后水雷造成船货损害），承运人均可免责。

（5）政府或者主管部门的行为、检疫限制或者司法扣押

政府或者主管部门的行为，是指一国政府或者有关主管部门所采取的禁止装货或者卸货、禁运、封锁港口、管制、征用、没收充公等行为。但是，船舶违反有关强制法规或者不适航或者发生事故手续未清或者未支付应由船舶支付的有关费用且未提供充分担保等情况下，海事主管机关禁止船舶离港或者停止作业的行为不在此限。

检疫限制是指一国检疫主管机关根据检疫法规，在发现挂靠本国港口的船舶上有疫情或者船舶来自有疫情的港口等情况时，禁止船舶进港装卸货物或者要求对船货进行熏蒸等消毒处理等。

司法扣押通常限于公法上的原因，基于债权债务纠纷而采取诉讼保全措施或者为执行判决或其他司法文书对船舶实施的司法扣押不在此限。

【案例研习 4-13】

马士基有限公司与百鲜食品（福建）有限公司海上货物运输合同纠纷案①

2020 年 8 月 15 日，马士基公司作为承运人自阿根廷运输装载于集装箱的冻鱿鱼至中国福建马尾港，收货人为百鲜公司。因自 2020 年下半年起，境外进口至福州马尾港的冷链货物实行新冠病毒检疫措施，案涉货物于 2020 年 11 月 6 日运抵中转港厦

---

① 参见厦门海事法院（2021）闽 72 民初 165 号民事判决书。该案为最高人民法院发布的 2021 年度海事审判典型案例之一。

门时先行卸下，直至 2020 年 12 月 21 日才运抵目的港马尾。马士基公司起诉要求百鲜公司承担就中转期间额外产生的集装箱滞留费用。

法院经审理认为，本案运输合同确因目的港疫情防控因素而无法正常履行，马士基公司将货物安全存放在目的港的邻近港口厦门港后，其本可以主张货物运输合同项下义务已履行完毕，且无需因此承担违约责任，①但仍坚持等到目的港具备卸货条件时，继续完成支线转运任务。马士基公司因疫情防控承受了额外成本负担，百鲜公司作为收货人，从马士基公司提供的海运服务中实际受益。综合考虑疫情防控措施对集装箱货物中转滞留的影响以及双方当事人就合同履行的受益情况等因素，根据公平原则，酌定百鲜公司补偿马士基公司集装箱中转港滞留费用的 50%。遂判决百鲜公司向马士基公司支付补偿款，驳回马士基公司的其他诉讼请求。双方当事人均未上诉。

（6）罢工、停工或者劳动受到限制

罢工、停工或者劳动受到限制是指因劳资纠纷或者工潮等原因，引起罢工、停工或劳动受到限制，使船舶无法及时装卸货物。劳动受到限制包括雇佣不到足够的码头装卸工人。当船员发生罢工，致使承运人无法履行或者继续履行海上货物运输合同时，承运人亦可援引此项免责。但因承运人的不法行为或者其他应负责的原因，如承运人违反与船员之间的雇佣合同，不按时支付或者非法克扣船员工资造成船员罢工的除外。

（7）在海上救助或者企图救助人命或者财产

在海上救助人命或财产，是指对在海上遇险的人员或财产实施了救助行为。企图在海上救助人命或财产，是指意图要对在海上遇险的人员或财产实施救助，但客观上没有实施救助。允许承运人对因海上救助或者企图救助行为免责，体现出鼓励海上救助、维护海上安全这一理念。

（8）托运人、货物所有人或者他们的代理人的行为

承运人不应当为托运人、货物所有人或者他们的代理人的行为负责。例如，托运人未正确申报货物或者未妥善运输危险货物，收货人拒不提货或未及时提货等。不过，对于托运人未正确申报货物而收货人依据提单索赔的，通常应由承运人向收货人赔偿后再向托运人追偿。

---

① 这属于"政府或者主管部门的行为、检疫限制或者司法扣押"这一法定免责事由的范畴。而且，《最高人民法院关于依法妥善审理涉新冠肺炎疫情民事案件若干问题的指导意见（三）》第 13 条规定："目的港具有因疫情或者疫情防控措施被限制靠泊卸货等情形，导致承运人在目的港邻近的安全港口或者地点卸货，除合同另有约定外，托运人或者收货人请求承运人承担违约责任的，人民法院不予支持。承运人卸货后未就货物保管作出妥善安排并及时通知托运人或者收货人，托运人或者收货人请求承运人承担相应责任的，人民法院依法予以支持。"

（9）货物的自然特性或者固有缺陷

自然特性是指货物的自然或通常品质，固有缺陷是指货物中隐藏的有缺陷的东西。这通常会产生两类损失，一是自然损耗，如谷物、桶装酒类会有水分蒸发，散装油类会有部分粘附于舱壁或者结块沉淀而无法泵出；二是货物损坏，如水果、兽皮等易发生腐烂或者变质，谷物易发热变质或者虫蚀，煤炭容易自燃等。货物因其本质的、固有的特性或者缺陷造成的损失，是同类货物在同等正常运输条件下必然会发生的损失，即使承运人已经尽到管货义务、采取了合理的谨慎措施仍无法防止损坏的发生，故承运人可以主张免责。但是，这些损失也可能是承运人违反适航或管货等义务造成的，对此则不能免责。

（10）货物包装不良或者标志欠缺、不清

货物包装不良是指货物包装的方式、强度或者状态不能承受货物装卸和运输过程中的正常风险，因而易导致货物损坏。而货物标志欠缺、不清可能会造成货物的辨识困难，易造成货物混载或错误交付，或者因包装上没有禁止倒置、易碎、防湿等标志易导致损坏等。不过，如果货物包装不良或者标志欠缺、不清属于货物"表面状况不良"，而承运人对此未在提单或者其他运输单证中批注，则不能援引此项免责对抗善意的收货人提出的索赔。

（11）经谨慎处理仍未发现的船舶潜在缺陷

承运人欲援引此项免责，应证明他事实上已谨慎处理，但船舶的潜在缺陷仍未发现。例如在"Amstelslot"轮一案中，"Amstelslot"轮在航行途中因减速齿轮断裂失去自航能力，英国上议院认为，验船师在装货港已按英国劳氏船级社技术规范，并用熟练的技巧，以通常的方法，对船舶做了全面的检验而无任何疏忽；验船师已尽谨慎处理之责，他无须擦去齿轮上的润滑油检查每一个螺丝。但是，国际上对于该项免责的普遍解释是，即使承运人事实上没有谨慎处理，但如果能证明某一缺陷即使他谨慎处理也不能发现，则仍可援引此项免责。

【案例研习 4-14】

绍兴县金斯顿针纺织有限公司诉商船三井株式会社
海上货物运输合同纠纷案①

2013 年 6 月，金斯顿公司委托三井株式会社将一批货物自宁波出运至沙特。三井株式会社作为承运人签发提单。6 月 17 日，承运船舶"MOLCOMFORT"轮航行至印度洋海域时，船体中部横向断裂成两截沉没，船上货物全部灭失。金斯顿公司持正本

---

① 参见宁波海事法院（2014）甬海法商初字第 730 号民事判决书，浙江省高级人民（2016）浙民终第 480 号民事判决书。本案为最高人民法院发布的 2016 年度典型海事案例之一。

提单起诉要求承运人三井株式会社承担货损赔偿责任。

因涉案船舶沉没无法打捞，船上数据已随船舶一起沉没，本案一、二审法院根据日本船级社等机构对事故船姊妹船的调查报告和专家证人意见，结合船舶按时检验和保养、未发现设计缺陷、船舶处于适航状态等事实，认定涉案船舶沉没原因系设计上的潜在缺陷所致。两级法院均认定，承运船舶存在经谨慎处理仍未发现的潜在缺陷，且该缺陷引起船舶断裂导致船舶沉没、货物灭失。根据《海商法》第51条第11项的规定，承运人依法不负赔偿责任。遂判决驳回金斯顿公司的诉讼请求。

（12）非由于承运人或者承运人的受雇人、代理人的过失造成的其他原因

此项为概括性的免责，在英美法中称为"同类"规定，通常解释为与前述第1项至第11项免责事项属于相同性质或者相似的事由，即所谓"同类规则"。不过从字面上来说，无论是否类似，只要是非由于承运人或者承运人的受雇人、代理人的过失造成的损失均可免责。例如，大宗散装货物运输过程中，因自然损耗、装卸过程中的散落残漏以及水尺计重等的计量允差等原因，往往会造成合理范围内的短少，因此除非有证据证明承运人对货物短少有不能免责的过失，承运人及其受雇人、代理人可以主张免责。但如果卸货后货物短少超出相关行业标准或惯例，承运人又不能举证区分合理因素与不合理因素各自造成的损失，请求承运人承担全部货物短少赔偿责任的，原则上应予以支持。

（13）免责的举证责任

承运人欲援引上述免责事项，必须证明损失是某一项或几项免责原因所致。承运人如不能举证，则应对货物的所有灭失或损坏负责。但是，对于第（2）项，即"火灾，但是由于承运人本人的过失所造成的除外"的举证责任，由索赔人承担。火灾举证责任的例外和倒置，并非基于举证责任分担的合理性，而是船货双方利益平衡和妥协的产物。

此外，货物的灭失、损坏或者迟延交付是由于承运人或者承运人的受雇人、代理人的不能免除赔偿责任的原因和其他原因共同造成的，承运人仅在其不能免除赔偿责任的范围内负赔偿责任。但是，承运人对其他原因造成的灭失、损坏或者迟延交付也应当负举证责任。

2. 承运人对特殊货物的免责事由

这里的特殊货物主要是指活动物和舱面货，因其具有特殊运输风险，《海商法》规定了特殊的免责情形：

（1）活动物：《海商法》第52条规定，因运输活动物的固有的特殊风险造成活动物灭失或者损害的，承运人不负赔偿责任。例如，活动物在海上运输期间易因胆怯或传染疾病而生病或死亡等。但是，承运人应当证明业已履行托运人关于运输活动物的特别要求，

并证明根据实际情况，灭失或者损害是由于此种固有的特殊风险造成的。

（2）舱面货：《海商法》第53条规定，如果承运人在舱面上装载货物，应当同托运人达成协议，或者符合航运惯例或有关法律、行政法规的规定。在上述情形下，承运人对由于此种装载的特殊风险造成的货物灭失或者损坏，不负赔偿责任。但是在没有协议、航运惯例或法律法规规定的情况下，承运人将货物装载在舱面上致使货物遭受灭失或者损坏的，无论是否为特殊风险造成的损失，承运人均应承担赔偿责任。舱面货的特殊风险通常表现为：因雨淋或甲板在大风浪中上浪而水湿，因船舶在大风浪中剧烈摇摆而落入海中等。

不过要注意的是，承运人不承担特殊风险造成的活动物、甲板货运输的责任，并不意味着承运人管货义务的免除，承运人未履行管货义务及其他义务造成的非因固有的特殊风险以外的原因导致的损失，承运人仍应在法定范围内承担责任。

（三）承运人的赔偿责任及其限制

倘若货物的损失并未发生在承运人的责任期间内，或者即使发生在承运人的责任期间内但是承运人依法享有免责事由的，则承运人无需承担损害赔偿责任。相反，如果货损发生在承运人的责任期间内，承运人亦无法免责的，则承运人需承担损害赔偿责任。但即使如此，按照《海商法》的规定，承运人仍可能享有责任限制的权利。

所谓"承运人赔偿责任限制"，是指承运人在不能免责的情况下，可以将其责任限制在一定金额范围内的制度。承运人对货物灭失或损坏的赔偿责任限制的数额，按照货物件数或其他货运单位数计算，因而该制度又称为"承运人单位责任限制"。承运人赔偿责任限制实质上是承运人赔偿责任的部分免除，构成民法上赔偿全部损失原则的例外，以达到保护承运人利益和航运业发展之目的。不过，只有当货物灭失或者损坏的实际金额超过赔偿限额时，承运人的赔偿责任限制才会真正得以适用。

1. 对货物灭失或者损坏的赔偿责任及其责任限制

货物发生灭失或者损坏而承运人无法免责的，承运人原则上应赔偿全部实际损失。除另有约定外，按照《海商法》第55条规定，货物灭失的赔偿额，按照货物的实际价值计算；货物损坏的赔偿额，按照货物受损前后实际价值的差额或者货物的修复费用计算。货物的实际价值，按照货物装船时的价值加保险费加运费计算，但在赔偿时应当减去因货物灭失或者损坏而少付或者免付的有关费用。因海运时间较长，货物价值易受市场波动影响，故《海商法》第55条规定的货物实际价值计算方法排除了市价损失，本质上与合同违约赔偿之因果关系原则和合理预见原则是一致的。①

---

① 参见最高人民法院（2013）民提字第6号民事判决书。该案为最高人民法院发布的2015年"一带一路"建设司法服务和保障典型案例之一。

但是，对于按上述方式计算出的赔偿额，承运人并非一定要全部实际赔偿，因为承运人依法享有《海商法》规定的责任限制的权利。按照《海商法》第56条规定，承运人对货物灭失或者损坏的赔偿限额，按照货物件数或者其他货运单位数计算，每件或者每个其他货运单位为666.67计算单位，或者按照货物毛重计算，每公斤2计算单位，以二者中赔偿限额较高的为准。因此，如果计算出的赔偿限额低于实际损失赔偿额，承运人依法仅赔偿前者即可；对于超出部分，承运人无需承担赔偿责任。反之，如果计算出的赔偿限额高于实际损失赔偿额的，则承运人仍将赔偿全部实际损失。

作为赔偿限额计算单位的"件"，是指货物的包装单位，如箱、桶、包、捆等。其他货运单位通常是指非包装货物的自然单位，如一辆汽车、一台机床等。对散装货物而言，通常按照货物毛重计算。当货物用集装箱、货盘或者类似装运器具集装时，根据《海商法》第56条的规定，如果提单或者其他运输单证中载明在此类装运器具中装运的货物件数或者其他货运单位数，则以所载明的件数或者其他货运单位数为准；反之，如提单中未载明，则每一装运器具视为一件或者一个单位。当装运器具不属于承运人所有或者非由承运人提供时，装运器具本身也视为一件或者一个单位。至于"计算单位"，是指国际货币基金组织的特别提款权（Special Drawing Right, SDR）。《海商法》第277条规定，特别提款权的人民币数额，按法院判决之日、仲裁机构裁决之日或者当事人协议之日，国家外汇主管机关规定的特别提款权对人民币的换算办法进行计算。

不过，如果托运人在货物装运前已申报其性质和价值，并在提单中载明或者承运人与托运人另行约定了更高的赔偿限额，则承运人的赔偿限额以货物的实际价值或者另行协定的限额为准，《海商法》第56条规定的赔偿限额不适用。这通常出现在贵重物品或者价值较高的货物运输中。

2. 对货物迟延交付的赔偿责任及其责任限制

迟延交付可能会造成以下两种损害：一是货物因迟延交付而灭失或者损坏，二是货物因迟延交付而遭受经济损失，但是货物没有灭失或者损坏。对于第一种情形，因承运人无法免责的过失致使货物因迟延交付而灭失或者损坏的，承运人应当按照上文"对货物灭失或者损坏的赔偿责任限制"负赔偿责任。而且，承运人未能在明确约定的时间届满60日内交付货物的，可以认为货物已经灭失，从而适用有关货物灭失或者损坏的赔偿规定。

对于第二种情形，因承运人无法免责的过失致使货物因迟延交付而遭受经济损失的，即使货物没有灭失或者损坏，承运人仍然应当负赔偿责任。不过，在此情形下，收货人因迟延交付造成的损失不是有形的损失，而是纯经济损失，是一种金钱上的损失，该损失难以确定且浮动性较大，因而立法通常将承运人迟延交付的赔偿责任限定在一定的金额范围之内。按照《海商法》第57条规定，承运人对货物因迟延交付造成经济损失的赔偿限额，为所迟延交付的货物的运费数额。

3. 承运人赔偿责任限制权利的丧失

承运人并非无条件地享有责任限制的权利。按照《海商法》第59条规定，如经证明，货物的灭失、损坏或者迟延交付是由于承运人的故意或者明知可能造成损失而轻率地作为或者不作为所造成的，承运人便不得援用上述赔偿责任限制的规定。如果承运人的受雇人、代理人有上述行为的，同样不得援用上述赔偿责任限制的规定。

承运人赔偿责任限制权利的丧失，要求其在主观上为明知自己的行为可能造成货物灭失、损坏或迟延交付的后果，但是希望或放任这种结果的发生；在客观上，有故意或者轻率的行为，包括作为或者不作为。例如，承运人无单放货的，实践中通常被认为属于"故意或者明知可能造成损失而轻率地作为或者不作为"的情形，从而丧失援用责任限制的权利。而承运人欲主张责任限制，或者收货人希望承运人承担全部赔偿责任的，应各自承担相应的举证责任。不过，国际上对责任限制普遍做限制性解释，使得责任限制权利不轻易丧失，因为赔偿责任限额与过去相比已大为提高，而且责任限制有利于实现船货双方利益平衡以及发展责任保险的需要。① .

（四）承运人与其他责任主体的责任分担

1. 承运人与承运人的受雇人、代理人的责任关系

（1）根据雇佣关系或代理关系的一般原理，受雇人或代理人在委托权限内的行为应由雇主或被代理人负责。而且受害人通常也愿意向雇主或被代理人索赔，因为他们的实力往往会强于受雇人或代理人。但在海上货物运输中，情况有些不同。海上货物运输中的承运人往往有很多免责事由，不能免责时还会享有责任限制，货主向承运人索赔可能无法得到赔偿或只能得到有限的赔偿。如果货主可以绕过运输合同的规定直接向承运人的受雇人或代理人索赔，并可能会得到更好的结果，那么绕过承运人向其受雇人或代理人索赔就成了货主的首选。但是接下来，承运人的受雇人或代理人在承担了全部赔偿责任后就会基于雇佣或代理关系向承运人追偿，这样承运人最终就可能无法享受到特殊的保护并承担全部赔偿责任，海上货物运输法为承运人所构筑起来的保护堤便面临着崩溃的危险。

为了防止上述问题的出现，我国《海商法》第58条第2款规定，就海上货物运输合同所涉及的货物灭失、损坏或者迟延交付对承运人（包括实际承运人）的受雇人或者代理人提起的任何诉讼，经承运人的受雇人或者代理人证明，其行为是在受雇或者委托的范围之内的，不论海事请求人是否合同的一方，也不论是根据合同或者是根据侵权行为提起

---

① 参见司玉琢：《海商法》，法律出版社2007年版，第117页。

的，均适用本章关于承运人的抗辩理由和限制赔偿责任的规定。①这不仅是保护承运人利益的需要，也是雇佣关系或代理关系的必然要求。但是，对于港口经营人，如果其不是承运人的受雇人或者代理人，对其在港口作业中造成的货物损失，港口经营人不能基于上述规定主张免责或者限制赔偿责任。②

2. 承运人与实际承运人的责任关系

（1）承运人对全程运输负责并对实际承运人的行为负责。《海商法》第 60 条规定，承运人将货物运输或者部分运输委托给实际承运人履行的，承运人仍然应当依照规定对全部运输负责。对实际承运人承担的运输，承运人应当对实际承运人的行为或者实际承运人的受雇人、代理人在受雇或者受委托的范围内的行为负责。

不过，如果在海上运输合同中明确约定合同所包括的特定部分运输由承运人以外的实际承运人履行的，合同也可以同时约定，货物在实际承运人掌管期间发生的灭失、损坏或者迟延交付，承运人不负赔偿责任。如果合同中有此项约定，承运人即不再对实际承运人的行为负责。

（2）实际承运人仅对其承担的运输承担责任。至于该责任的范围，按照《海商法》第 61 条规定，《海商法》第四章对承运人责任的规定，适用于实际承运人，因此第四章对承运人的权利义务、责任、免责以及责任限制等的规定，均应适用于实际承运人。就海上货物运输合同所涉及的货物灭失或者损坏，提单持有人选择仅向实际承运人主张赔偿的，应当优先适用《海商法》有关实际承运人的规定；只有《海商法》没有规定的，方才适用其他法律规定。③

（3）承运人与实际承运人的连带责任及其追偿。承运人与实际承运人都负有赔偿责任的，应当在此项责任范围内负连带责任。这主要发生在实际承运人负有赔偿责任，同时承运人仍对全程运输负责的场合。而一方承担了连带责任后，自然可以向对方追偿。

---

① 该规定最初渊源于 1954 年"喜马拉雅（Himalaya）案"。该案中，一位乘客在船上由于舷梯倒塌而受伤，如果该乘客起诉承运人，将因为运输合同中的免责条款的约束而得不到赔偿。结果她直接起诉船长和水手长，并得到了赔偿。法院认为，承运人可以为自己利益或其受雇人的利益订立合同，但是客票上并没有明示或默示赋予其受雇人或代理人任何利益，因此船长等必须因其侵权行为承担责任。该案判决后，承运人感到受到了威胁，并纷纷在运输合同中增加适当的条款来保护自己及其受雇人、代理人。最典型的做法是在合同中规定，承运人的雇佣人和代理人，包括承运人雇佣的独立合同人，对其在受雇过程中的任何过失不向货方负责，并且享受运输合同中承运人享受的一切权利和免责。这一类条款被称为"喜马拉雅条款"。《海牙—维斯比规则》以及其他许多国家的国内法纷纷将"喜马拉雅条款"转化为法律条文，赋予其确定的法律效力。我国《海商法》的这一规定正是借鉴《海牙—维斯比规则》的产物。

② 参见 2022 年《全国法院涉外商事海事审判工作座谈会会议纪要》第 67 条规定。

③ 参见 2022 年《全国法院涉外商事海事审判工作座谈会会议纪要》第 52 条规定。

【案例研习 4-15】

哈池曼海运公司与上海申福化工有限公司、
日本德宝海运株式会社海上货物运输合同货损赔偿纠纷案

案情介绍请见本章第 4-3 号案例。法院认为，该案中涉案苯酚色度在实际承运人管货期间发生变化，致使涉案苯酚发生了实际损失，故实际承运人违反了管货义务。承运人与实际承运人并无法定免责事由，且货损发生在实际承运人承担运输阶段，故承运人与实际承运人应承担连带责任。

至于货损赔偿额的计算，根据《海商法》第 55 条的规定，承运人对责任期间货物损坏的赔偿额，有两种计算方法，按照货物受损前后实际价值的差额或者货物的修复费用计算。一审判决以货物修复费用计算货损赔偿额，但根据查明的事实，本案受损货物并未实际修复。二审采用实际价值差额法，但未扣除因货物市价下跌造成的损失。再审判决以货物实际价值差额即货物受损前后的到岸价之差计算货损，即以目的港货物完好的市场价值减去受损货物的销售价值，再除以货物完好的市场价值，得出贬损率，再通过贬损率来计算货物因运输损坏造成的价值损失额，符合《海商法》的规定。①

六、货运代理人的特别规定

作为海上货物运输合同的关系人和重要参与者，货运代理人通常作为托运人或其他货主的代理人，为其安排货物定舱、代为报关、协调货物运输等代理服务。但随着国际货运代理业务范围的扩展，货运代理人的业务逐渐扩展到以下各类服务：（1）提供订舱、报关、报检、报验、保险服务；（2）提供货物的包装、监装、监卸、集装箱装拆箱、分拨、中转服务；（3）提供缮制、交付有关单证、费用结算服务；（4）提供仓储、运输服务；（5）其他海上货运代理事务。②由于货运代理人的服务涵盖了代理、运输、仓储等不同领域，故货运代理人可能具有货运代理人、承运人、仓储服务提供者等不同身份，进而适用

---

① 该案中，关于承运人与实际承运人能否享受责任限制的问题，一审法院认为"因本案被告赔偿责任未超过责任限额，被告有关享受责任限制的主张，本案中不予审理。"哈池曼公司、德宝公司在二审上诉状及庭审答辩中均未再要求享受海事赔偿责任限制，再审法院认为二审未讨论海事赔偿责任限制问题并无不当。故该案的责任限制问题并不明确，或者可能涉案实际损失在其责任限额范围内，因而无法实际享受责任限制。

② 参见《最高人民法院关于审理海上货运代理纠纷案件若干问题的规定（2020 修正）》第 1 条规定。

《海商法》《民法典》等不同法律规定。①

（一）货运代理人的身份识别

由于货运代理业务的多元性、货运代理人身份的多重性，在每一项具体业务中货运代理人究竟处于何种身份、地位，尤其是作为代理人还是承运人从事海上货运代理业务，是海上货运代理纠纷的焦点和难点所在。依通说，货运代理人身份、地位的界定应考虑以下四个因素：（1）当事人之间的具体约定和实际履行情况；（2）运输单证的签发；（3）报酬的取得方式；（4）双方当事人之间的交易习惯等。

不过在司法实践中，若货运代理人在处理海上货运代理业务过程中以自己的名义签发提单、海运单或者其他运输单证，通常应认定为承运人，与委托人之间形成海上货物运输合同关系。若货运代理人以承运人代理人名义签发提单、海运单或者其他运输单证，但不能证明取得承运人授权的，仍应认定为承运人、依法承担承运人义务和责任。②因此时货运代理人通常无自有船舶、需委托其他承运人实际运输，故又称无船承运人，③ 而实际承担运输的船东为实际承运人。

【案例研习 4-16】

广州海德国际货运代理有限公司与福建英达华
工贸有限公司海上货物运输合同纠纷案④

英达华公司委托广州海德公司运输一批照明设备至哥伦比亚。海德公司的授权代表向英达华公司签发了无船承运人提单，且海德公司在中国交通部登记备案了该提单的样本。涉案提单记载托运人为英达华公司，收货人为哥伦比亚国家电气进口公司，装货港为中国盐田港，卸货港为哥伦比亚布埃纳文图拉，船名和航次为"圣塔卡琳娜（Santacatarina）"轮 429E 航次，运费到付，运输方式为场到场（CY-CY）。货物运抵

---

① 除《海商法》《民法典》外，《最高人民法院关于审理海上货运代理纠纷案件若干问题的规定（2020 修正）》也是处理海上货运代理纠纷的重要法律渊源。

② 参见《最高人民法院关于审理海上货运代理纠纷案件若干问题的规定（2020 修正）》第 4 条规定。

③ 无船承运人又称无船承运业务经营者。按照《国际海运条例实施细则》第 3 条规定，无船承运业务经营者，包括中国无船承运业务经营者和外国无船承运业务经营者。其中中国无船承运业务经营者是指依照《国际海运条例》和本实施细则规定取得无船承运业务经营资格的中国企业法人；外国无船承运业务经营者是指依照外国法律设立并依照《国际海运条例》和本实施细则的相关规定取得经营进出中国港口货物无船承运业务资格的外国企业。而"无船承运业务"，按照《国际海运条例》第 7 条规定，是指无船承运业务经营者以承运人身份接受托运人的货载，签发自己的提单或者其他运输单证，向托运人收取运费，通过国际船舶运输经营者完成国际海上货物运输，承担承运人责任的国际海上运输经营活动。

④ 参见广州海事法院（2015）广海法初字第 363 号民事判决书，广东省高级人民法院（2017）粤民终 387 号民事判决书。该案为最高人民法院发布的 2017 年度海事审判典型案例之一。

目的港后，涉案 2 个集装箱分别于 2014 年 11 月 26 日、12 月 9 日空箱调度到中国上海。英达华公司仍持有涉案提单，且未收回全部货款。英达华公司向广州海事法院起诉主张海德公司无单放货，请求判令海德公司赔偿英达华公司货款及运杂费损失。该案中，作为货运代理人的海德公司向托运人签发了无船承运人提单，故应认定为承运人，与委托人英达华公司之间成立国际海上货物运输合同关系，依据《海商法》第四章有关规定承担承运人的义务和责任。

除上述情形外，对于货运代理人的身份识别均应综合考虑加以判断。若货运代理人与委托人签订书面合同，则主要依据合同内容来认定货运代理人的身份地位，但在实践中订立书面合同的情形相对较少，多数都是通过传真、电话、邮件等完成的，常常内容简单、语义不清，故必须根据双方约定的权利义务的性质，并综合考虑货运代理人取得报酬的名义和方式、开具发票的种类和收费项目、当事人之间的交易习惯以及合同实际履行的其他情况，来认定货运代理人的身份和法律地位。①

必须说明的是，以上各因素不能单独成为认定货运代理人身份、法律地位的依据，必须综合考虑。以报酬取得方式为例，在实务中货运代理人常采用"大包干"（向委托人收取一笔总的数额，实务中常以"运费"的面目出现）、"小包干"（海运费代收代付，另向委托人收取包括杂费和代理费等在内的一笔总的数额）等多种报酬取得方式，且货运代理人常常凭上述方式赚取其向委托人收取的费用与支付给承运人等费用之间的差价，而不是采用完全代收代付另加一定报酬的收费方式，这已成为货代行业的收费习惯和通行做法。因此，不能仅仅以货运代理人收取运费或者赚取运费差价为由认定其具有承运人的身份和法律地位，而是要与其他因素一起综合考虑评判。②

【案例研习 4-17】

海宁富兴塑胶有限公司诉宁波达源国际货运代理有限公司、

顺翔船务代理（深圳）有限公司、太平船务（英国）

有限公司海上货物运输合同纠纷案③

海宁富兴公司与宁波达源公司之间存在长期货运代理关系。2018 年 2 月，富兴公司因案涉出口巴西的货物委托达源公司向承运人订舱。顺翔船务代理（深圳）有限公

---

① 参见《最高人民法院关于审理海上货运代理纠纷案件若干问题的规定（2020 修正）》第 3 条规定。

② 王彦君、傅晓强：《〈关于审理海上货运代理纠纷案件若干问题的规定〉的理解与适用》，载《人民司法》2012 年第 11 期。

③ 参见宁波海事法院（2018）浙 72 民初 1899 号民事判决书，浙江省高级人民法院（2019）浙民终 422 号民事判决书。该案为最高人民法院发布的 2019 年度海事审判典型案例之一。

司（以下简称顺翔公司）作为无船承运人接受达源公司订舱，于同年3月签发无船承运人提单，并通过达源公司交给富兴公司。太平船务（英国）有限公司（以下简称太平公司）于同日签发海运提单，交由顺翔公司。2018年5月3日，案涉货物卸离船舶由巴西纳维根特斯港海关控制，由巴西联邦税务局封锁，并于2018年5月8日被他人提取。案涉全套无船承运人提单仍由富兴公司持有，案涉全套海运提单仍由顺翔公司持有。

该案中，顺翔公司作为无船承运人接受达源公司订舱，并签发无船承运人提单，故应认定为承运人。太平公司实际承担了涉案提单项下货物的运输，故为实际承运人。至于达源公司，其与富兴公司签订了货运代理协议，在一审答辩时声明其系接受富兴公司委托向顺翔公司订舱，后将顺翔公司签发的提单交付给富兴公司，海运费亦由富兴公司委托其支付，故其与富兴公司之间成立海上货运代理合同关系。

（二）货运代理人的权利、义务与责任

货运代理人权利、义务与责任的确定因其身份和法律地位的不同而不同：（1）若货运代理人被认定为承运人，即应适用《海商法》第四章"海上货物运输"等规定来确定其权利、义务和责任。（2）若认定货运代理人与委托人之间构成海上货运代理合同关系，因《海商法》并无特别规定，故适用《民法典》关于委托合同和代理的有关规定。（3）若货运代理人提供的是货物仓储服务，则与委托者之间形成仓储合同关系，适用《民法典》关于仓储合同的有关规定。（4）货运代理人还可能接受委托对货物提供包装、熏蒸等服务，此时与委托人之间形成承揽合同关系，适用《民法典》关于承揽合同的有关规定。①

虽然海上货运代理合同关系应适用《民法典》的有关规定，但由于货运代理本质上为商事代理且有自己的发展历程和特点，故与《民法典》有关规定并不完全衔接，因此还需注意以下问题。

首先，关于转委托权限。在实务中，货运代理人层层转委托、连环代理等乱象时有发生，不仅扰乱了海上货运代理正常秩序，还容易引发各方纠纷，故应对货运代理人的转委托权限予以严格限制。对此，若委托人与货运代理人约定转委托权限，从其约定。若没有约定转委托权限，货运代理人或第三人以委托人知道货运代理人将海上货运代理事务转委托或部分转委托第三人处理而未表示反对为由，主张委托人同意转委托的，应不予支持，

---

① 王彦君、傅晓强：《〈关于审理海上货运代理纠纷案件若干问题的规定〉的理解与适用》，载《人民司法》2012年第11期。

但委托人的行为明确表明其接受转委托的除外。①

其次，关于收取费用的权利。如前所述，货运代理人的各项受托业务常混杂一起，且又采取所谓"大包干""小包干"等方式收取费用，这种概括委托、包干收费的方式是货运代理行业的习惯做法。因此，若货运代理人按照概括委托权限完成海上货运代理事务，请求委托人支付约定费用和相关合理费用的，应予支持。②至于相关合理费用，一般是指货运代理人在处理受托业务时垫付的有关税费等，但以完成受托业务所发生的合理费用为限。

再次，关于单证交付的义务。货运代理人有义务依法或依约定向委托人交付货运代理业务中取得的单据，但在实践中，货运代理人常以委托人未支付相关费用为由拒绝交付单证。对此，无论当事人对此有约定、无约定或者约定不明确，均可支持货运代理人的做法，③因为这是货运代理人依法享有的同时履行等抗辩权的体现。不过，提单、海运单或者其他运输单证的交付构成例外，因为提单、海运单或者其他运输单证的签发、交付受其他诸如《海商法》等的调整，其中很多为强行性规定，而且允许货运代理人扣留该类运输单证会影响到国际贸易的正常进行，故有此例外。当然，若当事人有明确相反约定的，应从其约定。

最后，关于货运代理人的责任。货运代理通常为有偿，按照《民法典》第929条第1款之规定，应实行过错责任原则，因其过错造成委托人损失的，委托人可以请求赔偿损失。④如果货运代理人未尽谨慎义务，与未在我国交通主管部门办理提单登记的无船承运业务经营者订立海上货物运输合同，造成委托人损失的，因其存在选任上的过错，应承担相应的赔偿责任。此外，若货运代理人接受未在我国交通主管部门办理提单登记的无船承运业务经营者的委托签发提单，因构成违法代理，当事人可以主张由货运代理人和无船承运业务经营者对提单项下的损失承担连带责任。货运代理人承担赔偿责任后，有权向无船承运业务经营者追偿。⑤

---

① 参见《最高人民法院关于审理海上货运代理纠纷案件若干问题的规定（2020修正）》第5条规定。

② 参见《最高人民法院关于审理海上货运代理纠纷案件若干问题的规定（2020修正）》第9条规定。

③ 参见《最高人民法院关于审理海上货运代理纠纷案件若干问题的规定（2020修正）》第7条规定。

④ 不过在司法实践中一般采用过错推定原则，委托人举证证明货运代理人因处理委托事务造成其财产损失的，即推定货运代理人对损失的发生具有过错，货运代理人要免除责任应当证明已履行谨慎处理委托事务的义务，对损害的发生没有过错。参见王彦君、傅晓强：《〈关于审理海上货运代理纠纷案件若干问题的规定〉的理解与适用》，载《人民司法》2012年第11期。

⑤ 参见《最高人民法院关于审理海上货运代理纠纷案件若干问题的规定（2020修正）》第11~12条规定。

【案例研习 4-18】

上海捷喜国际货物运输代理有限公司与重庆市公路工程 （集团）股份有限公司海上货运代理合同纠纷案①

2014 年 11 月，捷喜货代公司与重庆公路公司签订运输协议，约定由捷喜货代公司代重庆公路公司办理 161 台车辆设备的出运事宜，装货港为中国上海港，卸货港为也门荷台达港。货物运抵目的港顺利交货后，重庆公路公司未能按约向捷喜货代公司支付运输协议下的应付费用。2015 年 2 月 4 日，重庆公路公司向捷喜货代公司出具付款承诺书，称由于也门局势不稳定和沙特国王突然离世，其无法在约定时间内从沙特项目基金收到工程预付款，故而拖欠捷喜货代公司费用，并承诺将于 2015 年 3 月 2 日前付清所有拖欠费用，但此后并未支付。庭审中，重庆公路公司以目的港所在国也门发生战乱为由，主张援引不可抗力免责。经查，涉案货物原本将用于重庆公路公司在也门承接的高速公路项目建设，该项目团队人员在 2015 年也门撤侨事件中已撤回国内，项目因此搁置。

法院审理认为，目的港所在国发生战乱，影响的是公路建设项目，重庆公路公司的偿付能力因此受到波及，但其不能因为无法收到公路建设项目下的合同款项而免除向捷喜货代公司承担的付款义务。故判决重庆公路公司支付所拖欠的费用。二审维持原判。

第二节　提单及其他运输单证

在船商分离的情况下，需要一定的单据来证明货物已交给承运人以及以此要求承运人交付货物，这就是提单或其他运输单证。提单在海上货物运输中的使用已经有很长的历史。最初的提单在公元 12 世纪到 14 世纪之间出现，现在提单已经成为海上货物运输中使用最多、最为重要的单据，在国际货物买卖的其他环节中也发挥着重要作用。

一、提单的概念与性质

我国《海商法》第 71 条规定，提单，是指用以证明海上货物运输合同和货物已经由承运人接收或者装船，以及承运人保证据以交付货物的单证。从该定义可以看出，提单具

---

① 参见上海海事法院（2015）沪海法商初字第 1668 号民事判决书，上海市高级人民法院（2016）沪民终第 4 号民事判决书。本案例为最高人民法院第三批涉"一带一路"建设典型案例之一。

有以下性质或功能（也有称为功效或效力）：

（一）提单是海上货物运输合同的证明

班轮运输下，托运人与承运人一般并不另外订立书面合同，这样承运人签发的提单常常会成为确定双方是否签订运输合同及其权利义务关系的重要凭证。但是，这些提单条款并非海上货运合同本身，而只是海上货物运输合同的证明，这是因为：（1）签发提单前，海上货物运输合同应已经成立，签发提单仅是承运人履行海上货物运输合同的行为；（2）提单仅由承运人单方制作和签发，托运人并未参与提单的制作过程，也不在提单上签字盖章，因此提单仅为承运人单方法律行为的结果，不能构成海上货运合同本身。在"阿登内斯"案中，英国高等法院认为：提单并不是合同本身，合同在提单签发前就已存在，后者只是由一方签发的，且在货物装船时才将其交给托运人。① 我国《海商法》同样采取此观点。

但在特殊情况下，提单实际上起到海上货物运输合同的作用，或者成为确定承运人同收货人、提单持有人之间的权利、义务关系的依据：（1）班轮运输中，当提单转让给第三方即收货人、提单持有人时，善意收货人、提单持有人与承运人之间的权利义务按提单条款办理。这是因为收货人、提单持有人不是海上货物运输合同的当事人，他只知道手里的提单，只能以此作为运输合同。② 我国《海商法》第 78 条第 1 款也规定，承运人同收货人、提单持有人之间的权利、义务关系，依据提单的规定确定。此时，提单就不仅仅是海上货物运输合同的证明，而是确定承运人和收货人、提单持有人之间的权利义务关系的直接依据。（2）在租船运输的情况下，出租人和承租人之间的权利义务依租船合同而定，但是若承租人和其他托运人将其持有的提单转让给善意第三人时，提单就转为出租人和善意第三人之间的海上运输合同，出租人和善意第三人之间的权利义务只能适用提单条款的规定。因此，在另有协议的当事人之间，提单只对海上货物运输合同起到证明或补充作用，而对没有另订协议的当事人而言，提单实际上起到运输合同的作用。③ 我国《海商法》第 95 条规定，对按照航次租船合同运输的货物签发的提单，提单持有人不是承租人的，承运人与该提单持有人之间的权利、义务关系适用提单的约定。

因此，对于收货人、提单持有人而言，通常情况下应依据提单而不是承托双方之间海上货物运输合同的规定来享有权利和承担义务（航次租船下"租约并入提单"条款可能构成例外，详见本章第三节的相关内容）。因此，收货人、提单持有人不应承担在装货港发生的滞期费、亏舱费和其他与装货有关的费用，但是提单中明确载明上述费用由收货

① 参见［1950］1 Lloyd's Law Reports 304。

② 参见吴焕宁：《海商法学》，法律出版社 1996 年版，第 97 页。

③ 参见傅旭梅：《中华人民共和国海商法诠释》，人民法院出版社 1995 年版，第 142 页。

人、提单持有人承担的除外。

（二）提单是承运人接收货物或已将货物装船的证明

承运人或船长在接收货物或将货物装船后，即应按托运人的要求签发提单，并在提单中记载货物的品名、标志、包装、件数或数量、质量和货物的外表状况等具体情况。按照我国《海商法》第77条的规定，此时的提单即为承运人或船长已按照提单所载状况收到货物或者货物已经装船的表面证据或初步证据（Prima Facie Evidence）。若承运人没有足够的有效证据证明其实际收到的货物与提单所记载的货物在主要标志、包装、件数、外在状况等方面不符，就应按提单上记载的货物说明向托运人或收货人交付该货物，否则应当承担赔偿责任。

但是，提单也可能成为对承运人有约束力的最终证据（Conclusive Evidence）。依据《海牙—维斯比规则》第1条规定，当提单已被转让给善意的第三人时，便不能接受与提单所载货物各种说明相反的证据，提单由此成为对承运人有约束力的最终证据，即使承运人有足够的证据证明提单与所载货物不符，也应按提单记载交货。我国《海商法》第77条也规定，承运人向善意受让提单的包括收货人在内的第三人提出的与提单所载状况不同的证据，不予承认。所谓善意第三人，是指在接受该提单时，并不知悉该提单所载货物数量、质量、包装等与实际情况不符的提单受让人。善意受让人在主观上并无过错，因此应保护其合法利益，并最终促进和维护交易的安全与稳定。

不过，如果提单上有"不知条款"或其他类似的规定，即使提单已转让至善意的第三人时，也不能使其成为最终证据。所谓"不知条款"，是指承运人或其代理人有适当理由怀疑托运人提供的有关货物的说明与实际情况不符，但没有适当方法进行检验时，即在提单上批注保留字句，如"据称""重量不知""托运人装船、铅封和计数"等，以表明自己的立场。"不知条款"不能全盘否认提单上关于货物记载的证据效力，但对于声称"不知"的部分，不发生最终证据的效力。① .

（三）提单是承运人保证据以交付货物的凭证

提单是承运人保证据以交付货物的凭证，承运人在卸货港应当将货物交给有权凭提单提货的人（即收货人）。《海商法》第71条规定，提单中载明的向记名人交付货物，或者按照指示人的指示交付货物，或者向提单持有人交付货物的条款，构成承运人据以交付货物的保证。

提单之所以成为承运人保证据以交付货物的凭证，或者说收货人的提货凭证，在于提单所具有的物权凭证（Document of Title）功能。如前所述，基于货物转让贸易的需要和商业习惯做法，法律赋予提单代表其项下货物权利的功能，提单的转让即意味着提单项下货

---

① 参见张湘兰等：《海商法论》，武汉大学出版社2001年版，第85页。

物权利的转让，因而提单是一种物权凭证。由于提单的物权凭证功能是建立在转让提单即转让货物的贸易基础之上的，因此有国际公约和国内法规定，不能转让的记名提单不具有物权凭证的效力。

然而该物权凭证究竟代表的是何种物权，有以下不同观点：（1）所有权说。该说认为提单是所有权凭证，拥有提单即拥有货物的所有权。（2）占有权说。该说认为提单所体现的物权功能应归结为占有权的范畴，又分为"直接占有说"和"推定直接占有说"两种观点，前者认为提单是货物的象征，提单的占有和转让即意味着货物的实际占有和交付；后者认为持有提单即推定其实际占有了提单项下的货物，因而提单的转让即推定货物发生了实际转让和交付。（3）间接占有权说。该说认为，直接占有仅是一种事实，间接占有才是一种权利，是一种能够取回物、支配物的权利。提单转让是货物间接占有权的转让。①本书认为，提单代表的是何种物权不能一概而论。通常情况下它是一种所有权，合法持有提单即享有货物的所有权，转让提单即转让货物的所有权，这也是提单成为物权凭证的初衷所在，是货物贸易与货物转让的需要和体现。当然，这种所有权凭证是以承运人对货物的直接或间接占有为基础的。不过，提单也并不总是一种所有权凭证，货物的所有权也并非总是与提单一起转让，如果买卖合同对货物的转让有不同约定，例如所有权保留买卖等，那么提单就不是所有权的凭证了，提单的转让也就不代表货物所有权的转让。在后面这种情况下，货物只是转由承运人直接占有而所有权并未转移，因而提单也仅能表明货物由承运人实际占有并承诺将向提单持有人转移货物的占有而已，此时提单持有人所享有的权利就是一种间接占有权，即要求承运人转移货物的实际占有的权利。

综上所述，提单具有合同凭证、收货凭证以及提货凭证三大功能。但是，提单的上述功能是在贸易和运输实践中不断形成和发展起来的，其所代表的意义和功效在不同的环节、不同的领域会具有不同的体现。

【案例研习 4-19】

浙江省纺织品进出口集团公司与长荣国际储运股份有限公司海上货物运输合同纠纷案

案情介绍请见本章第4-2号案例。在该案中，长荣公司以浙纺公司不是提单中记载的托运人、双方之间未成立海上货物运输合同为由提出抗辩。二审认为，在没有书面合同的情况下，对海上货物运输合同当事人的认定，可以根据双方当事人实际履行的事实等情况来确定，而不能完全取决于提单的记载。这是因为海上货物运输合同与

---

① 参见司玉琢：《海商法专论》，法律出版社2007年版，第288~290页。

提单不完全等同，提单只是运输合同的证明，但不是唯一证明。实践中，提单主体与运输合同主体不一致的情形是可能存在的。如果托运人要求承运人在提单上不记载托运人或者记载他人为名义上的托运人，则这一要求是托运人行使权利的结果，此时运输合同的主体显然是实际订立运输合同的当事人，而不是提单载明的当事人。其次，从法律规定看，提单上不记载运输合同托运人或将他人记载为名义托运人也是合法的。浙纺公司委托货代公司向长荣公司交付货物、支付运费，并提出了缮制提单的具体要求，长荣公司则完全按照浙纺公司的要求签发提单，将三家国外公司记载为名义托运人，向浙纺公司委托的货代公司交付提单，并从货代公司处收取了涉案运费，上述事实足以证明浙纺公司与长荣公司事实上建立了海上货物运输合同关系。因此，即使浙纺公司不是提单中记载的托运人，浙纺公司与长荣公司仍然成立海上货物运输合同关系。

二、提单的格式与条款

各国船公司都制定有自己的提单格式，不过由于提单都是根据长期以来在海运实践中形成的习惯做法和有关法律确定的，因而提单上所记载的内容均大同小异。一般而言，提单有正反两面，正面是提单记载的事项及一些声明性的条款，背面则为关于双方当事人权利和义务的实质性条款。

1. 提单的正面记载事项

提单正面记载的内容通常包括以下几项：（1）船名；（2）承运人，包括其名称和主营业所；（3）托运人；（4）收货人；（5）装货港以及在装货港接收货物的日期、卸货港、联运提单的转货港；（6）货物品名、标志、包装或件数、重量或体积；（7）运费支付方式，即规定运费是预付还是到付；（8）提单签发日期、地点和份数；（9）承运人或其代表的签字。

其中，"收货人"一栏通常有三种填写方式。第一种是直接记载具体的收货人的名称，此种提单称为记名提单。根据记名提单的规则，只有提单上载明的收货人才能提货，承运人也只能向该收货人交付货物。第二种是填写"凭某某指示"（To Order of ××）或"凭指示"（To Order）字样，前者为记名指示提单，后者为不记名或空白指示提单。依多数国家的规定，指示提单必须经过背书才能转让。由于指示提单克服了记名提单和不记名提单的不足，兼顾了提单的流通性和安全性，所以在国际贸易和海运中使用最为普遍。第三种是不写明具体的收货人或由某人指示，仅注明"持有人"（Bearer）或"交与持有人"（To Bearer）的字样，甚至将收货人一栏空白不填，此种提单称为空白提单。依多数国家的法律规定和国际贸易惯例，不记名提单无须背书即可转让。谁合法持有不记名提单，谁就有权提货，因此不记名提单流通性虽强，但颇不安全，易引起纠纷，在国际贸易和海运实务中较少使用。

在"收货人"一栏后面通常还会有"通知方"一栏，即货物运抵之后，承运人或其代理人发出船舶到港通知的对象。通知方一般是收货方的代理人，而不是合同的当事人。

此外，"货物品名、标志、包装或件数、重量或体积"一栏中，货物品名表明货物的品性名称，这是区分和界定货物的关键；标志是货物特性的代号，标志不清或不当，可能影响到货物的积载，容易造成货物混票；包装的种类如箱、桶、包等，并应计算数量。这些内容通常由托运人提供或填写，托运人应如实提供并应对此承担责任。承运人有权对此进行查验以保证其真实性。由于上述内容通常由托运人提供，且很多已经包装完好，因此承运人一般还会在提单的正面印有一些声明性的条款，如装运条款、未知条款等，以明确各方的责任。

我国和其他国家一样，对提单正面记载的事项并无强制性规定，提单所规定的内容也不构成提单有效性的条件。但是，提单应当符合《海商法》第71条有关提单定义的规定。

2. 提单的背面条款

提单背面（Reverse Side）条款，是承运人预先印制好并规范当事人间权利义务的条款。通常情况下，提单背面条款只要不违背强制性立法，并与承运人和托运人事先达成的协议不相抵触，便是承运人和托运人之间海上货物运输合同的构成部分。但是，当提单转移至收货人或者提单受让人时，这些条款是确定承运人与收货人或者提单受让人之间权利义务关系的依据。当然，提单背面条款除了要受国际公约及各国关于海上货物运输的强行性规则约束外，还要受各国关于"格式条款"立法规定的约束。

虽然各种提单背面条款多少不一，内容不尽相同，但通常都包括以下条款：

（1）定义（Definition）

通常规定，托运人、发货人、收货人、受货人（Receiver）、提单持有人以及货物所有人统称为"货方"（Merchant），以使提单所证明的货物运输合同能约束上述所有的人。但是，本条款并不能取代法律对上述人员地位及权利义务的规定，也很难达到减轻承运人责任或增加承运人权利的目的。

（2）管辖权（Jurisdiction）与法律适用（Applicable Law）

管辖权条款通常规定处理提单纠纷的法院，其典型措辞是，一切由提单引起的纠纷由船东所在国家法院行使管辖权。有时该条款还会规定法院解决争议应适用的法律，此即法律适用（选择）条款。

管辖权条款的效力在各国不尽相同。有的国家尊重这一条款，如德国、荷兰等，但更多的国家倾向于以诉讼不方便或者该条款减轻承运人责任或增加承运人权利为由，拒绝接受管辖权条款。目前我国对此条款倾向于采取对等原则。

（3）首要条款（Paramount Clause）

该类条款通常规定，提单应受某一国际公约或某一国内法的制约，例如"《海牙规则》适用于本提单"，或"《海牙—维斯比规则》是本提单的一部分"等。对于该条款的效力，一般认为，如果该提单本应受某国际公约或某一国内法的约束，那么提单的各项规定不得与之相违背；如果该提单不属于某国际公约或某一国内法的适用范围，那么该国际公约或国内法的规定即应作为提单条款或组成部分被并入提单。根据我国《海商法》第269条的规定，国际海上货物运输合同的当事人可以选择合同适用的法律，因此该类条款在我国是合法有效的。

首要条款与法律适用（选择）条款是不同的，前者仅是援引某一具体的国际公约或某一国内法，后者选择适用的却是一国的所有相关法律，即该国的法律体系。而且，由于通过首要条款并入的国际公约或国内法已成为提单的条款或组成部分，因此将失去其强制性，并且还要受到法律适用（选择）条款的制约。

（4）承运人责任（Carrier's Liability）

通常规定，承运人的责任及其免责事项。但如果提单已订有首要条款，即无须另订承运人责任条款。

（5）责任期间（Period of Responsibility）

通常规定，承运人的责任自货物装上船开始至货物卸离船为止，对装船前以及卸船后发生的货损不予负责。对于其效力，应依据提单纠纷适用的法律来确定。例如，我国《海商法》对集装箱货物的责任期间有不同规定，因此我国《海商法》的规定应优先适用。

（6）运费及其他费用（Freight and Other Charges）

通常规定，托运人或者收货人应按提单记载的金额、方式、币种等支付运费及其他费用。若运输易烂货、低值货、活牲畜、甲板货以及卸货港无承运人代理人的货物，运费及有关费用应预付，以保证承运人不受损失。

此外，该条款还有货方"负有支付运费的绝对义务"的规定。不过按照我国《民法典》第496~497条关于"格式条款"的规定，该条款可能涉嫌利用格式条款排除对方主要权利，若如此则该规定无效。因为我国《民法典》第835条规定，货物在运输过程中因不可抗力灭失，未收取运费的，承运人不得要求支付运费；已收取运费的，托运人可以要求返还。

（7）装货、卸货和交货（Loading, Discharging and Delivery）

通常规定，货方应以船舶所能装卸的速度，不间断地并且若经承运人要求，不分昼夜、星期日与节假日，提供或提取货物，否则货方应对由此造成的滞期费等一切损失负赔偿责任。若收货人不及时提取货物，承运人可将货物卸在码头或存入仓库，货物卸离船舶后的一切风险由收货人承担等。

（8）留置权（Lien）

即承运人可因托运人、收货人未付运费、亏舱费、滞期费和其他应付款项等，对货物及有关单证行使留置权，并有权出卖或以其他方式处置货物；通过留置权方式尚不足以清偿其债权的，可向托运人、收货人索赔差额。这是一种意定的留置权。不过，我国《海商法》第87条规定，承运人仅在费用没有付清又没有提供适当担保的情况下才能"留置其货物"，因此该条款要受到一定的制约。

（9）货物灭失或损坏的通知、时效（Notice of Loss or Damage, Time Bar）

通常规定，收货人应将货物的灭失或损坏书面通知承运人或其代理人，否则就构成承运人已按提单记载交付货物的初步证据。如果交货时，双方已对货物进行联合检查或检验，就无需提交书面通知。对于货物灭失或损坏索赔的诉讼时效为1年，自交付货物或应当交付货物之日起计算。本条款通常在未订有首要条款或首要条款指向的法律没有规定时予以适用。

（10）赔偿责任限额（Package Limitation）

通常规定，承运人对每件或每一单位货物的赔偿不超过一定的限额。不过，该限额不得低于强制性适用的国际公约或国内法规定的限额，否则无效。此外，该条款通常还规定，若托运人书面申报了高于规定限额的货物价值并已在提单上注明或者与承运人另行约定了更高的责任限额的，承运人应当按照货物的价值或者更高的限额进行赔偿。

（11）危险物、违禁品（Dangerous Goods, Contraband）

通常规定，托运人托运危险货物的义务和承运人对承运的危险物、违禁品的处置权利。如果提单订明适用的国际公约或者国内法有相关规定的，则无需订立本条款。

（12）舱面货、活动物和植物（Deck Cargo, Live Animals and Plants）

《海牙规则》与《海牙—维斯比规则》并不适用于舱面货和活动物的运输，因此提单上一般订有此类条款，规定舱面货、活动物的接受、装载、运输、保管和卸载均由货方承担风险，承运人对其灭失或者损坏不负赔偿责任。不过，如果提单受《汉堡规则》的约束，或者有关国内法的规定接受了《汉堡规则》对舱面货、活动物的规定，该条款则无适用的余地。在我国，海上货物运输包括舱面货与活动物的运输，但按照我国《海商法》第52~53条规定，活动物和货载舱面引起的特殊风险造成的货物灭失或损坏，承运人不负责赔偿，但承运人应证明损害是由该特殊风险造成的。

此外，有的提单上的舱面货、活动物条款，将植物也包括在内。由于《海牙规则》等立法多未将植物排除在"货物"之外，所以承运人意欲对植物运输也享受与舱面货、活动物运输同样的权利，是有困难的。

（13）集装箱货物（Cargo in Container）

通常规定，承运人可以将货物装于集装箱进行运输，并且承运人均可将集装箱装于甲板。如果货物由托运人自行装箱，则对于装箱不当、货物不适于集装箱运输、装箱前或装箱时通过合理检查可发现的集装箱缺陷造成的货损，承运人不予负责；承运人将货主装箱的集装箱以铅封完好后交付的，此种交付应视为承运人完全和全部履行了义务。《海牙规则》《海牙—维斯比规则》对此并未规定，因此本条款有订明的必要。

（14）选港货（Optional Delivery）

选港货亦称选港或选港交货条款。通常规定只有在装船前已经约定多个可供选择的卸货港并在提单上载明时，收货人方可选择卸货港。收货人必须在船舶到达列为选卸港的第一个港口1小时前向船舶代理人通知其选定的港口。如未宣布，承运人可以选择在任一个备选港卸货。在实践中，选港交货条款必须针对某一提单项下的全部货物，而不是部分货物。

（15）转运、换船、联运与转船（Forwarding，Substitute of Vessel，Through Carriage and Transshipment）

通常规定，如有必要，承运人可任意将货物转运、换船、联运与转船，其费用由承运人负担，但风险由货方承担。不过各国法院对此一般做严格的限制性解释，若违背强制性规则，应归于无效。

（16）共同海损条款（General Average Clause）

通常规定，共同海损的理算地点以及理算依据的规则。多数提单规定依据《约克·安特卫普规则》理算，中远公司提单规定按《北京理算规则》理算。

（17）战争、检疫、冰冻、罢工、港口拥挤等（War，Quarantine，Ice，Strikes，Congestion，etc）

通常规定，若发生上述情况造成船舶及其所载货物不能安全到达目的港卸货，承运人有权在装货港或任何其他安全和便利的港口卸货，任何特殊费用由货方负担。

（18）其他条款

其他常见条款有"新杰森条款""双方有责碰撞条款"以及"地区条款"等。

【案例研习 4-20】

新鑫海航运有限公司与深圳市鑫联升国际物流有限公司、
大连凯斯克有限公司海上货物运输合同纠纷案①

2017 年 2 月，中远大连公司代理新鑫海公司签发提单，载明托运人鑫联升公司，装货港中国大连，卸货港印度那瓦舍瓦，共 6 个集装箱。该提单下的货物于 2017 年 3 月 23 日在卸货港卸船，新鑫海公司的卸货港代理向收货人发出提货通知。截至 2019 年 12 月 5 日，该提单下的集装箱货物仍堆存在码头，处于印度海关监管之下，无人提货。新鑫海公司起诉请求鑫联升公司返还集装箱或赔偿集装箱价值及利息，并连带支付滞箱费、堆存费、港杂费等费用及利息。

法院审理认为，新鑫海公司主张本案适用提单约定的法律，鑫联升公司提交的电放申请保函明确记载同意将提单中的所有条款（包括所有背面条款以及管辖权及法律适用条款）作为运输合同的一部分，鑫联升公司与新鑫海公司就法律适用达成了一致的意思表示。根据提单背面首要条款和法律适用条款的约定，本案应当适用提单背面条款第 27 条第 1 项约定的新加坡法律。根据委托查明的新加坡法律中与涉案争议相关的规定，判决鑫联升公司向新鑫海公司支付滞箱费及利息、集装箱损失等。

三、提单的签发、转让与注销

（一）提单的签发

《海商法》第 72 条第 1 款规定，货物由承运人接收或者装船后，应托运人的要求，承运人应当签发提单。因此，应托运人要求签发提单是承运人的法定义务之一，承运人必须按照约定和法定规则签发提单。提单的签发包括签署和交付两个环节，仅仅签署、填写提单而没有向托运人交付不构成完整的提单签发行为。而且，这种交付应该是有意、主动的，托运人基于盗窃、欺诈等非法原因取得的提单不应具备提单的效力。此外，承运人可能由于未收到本应预付的运费或由于与托运人的其他商业纠纷拒绝签发提单或者"扣押"提单，这样会使托运人不能及时得到提单，妨碍提单及时进入流通领域，除非双方有明确约定，否则构成违背提单签发义务。

1. 提单的签发人

---

① 参见大连海事法院（2018）辽 72 民初 758 号民事判决书。本案例为最高人民法院第三批涉"一带一路"建设典型案例之一。

签发提单的只能是承运人或其授权的人,未经授权签发的提单不能约束承运人。但是载货船舶的船长签发的提单,法律推定为代表承运人签发,无论其是否得到承运人的授权,都可以约束承运人。除填写相关事项外,签发人还必须在提单上签字。签字是提单签发人承担提单上责任的重要意思表示,没有经过签字就进入流通的提单是无效提单。

2. 提单的签发对象

提单应该签发给托运人。由于《海商法》第 42 条规定了两种托运人,因此应该签发给哪一种托运人并不明确,这在 FOB 术语下更显突出。既然立法没有规定,从理论上来说两种托运人均有权要求承运人签发提单,因此承运人无论签发给哪一种托运人都是合法的。

不过,如果两种托运人均要求承运人签发提单,那么承运人应将提单签发给谁,有不同意见。有人认为应签发给第二种托运人(发货人或实际托运人),即持有大副收据的人,①也有人认为应签发给第一种托运人(契约托运人)。② 从理论上来说,签发给契约托运人比较合理。首先,发货人通常是作为契约托运人的委托人交货的,契约托运人要求承运人签发提单,意味着它仅仅委托后者交付货物而不包括获取提单;其次,契约托运人是运输合同的当事人,其更有权利从承运人处得到提单,而且这对运输合同以及贸易合同的履行会更加有利。

但是,在 FOB 术语下,如果承运人签发提单给买方(契约托运人),那么卖方(发货人或实际托运人)就丧失了贸易合同下除起诉以外的其他一切救济权利,而买方无需付款即可取得货物,这将使卖方处于极其危险的境地。因此,立法应当赋予 FOB 术语下卖方(发货人或实际托运人)优先取得提单的权利。尽管目前尚没有圆满的解决办法,③ 但在司法实践中已有支持发货人或实际托运人优先取得提单的案例。另外,在海上货运代理中,若货运代理人接受契约托运人的委托办理订舱事务,同时接受实际托运人的委托向承运人交付货物,实际托运人请求货运代理人交付其取得的提单、海运单或者其他运输单证的,货运代理人有义务向实际托运人而不是契约托运人交付上述单证。④

3. 提单的签发时间与地点

提单签发的时间为承运人收到货物或者将货物装上船舶以后。提单签发必须及时进行,如果超过合理时间仍未签发,承运人应予负责。不过,由于承运人的义务是以托运人

---

① 参见司玉琢:《海商法》,法律出版社 2007 年版,第 121 页。

② 参见郭瑜:《海商法教程》,北京大学出版社 2002 年版,第 137 页。

③ 参见司玉琢:《海商法专论》,法律出版社 2007 年版,第 274~279 页。

④ 参见《最高人民法院关于审理海上货运代理纠纷案件若干问题的规定(2020 修正)》第 8 条规定。

的请求为前提的，因此由于托运人的原因致使承运人未能及时签发的，不在此限。

提单签发的地点一般是装货港。但在装货港以外的地方签发提单也很常见，这被称为"异地签单"。这会关系到提单的准据法问题，由于提单的效力通常应该依据提单签发地的法律决定，因此如果在装货港以外的其他地点签发，可能会给货方带来难以预期的法律风险。

4. 提单签发的份数

承运人通常会向托运人签发一式数份正本提单，具体份数由当事人约定。对于每份正本提单，应具有同等效力。此外，对一票货物通常只能签发一套正本提单。如果向多人签发多套正本提单，承运人可能会涉嫌欺诈行为，从而对所有基于善意、合法取得正本提单的人承担相应责任。

正本提单也是托运人向银行议收货款的主要结汇单证之一，在贸易合同或信用证中所提到的"全套"提单，通常是指经过签署的所有正本提单。在向银行结汇、改变目的港、改变收货人以及提单在国外转让时，通常须同时出具所有正本提单，才能履行手续。

承运人有时应托运人要求向其签发副本提单之分。副本提单仅为参考之用，既不具有正本提单的性质，也不具有与正本提单一样的法律效力。

5. 提单的如实签发与批注

提单正面所载明的事项为本航次的基本事项，应由承运人依据实际情况和法律规定如实填写，此即承运人的如实签发义务。不过实践中，对货物的说明通常是由托运人提供或填写的。虽然如此，承运人或者代其签发提单的人，知道或者有合理的根据怀疑提单记载的货物的品名、标志、包数或者件数、重量或者体积与实际接收的货物不符，在签发已装船提单的情况下怀疑与已装船的货物不符，或者没有适当的方法核对提单记载的，可以在提单上批注，说明不符之处、怀疑的根据或者说明无法核对。

在提单上批注，通常是在提单正面批注，并且仅限于"目力所及的货物表面状况"，如批注"内装货物外露""包破""锈蚀""污损"等，而不能用贸易合同中的货物质量标准进行衡量。此外，承运人还可能在提单上载明或批注"货物重量、尺码、标志、号数、品质、内容和价值是托运人所提供的，承运人在装船时并未核对"，或"重量、内容不知"等字样的，此即"不知条款"。"不知条款"并不当然免除承运人的赔偿责任，若有证据证明货物损坏是依法或依约定可归责于承运人的原因造成的，承运仍然需要承担赔偿责任。由于被批注的提单会影响到货物贸易的正常进行以及提单的正常流转，因此提单的批注必须是谨慎的、合理的，要符合实际情况，既不夸张也不缩小，否则应承担相应的责任。

若承运人或者代其签发提单的人，在签发提单时未在提单上对货物的外表状况提出异议，则视为承运人在货物表面状况良好的情况下收到货物。承运人在目的港交货时，应当将外表状况良好的货物交给收货人。因此，没有在提单上批注的，是承运人已经按照提单所记载的状况收到货物或者货物已经装船的初步证据。但是，当提单转让到第三人手里，承运人不得向善意受让提单的包括收货人在内的第三人提出与提单所载状况不同的证据。在这种情况下，提单在承运人与包括收货人在内的第三人之间就成了最终证据。这有利于保护善意的第三人的利益，因为其是基于提单正面记载的状况决定是否买进提单项下货物的。①

此外，如实签发和批注提单不仅是承运人的义务，也是承运人的权利。承运人有权依据法律规定和实际情况如实签发提单和进行批注。托运人要求承运人违反客观事实签发提单的，承运人有权拒绝。

【案例研习 4-21】

福建元成豆业有限公司与复兴航运有限公司海上财产损害责任纠纷案②

2017 年 2 月 28 日，元成公司向外商订购的 6 万余吨散装巴西大豆装载于复兴公司所属"美嘉"轮，从巴西巴拉那瓜港运往中国福州松下港。元成公司经付款取得包括提单在内的信用证项下全套单据。货物运抵目的港后，元成公司在卸货过程中发现货物异常。经检验，货物中的大部分杂质、碳化粒、热损粒等随机分布在货舱内，说明该情况在装港即已存在，卸港未发现货物存在大规模水湿结块或霉变现象。元成公司委托进行验残，结论为货物实际损失 20026172.98 元。元成公司以承运人违反批注义务签发了清洁提单，导致其丧失拒绝对外付款机会造成损失为由，诉请判令复兴公司赔偿货物价款损失、利息及其诉前扣船费等。

法院审理认为，本案系涉外案件，双方当事人均援引中国法律尤其是《海商法》支持各自的主张，应视为双方当事人协议选择了适用中国法律解决争议。本案应根据《海商法》的相关规定判断复兴公司是否违反了法定义务以及是否存在过错。复兴公司未对案涉大豆品质指标作出批注不违反法定义务，其签发清洁提单没有过错，对元成公司不构成侵权。元成公司的损失起因于其贸易合同卖方未按货物品质证书所载的标准提供货物，是贸易合同项下的风险，不应由承运人承担。据此判决驳回元成公司的诉讼请求。元成公司提起上诉，二审期间又撤回上诉。

---

① 参见张湘兰等：《海商法论》，武汉大学出版社 2001 年版，第 101 页。

② 参见厦门海事法院（2017）闽 72 民初 712 号民事判决书，福建省高级人民法院（2019）闽 72 民终 1495 号民事判决书。本案例为最高人民法院第三批涉"一带一路"建设典型案例之一。

（二）提单的转让及其效力

我国《海商法》第79条对提单的转让规定了三种情形："提单的转让，依照下列规定执行：（一）记名提单：不得转让；（二）指示提单：经过记名背书或者空白背书转让；（三）不记名提单：无需背书，即可转让。"

1. 记名提单的转让

对"记名提单不得转让"有不同的理解。有人认为不得转让就是绝对禁止转让。有人则认为只是禁止托运人的转让，托运人取得记名提单后只能交给记名的收货人而不得转让给他人，但记名收货人收到提单后，仍然可以背书转让。① 按照后一种理解，记名提单和记名指示提单的用法基本一致，这种说法因为没有足够的说服力在实践中较少被采纳。实践中，在签发了记名提单后又希望转让货物的，通常是另外签订一份货物买卖合同和转让提单下的收货权的合同。②

2. 指示提单的转让

指示提单，经过记名背书或者空白背书转让。记名背书是指有权指示的人在提单上记载自己和被背书人双方的名字，又称为完全背书；空白背书是指有权指示的人只在提单上记载自己的名字而不记载被背书人，又称为不完全背书。记名指示提单中有权指示的人是记名的指示人，空白指示提单中有权指示的人是托运人。

不过要注意的是，提单的背书并不必然导致提单的转让。如委托代理人提货时在提单上记载代理人的名字，或将提单质押给银行时在提单上记载银行的名字等。这些背书并不是以转让为目的，而是以委托或设质为目的，故被称为非转让背书。在跟单信用证交易中，银行往往要求在提单指示人或收货人一栏内记载银行的名字，或要求托运人将提单先背书给银行，这种背书也是非转让背书，因为银行是为了以提单及提单所代表的货物作为预付货款的担保物，而不是提取货物。

基于非转让背书取得提单的人虽然持有提单，却不是真正意义上的提单持有人，他只能取得背书所指明的权利，如质权或代理提货的权利，而不能主张其他权利，如对承运人的诉权等。因此，提单持有人在背书时一定要将背书的意图表明清楚。③

3. 不记名提单的转让

对不记名提单，无需背书，凭提单的交付即可转让。但如果其中有人背书转让的，则受让人也要背书转让。因此，背书转让和不经背书交付转让两种方式是可以互换的。

① 参见傅旭梅：《中华人民共和国海商法诠释》，人民法院出版社1995年版，第158页。
② 参见郭瑜：《海商法教程》，北京大学出版社2002年版，第142页。.
③ 参见尹东年、郭瑜：《海上货物运输法》，人民法院出版社2000年版，第244~245页。

4. 提单转让的效力

对于提单转让的效力，并没有明确的法律规定。不过我国《海商法》第78条规定："承运人同收货人、提单持有人之间的权利、义务关系，依据提单的规定确定。"据此可以推断出，提单的受让人受让提单的同时，也一并受让了提单上的权利和义务，这主要包括对货物的物权、对承运人的债权以及运费等债务。不过，如果提单受让人（提单持有人）并没有行使提单项下的权利，却要求他承担提单项下的义务，这对提单持有人是不公平的，也必将影响到提单的正常流转。因此，英国1992年《海上货物运输法》第3条规定，提单转让时权利随同转让，但义务不同时转让；只有当持单人行使权利时，义务才发生转让。

（三）提单的注销

收货人提货时应以提单作为凭证，而承运人凭提单交付货物后，应当收回提单或在提单上进行作废或注销的批注，以终止提单的效力。如果提单没有被注销或废止，那么承运人在提单项下的义务就不会终止。

四、提单的分类

（一）已装船提单与收货待运提单

依据提单签发时货物是否已装船，可以分为已装船提单与收货待运提单。

已装船提单，是指船长、承运人或其代理人在货物装上指定的船舶后签发的提单。已装船提单正面注明的装船日期，即为提单项下货物的装船日期。在实务中，大多数提单均为已装船提单。

收货待运提单，是指承运人或其代理人、船长在接收货物后尚未装船，应托运人的请求而签发的提单。这种提单往往并不加注船名和装船日期，只能说明货物在承运人的掌管之下，具体的承运船舶和装船日期完全由承运人决定。因此，收货日期也难准确判定。

已装船提单和收货待运提单具有不同的法律效力。已装船提单能够保障收货人按时收取货物，故而在国际贸易中深受买方欢迎，以至于某些国际贸易惯例，如《国际贸易术语解释通则》（INCOTERMS 2000/2010/2020）、《跟单信用证统一惯例》（UCP500/UCP600）等通常仅适用于已装船提单。因此，为了便于融资，大多数国家均允许托运人在货物装船后凭收货待运提单向承运人换取已装船提单，或者要求承运人在收货待运提单上加注"已装船"的字样，载明船名和装货日期，并在提单上签字。这样，收货待运提单就取得了同已装船提单相同的效力。我国《海商法》第74条即有此类规定。

（二）清洁提单与不清洁提单

依提单有无批注，可将提单分为清洁提单与不清洁提单。清洁提单，是指在提单上对货物的表面状况是否良好未作批注的提单。承运人签发了清洁提单表示货物已如数装船，而且在装船时货物的表面状况良好。

不清洁提单，是指在提单上批注了货物表面状况有缺陷的提单。承运人签发了不清洁提单，表明货物在装船前或装船时，货物的表面状况就已处于不良状态。但是，并非提单上关于货物表面状况的任何批注都表明货物表面状况存在缺陷，只是那些明确声明货物或包装状况有缺陷的条款或批注，才构成不清洁提单。通常情况下，下列批注不构成不清洁提单：（1）批注未明显说明货物或包装不令人满意；（2）批注所强调的是承运人对由于货物的性质或包装所引起的风险不负责的内容；（3）批注是关于否认承运人知道货物的内容、重量、尺码、质量或技术规格的内容，即"不知条款"。①

清洁提单和不清洁提单在国际贸易和国际支付中具有不同的地位。一般而言，买方、货物受让人或银行拒绝接受不清洁提单，而要求卖方或托运人提供清洁提单。《跟单信用证统一惯例》（UCP500）第 32 条第（b）款规定以及《跟单信用证统一惯例》（UCP600）第 27 条均有类似规定。

因此，在海运实务中，托运人为了取得货款或转让提单，在无法通过改善货物的表面状况以取得清洁提单的情况下，通常以出具保函的形式换取承运人签发清洁提单。此种保函俗称"清洁提单保函"，是指托运人为了换取清洁提单而向承运人出具的，声明由其承担因承运人签发该提单而引起的一切相关损失的书面文件。托运人出具清洁提单保函可能是善意的，因为有时轻微的包装缺陷并不影响货物的质量；但有时会是恶意的，因为货物本身是有缺陷的，或者托运人可能与承运人串通欺诈等。

各国对清洁提单保函的法律性质和效力位认识不一。包括美国在内的不少国家认为，保函构成对包括收货人在内的提单持有人的欺诈，不仅对收货人无效，而且在托运人和承运人之间亦无法律效力，不受法律保护。法国等一些国家在一定程度上肯定了保函的合法性，《关于租船合同和海运合同的法国法》第 20 条规定："凡为换取清洁提单而由托运人向承运人或其代理人所作的赔偿保证的函件和协议，对第三人均属无效。"我国法律对此并无明文规定，由于在海运实践中不可能完全杜绝此类做法，最高人民法院于 1998 年在《关于保函是否具有法律效力问题的批复》中专门指出："海上货物运输的托运人为换取清洁提单而向承运人出具的保函，对收货人不具有约束力。不论保函如何约定，都不影响收货人向承运人或托运人索赔；对托运人和承运人出于善意而由一方出具另一方接受保函，双方均有履行之义务。"这成为当前处理此类纠纷的重要依据。②

---

① 参见赵德铭：《国际海事法学》，北京大学出版社 1999 年版，第 223 页。

② 参见张湘兰等：《海商法论》，武汉大学出版社 2001 年版，第 95 页。

（三）直达提单、联运提单与多式联运提单

根据运输方式的不同，可以将提单分为直达提单、联运提单和多式联运提单。

海运直达提单，是指在提单中无中途转船的批注，表明货物自装货港装船后直接运往卸货港的提单，该提单在实务中最常见。若提单条款中有承运人有权转装他船的所谓"自由转船条款"，但没有"转船"的批注，这种提单仍应被视为直达提单。

联运提单，是由两艘以上的船舶将货物在中途转船，相继运往目的港而由第一程海运承运人签发的提单。接运货物的承运人称为接运承运人或实际承运人。海上联运与转船并不完全相同：海上联运是根据联运承运人与托运人达成的协议或者得到托运人默许，利用两艘或两艘以上的船舶相继完成运输的行为；而转船通常发生在运输途中遭遇风险或其他意外情况，不得已将货物转船运输的场合。二者主要表现为原因上的不同。

多式联运提单，是多式联运经营人以两种以上的运输方式（其中一种为海运）负责将货物从接收地运至目的地而签发的提单。这种提单主要用于国际集装箱运输，多式联运经营人一般对货物的全程运输负责。

（四）预借提单与倒签提单

预借提单，是指在货物尚未全部装船，或者货物虽已由承运人接管但尚未装船的情况下签发的已装船提单。预借提单通常在信用证规定的装船日期和交单结汇日期即将届满时，托运人为了使提单上的装船日期与信用证规定的日期相符而要求承运人在货物装船前签发的。

倒签提单，是指承运人在货物装船后签发的，但提单中注明的装船日期早于实际装船日期的提单。倒签提单通常在货物的实际装船日期晚于信用证规定的装船日期时，托运人为了能顺利结汇而要求承运人签发的。

预借提单和倒签提单一样，掩盖了货物的实际装船日期，并使信用证对装货这一环节的制衡力丧失，无法保证货物准时到达，从而避开了迟延交货的责任，对收货人构成欺诈。关于承运人和托运人对预借提单和倒签提单的责任属性，理论上存在以下几种不同观点：（1）侵权责任说。该说认为预借和倒签提单的行为违反了承运人的法定义务，该行为能产生一定的损害后果，承运人在签发该提单时，主观上有过错，承运人签发该提单的行为与损害的事实之间具有因果关系，因而构成侵权行为。（2）违约责任说。该说认为，在预借和倒签提单的情形下，货物最终装上了船并交付收货人，承运人的行为只是违反了海上货物运输合同规定的强制性义务，因此承运人应对这种违约行为所引起的法律后果承担违约责任。（3）侵权责任和违约责任竞合说。该说认为，预借和倒签提单具有双重法律特征，其行为过程由违约与侵权行为相结合形成，符合侵权责任和违约责任的构成要件，是侵权责任和违约责任的竞合，但侵权责任是其主要特征。（4）缔约过失责任说。该说认为预借和倒签提单的行为违反了先合同义务，因而预借和倒签提单的责任为缔约过失责任。①比较而言，第三种学说更为合理。

除上述分类外，依提单上收货人抬头的记载不同，还可将提单分为记名提单、指示提单和不记名提单，这在上文已有论述。此外，还有无船承运人提单、船长提单、租约提单、交换提单、合并提单、并装提单、分提单、简式提单等分类，限于篇幅，不再详述。

五、无正本提单交货及其责任

如前所述，正本提单是承运人据以向收货人交付货物的凭证。因此，收货人应凭正本提单提货，承运人也应凭正本提单交货。如果承运人将货物交给未持有正本提单的人（即无单提货人），那么持有正本提单的收货人就无法实现其提货的权利，这构成对承运人交货义务的违反。承运人的该种行为在实践中常称为"无单放货"。承运人无单放货的原因很多，通常是因为提单流转速度太慢，货物已经运到但收货人尚未取得提单等。但是实践中因欺诈、过失等导致无单放货的情形也屡见不鲜。

由于承运人凭正本提单交货的义务源于提单的物权凭证功能，因此对于指示提单和不记名提单，承运人应凭单交货并无疑问。但对于记名提单，因其不可转让，故是否仍应凭正本提单交货并不确定。我国目前的司法实践中，倾向于记名提单仍应凭正本提单交货这一观点。②

（一）无单放货责任的性质

承运人无单放货的责任与本章第一节中的承运人责任似有所区别，因为上述承运人责任主要限于货物的"灭失、损坏或者迟延交付"（《海商法》第50、51、54、56、57、59、60条等皆使用这一措辞），但"无单放货"的损失并非货物发生"灭失、损坏或者迟延交付"，而是货物被交给了无单提货人。而且，承运人无单放货行为发生在货物交付时，这与《海商法》第46条关于"承运人责任期间"的规定也不完全吻合。因此，承运人无单放货责任的性质，以及能否和如何适用《海商法》的规定，值得深入探究。

不过，按照目前司法实务的观点，承运人违反法律规定，无正本提单交付货物，损害正本提单持有人提单权利的，正本提单持有人可以要求承运人承担由此造成损失的民事责

---

① 参见张湘兰等：《海商法论》，武汉大学出版社2001年版，第97页。

② 参见《最高人民法院关于审理无正本提单交付货物案件适用法律若干问题的规定（2020年修正）》第1条规定。

任。① 对无单放货民事责任的性质，理论上有违约、侵权、侵权与违约竞合三种不同观点，目前司法实务中一般持竞合说，正本提单持有人可以要求承运人承担违约责任或者承担侵权责任，且正本提单持有人也可以共同侵权为由要求承运人与无单提货人承担连带责任。② 不过，正本提单持有人与无单提货人就货款支付达成协议，在协议款项得不到赔付时，不影响正本提单持有人就其遭受的损失，要求承运人承担无单放货责任的权利。③

【案例研习 4-22】

浙江省纺织品进出口集团公司与长荣国际
储运股份有限公司海上货物运输合同纠纷案

案情介绍请见本章第 4-2 号案例。在该案中，长荣公司以浙纺公司不是提单中记载的托运人、没有提货权等为由提出抗辩。二审认为，浙纺公司通过代理向长荣公司订舱，并交付货物、支付运费、取得长荣公司签发的提单，故与长荣公司成立海上货物运输合同关系，浙纺公司是托运人，长荣公司是承运人。浙纺公司持有正本提单，并以此作为证据之一向长荣公司主张损害赔偿，用以证明浙纺公司是运输合同关系中的托运人以及长荣公司无单放货构成违约。因此，浙纺公司能否凭提单提货以及提单是否代表货物所有权不是本案需要解决的关键问题，因为本案并不是非托运人持有提单向承运人主张权利的单纯的提单纠纷，而是托运人在持有提单的情况下针对承运人所提起的运输合同履约纠纷。长荣公司违反承运人凭正本提单交付货物的义务，构成违约，在提单未经流转的情况下，应当赔偿由此造成托运人浙纺公司的货款、退税款等损失。

（二）无单放货的赔偿责任

托运人或者提单持有人向承运人主张无单放货损失赔偿的，应当提供初步证据证明其为合法的正本提单持有人、承运人未凭正本提单交付货物以及因此遭受的损失。④ 就目前司法实践来看，无单放货的损害赔偿范围、承运人交付货物抗辩的认定以及诉讼时效等问

---

① 参见《最高人民法院关于审理无正本提单交付货物案件适用法律若干问题的规定（2020 年修正）》第 2 条规定。

② 参见《最高人民法院关于审理无正本提单交付货物案件适用法律若干问题的规定（2020 年修正）》第 3、11 条规定。

③ 参见《最高人民法院关于审理无正本提单交付货物案件适用法律若干问题的规定（2020 年修正）》第 13 条规定。

④ 参见 2022 年《全国法院涉外商事海事审判工作座谈会会议纪要》第 62 条规定。

题应适用《海商法》的有关规定。①据此，承运人违反法律规定无单放货并给正本提单持有人造成损失的，应依法予以赔偿。对于赔偿额的计算，应按照货物装船时的价值加运费和保险费计算，②但当事人另有约定的除外。此外，向承运人实际交付货物并持有指示提单的托运人，虽然在正本提单上没有载明其托运人身份，因承运人无正本提单交付货物，要求承运人依据海上货物运输合同承担无正本提单交付货物民事责任的，同样应予支持。③

【案例研习 4-23】

中国银行股份有限公司日照岚山支行与

天津西南海运有限公司等海上货物运输合同纠纷案④

中国银行日照岚山支行（以下简称岚山中行）根据授信长期为日照广信公司购买生产原料开立信用证，案涉 3 份岚山中行开立的 90 天远期不可撤销信用证，受益人均为发货人丸红公司。鹰社海运公司代表承运人天津西南海运公司向丸红公司签发 3 套指示提单，均记载托运人为丸红公司，装货港韩国蔚山，卸货港中国连云港，货物品名聚合级丙烯，船名"HONG YU"轮。涉案货物于 2017 年 3 月 27 日运抵连云港，西南海运根据丸红公司出具的保函将货物存入广信公司指定的岸罐并由广信公司提取。岚山中行根据信用证贸易单证流程于 4 月 14 日取得涉案三套提单，三个月后因广信公司无力全额付款赎单，岚山中行垫付 2033796.85 美元，后收回 488086.33 美元。岚山中行随后申请法院诉前扣押"HONG YU"轮，并依据所持有的涉案提单向西南海运主张无单放货，要求赔偿信用证项下实际垫付的款项及利息。西南海运抗辩称融资银行并非通常意义上的提单持有人，其所遭受的损失与无单放货行为之间无因果关系，其不应承担赔偿责任。

本案争议的焦点之一，是通过信用证贸易流程获得提单的银行，是否享有提单持有人权利、是否可依据提单法律关系向承运人索赔？一审法院认为，岚山中行享有且

---

① 参见《最高人民法院关于审理无正本提单交付货物案件适用法律若干问题的规定（2020 年修正）》第 3、14、15 条规定。

② 参见《最高人民法院关于审理无正本提单交付货物案件适用法律若干问题的规定（2020 年修正）》第 2、6 条规定。

③ 参见《最高人民法院关于审理无正本提单交付货物案件适用法律若干问题的规定（2020 年修正）》第 12 条规定。

④ 参见宁波海事法院（2017）浙 72 民初 1601 号民事判决书，浙江省高级人民法院（2018）浙民终 624 号民事判决书。该案为最高人民法院发布的 2018 年度海事审判典型案例之一。

未放弃《海商法》第71条规定的提单持有人权利，可依据提单法律关系向承运人索赔。二审法院认为，《最高人民法院关于审理无正本提单交付货物案件适用法律若干问题的规定》第二条中的提单权利是正本提单持有人的权利，从文义看，并未将跟单信用证的开证行、具有商业利益的合作方等其他经合法流转持有正本提单的主体排除在外；以担保债权、控制风险为目的的跟单信用证开证行岚山中行作为正本提单持有人，同样享有该司法解释所规定的要求无单放货的承运人赔偿损失的提单权利，有权向无单放货的承运人请求赔偿。

本案的另一个争议焦点，是赔偿损失的计算。《海商法》第55条规定仅规定货物灭失按照实际价值计算、货物损坏按照受损前后实际价值的差额或者货物的修复费用计算，但银行主张的是实际垫付款损失。对此，一审认为，赔偿额应以货物实际价值计算并减去因货物灭失免付的有关费用，因有关费用无法估算，而岚山中行所主张的利息仅对信用证关系下的相对人广信公司有效，故将该两项费用视为互相抵销，对岚山中行诉请的利息不予支持。二审认为，岚山中行主张的垫付款项的实际损失金额未超出提单项下货物装船时的价值以及法律规定的无单放货的赔偿范围、应予支持，故判决驳回上诉，维持原判。

对于该无单放货赔偿，承运人能否适用《海商法》第56条关于限制赔偿责任的规定不无疑问。目前司法实务中持否定态度，①因为其发生在货物交付环节，并非货物的"灭失、损坏或者迟延交付"，也非海上风险，故不能享受责任限制。

承运人无单放货时，可能会要求无单提货人提供保函，或者要求无单提货人凭副本提单加保函的方式提货。对于该保函或者副本提单保函的效力，立法没有规定，实践中通常认为，无单提货人向承运人提交的保函，对正本提单的持有人（收货人）不具有约束力，承运人亦不能以此为由对抗正本提单的持有人（收货人）。

（三）无单放货的免责与抗辩

并非所有的无单放货都要承担责任，如果无单放货的对象就是合法正当的收货人，或者货物的款项已经支付给提单持有人（或卖主等），或者无单放货的对象事后取得了正本提单并交回，或者诉讼时效期限届满的，承运人可能无须承担赔偿责任。但是，提货人凭伪造的提单向承运人提取了货物的，承运人仍应承担责任，②因为承运人作为提单的签发人，应具备辨别所签发提单真伪的能力。

---

① 参见《最高人民法院关于审理无正本提单交付货物案件适用法律若干问题的规定（2020年修正）》第4条规定。

② 参见《最高人民法院关于审理无正本提单交付货物案件适用法律若干问题的规定（2020年修正）》第5条规定。

依据目前的司法实践，承运人在以下情形也无需承担无单放货责任：（1）承运人依照提单载明的卸货港所在地法律规定，必须将承运到港的货物交付给当地海关或者港口当局的。①对此，司法实践中要求承运人提供有关卸货港所在地法律，并举证证明其按照卸货港所在地法律规定，将承运到港的货物交付给当地海关或者港口当局后已经丧失对货物的控制权。②（2）承运人承运到港的货物超过法律规定期限无人向海关申报，被海关提取并依法变卖处理，或者法院依法裁定拍卖承运人留置的货物的。③（3）承运人按照记名提单托运人的要求中止运输、返还货物、变更到达地或者将货物交给其他收货人，持有记名提单的收货人要求承运人承担无正本提单交付货物民事责任的。④（4）承运人签发一式数份正本提单，向最先提交正本提单的人交付货物后，其他持有相同正本提单的人要求承运人承担无单放货责任的。⑤

【案例研习 4-24】

海宁富兴塑胶有限公司诉宁波达源国际货运代理有限公司、
顺翔船务代理（深圳）有限公司、
太平船务（英国）有限公司海上货物运输合同纠纷案⑥

具体案情请见本章第 4-17 号案例。本案虽涉及货运代理相关问题，但争议焦点在于无单放货。一审法院认为，根据目的港法律，承运人须向当地码头交付货物，故依据《最高人民法院关于审理无正本提单交付货物案件适用法律若干问题的规定》第七条规定判决驳回诉讼请求。二审法院认为：（1）承运人援引上述司法解释第七条主张免责抗辩时，应承担更加严格的举证责任。除证明卸货港所在地国家法律有必须将承运到港的货物交付给当地海关或者港口当局的相关规定之外，还需证明其在向当地海关或者港口当局交付货物后丧失对货物的控制权，或者货物在未经其允许的情况下被海关或港口当局擅自交付。这也与《最高人民法院关于民事诉讼证据的若干规定》

---

① 参见《最高人民法院关于审理无正本提单交付货物案件适用法律若干问题的规定（2020 年修正）》第 7 条规定。

② 参见 2022 年"全国法院涉外商事海事审判工作座谈会会议纪要"第 63 条规定。

③ 参见《最高人民法院关于审理无正本提单交付货物案件适用法律若干问题的规定（2020 年修正）》第 8 条规定。

④ 参见《最高人民法院关于审理无正本提单交付货物案件适用法律若干问题的规定（2020 年修正）》第 9 条规定。

⑤ 参见《最高人民法院关于审理无正本提单交付货物案件适用法律若干问题的规定（2020 年修正）》第 10 条规定。

⑥ 参见宁波海事法院（2018）浙 72 民初 1899 号民事判决书，浙江省高级人民法院（2019）浙民终 422 号民事判决书。该案为最高人民法院发布的 2019 年度海事审判典型案例之一。

第五条第二款"对合同是否履行发生争议的，由负有履行义务的当事人承担举证责任"的规定相一致。（2）巴西立法规定在进口货物中执行先清关后提货的海关政策，目的是提高货物清关效率、简化进口程序，但并没有规定在巴西可以无单放货。且根据巴西实践，进口货物还需经承运人或其当地代理在巴西外贸货物系统对相关货物进行解锁后，进口商方能提取货物。故承运人将货物交给港口当局或海关后，仍然对货物交付具有控制权。（3）但是，承运人通过巴西当地律师和公证员查询了巴西外贸货物系统的记录，证实承运人并未同意放行货物，且案涉全套海运提单仍在其掌握之下，可以证明其对无单放货没有责任。故判决驳回上诉，维持原判。

【案例研习 4-25】

广州海德国际货运代理有限公司与福建英达华
工贸有限公司海上货物运输合同纠纷案

案情介绍请见本章第 4-16 号案例。该案中，英达华公司主张海德公司无单放货，请求判令海德公司赔偿其货款及运杂费损失。海德公司抗辩称其并未向收货人交付货物，涉案货物系因在卸货港海关保税仓库超期存放、被哥伦比亚海关依据规定作为弃货处理，海德公司依法无需承担责任。

一审法院认为，海德公司抗辩涉案货物因超过法律规定期限无人提货而被目的港海关作弃货处理，但其提交的哥伦比亚税务海关局的文件无原件核对，亦未办理公证认证手续，对该组证据不予采信。遂判决海德公司构成无单放货，赔偿英达华公司货款损失及其利息。海德公司提起上诉，并提交了经认证的哥伦比亚税务海关局出具的相关文件作为证据。二审法院认为，根据海德公司二审补充提交的证据，可以认定涉案货物在目的港因超过存储期限无人提取而被海关当局作为弃货处理，海德公司依法可以免除交付货物责任，故改判驳回英达华公司的诉讼请求。

六、提单的电子化与电子提单

（一）电子提单的产生

电子提单，指通过电子数据交换（Electronic Data Interchange，EDI）系统传送的按特定的规则组合而成的有关海上货物运输合同的数据。电子提单与传统的提单不同，它不再是一种纸面单证，而是一种无纸单证，是纸面提单的电子化。

电子提单是航运发展与电子商务发展相结合的产物，它更加符合现代航运发展的需求。首先，传统海运建立在纸面提单之上，靠寄送等方式流转慢、环节多、费用高，而电子提单的快速流转可以解决这一问题。其次，电子提单采用密码在封闭的 EDI 系统中进行流转，并通常有电子签章的认证，可以有效地防范航运单证欺诈的发生，① 而区块链等新技术的运用在防止提单伪造、欺诈、丢失等方面更是效果显著。因此，电子提单不仅能为航运业节省大量成本和资金，还能确保提单的签发和流转更加高效、安全和环保。

电子提单产生的时间虽然并不长，但它有着广阔的应用前景，其取代纸面单证已成为必然趋势，这也是运输单证现代化的根本出路所在。国际商会 2000 年和 2010 年《国际贸易术语解释通则》和《跟单信用证统一惯例》（UCP 500 及 UCP600），已明确规定允许使用电子提单。1990 年 6 月在巴黎召开的国际海事委员会第 34 届大会上，则通过了《国际海事委员会电子提单规则》（CMI Rules for Electronic Bills of Lading），来规范电子提单的法律问题。此外，英国 1992 年《海上货物运输法》可适用于电子提单，澳大利亚 1998 年《海上货物运输法》、南非 2000 年《海运单证法》也对电子提单的适用作出了规定。

我国《民法典》第 496 条、《电子签名法》等法律均赋予电子数据等数据电文以书面效力。交通部先后颁布了《国际海上集装箱运输电子数据交换管理办法》《国际海上集装箱运输电子数据交换电子报文替代纸面单证管理规则》《国际海上集装箱运输电子数据交换协议规则》《国际海上集装箱运输电子数据交换报文传递和进出口业务流程规定》等规章文件，为我国国际海上集装箱运输中电子提单的使用与管理提供了一定的法律依据。

（二）电子提单的流转

电子提单的流转是通过电子数据交换实现的，其通常流程是：（1）托运人通过向承运人发送订舱电讯进行订舱。（2）承运人如接受订舱，向托运人发送接受订舱以及有关运输合同条件的电讯，由托运人加以确认。（3）托运人按照承运人接受订舱的电讯中的要求，将货物交给承运人或其代理人或其指定的人。承运人或其代理人或其指定的人收到货物后，向托运人发送收货电讯，其内容包括：托运人的名称，货物的说明，对货物外表状态等所做的保留（批注），收货的时间与地点，船名、航次等船舶的情况以及此后与托运人进行通讯的密码。托运人确认后，即可取得对货物的支配权。（4）承运人在货物装船后，发送电讯通知托运人，并按托运人提供的电子通讯地址抄送给银行。（5）托运人根据信用证到银行结汇后，发送电讯通知承运人，货物的支配权即转移至银行，承运人便销毁与托运人通讯的密码，并向银行确认其控制着货物，提供给银行一新的通讯密码。（6）收货人向银行支付货款后，取得对货物的支配权。银行向承运人发送电讯，通知货物支配权已转移至收货人，承运人即销毁与银行通讯的密码。（7）承运人向收货人发送电讯，确认其控制着货物，并将货物的说明、船舶的情况等通知收货人，由收货人加以确认。（8）承运人

---

① 参见张新平：《海商法》，中国政法大学出版社 2002 年版，第 159 页。

向目的港代理人发送电讯，将货物的说明、船舶的情况以及收货人的名称、电子通讯地址通知该代理人，由其在船舶到达目的港之前或者之后，向收货人发送到货通知电讯。（9）收货人根据到货通知电讯，凭其身份证明，到承运人在该港的代理人那里获取提货单提货。①

目前电子提单流转所依据的规则主要是《联合国管理、商业和运输电子数据交换规则》和《1987 年远距传送贸易数据交换行为统一规则》，它们均已为《国际海事委员会电子提单规则》所采纳。

（三）电子提单的主要法律问题

电子提单带来的法律问题主要有两个方面：一是电子数据的书面效力、电子签名、电子数据的认证等电子单证本身的法律问题，这属于电子商务的一般法律问题；二是电子提单发挥传统提单的作用和海上货物运输法律对电子提单的适用问题，这属于海上货物运输法需要解决的问题。

《国际海事委员会电子提单规则》试图解决上述第二个问题。但是，该规则只是一个民间规则，并不具有强制性的约束力，只有在被当事人协议采纳时才能适用。其主要内容如下：

（1）电子提单的书面效力

该规则赋予电子提单以书面提单相同的性质。该规则第 11 条规定，承运人、托运人及其他有关方，应将电脑存储器中储存的，并可在电脑屏幕上用人类语言显示或者已由电脑打印出来的电子数据视为书面形式；由于电子数据在传送过程中经过接受者确认，应视为已满足了经双方当事人签署的要求。该规则还规定，在交货前的任何时候，密码持有人有权选择是否向承运人索取书面提单，承运人也可主动选择是否向密码持有人签发书面提单。

（2）电子提单的法律适用

该规则第 6 条规定，通过电子数据交换程序传送的海上货物运输合同，即电子提单，应受任何强制性的国际公约或国内法的制约。

（3）电子提单条款

传统的提单背面印有很多条款，但在电子提单情况下，一般只是在传送的电讯中，援引特定的运输合同条款与条件。对此，该规则第 5 条规定，这种条款与条件被视为运输合同的组成部分。

（4）货物控制与转让权

该规则第 7 条规定，货物控制与转让权，包括向承运人请求提货、指定收货人或者替

---

① 参见司玉琢：《海商法》，法律出版社 2007 年版，第 152 页。

换收货人以及根据运输合同条款与条件，就货物运输的其他方面向承运人发出指示，如请求在运抵目的港前交付货物等项权利。这一权利在托运人从银行结汇后，从托运人转移至银行，并在收货人向银行支付货款后，从银行转移至收货人。拥有这一权利的货物所有人，可以通过转让这一权利实现货物在海上运输过程中的转卖。电子提单的这一功能，继承了传统提单的流通功能，且能克服海运单缺乏可流通性的缺陷。

（5）密码

电子提单密码是确保电子提单安全性的保证，应为电子提单规则的重心。它是经当事人同意为确保电子数据传送的真实性和完整性而采用的技术上的适当方式，如一组数码或字母。依该规则之规定，电子提单密码的持有人所持有的密码各不相同，是不得相互转让的，承运人和密码的持有人应各自保持密码的安全性。承运人只负责向最后一个由其给予电子提单密码的持有人发送确认的提单电子数据。

七、海运单

（一）海运单的产生

海运单，是证明国际海上货物运输合同和货物由承运人接收或者装船的一种不可流通的海上货物运输单证。某些国家如美国的记名提单，实际上与海运单相同。①

自20世纪70年代初以来，随着国际集装箱运输大型化、高速化、班轮化的发展，船舶在海上航行时间明显缩短，加之港口装卸效率显著提高，集装箱运输节奏加快。与此同时，传统运输单证的流转却没有变化，提单晚于货物到港现象更加频繁，尤其在短途航线上更是明显。为了满足收货人及时提货的要求，承运人常常不得不接受担保而放货，由此增加了承运人的风险，同时收货人为提供担保也增加了货物成本。特别是近些年来，少数不法分子通过提单流转程序进行欺诈，且频频得手，干扰了正常的海上运输秩序和贸易秩序，海运单正是在这种背景下发展并逐渐为海运界和贸易界所重视并承认。②国际商会《跟单信用证统一惯例》（UCP 500及UCP 600）已明确规定在跟单信用证项下可使用海运单结汇，国际商会2000年和2010年《国际贸易术语解释通则》在FOB、CIF等价格术语下也不排斥海运单的使用。1990年6月在巴黎通过了国际海事委员会《海运单统一规则》（CMI Uniform Rules for Sea Waybills），供当事人自愿采纳。

与传统提单相比，海运单具有以下优势：（1）快速交付货物：海运单运输无需凭单交货，只需验明收货人身份即可，因此货物运抵后，只要通知收货人并且验明其身份即可交货，不会产生提单迟延到达带来的一系列问题，也有助于缓解码头拥挤，缩短船货等待装

① 参见赵德铭：《国际海事法学》，北京大学出版社1999年版，第332页。
② 参见张湘兰等：《海商法论》，武汉大学出版社2001年版，第119页。

卸的期间，减少有关费用；（2）减少手续、开支：海运单运输无需凭单交货，因此可以减少签发份数，节省手续作业以及邮寄、中转的时间和费用；（3）预防海事欺诈：海运单不具有转让性及提货凭证的效力，因此可以有效预防和减少利用单据进行欺诈的行为；（4）有助于 EDI 的开展：海运单并非物权凭证，更有助于利用 EDI 系统进行运输单证无纸化作业的推广工作。①因此，海运单的使用率在不断上升。

不过海运单也有它的缺陷。由于海运单不具有可流通性，因而在货物运输途中，不能凭海运单的转让实现货物的单证贸易，也不能作为权利质押的标的物，这就不利于融资和贸易的支付。因此，海运单在跟单信用证贸易中的影响仍然有限。②

（二）海运单的法律地位

同传统的提单一样，海运单也是一种书面单证，具有正面记载事项和背面条款，其签发事项与提单也大致相同。当然，有的海运单背面并没有承运人义务、责任与免责的条款，而在正面或者背面订有一"参照条款"，规定这些事项适用承运人标准运输条件或者承运人的普通提单或者其他文件中的规定，从而达到简化海运单条款的目的。

海运单主要适用于短距离运输。与传统提单相比，海运单有以下几个重要特点：（1）海运单具有不可流通性。海运单正面通常注有"不可转让"或"不可流通"（Non-negotiable）的字样。海运单本就是适应短途运输的需要产生的，由于航程短，收货人没有机会出售正在运输中的货物，因而海运单无法也无需转让。（2）海运单不是提货凭证，无须凭单提货。由于海运单不得转让，承运人的义务就是向指定的收货人交货。因此，收货人提货时无须提交海运单，而只需提交其身份证明，即证明自己是海运单上载明的收货人即可。由此可见，海运单虽然同提单一样，是海上货物运输合同以及承运人接收货物或将货物装船的证明，但是由于海运单不能转让和流通，无需凭单即可提货，因而它不是提货凭证，不具有物权凭证的法律属性，这是它与提单的根本不同之处。

（三）国际海事委员会《海运单统一规则》

国际海事委员会《海运单统一规则》（以下简称《海运单规则》）是目前唯一一部专门解决和统一海运单带来的法律问题的国际规则。但是，这一民间规则不具有强制性的约束力，只能在运输合同中被双方当事人协议采纳时才能适用，而且当其与强制适用的国际公约或者国内法相抵触时，便不发生效力。因此，这一规则实施的效果有着很大的局限性。

（1）适用范围

《海运单规则》第 4 条规定："海运单所包含的运输合同，应受强制适用于由提单或类

---

① 参见张新平：《海商法》，中国政法大学出版社 2002 年版，第 156~157 页。

② 参见张湘兰等：《海商法论》，武汉大学出版社 2001 年版，第 120 页。

似的物权凭证所包含的运输合同的国际公约或国内法的约束。"根据这一规定,《海牙规则》《海牙—维斯比规则》或与之相应的国内立法应适用于海运单。但是,这一作为民间规则的规定能否改变《海牙规则》《海牙—维斯比规则》或与之相应的国内立法的适用范围,仍然存在很大疑问。因为传统的海上货物运输法是以提单运输为基础的,因而《海牙规则》《海牙—维斯比规则》不适用于海运单运输。

不过,《汉堡规则》第18条规定"如果承运人签发提单以外的单证用以证明收到待运的货物,这种单证就是订立海上运输合同和承运人接管该单证中所载货物的初步证据。"英国1992年《海上货物运输法》第1条第1款(b)项明确规定海运单适用该法有关规定,如果运输合同事实上由提单或类似的物权凭证所包含时,国际公约或国内法将强制适用。我国《海商法》第80条第1款规定:"承运人签发提单以外的单证用以证明收到待运货物的,此项单据即为订立海上货物运输合同和承运人接收该单证中所列货物的初步证据。"该条第2款还规定:"承运人签发的此类单证不得转让。"因此,除有关提单的规定外,我国《海商法》第四章的其他规定同样可以适用于海运单所证明的国际海上货物运输合同。此外,除非有相反的强制性立法规定,《海运单规则》可以通过当事人的约定得以适用。

(2)收货人的权利和义务

在提单运输中,收货人可依据其持有的提单向承运人主张权利。但在海运单情况下,收货人在卸货港无须凭海运单即可提取货物,而且他可能自始至终都不持有海运单。因而,收货人向承运人主张权利、承担义务就缺乏依据。

《海运单规则》对此采用代理原则予以解决。《海运单规则》第3条规定:"托运人不仅为其自身利益,同时作为收货人的代理人,并为收货人的利益而订立运输合同,并向承运人保证,他具有这种权限。"据此,收货人被视为海运单所证明的运输合同的当事人之一,从而可依据海运单向承运人主张权利,并承担义务,但收货人承担的义务不应超过当运输合同为提单或者类似的物权凭证所证明时,他所应承担的义务范围。

不过,作为民间规则,《海运单规则》在效力和执行力上具有很大局限性。而且托运人与收货人之间缺乏这种明确的委托关系,也很难从货物买卖合同中得出推断。因此,收货人的法律地位需由法律作出强制性规定为宜。

(3)货物控制权

在海运单情况下,托运人是唯一有权向承运人就货物的交付等运输合同事宜发出指令的人。这一权利在《海运单规则》第6条中被称为货物控制权。该条规定:"除所适用的法律另有规定外,托运人有权在海运单上载明的收货人在目的港请求提货之前的任何时候变更收货人,但应以书面形式或者其他承运人能接受的方式,将变更事宜通知承运人,并偿付承运人因此而支付的额外费用。"该条同时规定："托运人可以在承运人接收货物之前，将上述对货物的支配权转让给收货人，并在海运单上注明。"这种货物支配权及其转让的规定，在一定程度上可以弥补海运单不可流通的缺陷。这是因为，如果货物支配权转让给收货人，便可实现货物在运输过程中从海运单上记名的收货人转卖给收货人另行指定的收货人，其效果相当于实现了海运单的一次转让。

第三节　国际航次租船合同的特殊规定

一、国际航次租船合同的概念与特征

航次租船合同，亦称航程租船合同，是指船舶出租人向承租人提供船舶的全部或部分舱位，装运约定的货物，从一港运至另一港，由承租人支付约定运费的合同。当然，这里的航次租船合同实际上指的是国际航次租船合同。

国际航次租船合同虽名为租船合同，但其实质是承租人订购一定的舱位并由出租人来承运货物，而且合同的对价是运费而不是租金，因此其本质上属于运输合同而不是租赁合同，承租人、出租人实际上分别处于托运人和承运人的地位。据此，我国《海商法》将其规定在第四章"海上货物运输合同"中，而不是第六章"船舶租用合同"中。不过，虽然航次租船合同属于运输合同，但它通常被认为属于私人运输方式，这与班轮运输合同显然不同。出租人与承租人的权利义务关系由其自由约定。因此，除了适航和不作不合理绕航的强制义务外，《海商法》第四章的其他规定，仅在航次租船合同没有约定或者没有不同约定时，方才适用于航次租船合同的出租人和承租人。

国际航次租船合同的主要特征有：（1）航次租船合同一般都有完整的合同格式，比较系统地规定出租人和承租人的权利和义务；（2）有关航次租船合同的法律规定多为任意性规范，仅在合同没有约定的情况下适用，故合同当事人的订约自由度较大；（3）航次租船合同一般都有装卸时间、滞期费、速遣费的约定；（4）提单在航次租船合同下的作用与班轮运输不同，航次租船合同下签发的提单，在承租人手里仅仅作为货物的收据和物权凭证。承租人和出租人的权利义务依据租船合同约定。①

二、国际航次租船合同的订立

与国际班轮运输不一样的是，依照我国《海商法》第43条规定，航次租船合同应当书面订立。之所以如此，一方面是因为航次租船关系比较复杂，容易产生歧义和纠纷；另

---

① 参见傅旭梅主编：《中华人民共和国海商法诠释》，人民法院出版社1995年版，第177~178页。

一方面是因为国际航次租船合同遵循契约自由原则,其权利义务关系多由当事人自行协商确定,这样在缺少强制性条款和内容的前提下双方的约定就显得至关重要,因此要求必须是书面形式。①

国际航次租船合同下,一般由船货双方就合同的具体条款进行逐条谈判,最后才缔结合同。航次租船往往使用由某些船东或商人组成的国际性组织制定的标准租船合同条款。航次租船合同的标准格式很多,其中较有影响力有以下几种:(1)统一杂货租船合同(Uniform General Charter),简称"金康格式",租约代号"金康"(GENCON)。此格式由国际船东组织波罗的海国际航运公会(The Baltic and International Maritime Council,简称BIMCO)制订,先后经过1922年、1976年、1994年、2022年四次修订,迄今为止已有100余年历史。"金康"条款适用于不同航线和不同货物(尤其是干货)的航次租船运输,我国各大航运公司也常用"金康格式"。(2)波尔的姆C式(Baltime Berth Charter Party Steamer,Form C),此格式广泛适用于北美地区整船谷物运输。(3)澳大利亚谷物租船合同(Australian Grain Charter Party),租约代号为"AUSTRAL",主要适用于从澳大利亚到世界各地的谷物运输。(4)油轮航次租船合同(Tanker Voyage Charter Party),租约代号为"AS BATANKVOY",此格式由美国船舶经纪人和代理人协会于1977年制订,专门适用于油轮航次租船合同。

三、国际航次租船合同的主要内容

国际航次租船合同的内容主要包括:出租人和承租人的名称、船名、船籍、载货重量、容积、货名、装货港和目的港、受载期限、装卸期限、运费、滞期费、速遣费以及其他有关事项。

(一)出租人和承租人

出租人一般是船舶所有人,或者是船舶的光船租赁人或定期租船承租人,合同中必须写明出租人的全称。承租人一般为货主,但也有不是货主的情况,有时可能是货运代理人。货运代理人从货主处揽取货物,再以自己的名义与出租人签订航次租船合同。

(二)船舶的说明

出租人必须对船舶的情况(主要包括船舶名称、船舶国籍、载重量与容积)作如实的陈述,从而使船舶特定化,因为它是承租人是否租用船舶的重要依据,也是合同的主要条款。出租人必须保证陈述内容的正确性。

(三)货物的类别、数量

承租人必须如实载明装载货物的名称、类别,如果是可供选择的货物则必须说明其货

---

① 参见傅旭梅主编:《中华人民共和国海商法诠释》,人民法院出版社1995年版,第78~79页。

物的种类及选运数量。如系危险货物，则必须说明其货物的性能。承租人所提供的货物与合同约定不符，出租人有权拒装；如因载货不足，承租人应支付亏舱费。

（四）提供约定的货物

承租人负有提供约定货物的义务。经出租人同意，可以更换货物，但更换货物对出租人不利的，出租人有权拒绝或者解除合同。

（五）受载期限

合同中规定的所租船舶到达装货港准备受载的预订日期叫受载期限。由于船舶在营运中可能出现各种影响船期的意外事项，故而要确定一个具体的受载日期是不合理的。在实践中，通常是规定一段期限。

（六）装货港和卸货港的选择

装货港和卸货港应由承租人提出并规定在合同内。出租人可以明确指定几个港口，也可以指定某个特定区域的一个安全港口，供承租人选择。如果有几个港口可供选择，承租人负有在合理期限内或根据合同宣港的义务。如果承租人未做到这一点，以致引起船舶因等待租船人的"宣港"造成时间上的延误与损失，承租人应对其后果承担责任。

（七）装卸时间的计算

装卸时间的计算同滞期费和速遣费有着密切的联系，在此一并作以说明。装卸时间即航次租船合同中订明的允许承租人完成装卸货物的时间。在装卸时间内，承租人若提前完成装卸作业，可以从出租人那里得到若干金额的报酬，此报酬称为速遣费。若在装卸时间内，承租人未能完成装卸作业，则应向出租人支付延误违约金，此违约金称为滞期费。

装卸时间的计算，一般自船舶到达装卸港口，做好装货或卸货的准备并发出装卸货通知后，按合同规定的时间计算。在实践中，可用工作日、连续工作日、晴天工作日、24小时连续工作日来计算装卸时间。实践中，极易引起纠纷的是滞期时间的计算问题。"金康"条款规定，"一旦滞期，永远滞期"。这一规定表明，一旦进入滞期，所有节假日或其他本不计入装卸的时间，均计入滞期时间。但当事人未约定适用"金康"条款时，该规定不具有约束力。

（八）提单的签发

航次租船合同下提单的签发，通常是货物在装货港由出租人接管货物或装船后，承租人要求船长或其代理人签发提单。当航次租船合同下所签发的提单转到承租人手中时，提单只是作为收据或物权凭证，双方之间的运输合同是租约。为避免一起租船运输下产生两份运输合同，并且因二者权利义务的不同使自己承担额外风险，出租人希望两份运输合同能在义务和责任方面统一起来，即出租人不论对承租人还是非承租人的提单持有人都适用同一义务、责任、权利。实践中，这通常是由船长在提单上加注"租船合同并入提单"或

"提单并入租约"条款而实现的。

"提单并入租约"条款的效力一直是学界争议的焦点之一。不过，我国《海商法》第95条规定，"提单中载明适用航次租船合同条款的，适用该航次租船合同的条款"，即确认了该条款的效力。但是，对此应作严格解释，以保护善意的提单持有人。①

（九）运费的支付

航次租船合同中规定承租人应支付给出租人运费，运费有按载货吨数计算的，也有按包干运费计算的。运费的支付有预付运费和到付运费。

（十）船舶转租

根据我国《海商法》第99条规定，承租人有权将租用的船舶转租；转租后，原合同约定的权利和义务不受影响。船舶在转租情况下可能受到至少两份合同的约束，出租人与原承租人之间的原合同，以及原承租人与转租承租人之间的转租合同。但出租人与转租承租人之间并无合同关系，出租人仍与原承租人发生合同关系。

（十一）绕航条款

"金康"条款一般规定，船长有权为任何目的以任何顺序挂靠任何港口，有无引航员在船均可航行，在任何情况下拖带或救助他船，亦可为拯救人命或财产而绕航。但在司法实践中，各国法院通常对此作限制性解释，认为船舶只能挂靠合同规定的或通常习惯上挂靠的港口，一般只能按地理顺序挂靠。但船舶根据此条款所作的绕航，不得与合同的目的相抵触。

（十二）货物的损害赔偿

航次租船合同不受《海牙规则》的约束，因此，有关货物赔偿的责任由合同双方当事人自行协商。按"金康"条款规定，船舶所有人应负货物灭失、残损或延误交货的责任，但仅限于该灭失、残损或延误是由于积载不当或疏忽所造成的，或由于船舶所有人或其经理人本身未恪尽职责使船舶在各方面具有适航性并保持适当的船员、设备和供应所造成者为限。否则，即使货物的灭失、损害或迟延交付是由于船长、船员在管理货物中的过失所致，出租人仍可免责。

（十三）解约条款

"金康"条款一般规定，如果船舶未能在规定日期的当日或之前做好装货准备（不论靠泊与否），承租人有权解除合同。如经要求，这一选择至少在船舶预计抵达装货港之前48小时内作出。如船舶因海损事故或其他原因而延误，应尽快通知承租人。除已约定解约日外，如果船舶延误超过规定的预计装货日期后10天，承租人有权解除合同。

---

① 参见赵德铭：《国际海事法学》，北京大学出版社1999年版，第321~323页；傅旭梅主编：《中华人民共和国海商法诠释》，人民法院出版社1995年版，第181页。

（十四）责任终止条款

航次租船合同往往订有承租人责任终止条款。该条款规定，货物一经装船并预付了运费、空舱费和装货港船舶滞期费以后，承租人责任便终止。责任终止条款仅能免除承租人由于违反合同而产生的责任，但不能免除其应履行而未履行的义务。

第四节　国际多式联运合同的特殊规定

20 世纪 50—60 年代，集装箱运输以装卸效率高、装卸费用低、运输速度快、货损货差少等优点，备受各国海运营业者青睐，迅速风靡全球。在集装箱运输的带动下，国际货物多式联运也迅速发展起来。

一、国际多式联运合同的概念

海商法中的多式联运合同，按照我国《海商法》第 102 条第 1 款规定，是指多式联运经营人以两种以上的不同运输方式，其中一种是海上运输方式，负责将货物从接收地运至目的地交付收货人，并收取全程运费的合同。"由此可见，《海商法》所调整的多式联运，应当是"海运+其他"的运输模式，其中"海运"应为《海商法》第四章规定的国际海上货物运输方式。① 至于多式联运经营人，按照我国《海商法》第 102 条第 2 款规定，是指本人或者委托他人以本人名义与托运人订立多式联运合同的人。

二、国际多式联运合同的责任制度

多式联运是以一份合同、一张单证、一次收费、多种运输方式实现门到门全程运输的。多式联运涉及公路运输、铁路运输、航空运输和海上运输等不同运输方式，而不同的运输方式可能适用不同的法律规定，拥有不同的承运人责任制度等。因此，如果货物在运输过程中发生灭失损坏，是由多式联运经营人统一负责，还是由区段承运人分别负责；是依据同一标准确定法律责任，还是依据损害发生的不同区段、不同运输方式来确定法律责任，这是确定多式联运经营人责任时首先要解决的问题。

对上述问题，依各国法律及国际公约的规定，主要有统一责任制与网状责任制两种做法：（1）统一责任制，是指多式联运经营人负责全程运输时，法定的赔偿责任和责任限额等适用于整个运输区段，即不论货损发生在哪一运输区段，承运人的赔偿责任和责任限额等适用统一法律规定。（2）网状责任制，是指对全程运输负有责任的多式联运经营人，在

---

① 《民法典》第 19 章"运输合同"亦对"多式联运合同"进行了规定，对此应按照特别法与一般法关系的原理，优先适用《海商法》第 4 章关于多式联运合同的有关规定。

确知货物的灭失或损坏发生于某一运输区段的（非隐藏性损失），多式联运经营人的赔偿责任和责任限制，适用调整该区段运输方式的法律规定；在货物的灭失或损坏发生的运输区段不能确定的（隐藏性损失），多式联运经营人应按海上货物运输合同所约定的国际法或国内法直接规定的赔偿责任和责任限额负赔偿责任。目前多数国家采用网状责任制或者修订的网状责任制，以将多式联运经营人的责任与区段承运人的责任统一起来，避免因责任制度的不同而给多式联运经营人增加额外责任，有利于促进多式联运业的健康和有序发展。①依我国《海商法》第104～106条的规定，多式联运经营人的责任制度为网状责任制。

（一）多式联运经营人的责任期间

多式联运是在集装箱运输的基础上发展起来的，而且涉及不同的运输方式，若多式联运经营人的责任期间采取传统的海上承运人的责任期间的规定，既不符合现代化运输方式和运输技术的要求，也难以公平保护托运人的利益，因此多式联运经营人需对全程运输负责。因此，我国《海商法》第103条即规定，多式联运经营人对多式联运货物的责任期间，自接收货物时起至交付货物时止。

（二）多式联运经营人的责任确定

按照我国《海商法》第104～106条的规定，多式联运经营人的责任需按照以下规则确定：（1）多式联运经营人负责履行或者组织履行多式联运合同，并对全程运输负责。多式联运经营人与参加多式联运的各区段承运人，可以就多式联运合同的各区段运输，另以合同约定相互之间的责任。但是，此项合同不得影响多式联运经营人对全程运输所承担的责任。（2）货物的灭失或者损坏发生于多式联运的某一运输区段的，多式联运经营人的赔偿责任和责任限额，适用调整该区段运输方式的有关法律规定。例如，若货物的灭失或者损坏发生于陆运、空运阶段的，则适用有关陆运、空运的法律规定，并以此确定多式联运经营人的赔偿责任与赔偿限额。如货物的灭失或者损坏发生于海运阶段，则多式联运经营人应当适用海运阶段的相应立法，如《海商法》第四章关于承运人义务和责任等的规定负赔偿责任等。②（3）货物的灭失或者损坏发生的运输区段不能确定的，多式联运经营人应当适用海运阶段，如我国《海商法》第四章关于承运人义务和责任等的规定确定其责任。

---

① 参见傅旭梅：《中华人民共和国海商法诠释》，人民法院出版社1995年版，第195页。

② 按照目前的司法实践，对于具有涉外因素的多式联运合同，当事人就多式联运合同协议选择适用或者根据最密切联系原则适用中华人民共和国法律，但货物灭失或者损坏发生在国外某一运输区段的，应当适用该国调整该区段运输方式的有关法律规定，确定多式联运经营人的赔偿责任和责任限额，不能直接根据我国有关调整该区段运输方式的法律予以确定。参见2022年《全国法院涉外商事海事审判工作座谈会会议纪要》第68条第2款规定。

【案例研习 4-26】

三井住友海上火灾保险株式会社诉中远海运
集装箱运输有限公司国际多式联运合同纠纷案①

2015年3月，案外人索尼公司委托中远海运运输一批液晶显示面板，先经海运自马来西亚巴生港至希腊比雷埃夫斯港，再经铁路至斯洛伐克尼特拉。中远海运签发了4套不可转让已装船清洁联运海运单。货物在位于希腊境内的铁路运输区段因火车脱轨而遭受货损。三井保险公司作为涉案货物保险人，在对索尼公司进行理赔并取得代位求偿权后，向中远海运提出追偿。庭审中，双方当事人达成一致，对于涉案货物铁路运输区段的责任认定、责任承担方式等选择适用希腊法律，其余争议问题选择适用中华人民共和国法律。

一审法院认为，因双方庭审达成一致，对于涉案货物铁路运输区段的责任认定、责任承担方式等应适用希腊法律（更进一步说，适用希腊关于铁路运输区段的法律来确定赔偿责任）。而希腊是《国际铁路运输公约》（Convention concerning International Carriage by Rail）的成员国，希腊在批准加入该公约时未作任何保留声明，故该公约在希腊优先于其国内法适用。故法院按照《国际铁路运输公约》第23.2条"若货物的灭失、损坏或迟延交付是由于承运人无法避免并且无法阻止其发生的原因所造成的，承运人无须承担赔偿责任"之规定，判决中远海运对货损不负赔偿责任。三井保险公司不服一审判决，向二审法院提起上诉。二审期间，三井保险公司撤回上诉。

三、多式联运合同的国际立法

由于国际多式联运产生的时间并不长，各种制度并不健全，即使在国际多式联运日臻成熟的发达国家，其商法或海商法对此仍未作规定或未作相对完善的规定。国际社会为确定多式联运合同各方当事人的权利义务和责任，保障和促进多式联运的发展和繁荣，制定了相应的公约和规则。早在1973年，国际商会（ICC）就制定了《1973年联运单证统一规则》（Uniform Rules for a Combined Transport Document, 1973），后又于1975年修订。《1973年联运单证统一规则》并非国际公约，不具有强制实施的效力，属于国际商事惯例。

1980年5月，联合国贸发会议在日内瓦通过了《1980年联合国国际货物多式联运公

---

① 参见上海海事法院（2016）沪72民初288号民事判决书，上海市高级人民法院（2018）沪民终140号民事裁定书。该案为最高人民法院发布的2018年全国海事审判典型案例之一。

约》（United Nations Convention on International Multimodal Transport of Goods，1980）简称
《1980 年多式联运公约》。该公约在承运人责任制度方面沿用了《汉堡规则》的基本原则，
因而响应者甚少，目前尚未生效。为了能够保证国际社会的普遍认可和参与，联合国贸发
会议和国际商会又联合制定了《1991 年多式联运单证规则》，它是在国际商会《1973 年联
运单证统一规则》的基础上形成的。《1991 年多式联运单证规则》已于 1992 年公布实施，
作为最终实施《联合国国际货物多式联运公约》的过渡。但该规则的影响力并不大。

第五节 国际海上货物运输公约

在目前并存的四个海上货物运输公约中，《海牙规则》《海牙—维斯比规则》这一体
系对国际海上货物运输的影响仍然是巨大的。据统计，目前《海牙规则》《海牙—维斯比
规则》这一体系的成员方约 100 多个，包括了世界上主要的贸易和航运大国，如美国、英
国、德国、法国、日本等。相反，《汉堡规则》仅有 33 个成员方，而且多是不发达国家和
内陆国，故影响甚微。①而《鹿特丹规则》则尚未生效。

一、《海牙规则》

《海牙规则》共 16 条，其中前 10 条是实质性条款，后 6 条是程序性条款，主要是关
于公约的批准、加入和修改等。该规则的内容主要包括：

（一）调整范围

《海牙规则》并不适用于所有的运输合同，而是仅适用于以提单或任何类似的物权凭
证证明的海上货物运输合同。在租船合同下或根据租船合同所签发的提单或任何物权凭
证，在它们成为制约承运人与提单持有人之间关系的准则时，也受《海牙规则》的调整。
不过，在租船合同下虽签发提单但并未流转到租船人以外的第三方手中的，不适用《海牙
规则》。此外，海运单等不可转让的、不具有物权凭证效力的运输单据下的运输合同也不
受《海牙规则》的调整。

《海牙规则》并不调整所有货物的运输，活牲畜以及在运输合同上载明装载于舱面上
并且已经这样装运的货物被排除在外。

（二）承运人的义务

谨慎适航与妥善管货被认为是承运人的两项最低法定义务。除《海牙规则》另有规定
外，《海牙规则》所规定的承运人的义务和责任都是最低的，也都是强制性的，不能通过
合同约定减轻和排除。

---

① 参见吴焕宁主编：《国际海上运输三公约释义》，中国商务出版社 2007 年版，第 396~397 页。

签发提单也是承运人的法定义务，不过这以托运人的请求为前提。至于提单的效力，按照《海牙规则》规定，提单为承运人或船长已按照提单所载状况收到货物或者货物已经装船的表面证据或初步证据。若承运人没有足够的有效证据证明其实际收到的货物与提单所记载的货物在主要标志、包装、件数、外在状况等方面不符，就应按提单上记载的货物说明向托运人或收货人交付该货物，否则应当承担赔偿责任。

（三）承运人的责任

（1）承运人的责任期间。《海牙规则》第 1 条规定，货物运输期间为从货物装上船时起至货物卸下船时止的期间，即"钩至钩"或"舷至舷"。因此货物在装卸期间以及海上运输期间均属于承运人的强制责任期间，也是最低法定责任期间。这一期间内承运人的义务、责任等强制适用《海牙规则》的规定。

（2）承运人的免责条款。在责任期间内发生货物毁损灭失的，承运人应当承担损害赔偿责任。不过，承运人享有一系列法定免责事由。这些事由与前述中国《海商法》关于承运人的免责事由基本一致，故不再赘述。

（3）承运人的责任限制。《海牙规则》对承运人的赔偿规定了最高限额，即责任限制。该规则第 4 条第 5 款规定，承运人对每件或每单位的最高赔偿额为 100 英镑或与其等值的其他货币，但托运人于装货前已经申报了货物的实际价值并已列入提单者，不受此限，可按托运人与承运人约定的数额赔付。鉴于该限额太低，许多国家以国内立法的方式对此作了不同规定。

（四）索赔与诉讼时效

在货物交付时，收货人通常应对货物进行检验，发现问题的一般要及时提出索赔。不过，除非收货人在卸货港将货物的灭失和损害的一般情况用书面通知承运人或其代理人，则这种移交应作为承运人已按照提单规定交付货物的初步证据。如果灭失或损坏不明显，则这种通知应于交付货物之日起的三天内提交。当然，如果货物状况在收受时已经进行联合检验或检查，就无须再提交书面通知。

对于货物的灭失或损坏，《海牙规则》规定，在货物交付之日起一年内，如果货方不向法院提起诉讼，承运人在任何情况下都将解除对货损的一切责任。如货方请求延长上述时效，承运人通常应同意展期。

二、《海牙—维斯比规则》

《修订统一提单若干法律规定的国际公约的议定书》是适应 20 世纪 50 年代中期集装箱运输的出现，以及广大发展中国家经济力量的不断增长的需要，对《海牙规则》进行修改的产物。该议定书共有 17 条，主要对《海牙规则》第 3、9、10 条进行了修改。不过，该议定书并不是一个独立的法律文件，它必须与《海牙规则》结合起来才是完整的一个公约。因此，修订后的《海牙规则》通常称为《海牙—维斯比规则》。同《海牙规则》相比，《海牙—维斯比规则》主要在以下方面作出修订：

（一）调整范围

《海牙—维斯比规则》适用于在两个不同国家港口之间与货物运输有关的每一提单，只要该提单在某一缔约国签发；或者货物从某一缔约国港口起运；或者被提单所包含或所证明的合同受本公约各项规定或者给予这些规定以法律效力的任一国家立法的约束，而不论船舶、承运人、托运人、收货人或任何其他关系人的国籍如何。后两种情况是对《海牙规则》的扩充，扩大了《海牙—维斯比规则》的适用范围。而且，各缔约国还可以将《海牙—维斯比规则》适用于未在上面列明的提单。此外，每一缔约国应将《海牙—维斯比规则》的各项规定适用于上述提单，这样就赋予了公约以强制适用的效力。

（二）提单的性质与效力

《海牙规则》仅规定提单是承运人收到货物的初步证明。《海牙—维斯比规则》进一步明确，当提单已转让给善意的第三人时，相反的证据不予采用，这样提单对第三人来说就成了货物按提单记载状况装船的最终证据。这一修改明确了提单善意受让人的法律地位，可以更好地保护提单受让人的合法权益，有利于提单的转让和流通。因此，对于第三人，承运人不得借口在签发清洁提单以前货物就已存在缺陷或包装不当来对抗提单持有人。

（三）对承运人及其受雇人、代理人的诉讼

对于货物在运输中发生的毁损灭失，按照许多国家的法律，既可以提起违约之诉，也可以提起侵权之诉。倘若以此为由提起侵权之诉，那么就应适用侵权法的规定，从而可以绕过《海牙规则》的规定，使得承运人无法享受到《海牙规则》的规定的抗辩和责任限制。《海牙规则》的强制力和约束力也就大打折扣。为避免出现这一问题，《海牙—维斯比规则》进一步规定，该公约所规定的抗辩和责任限制，应适用于因运输合同项下货物的灭失或损害对承运人提起的任何诉讼，而不论诉讼是以合同还是侵权行为为依据。

此外，《海牙—维斯比规则》还规定，如果诉讼是对承运人的受雇人员或代理人提起的（该受雇人员或代理人并非独立合同人），该受雇人员或代理人有权援引承运人依照公约可援引的各项抗辩和责任限制。这一规定起源于1954年的"喜马拉雅"（Himalaya）案。《海牙—维斯比规则》也肯定了"喜马拉雅条款"的法律效力，但是将英美法中的独立合同人排除在外。

（四）承运人的责任限制

《海牙—维斯比规则》第2条第1款对《海牙规则》第4条第5款规定的责任限额进

行了修改，并规定了丧失赔偿责任限制权利的条件，即如经证明，损害是由于承运人故意造成，或是知道很可能会造成这一损害而毫不在意的行为或不为所引起，则承运人就无权享受责任限制。其后 1979 年《修订〈海牙—维斯比规则〉的议定书》（1984 年 4 月生效）将承运人责任限制的计算单位从金法郎改为特别提款权，每 15 金法郎等于 1 特别提款权。该议定书规定，承运人责任限制金额为每件或每单位货物 666.67 特别提款权，或按毛重每公斤 2 特别提款权计算，两者之中以较高者为准。这一修订的实质内容为包括我国在内的许多国家所认可。

（五）诉讼时效延长

《海牙—维斯比规则》规定的诉讼时效仍为 1 年，但增加了"在诉讼事由发生之后，得经当事方同意，将这一期限加以延长"的规定，明确诉讼时效可经双方当事人协议延长。关于追偿时效的问题，在第 3 条第 6 款后增加了"即使在前款规定的 1 年期满之后，只要是在受诉法院的法律准许期间之内，便可向第三人提起索赔诉讼。但是，准许的时间自提起此种诉讼的人已经解决索赔案件，或向其本人送达起诉状之日起算，不得少于 3 个月"。

三、《汉堡规则》

《汉堡规则》对《海牙规则》进行了全面彻底的修改，并明显地扩大了承运人的责任。它共分 7 部分 34 条和 1 项共同谅解附件，是一个较为完备的国际海上货物运输公约，也是国际海运领域建立新的国际经济秩序的一次不太成功的尝试。与《海牙规则》体系相比，其主要突破有：

（一）调整范围

《汉堡规则》适用于两个不同国家之间的所有海上货物运输合同，并且：海上货物运输合同中规定的装货港或卸货港位于某一缔约国之内，或备选的卸货港之一为实际卸货港并位于某一缔约国内；或者提单或作为海上运输合同证明的其他单证在某一缔约国签发；或者提单或其他单证规定，海上货物运输合同受该规则或采纳该规则的任何国家立法的约束。《汉堡规则》同样不适用于租船合同，但如提单根据租船合同签发，并调整承运人与承租人以外的提单持有人之间关系的，则适用该规则。除了托运人与承运人外，《汉堡规则》第一次确立了实际承运人（actual carrier）这一概念及其责任。

（二）承运人的责任

（1）承运人的责任期间。《汉堡规则》第 4 条第 1 款规定，承运人对货物的责任期间，包括货物在装货港、运输途中和卸货港处于承运人掌管下的期间，即"港到港"（Port to Port）。

（2）承运人的责任原则。《汉堡规则》摒弃了不完全过失责任制，确定了推定过失与举证责任相结合的完全过失责任制，放弃了《海牙规则》中的航海过失免责制度。《汉堡规则》规定，凡是在承运人掌管货物期间发生货损，除非承运人能证明其已为避免事故的发生及其后果采取了一切可能的措施，否则便推定为损失系由承运人的过失所造成，承运人应承担赔偿责任。

（3）承运人的责任限制。《汉堡规则》第6条第1款规定，承运人对货物灭失或损坏的赔偿限额为，每件或每一其他装运单位835特别提款权或毛重每公斤2.5特别提款权，两者之中以其较高者为准。对非国际货币基金组织的成员，且国内法不允许适用特别提款权的国家，承运人的责任限额为货物每件或每一其他装运单位12500法郎，或按货物毛重计算每公斤37.5法郎，二者之中以较高者为准。这一数额比《海牙—维斯比规则》规定的数额提高了25%。

（三）保函的法律效力

通过保函换取清洁提单已成为业界一项通行做法，但是《海牙规则》对此没有规定。为解决这一问题，《汉堡规则》第17条规定，托运人为了换取清洁提单，可以向承运人出具承担赔偿责任的保函，该保函在承运人与托运人之间有效，但对包括受让提单的收货人在内的第三人一概无效。如有欺诈，该保函对托运人也属无效。

（四）诉讼时效

《汉堡规则》将诉讼时效扩展为2年，并且还规定，被要求赔偿的人，可以在时效期限内的任何时间向索赔人提出书面声明延长时效期限，并可再次声明延长。这一规定同《海牙—维斯比规则》的协议延长时效虽无实质性差别，但却更为灵活。

（五）管辖权

《海牙规则》《海牙—维斯比规则》均无管辖权的规定，船方往往在提单上载明由航运公司所在地法院管辖。这显然对托运人、收货人不利。为此，《汉堡规则》第21条规定，原告可以选择管辖法院，但其选择的法院必须在公约规定的范围以内。此外，争议双方可达成书面仲裁协议，但其选择地点必须在以下范围内：（1）被告的主要营业所所在地或通常住所；（2）合同订立地；（3）装货港或卸货港；（4）海上运输合同、仲裁条款或协议中为此目的指定的任何其他地点。

四、《鹿特丹规则》

《鹿特丹规则》是一部切实反映时代发展、力图调和各方利益、寻求各国货运法律统一的海上国际运输新公约。《鹿特丹规则》共计18章96条。与前述公约相比，它更加先进，也更加全面。

（一）适用范围

《鹿特丹规则》第 1 条规定，"运输合同"是指承运人收取运费，承诺将货物从一地运至另一地的合同；此种合同应对海上运输作出规定，且可以对海上运输以外的其他运输方式作出规定。亦即公约也可适用于非海运方式，即所谓的"海运+其他"模式，以适应国际集装箱货物"门到门"运输方式发展的需要。但是，根据《鹿特丹规则》第 6 条规定，该公约不适用于班轮运输中的租船合同以及使用船舶或其中任何舱位的其他合同；该公约也不适用于非班轮运输中的运输合同，但如果非班轮运输中当事人之间不存在使用船舶或其中任何舱位的租船合同或其他合同并且运输单证或电子运输记录已签发的除外。《鹿特丹规则》适用于批量（运输）合同，但是允许其在一定程度上背离公约的规定。

《鹿特丹规则》第 5 条规定，公约适用于收货地和交货地位于不同国家且海上运输装货港和同一海上运输卸货港位于不同国家的运输合同，条件是运输合同约定的收货地、装货港、交货地或卸货港之一位于一缔约国，而无需考虑船舶、承运人、履约方、托运人、收货人或其他任何有关方的国籍。

对于运输单证，《鹿特丹规则》将之区分为"可转让运输单证"和"不可转让运输单证"，并用专章规定了上述单证的内容、证据效力、单证签发等相关事项。《鹿特丹规则》还规定了电子运输单证，并具体规定了有关"签发""转让"等事项，填补了以往公约在这一问题上的空白。

此外，《鹿特丹规则》没有采用"实际承运人"这一概念，而是引入了"履约方"（Performing Party）和"海运履约方"（Maritime Performing Party）这一称呼。所谓"履约方"是指承运人以外的，履行或承诺履行承运人在运输合同下有关货物接收、装载、操作、积载、运输、照料、卸载或交付的任何义务的人，但以该人直接或间接在承运人的要求、监督或控制下行事为限。"履约方"不包括不由承运人而由托运人、单证托运人、控制方或收货人直接或间接委托的任何人。所谓"海运履约方"是指凡在货物到达船舶装货港至货物离开船舶卸货港期间履行或承诺履行承运人任何义务的履约方。内陆承运人仅在履行或承诺履行其完全在港区范围内的服务时方为海运履约方。公约还在涉及承运人责任的多个条文中，明确规定适用于履约方或者海运履约方，并对海运履约方的责任单独予以规定。

（二）承运人的义务

（1）管货义务。《鹿特丹规则》第 13 条规定，承运人应妥善而谨慎地接收、装载、操作、积载、运输、保管、照料、卸载并交付货物。从七个环节扩大到包括接收、交付在内的九个环节，扩大了承运人的管货义务期间，这也是与承运人的整个义务与责任期间相一致的。

（2）适航义务。《鹿特丹规则》第 14 条规定："承运人必须在开航前、开航当时和海上航程中恪尽职守：（一）使船舶处于且保持适航状态；（二）妥善配备船员、装备船舶和补给供应品，且在整个航程中保持此种配备、装备和补给；并且（三）使货舱、船舶所有其他载货处所和由承运人提供的载货集装箱适于且能安全接收、运输和保管货物，且保持此种状态。"这样承运人的适航义务的期间就延长到了整个海上运输过程。

（3）不得绕航的义务。《鹿特丹规则》第 24 条规定，如果绕航根据适用的法律构成违反承运人义务，承运人或海运履约方不得因此被剥夺本公约为其提供的任何抗辩或赔偿责任限制，但第 61 条规定的情形除外。

（4）不擅自装载舱面货的义务。《鹿特丹规则》第 25 条规定："在船舶舱面上载运货物，只能限于下列情形：（一）根据法律的要求进行此种运输；（二）货物载于适合舱面运输的集装箱内或车辆内，而舱面专门适于载运此类集装箱或车辆；或（三）舱面运输符合运输合同或相关行业的习惯、惯例或做法。"否则，将对于完全由于舱面载运货物所造成的货物灭失、损坏或迟延交付，承运人负赔偿责任，且无权享有第 17 条规定的抗辩。

（三）承运人的责任

（1）责任期间。《鹿特丹规则》第 12 条规定，承运人对货物的责任期，自承运人或履约方为运输而接收货物时开始，至货物交付时终止。这样就能够适应接收货物或交付货物地点多样性的要求，有利于国际货物多式联运的发展。当然，它在一定程度上也加重了承运人的责任。

（2）责任基础与免责。《鹿特丹规则》是以过错责任制为基础的，但是在举证责任分配和过错认定方面又不同于《汉堡规则》，其规则也更加复杂。

总体上，《鹿特丹规则》实行的是过错推定，按照《鹿特丹规则》第 17 条第 1-2 款的规定，"如果索赔人证明，货物灭失、损坏或迟延交付，或造成、促成了灭失、损坏或迟延交付的事件或情形是在第四章规定的承运人责任期内发生的，承运人应对货物灭失、损坏和迟延交付负赔偿责任"。而"如果承运人证明，灭失、损坏或迟延交付的原因或原因之一不能归责于承运人本人的过失或第 18 条述及的任何人的过失，可免除承运人根据本条第一款所负的全部或部分赔偿责任"。这就类似于《汉堡规则》的过错推定，但在范围和程度上仍有所区别。①

除证明不存在上述过失之外，按照《鹿特丹规则》第 17 条第 3 款规定，如果承运人证明列明的除外风险内的一种或数种事件或情形造成、促成了灭失、损坏或迟延交付，也可免除承运人的赔偿责任。也就是说，只要承运人举证证明了除外风险造成、促成了灭

---

① 参见司玉琢：《承运人责任基础的新构建——评〈鹿特丹规则〉下承运人责任基础条款》，载《中国海商法年刊》2009 年第 3 期。

失、损坏或迟延交付，承运人即可免除赔偿责任。这似乎是推定在列明的除外风险内承运人是无过错的，因而可以免责。《鹿特丹规则》列明的除外风险借鉴了《海牙规则》的规定，但是取消了"航海过失"和"承运人的受雇人、代理人的过失导致的火灾"的免责，并增加了"海盗、恐怖活动""海上救助或试图救助财产的合理措施""避免或试图避免对环境造成危害的合理措施""对危险货物的处置行为"以及"共同海损行为"5 个免责事项。

不过除外风险内承运人的无过错推定是可以被推翻的，按照《鹿特丹规则》第 17 条第 4 款规定，如果索赔人证明，承运人或第 18 条述及的人的过失造成、促成了承运人所依据的事件或情形；或本条第 3 款所列事件或情形以外的事件或情形促成了灭失、损坏或迟延交付，且承运人无法证明，该事件或情形既不能归责于其本人的过失，也不能归责于第 18 条述及的任何人的过失的，则承运人仍应对灭失、损坏或迟延交付的全部或部分负赔偿责任。

（3）责任限制。《鹿特丹规则》第 59 条规定，除须遵循第 60 条以及第 61 条第 1 款的规定外，承运人对于违反公约对其规定的义务所负赔偿责任的限额，按照索赔或争议所涉货物的件数或其他货运单位计算，每件或每个其他货运单位 8 7 5 个计算单位，或按照索赔或争议所涉货物的毛重计算，每公斤 3 个计算单位，以两者中较高限额为准，但货物价值已由托运人申报且在合同事项中载明的，或承运人与托运人已另行约定高于本条所规定的赔偿责任限额的，不在此列。这就进一步提高了承运人的赔偿责任限额，加重了承运人的责任。

（四）货方的权利、义务与责任

《鹿特丹规则》除规定了"托运人""收货人"外，还首次规定了"单证托运人"和"持有人"。"单证托运人"被界定为托运人以外、同意在运输单证或者电子运输记录中记名为"托运人"的人。

《鹿特丹规则》首次在海运公约中引入控制权概念。按照《鹿特丹规则》第 50 条规定，控制权是控制方（货方）就货物发出指示或修改指示的权利，此种指示不构成对运输合同的变更；在计划挂靠港，或在内陆运输情况下在运输途中的任何地点提取货物的权利；以及由包括控制方在内的其他任何人取代收货人的权利。通常情况下，托运人为控制方，除非托运人在订立运输合同时指定收货人、单证托运人或其他人为控制方。控制权存在于整个承运人责任期间，该责任期届满时即告终止。

（五）时效与管辖

《鹿特丹规则》第 62 条规定了两年的诉讼时效，该时效自承运人交付货物之日起算，未交付货物或只交付了部分货物的，自本应交付货物最后之日起算。时效期间的起算日不包括在该期间内。

　　《鹿特丹规则》第 66 条规定了法院的管辖权。按照该规定，除非运输合同载有排他性法院选择协议，否则原告有权在下列管辖法院之一对承运人提起司法程序：（1）对下列地点之一拥有管辖权的一管辖法院：承运人的住所；运输合同约定的收货地；运输合同约定的交货地；或货物的最初装船港或货物的最终卸船港；或（2）为裁定本公约下可能产生的向承运人索赔事项，托运人与承运人在协议中指定的一个或数个管辖法院。

【专业术语】

海上货物运输合同	Contract for Carriage of Goods by Sea
承运人	Carrier
托运人	Shipper
实际承运人	Actual Carrier
发货人	Consignor
收货人	Consignee
公共承运人	Common Carrier
货运代理人	Freight Forwarder
无船承运人/无船承运业务经营者	Non-Vessel Operating Common Carrier, NVOCC
绕航	Deviation
"钩到钩"	Tackle to Tackle
"舷到舷"	Rail to Rail
"港到港"	Port to Port
驾驶船舶	Navigation of the Ship
管理船舶	Management of the Ship
天灾	Act of God
承运人单位责任限制	Package Limitation of Liability
提单	Bill of Lading, B/L
物权凭证	Document of Title
正本提单	Original B/L
副本提单	Copy B/L
记名提单	Straight Bill of Lading
指示提单	Order Bill of Lading
不记名或空白提单	Bearer or Blank Bill of Lading

续表

已装船提单	Shipped or On Board Bill of Lading
收货待运提单	Received for Shipment Bill of Lading
清洁提单	Clean Bill of Lading
不清洁提单	Unclean or Foul Bill of Lading
海运直达提单	Direct Bill of Lading
联运提单	Transshipment or Through Bill of Lading
多式联运提单	Multimodal Transport or Combined Transport Bill of Lading
预借提单	Advanced Bill of Lading
倒签提单	Anti-dated Bill of Lading
电子提单	Electronic Bill of Lading
海运单	Sea Waybill, SWB
航次租船合同	Voyage Charter Party
速遣费	Dispatch Money
滞期费	Demurrage Money
"一旦滞期，永远滞期"	Once on Demurrage, Always on Demurrage
多式联运经营人	Multimodal Transport Operator, MTO
统一责任制	Uniform Liability System
网状责任制	Network Liability System

【拓展阅读】

1. 吴焕宁主编：《国际海上运输三公约释义》，中国商务出版社 2007 年版。

2. ［美］威尔逊（John F. Wilson）：《海上货物运输法》，袁发强译，法律出版社 2014 年版。

3. 司玉琢主编：《国际货物运输法律统一研究》，北京师范大学出版社 2012 年版。

4. 司玉琢、韩立新主编：《〈鹿特丹规则〉研究》，大连海事大学出版社 2009 年版。

5. 司玉琢：《航次租船合同的立法反思——以〈海商法〉修改为契机》，载《中国海商法研究》2019 年第 4 期。

6. 张丽英等：《〈鹿特丹规则〉对进出口的影响》，中国政法大学出版社 2013 年版。

7. 王淑梅主编：《海上货物运输合同纠纷案件裁判规则》，法律出版社 2021 年版。

8. 闻银铃：《海运履约方法律制度研究》，法律出版社 2010 年版。

9. 余妙宏：《国际海上货物运输合同下托运人法律制度研究》，海洋出版社 2022 年版。

10. 马得懿：《海上货物运输法强制性体制论》，中国社会科学出版社 2010 年版。

11. 杨良宜：《提单及其付运单证》，中国政法大学出版社 2001 年版。

12. 邢海宝：《海商提单法》，法律出版社 1999 年版。

13. 郭瑜：《提单法律制度研究》，北京大学出版社 1997 年版。

14. 杨良宜编著：《滞期费》，大连海事大学出版社 1995 年版。

15. 何丽新：《无单放货法律问题研究》，法律出版社 2006 年版。

16. 刘寿杰：《解读〈最高人民法院关于审理无正本提单交付货物案件适用法律若干问题的规定〉》，载《中国海商法年刊》2009 年第 3 期。

17. 郭萍：《国际货运代理法律制度研究》，法律出版社 2007 年版。

18. 王彦君、傅晓强：《〈关于审理海上货运代理纠纷案件若干问题的规定〉的理解与适用》，载《人民司法》2012 年第 11 期。

19. ［加拿大］威廉·台特雷著：《国际海商法》，张永坚等译，法律出版社 2005 年版。

第五章　海上旅客运输

19 世纪下半叶，海上旅客运输从海上货物运输中分离出来而成为独立的运输行业，并与后者共同构成海上运输的两大组成部分。在业务层面上，尽管海上旅客运输由于"二战"后航空业等其他运输部门的冲击呈现没落之势，但随着近年来海上旅游事业的发展又开始逐渐复苏。在法律层面上，随着人们对旅客人身安全和权利的关注，海上旅客运输法正面临着新的变革和发展。我国《海商法》第五章参照《1974 年海上旅客及其行李运输雅典公约》（以下简称《1974 年雅典公约》）对海上旅客运输进行了专门规定。此外，《民法典》《消费者权益保护法》等法律及最高人民法院《关于审理人身损害赔偿案件适用法律若干问题的解释》等司法解释均可适用于海上旅客运输纠纷，交通部制定的《水路旅客运输规则》① 亦可参照。

第一节　海上旅客运输合同

一、海上旅客运输合同的概念

海上旅客运输一般依合同安排而实现。《海商法》第 107 条规定："海上旅客运输合同，是指承运人以适合运送旅客的船舶经海路将旅客及其行李从一港运至另一港，由旅客支付票款的合同。"具体而言，可以从以下几方面理解海上旅客运输合同的概念：

第一，海上旅客运输合同的当事人一方为承运人，另一方为旅客，合同的标的是承运人的运送行为。

所谓承运人，根据《海商法》第 108 条第 1 款的规定，是指"本人或者委托他人以本人名义与旅客订立海上旅客运输合同的人"，亦称"契约承运人"或"缔约承运人"。《海商法》第 108 条第 2 款还规定了实际承运人，即"接受承运人委托，从事旅客运送或者部

---

① 　1995 年 12 月 12 日交水发〔1995〕1178 号发布，根据 1997 年 8 月 26 日发布的《交通部关于补充和修改〈水路旅客运输规则〉的通知》进行第一次修正，根据 2014 年 1 月 2 日发布的《关于修改〈水路旅客运输规则〉的决定》进行第二次修正。

分运送的人，包括接受转委托从事此项运输的其他人"。但我们认为，实际承运人并非旅客运输合同当事人，因为《海商法》虽然向实际承运人施加了责任，但实际承运人制度的立法目的是当旅客损害发生在实际承运人责任期间或区段时，赋予旅客直接起诉实际承运人的权利，而非将实际承运人作为客运合同的一方当事人，实际承运人责任的性质是单纯的法定责任。此外，承运人的受雇人和代理人也不是运输合同当事人，旅客对其提出索赔的诉因通常是侵权，而非违约。

所谓旅客，根据《海商法》第 108 条第 3 款的规定，是指"根据海上旅客运输合同运送的人；经承运人同意，根据海上货物运输合同，随船护送货物的人，视为旅客"。旅客一般为海上旅客运输合同的相对方，但二者并非完全一致。由成年旅客根据旅客运输合同的规定免费携带一同乘船的婴幼儿，虽然他们本人既没有购买客票也没有与承运人签订单独的合同，但是只要符合客运合同允许的条件，也应当被视为旅客。①

旅客既是合同的一方当事人，又是运送对象，但并不是合同的标的。运输合同的标的是承运人的运送行为，从而区别于承揽合同等完成工作的合同。

第二，海上旅客运输合同中还包含行李运送的内容。

除了旅客外，行李也是海上旅客运输合同的运送对象。根据《海商法》第 108 条第 4 款规定，行李是指"根据海上旅客运输合同由承运人载运的任何物品和车辆，但是活动物除外"。海上旅客运输合同一般都允许旅客将一定数量和种类的行李自行携带、保管或放置在客舱中，即自带行李；超过限量的，旅客须凭客票向承运人办理托运手续，领取行李票，即自带行李以外的其他行李。客票是旅客本身及自带行李的运输合同的证明，而行李票是随船托运行李的运输合同证明。虽然行李托运附属于旅客运输合同，行李票依客票而产生，但两者又相对独立，因此所适用的法律规则也存在差异。

第三，所谓从一港运至另一港，② 既包括国内港口之间的海上旅客运输合同，也包括不同国家或地区的港口之间的海上旅客运输合同。

合同规定的起运港和目的港均为国内港口时，为沿海旅客运输合同；起运港和目的港位于不同国家，或虽位于同一国家，但中途停靠港在另一国家的，则为国际海上旅客运输合同。需要强调的是，《海商法》第五章与第四章不同，除了第 117 条关于承运人赔偿责任限额的规定外，它既适用于国际海上旅客运输，又适用于国内沿海旅客运输。1993 年12 月 17 日，交通部颁发了《中华人民共和国港口之间海上旅客运输赔偿责任限额的规

---

① 　参见司玉琢等编著：《中国海商法注释》，北京大学出版社 2019 年版，第 195~196 页。《海商法》（修订征求意见稿）第 6.3 条规定："'旅客'，是指根据海上旅客运输合同载运的人，包括按照规定免费、持优待票或者经承运人许可无票搭载的人。"

② 　《海商法》第 107 条强调 A 点至 B 点不同地点的位移，既不同于《民法典》，又不同于《1974 年雅典公约》。《海商法》（征求意见稿）第 6.1 条删除了这一限定。

定》，以此确定我国沿海旅客运输合同下承运人的赔偿责任限额。

二、海上旅客运输合同的订立、变更与解除

（一）海上旅客运输合同的订立

《海商法》第 110 条规定："旅客客票是海上旅客运输合同成立的凭证。"该条规定了客票的功能，表明客票的功能之一是证明旅客运输合同的存在，但它并非合同本身。承运人签发客票既不是该合同的形式要件，也不是该合同的成立要件，而只是该合同业已存在和正式成立的凭证，无论客票签发与否，承运人与旅客基于海上旅客运输合同建立起的法律关系并不会因此受到影响。①

按照是否记名，客票分为记名和不记名两种，记名客票上记载着旅客的姓名与地址，不可转让，为国际旅客客票所采用。沿海旅客运输则使用不记名客票，可以转让，我国学者通说认为其为无记名有价证券。② 就记载内容而言，沿海旅客运输的客票上一般载明船名、航次、开航日期、起运港、目的港、客舱登记、铺（座）号、票价等；国际旅客运输的客票上除上述内容外，还载明了承运人的名称和地址、旅客姓名与地址、船舶抵达目的港日期、海上客运条件或者旅客须知及法律适用等。

事实上，《海商法》第 110 条并未规范海上旅客运输合同的成立事项。相比之下，《民法典》第 814 条则明确规定："客运合同自承运人向旅客出具客票时成立，但是当事人另有约定或者另有交易习惯的除外。"据此，通常情况下，旅客向承运人支付票价、购买客票的行为为要约；承运人收取票款、出具客票的行为为承诺，客运合同自承运人向旅客出具客票时成立。实践中存在特殊情形，如先上船后购票时，旅客登船为要约，承运人准其上船为承诺，合同自旅客登船时即告成立。

（二）海上旅客运输合同的变更和解除

海上旅客运输合同一经成立，任何一方当事人不得随意解除合同，除非符合法律的规定。依据《民法典》第十九章第二节"客运合同"的规定，海上旅客运输合同变更和解除须具备下列特别事由：

1. 因旅客自身原因而变更或解除

《民法典》第 816 条规定："旅客因自己的原因不能按照客票记载的时间乘坐的，应当在约定的时间内办理退票或者变更手续；逾期办理的，承运人可以不退票款，并不再承担运输义务。"旅客办理退票或者变更承运手续的，必须在规定时限内办理，而且还要按照

---

① 参见司玉琢等编著：《中国海商法注释》，北京大学出版社 2019 年版，第 195~196 页。

② 参见余延满：《合同法原论》，武汉大学出版社 1999 年版，第 650 页。

与船舶开航之间的时间长短支付一定的退票费。①

2. 因承运人原因而变更或解除

承运人违反其合同义务亦会导致旅客运输合同变更和解除权的行使。《民法典》第820 条规定："承运人迟延运输或者有其他不能正常运输情形的，应当及时告知和提醒旅客，采取必要的安置措施，并根据旅客的要求安排改乘其他班次或者退票。"第821条规定："承运人擅自降低服务标准的，应当根据旅客的要求退票或者减收票款；提高服务标准的，不应当加收票款。"这两种情形下，旅客要求退票的，承运人应退还全部票款。

3. 因不可抗力而变更或者解除

不可抗力是合同变更和解除的重要事由。《民法典》第十九章第二节未将该规则具体化，可参照《水路旅客运输规则》第 61、131、132 条等的规定，若因不可抗力造成的退票，承运人不收取退票费；因不可抗力造成停航，如在起运港，承运人应退还全部票款，如在中途，旅客要求中止旅行的，承运人应退还未乘（运）区段的票款，旅客要求返还起运港的，应免费运回，退还全部票款；承运人安排旅客改乘其他客船发生的票价差额款，按多退少不补的原则办理。

三、海上旅客运输合同当事人的权利与义务

《海商法》并未对海上旅客运输合同当事人的权利与义务作出系统规定。在承运人义务方面，我们可以从第 107 条的相关表述（即"以适合运送旅客的船舶"）中推导出承运人提供适合客运的船舶并保持适航状态的义务。与海上货物运输法中承运人的相对适航义务相比，承运人在海上旅客运输中承担的适航义务更为严格，适用于开航前、开航时及整个航次，且须符合客运的特殊要求。在旅客义务方面，旅客应当支付票款，并不得随意携带或夹带违禁品或危险品。旅客的义务同时意味着承运人的权利，因此承运人享有对无票乘船、越级乘船和超程乘船旅客进行处理和追偿的权利以及对旅客违规携带或夹带违禁品或危险品进行处理和索赔的权利。

《民法典》第十九章的规定则相对完善一些。在承运人义务方面，从事公共运输的承运人不得拒绝旅客通常、合理的运输要求；承运人应当在约定期间或者合理期限内按照约定或者通常的运输路线将旅客安全运输到约定地点；承运人应当严格履行安全运输义务，及时告知旅客安全运输应当注意的事项；承运人应当按照有效客票记载的时间、班次和座位号运输旅客，迟延运输或者有其他不能正常运输情形的，应当及时告知和提醒旅客，采

---

① 参见《水路旅客运输规则》第三章第四节。

取必要的安置措施；承运人应当尽力救助患有急病、分娩、遇险的旅客。在旅客义务方面，旅客应当支付票款；旅客应当按照有效客票记载的时间、班次和座位号乘坐；旅客应当在约定的期限内办理退票或者变更手续；旅客随身携带行李应当符合约定的数量和品类要求；旅客不得随身携带或者在行李中夹带易燃、易爆、有毒、有腐蚀性、有放射性以及可能危及运输工具上人身和财产安全的危险物品或者违禁物品。

此外，海上旅客运输合同当事人的权利义务还应依据合同约定与其他法律规定加以确定。例如，《民法典》第447条规定："债务人不履行到期债务，债权人可以留置已经合法占有的债务人的动产，并有权就该动产优先受偿。"据此，如果旅客不支付票款或其他费用，承运人应当有权留置交付其托运的行李。尤其需要指出的是，《消费者权益保护法》亦可适用于海上旅客运输合同当事人权利义务的确认，并且具有重大意义。旅客与承运人不仅仅是运输合同关系，还存在着《消费者权益保护法》所调整的消费者与经营者的关系，① 该法的价值理念更符合、且更能促进海上旅客运输法的发展目标，即加强旅客保护、提升旅客权利。在这一点上，欧盟运输法已经开始行动，将旅客权利放置到消费者权益保护的更高视野下讨论。② 因此，与消费者权益保护法相协调，是海上旅客运输法发展的应有方向。

【案例研习 5-1】

羊某与英国嘉年华邮轮有限公司海上人身损害责任纠纷案③

2015年8月，原告羊某（7岁，未成年）和其母购买了"蓝宝石公主号"邮轮"上海-济州-福冈-上海"四晚五日的旅游产品。邮轮航行至公海海域时，原告在邮轮泳池溺水致伤。原告之母遂向法院提起诉讼，请求判令被告公开向原告及其法定代理人赔礼道歉，并赔偿原告人身和精神损失费等约人民币402万元。

本案为涉外海上人身损害赔偿责任纠纷。法院经审理认为，原告与第三人签订出境旅游合同，被告是涉案邮轮营运的经营者，应当负有对旅客的人身安全保障义务。原告母亲作为法定监护人对未成年原告的人身安全亦负有保护义务。最终法院认定被告应承担80%的责任。

---

① 参见司玉琢：《海商法专论》，中国人民大学出版社2007年版，第337页。

② 参见 Jens Karsten, Passengers, Consumers, and Travellers: The Rise of Passenger Rights in EC Transport Law and Its Repercussions for Community Consumer Law and Policy, Journal of Consumer Policy, Vol. 30 2007, pp. 117-136。

③ 参见上海海事法院（2016）沪72民初2336号民事判决书。

四、海上旅客运输合同中的无效条款

海上旅客运输合同一般是由承运人单方制作的格式合同，常常含有过分维护承运人利益的不公平条款。为了保障处于弱势地位的旅客的合法权益，各国立法逐渐对合同自由原则有所背离，合理限制运输合同中的责任免除和限制条款。事实上，这也是海上旅客运输法国际统一化的主要动因。为此，《海商法》第126条规定，海上旅客运输合同中含有下列内容的条款无效：（1）免除承运人对旅客应当承担的法定责任；（2）降低《海商法》第五章规定的承运人责任限额；（3）对《海商法》第五章规定的举证责任作出相反的约定；（4）限制旅客提出赔偿请求的权利。该规定旨在防止当事人通过合同来规避法律，减少自身的责任，这表明《海商法》规定的承运人的责任是强制性的。上述四类条款的无效，并不影响合同其他条款的效力。

比较《海商法》第126条与《1974年雅典公约》第18条规定，有两点需要指出：其一，《海商法》第126条规定，违反法定举证责任的约定均无效，无论该约定是增加还是降低承运人的举证责任；而《1974年雅典公约》第18条只规定"旨在推卸承运人举证责任"的合同条款无效，据此双方当事人有权约定由承运人承担更重的举证责任。其二，《海商法》第126条中所谓的"限制旅客提出赔偿请求的权利"，在《1974年雅典公约》中专指"限制第17条第1款规定的选择权者"，即限制了旅客依据该公约第17条第1款选择法院的权利。[1] 实践中，承运人常在合同中订有专门的法院选择条款，要求旅客在某个特定的法院起诉承运人，通过限制旅客程序法上的权利获取自身实体法上的利益。这类条款的效力，在各国法院，特别是在美国，一直是讨论的焦点。[2]

五、邮轮旅游中的海上旅客运输合同

邮轮旅游是以海上船舶为交通工具，为旅游者提供海上游览、住宿、交通、餐饮、娱乐或到岸观光等多种服务的旅游方式。我国现已成为亚洲第一、世界第二大邮轮客源国市场。与国际通行的邮轮公司直销或旅行社代销模式相比，我国目前主流的邮轮经营方式采用旅行社包船模式。旅行社在邮轮船票开始销售之前即与邮轮公司议定舱位订购价格，通过预付一定款项订购邮轮公司提供的全部或部分邮轮舱位；旅行社在订购舱位后将会根据

---

[1] 《1974年雅典公约》第17条第1款规定："根据本公约产生的诉讼，经原告选择，应向下列某一法院提起，但该法院应在本公约当事国内：（a）被告永久居住地或主营业所地的法院，或（b）运输合同规定的起运地或到达地的法院，或（c）原告户籍地国或永久居住地国的法院，但被告须在该国有营业所并受其管辖，或（d）运输合同订立地国的法院，但被告须在该国有营业所并受其管辖。"

[2] 参见 Axel Gehringer, After Carnival Cruise and Sky Reefer: An Analysis of Forum Selection Clauses in Maritime and Aviation Transactions, Journal of Air Law and Commerce, Vol. 66, 2001, p. 663。

市场需求以及自身资源设计邮轮旅游产品并进行定价，邮轮船票通常与旅行社提供的岸上观光等旅行项目以及签证、领队等服务打包销售；旅行社的利润来源主要是采购邮轮船票与销售邮轮包价旅游产品之间的差价，以及岸上观光环节的返佣，而非单纯委托代理关系下的佣金。①

在旅行社包船模式下，涉及旅客、邮轮公司和旅行社三方主体。由于邮轮旅游具有旅游和海上旅客运输的双重属性，并基于这一双重属性产生了旅游法和海商法二元法律规制体系，故对邮轮公司和旅行社法律地位的界定也存在不同观点。一种观点认为，邮轮公司既是海上旅客运输合同的承运人，同时也是《旅游法》第 111 条第 6 项规定邮轮旅游服务合同下的履行辅助人。该观点以双重合同论为基础，被称为"二元论"。② 另一种观点认为，在《旅游法》下，旅行社与邮轮公司符合组团社和特殊履行辅助人（公共交通经营人）的法律定位；在《海商法》下，旅行社与邮轮公司符合承运人与实际承运人的法律定位。该观点以单一合同论为基础，被称为"一元论"。③

2019 年交通运输部、公安部、文化和旅游部及海关总署发布《关于推广实施邮轮船票管理制度的通知》，实施邮轮船票管理制度，在旅客与邮轮公司之间确立基于客票的法律关系。

【案例研习 5-2】

蒋某与皇家加勒比 RCL 邮轮有限公司等海上人身损害责任纠纷案④

2016 年，原告蒋某与浙江省国际合作旅行社有限公司达成出境旅游合同，参加皇家加勒比 RCL 邮轮有限公司经营的"海洋量子号"邮轮"上海-冲绳-上海"四晚五日邮轮旅游。在船期间，原告因雨天滑倒致骨折并最终致残，遂向上海海事法院诉请旅行社和邮轮公司向其承担连带责任。

法院经审理认为，原告与旅行社订立了出境旅游合同，旅行社系组团社，邮轮公司实际提供了邮轮游览服务，是旅游合同的履行辅助人。

---

① 参见"上海国际邮轮旅游人才培训基地"教材编委会编：《国际邮轮产品运营和服务规范》，中国旅游出版社 2017 年版，第 143~145 页。这种模式源于我国旅游法规对外籍邮轮公司直售船票的限制。

② 参见孙思琪：《再论邮轮旅游包船模式的基础法律关系》，载《国际经济法学刊》2019 年第 3 期。

③ 参见陈琦：《邮轮经营者法律定位分歧的破解》，载《法学》2020 年第 6 期。

④ 参见上海海事法院（2017）沪 72 民初 136 号民事判决书、上海市高级人民法院（2018）沪民终 85 号民事判决书。

【案例研习 5-3】

羊某与英国嘉年华邮轮有限公司海上人身损害责任纠纷案

案情介绍请见 5-1 号案例。法院在该案判决中认为："虽然本案原告和被告之间没有以船票为凭证的运输合同证明，但双方事实上存在海上旅客运输合同关系，被告的身份符合《1974 年雅典公约》'履约承运人'的规定，依法可以享有承运人的赔偿责任限额。"

第二节　海上旅客运输承运人责任制度

如上所述，《海商法》第五章重点规制承运人责任，主要指承运人对于旅客人身伤亡及行李灭失、损坏所应承担的损害赔偿责任。

一、承运人的责任期间

责任期间，是指责任主体依法应当承担责任的时间起止点及其延续过程。承运人仅对在其运送期间内发生的人身伤亡或行李的灭失、损坏承担《海商法》规定的责任。依据《海商法》第 111 条的规定，海上旅客运输的运送期间，自旅客登船时起至旅客离船时止。实践中一般从旅客登上船舶舷梯起至下船离开舷梯时止。如果客票票价中包含了接送费用，运送期间还包括承运人经水路将旅客从岸上接到船上和从船上接到岸上的时间。依据《1974 年雅典公约》第 1 条，如果用于辅助运输的船舶已由承运人交于旅客使用，旅客从岸上到船上和从船上到岸上的时间也在运送期间内。但在任何情况下，旅客在港站内、码头上或者在港口其他设施内的时间，不能计入承运人的运送责任期间。

旅客的自带行李，由旅客自行携带、保管或者放置在客舱中，承运人不负保管责任，其运送期间与旅客的运送期间相同。旅客自带行李以外的其他行李，运送期间则自旅客将行李交付承运人或者承运人的受雇人、代理人时起至承运人或承运人的受雇人、代理人将行李交还给旅客时止。因此，其运送期间可能包括在港站内、码头上或者在港口其他设施内的时间。

二、承运人的责任基础①

依据《海商法》第 114 条，海上旅客运输适用完全过失责任原则和一定范围内的推定

---

① 《海商法》（修订征求意见稿）第 6.9 条将针对航行事故造成的旅客人身伤亡修改为严格责任。

过错原则，从而区别于海上货物运输法中的不完全过失责任原则，这加重了承运人的责任。具体而言，在运送期间内，因承运人或者承运人的受雇人、代理人在受雇或者受委托的范围内的过失造成旅客人身伤亡或者行李灭失、损坏的，承运人应当负赔偿责任。对于承运人或者承运人的受雇人、代理人的过失，原则上由请求人负举证责任，但下列两种情形除外：第一，如果旅客的人身伤亡或者自带行李的灭失、损坏是由于船舶的沉没、碰撞、搁浅、爆炸、火灾所引起或者是由于船舶的缺陷所引起的，则推定承运人及其受雇人、代理人有过失；第二，旅客自带行李以外的其他行李的灭失或损坏，不论由于何种事故所引起，均推定承运人及其受雇人、代理人有过失。

此外，《海商法》第115条规定了四种承运人可以免除、减轻或解除赔偿责任的情况。第一，由于旅客本人的过失造成人身伤亡或行李灭失、损坏，可以免除承运人的赔偿责任；第二，由于旅客和承运人共同过失造成的旅客人身伤亡或行李灭失、损坏，可以相应减轻承运人的赔偿责任；第三，由于旅客本人的故意造成旅客人身伤亡或行李灭失、损坏，承运人不负赔偿责任；第四，由于旅客自身健康状况造成的人身伤亡，承运人亦不负赔偿责任。以上四种情况，均需承运人举证证明。《海商法》第116条则规定了承运人对旅客的货币、金银、珠宝、有价证券等贵重物品所发生的灭失、损坏不负赔偿责任，除非旅客与承运人事先约定将贵重物品交由承运人保管。

需要注意的是，《民法典》与《海商法》的规定有所差异。《民法典》第823条、第824条第2款和第832条规定了承运人对旅客伤亡、旅客托运行李灭失、损坏的严格责任；第824条第1款规定了承运人对旅客自带行李灭失、损坏的过错责任。

三、承运人的责任限制①

承运人对于旅客人身伤亡或行李灭失、损坏承担赔偿责任时，可依法限制责任。如上所述，在我国，国际海上旅客运输和国内沿海旅客运输适用不同的责任限额。

（一）国际海上旅客运输适用的责任限额

依据《海商法》第117条，国际海上旅客运输中承运人的赔偿责任限额为：（1）对旅客的人身伤亡，每名旅客不超过46666特别提款权；（2）对旅客自带行李的灭失或损坏，每名旅客不超过833特别提款权；（3）对旅客车辆包括该车辆所载行李的灭失或损坏，每一车辆不超过3333特别提款权；（4）对其他行李的灭失或损坏，每名旅客不超过1200特别提款权。承运人可以和旅客书面约定高于上述限额的承运人赔偿责任限额；亦可以和旅客约定其对旅客的车辆和其他行李损失的免赔额，但对每一车辆的免赔额不得超过

---

① 《海商法》（修订征求意见稿）第6.12条采用国际海上旅客运输和沿海旅客运输并轨制，将责任限额调高到《2002年雅典公约》中较低责任限额；同时，第6.22条引入强制责任保险制度。

117 特别提款权，对其他行李损失的免赔额不得超过 13 特别提款权。

（二）国内沿海旅客运输适用的责任限额

依据《海商法》第 117 条第 4 款，交通部制定了《中华人民共和国港口间海上旅客运输赔偿责任限额规定》，专门适用于我国沿海旅客运输。其第 3 条规定，承运人在每次海上旅客运输中的赔偿责任限额是：（1）对旅客的人身伤亡，每名旅客不超过 4 万元人民币；（2）对旅客自带行李的灭失或损坏，每名旅客不超过 800 元人民币；（3）对旅客车辆包括该车辆所载行李的灭失或损坏，每一车辆不超过 3200 元人民币；（4）对其他行李的灭失或损坏，每千克不超过 20 元人民币。承运人可以和旅客书面约定高于上述第（1）项规定的责任限额。该《规定》第 4 条同时规定，承运人对旅客人身伤亡赔偿责任总限额，最高不超过 2100 万元人民币。可见，我国沿海旅客运输所适用的责任限额远低于国际公约和《海商法》的规定。

该《规定》于 1994 年 1 月 1 日起施行，时至今日，已明显不适应我国的经济发展形势和人民生活水平，造成了沿海运输旅客和国际运输旅客之间的差别待遇，从而饱受批评。司法实践中，已有法院根据物价上涨指数对沿海旅客运输赔偿责任限额进行调整。因此，提高旅客运输合同下承运人单位赔偿责任限制数额势在必行。

【案例研习 5-4】

张某与青岛永顺达交通旅游开发有限公司、
青岛积米崖交通旅游有限责任公司海上、
通海水域旅客运输合同纠纷案①

2018 年 7 月 8 日，原告张某乘坐"永顺达"轮，登船时因船舶停靠不稳而受伤，遂向青岛海事法院提起诉讼，被告抗辩称享有责任限制的权利。

法院经审理认为，《海商法》第 117 条第 4 款规定，"中华人民共和国港口之间的海上旅客运输，承运人的赔偿责任限额，由国务院交通主管部门制定，报国务院批准后施行"。根据 1994 年 1 月 1 日施行的《中华人民共和国港口间海上旅客运输赔偿责任限额规定》第 3 条，"承运人在每次海上旅客运输中的赔偿责任限额，按照下列规定执行：（一）旅客人身伤亡的，每名旅客不超过 40000 元人民币"。由于 1994 年以来物价变化较大，因此对于责任限额 4 万元，可以考虑物价上涨指数予以相应调整。自 1995 年起至 2018 年居民价格指数分别为 17.1、8.3、2.8、-0.8、-1.4、0.4、0.7、-0.8、1.2、3.9、1.8、1.5、4.8、5.9、-0.7、3.3、5.4、2.6、2.6、2.0、

---

① 参见青岛海事法院（2018）鲁 72 民初 1653 号民事判决书。

1.4、2.0、1.6、2.1，按 1994 年为 100 基数，2018 年物价上升为 192.07，则 1994 年的 4 万元限额应相应提升为 76828 元。本案的海上旅客运输合同发生在我国港口之间，应根据国家的特殊规定享受赔偿责任限额。因此被告作为承运人应根据责任限额向原告赔偿 76828 元人民币。

（三）承运人责任限制权利的丧失

无论是国际海上旅客运输，还是国内沿海旅客运输，承运人责任限制权利的行使并非绝对。依据《海商法》第 118 条第 1 款，如果旅客或他人能证明旅客的人身伤亡或行李的灭失、损坏是由于承运人故意或者明知可能造成损害而轻率地作为或者不作为造成的，承运人即丧失援引责任限制的权利。在这种情况下，承运人的行为已经不是一般的违约行为，而是严重破坏了承运人和旅客之间的运输合同。该条款与《海商法》第 59 条和第 209 条的规定一致。

【案例研习 5-5】

羊某与英国嘉年华邮轮有限公司海上人身损害责任纠纷案

案情介绍请见 5-1 号案例。被告认为自己作为邮轮的经营人，接受第三人的委托实际安排了旅客运输，是实际承运人，依据《海商法》或者中国加入的《1974 雅典公约》及《1976 年议定书》的规定，被告有权享有承运人的赔偿责任限额 46666 特别提款权，约折合人民币 433700 元。

本案法院针对被告提出的赔偿责任限制抗辩，结合案情和相关法律规定，确立了如下规则：在外籍邮轮公共场所中发生的旅客人身损害责任纠纷案件中，若邮轮承运人明知存在发生该种损害的可能性，而违反邮轮母港或船籍国法律规定或相关的行业（操作）规范，未采取相应的防范应对措施，从而导致损害发生的情况下，即构成明知可能造成此种损害而轻率地作为或不为，不应享受《1974 年雅典公约》规定的赔偿责任限额的权益。

四、行李灭失或损坏的通知

与货物一样，行李一旦离船或交还，常常难以判断损害的发生时间，导致责任认定的困难。因此，《海商法》第 119 条通过向旅客施加通知义务，促使双方当事人对行李灭失或损坏的证据进行固定和保全。按照该条款，除非行李交还时，旅客已经会同承运人对行李进行联合检查或检验，旅客都应当以书面形式向承运人或其受雇人、代理人提交关于行李灭失或损坏的通知，并应符合下列时间要求：（1）自带行李发生明显损坏的，应在旅客离船前或者离船时提交；（2）其他行李发生明显损坏的，应在行李交还前或者交还时提交；（3）行李的损坏不明显的，旅客在离船时或者行李交还时难以发现的，应在离船或者行李交还之日起15日内提交；（4）行李发生灭失的，应在离船或者行李交还之日起15日内提交。

如果旅客未按规定提交通知，除非提出反证，否则视为其已经完整无损地收到行李，旅客将面临难以证明行李损坏发生在行李提取之前的风险。必须强调的是，该条款中规定的时间限定不同于旅客提出行李索赔的诉讼时效。超过诉讼时效，旅客丧失实体胜诉权；而超过上述时限，则构成旅客完好收到行李的推定，只要旅客在诉讼时效内提出索赔，并有充分的相反证据推翻该推定，合法权益同样可得到保护。

五、承运人的受雇人、代理人、实际承运人及其受雇人、代理人的责任

（一）承运人的受雇人和代理人

实践中，履行运输合同的大多是承运人的受雇人或代理人，因此他们也有可能成为旅客的索赔对象。当旅客向承运人的受雇人、代理人提出赔偿请求时，依据《海商法》第120条，如果该受雇人或代理人能举证证明其是在受雇范围内或在代理权限内行事，则可以援用第115条和第116条赋予承运人的抗辩理由，以及第117条赋予承运人的责任限制权利。该条款与《海商法》第58条第2款一样，都是"喜马拉雅条款"的法律化。

《海牙—维斯比规则》和《1974年雅典公约》之所以将"喜马拉雅条款"引入海上运输法，是为了将承运人享有的权利扩大到受雇人和代理人，这一规定并不意味着赋予索赔者直接起诉受雇人和代理人的权利。索赔者能否直接起诉受雇人和代理人取决于应适用的准据法。对于受雇人和代理人在职权范围内的责任承担，各国不甚一致。如在我国，《民法典》第1191条第1款规定："用人单位的工作人员因执行工作任务造成他人损害的，由用人单位承担侵权责任。用人单位承担侵权责任后，可以向有故意或者重大过失的工作人员追偿。"据此，索赔者一般不能直接起诉受雇人。

（二）实际承运人及其受雇人、代理人

承运人与旅客签订海上旅客运输合同后，经常将全部或部分运送任务委托给实际承运人具体实施。与海上货物运输合同中的实际承运人一样，海上旅客运输合同中的承运人对其所承担的那部分运输承担法定责任。依据《海商法》第109条，《海商法》第五章关于承运人责任的规定，适用于实际承运人；关于承运人的受雇人、代理人责任的规定，适用于实际承运人的受雇人、代理人。关于实际承运人和承运人之间的责任承担和分配，《海

商法》第 121～125 条，同第 60 条以及第 62～65 条相一致，分别规定了承运人的全程责任、承运人承担法定外义务或者放弃法定权利的特殊协议对实际承运人的效力、承运人与实际承运人的连带责任、承运人、实际承运人及其受雇人、代理人赔偿责任总限额及承运人和实际承运人之间的相互追偿。

六、《海商法》未规定的事项

《海商法》虽然明确了承运人的责任期间、责任基础和责任限额，却没有规定承运人的责任性质①、损害赔偿的范围和计算等事项。承运人过失造成旅客人身伤亡或行李灭失、损害，既违反了合同约定义务，构成违约行为，又可能违反法定义务，构成侵权行为，因此产生了违约责任与侵权责任竞合的问题。依据《民法典》第 186 条，因当事人一方的违约行为，侵害对方人身、财产权益的，受害方有权选择要求其承担违约责任或侵权责任。可见，我国允许竞合，在发生违约责任与侵权责任竞合时，受害方可以择一行使。旅客在选择诉因时，应该充分考虑两种责任不同的构成要件和法律保护内容。例如，违约责任只能向海上旅客运输合同的当事人提出，且一般不包括精神损害请求。旅客人身伤亡赔偿案件中，当事人多选择侵权之诉。最高人民法院《关于审理人身损害赔偿案件适用法律若干问题的解释》《关于确定民事侵权精神损害赔偿责任若干问题的解释》等相关司法解释为当事人提供了更为具体的赔偿计算标准。

第三节　海上旅客运输国际公约

国际社会对海上运输法的关注，长期集中于海上货物运输领域。从《奥列隆惯例集》到《海牙规则》，只涉及货物运输，而未提及旅客运输。② 自 20 世纪 50 年代以来，随着承运人责任免除和限制条款的泛滥以及各国法律冲突的加剧，人们逐步认识到传统法律在调整海上旅客运输方面的不足及法律统一的必要性。1957 年 10 月，国际海事委员会在布鲁塞尔召开的第 10 届海洋法会议上制订了《统一海上旅客运输某些规则的国际公约》。以此为基础，该组织在 1961 年布鲁塞尔第 11 届海洋法会议上通过了《1961 年统一海上旅客

---

① 《1974 年雅典公约》第 14 条规定，公约是关于旅客及其行李诉讼的唯一依据。有学者认为该规定排除了侵权之诉，亦即必须根据合同起诉（参见［加］威廉·台特雷：《国际海商法》，张永坚等译，法律出版社 2005 年版，第 448 页）。我们认为该观点值得商榷，该条旨在确立公约规则的适用地位，无意强调诉因。

② 相比之下，调整航空运输的《统一国际航空运输某些规则的公约》（1929 年《华沙公约》）既包括货物也包括旅客在内的航空运输。

运输某些规则的国际公约》①。由于该公约没有规定行李运输，国际海事委员会于 1967 年 5 月在布鲁塞尔又制订了《1967 年统一海上旅客行李运输某些规则的国际公约》②。尽管这两个公约因责任限额太低没有在世界范围内被普遍接受，但其中的许多规则最终被《1974 年雅典公约》接受并采纳，为后者的制定提供了条件。

一、《1974 年雅典公约》

对国际海上旅客运输法统一产生实质效果的是《1974 年雅典公约》。公约以国际海事委员会的《1969 年有关统一海上旅客及其行李运输若干规则的国际公约（草案）》为基础，由联合国政府间海事协商组织于 1974 年 12 月在雅典海上旅客及其行李运输国际法律会议上通过，并于 1987 年 4 月 28 日正式生效。

《1974 年雅典公约》所确立的责任规则与我国《海商法》基本相同，此处不再重复，这里仅介绍公约的有关适用条款。公约适用于下列国际运输：（1）船舶悬挂公约某一缔约国的国旗或在其国内登记；（2）运输合同在公约某一缔约国内订立；（3）按照运输合同，起运地或到达地位于公约某一缔约国内。所谓国际运输，是指按照运输合同，其起运地和到达地位于两个不同的国家之内，或虽位于同一国家之内，但根据运输合同或船期表，中途停靠港在另一国家之内的任何运输。公约允许缔约国作出保留，当旅客和承运人同属该国国民时，不适用该公约。

公约还规定了它与其他国际公约和国内法的适用关系：（1）如根据有关以另一运输方式运输旅客或行李的任何其他国际公约的规定，本公约所述运输应受该公约规定的某种民事责任制度的约束，则在这些规定强制适用于海上运输的范围内，本公约不适用。（2）本公约不得改变有关海船所有人责任限制的国际公约规定的承运人、实际承运人及其受雇人或代理人的权利和义务。（3）对核事故造成的损害，如果按 1964 年 1 月 28 日补充议定书修正的 1960 年 7 月 29 日《核能方面第三方责任巴黎公约》或 1963 年 5 月 21 日《核能损害民事责任维也纳公约》或相应国内法的规定，由核设施经营者负责，本公约下不产生任何责任。

1976 年 11 月 17 日至 19 日，政府间海事协商组织在伦敦通过了《1974 年海上旅客及其行李运输雅典公约的 1976 年议定书》，该议定书已于 1989 年 4 月 30 日生效。该议定书将《1974 年雅典公约》第 7 条和第 8 条承运人赔偿责任限制和免赔额规定中使用的金法

---

① 该公约于 1967 年 6 月 4 日生效。

② 该公约未生效。

郎，修改为国际货币基金组织的特别提款权，并按 1 特别提款权等于 15 金法郎计算。我国《海商法》规定的责任限额和免赔额与其一致。

1987 年"自由企业先驱"号事故①后，1 在英国政府的强烈要求下，1987 年 10 月 12 日至 16 日举行的国际海事组织第 58 届会议开始讨论修改《1974 年雅典公约》，大幅度提高旅客伤亡的赔偿限额。经过讨论，国际海事组织于 1990 年 3 月在伦敦外交大会上通过了《修订 1974 年海上旅客及其行李运输雅典公约的 1990 年议定书》（以下简称《1990 年议定书》），但至今尚未生效。该议定书将承运人对旅客人身伤亡的赔偿责任限额提高至每名旅客每次运输 1.75 万特别提款权；承运人对旅客自带行李、其他行李和车辆的赔偿限额分别提高到 1800、2700 和 1 万特别提款权。此外，承运人对旅客自带行李以外的其他行李和车辆损失的免赔额分别规定为 135 和 300 特别提款权。该议定书还规定了修正责任限额的默认接受程序，② 使得限额的进一步提高更为便捷。

《1974 年雅典公约》及其《1976 年议定书》已于 1994 年 9 月 30 日对我国生效。

二、《2002 年雅典公约》

《1990 年议定书》之所以没有生效，一个重要的原因是国际社会已着手对《1974 年雅典公约》进行全方位的改革。随着海上旅客运输海难的频发，人们认识到单纯提高承运人的责任限额并不足以给予旅客充分的救济。因此，关于改革《1974 年雅典公约》的讨论扩大到了承运人的责任基础和强制保险制度。最终，国际海事组织于 2002 年 11 月 1 日在伦敦外交大会上，通过了《修订 1974 年海上旅客及其行李运输雅典公约的 2002 年议定书》。经该议定书修订的《1974 年雅典公约》，即《2002 年海上旅客及其行李运输雅典公约》（简称《2002 年雅典公约》）。该公约全面修改了《1974 年雅典公约》，引入了由强制保险保证实施的严格责任规则，带来了海上旅客运输法的重大变化。2014 年 4 月 23 日，公约正式生效。

（一）责任基础

依据《2002 年雅典公约》第 3 条和第 7 条，区分不同情形导致的旅客人身伤亡和行李损失，对承运人分别适用不同的归责原则：

---

① 1987 年 3 月 6 日，英国"自由企业先驱"号渡船在比利时泽布吕赫港附近倾覆，188 人丧生，引起英国公众强烈反应，迫使英国政府将国内法中的旅客伤亡赔偿限额从 70 万金法郎（46667 特别提款权）提高到 152.5 万金法郎（10 万特别提款权）。

② 依据该议定书第Ⅷ条，责任限额修正案经扩大法律委员会 2/3 多数通过后，由国际海事组织通知所有缔约国，并在通知之日起 18 个月的期间结束时，视为已获接受；除非在此期间有不少于 1/4 的缔约国已通知秘书长不接受该修正案。

1. 航运事故①造成的旅客人身伤亡适用双层责任机制。第一层为严格责任，承运人在25万特别提款权的限额内承担严格责任，同时也享有援引"证明该损害是由于不可抗力所造成，或者完全是由第三方有意地作为或者不作为所引起"等免责事由；第二层是过错推定责任，对超出25万特别提款权但不超过40万特别提款权限额因航行事故导致的旅客伤亡，承运人承担过错推定责任，除非承运人举证证明不存在过错。

2. 非航运事故造成的旅客人身伤亡适用过错责任。承运人只有在存在过错的情况下才承担赔偿责任，并且举证责任由请求人承担。

3. 承运人对于旅客行李灭失或损坏的赔偿责任也分三种情况：第一，航行事故造成旅客自带行李的灭失或损坏，承运人承担过错推定责任；第二，除航行事故之外的其他原因造成自带行李的灭失或损坏，承运人承担过错责任；第三，对于自带行李以外的其他行李的灭失或损坏，无论是何种原因造成的，承运人需承担过错推定责任，除非承运人能够提出反证。

与《1974年雅典公约》相比，《2002年雅典公约》在责任基础方面最大的变化在于：合理借鉴了《1999年统一国际航空运输某些规则的公约》（以下简称《1999年蒙特利尔公约》），就航运事故导致的旅客人身伤亡确立了双层责任，以责任限额为界分别适用严格责任与过错推定责任。所不同的是，《1999年蒙特利尔公约》并无航运事故与非航运事故之分。实践中，与航空旅客人身伤亡往往是由于驾驶员或飞行器本身原因造成不同，大多数海上旅客人身伤亡并不直接与运输有关，而是发生在相应的辅助服务过程中，有些服务产品或设施甚至是由第三者提供的；与航空旅客活动范围受限不同，海上旅客享有较大的活动自由和空间，受承运人约束较小。此外，海上承运人对于严格责任的态度及其保险安排也与航空承运人差异甚大。

应该说，《2002年雅典公约》继《1969年国际民事责任公约》等船舶污染损害责任公约后，极大地丰富了海商法领域的严格责任实践。它通过有限的严格责任结合扩大的过失责任，建立了有层次的承运人责任体制，在保证旅客得到充分赔偿和防止承运人负担过重之间，在发达国家和发展中国家利益矛盾之间求得平衡。这对于探求严格责任和过失责任的不同原理及其相互作用关系，都是一个很好的实践素材。

（二）责任限额

与双层责任对应，《2002年雅典公约》就人身伤亡赔偿设置了双层责任限额，第一层

---

① 所谓航运事故，是指"海难、捕获、船舶碰撞或搁浅、船上发生的爆炸或火灾，或船舶缺陷"。船舶缺陷，具体指"船舶任何部分或其设备用于旅客逃生、撤离、上船和下船时，或用于推进、操舵、安全航行、锚泊、抛锚、进入或离开泊位或锚地、浸水后的损害控制时，或用于释放救生设备时，发生的故障、失灵或未遵守适用的安全规则"。

为 25 万特别提款权，第二层为 40 万特别提款权。同时，公约还订有"选择放弃条款"（Opt-out Clause），允许参加国在其国内法中明确作出高于此限额的规定。

在对旅客人身损害赔偿的限额做大幅度提高的同时，《2002 年雅典公约》在《1990 年议定书》的基础上对旅客行李的赔偿限额也做了相应提高。自带行李的赔偿限额从 1800 特别提款权提高到 2250 特别提款权，提高了 25%；车辆及物品的赔偿限额从 1 万特别提款权提高到 1.27 万特别提款权，提高了 27%；其他行李的赔偿限额从 2700 特别提款权提高到 3375 特别提款权，提高了 25%；车辆的免赔额从 300 特别提款权提高到 330 特别提款权，行李的免赔额从 135 特别提款权提高到 149 特别提款权，分别提高了 10%。

此外，《2002 年雅典公约》还采纳了《1990 年议定书》中修订承运人赔偿责任限额的默认接受程序。

（三）强制保险和直接索赔

严格责任的引入和责任限额的提高，无疑有助于旅客得到充分的赔偿；但如果承运人无力履行赔偿责任，旅客的权利仍难以切实保障。为此，《2002 年雅典公约》借鉴了《1969 年国际油污损害民事责任公约》，要求实际履行运输的承运人应就公约规定的旅客人身伤亡责任提供保险或其他财务担保，如银行或类似金融机构出具的保证。强制保险或其他财务担保的额度为每名旅客每次事故不少于 25 万特别提款权。同时，《2002 年雅典公约》还赋予了旅客人身伤亡的索赔人对保险人或财务担保人的直接请求权。出于平衡索赔人与保险人、财务担保人之间利益的需要，《2002 年雅典公约》还赋予后者下列权利：(1) 其责任限于承保金额，即使承运人或履约承运人丧失责任限制权；(2) 行使承运人依据公约有权援用的抗辩，但不包括承运人破产或停业清理抗辩；(3) 以损害源于被保险人故意不当行为为由提出抗辩，但不得行使他在被保险人向他提出的诉讼中有权援用的任何其他抗辩；(4) 要求承运人或履约承运人参加诉讼。

《2002 年雅典公约》保护旅客人身权益、增强承运人安全义务的精神以及双层责任和强制保险的设计，对我国今后的立法和管理思路调整都将大有裨益。这一点已在《海商法》的修订过程中有所体现。

【专业术语】

海上旅客运输合同	Contract for Carriage of Passengers by Sea
包价旅游合同	Tourism Package Contract
辅助履约人	Performance Assistant
公共交通经营者	Public Transport Operator

续表

旅客	Passenger
行李	Luggage
自带行李	Cabin Luggage
邮轮旅游	Cruise Tourism
雅典公约	the Athens Convention
航运事故	Shipping Incident
双层责任机制	Two-tier System Scheme

【拓展阅读】

1. 郭萍：《邮轮运输可持续发展的法治保障》，知识产权出版社 2022 年版。

2. 孙思琪：《邮轮旅游法律要论》，法律出版社 2018 年版。

3. 郭萍：《〈海商法〉"海上旅客运输合同"章修改：现实困惑与价值选择》，载《地方立法研究》2020 年第 5 期。

第六章　船舶租用

船舶作为一种财产，可以为所有人自己使用，通过承揽货物运输或其他经营业务，获取运费等收益；也可以出租给其他非所有人使用，获取租金收益。在实践中，由于不同地区对运力的需求不同，在航运企业之间经常通过船舶租赁来调配运力，从而使船舶能得到充分利用。

第一节　船舶租用概述

一、船舶租用的概念和类型

船舶租用是指船舶出租人向承租人提供约定的由出租人配备或不配备船员的船舶，由承租人在约定期间内按照约定用途使用，并支付约定租金的行为。在船舶租用关系中涉及两方当事人，即船舶出租人和承租人（Charterer）。其中，船舶出租人可能是船舶所有人，也可能是得到船舶所有人授权而出租或转租的船舶经营人或承租人，但在租船合同中并不探究他们的真实身份，而是一概称为 Shipowner（船东、船舶所有人）。

船舶租用主要可分两种情况，即定期租船（Time Charter）和光船租赁（Bareboat Charter）。二者最大的区别在于，定期租船所租用的船舶是配备船员的，而光船租赁则不配备船员，船员需由承租人自行雇佣。因此，在定期租船情况下，由于船员由出租人雇佣，出租人实际上仍保留对船舶的占有和控制，在司法实践中，一般视出租人为实际承运人。而光船租赁则是由承租人占有和控制船舶。

船舶租金一般按租用时间的长短和约定的租金率计算，租期长的可达三年，短的则可能是几个星期。

二、船舶租用合同的订立

船舶租用涉及财产价值巨大，关系到双方当事人的切身利益，因此要求合同条款必须周全严密。为此，国际航运协会、货主协会等行业组织拟订了各种格式合同，供当事人使用。出租人和承租人只需对格式合同中的条款按照双方需要进行变更、添加、删除即可，从而大大简化了谈判过程。

根据我国《海商法》第128条的规定，船舶租用合同，包括定期租船合同和光船租赁合同，均应当采用书面形式订立。

三、船舶租用合同的法律调整

船舶租用合同的当事人一般均是航运企业或大型货主企业，双方在谈判地位上较为均等，因此各国法律一般不对此类合同的订立和内容过多干预，而是交由当事人自由议定。在此方面也不存在国际公约。

我国《海商法》中存在"船舶租用合同"专章，该章规定主要来自于国际通行的租船合同格式条款。根据《海商法》第127条的规定，该章关于出租人和承租人之间权利义务的规定，仅在船舶租用合同没有约定或没有不同约定时适用。因此，《海商法》中有关船舶租用合同当事人权利、义务的规定均为任意性条款，取决于当事人意愿，并非强制适用。

第二节　定期租船合同

一、定期租船合同概述

定期租船合同，也称为期租合同，根据《海商法》第129条的规定，是"船舶出租人向承租人提供约定的由出租人配备船员的船舶，由承租人在约定的期间内按照约定的用途使用，并支付租金的合同"。

定期租船合同的特点在于：

（1）出租人负责配备船长和船员，负责船舶的航行和内部管理，并承担船舶固定费用、船员工资、伙食以及船舶的维修保养、物料和供应品等。此处出租人仅指船舶所有人、经营人和光船承租人，定期承租人又通过定期租船合同将船舶转租的，该定期承租人（同时也是第二个合同的出租人）实际上并不承担以上义务，而仍由船舶所有人、经营人和光船承租人承担。

（2）承租人在租期内有权使用船舶，安排船舶营运，船长应听从承租人指示。船舶的燃油费、港口使用费、货物装卸费等营运费用由承租人承担。

（3）在租期内，如果合同没有限制性规定，承租人可以将船舶通过航次或定期租船方式转租，无须出租人同意，但应将转租情况及时通知出租人。

对于定期租船合同的性质，存在较多争议。有学者认为，财产租赁合同的法律特征之一是合同标的物的占有和使用权从出租人转移至承租人。但定期租船合同情况下，船舶在租期内仍由出租人通过其雇佣的船长、船员占有，由于占有权未转移，因此定期租船合同不是财产租赁合同。在绝大多数情况下，定期租船合同中主要是关于货物运输的规定，如载货能力、载货种类、出租人的货损责任、适航性等，因而它具有海上货物运输合同的特征。多数学者倾向于认为，定期租船合同具有财产租赁合同和海上货物运输合同的双重性质。

二、定期租船合同与航次租船合同的区别

（1）合同法律性质不同。定期租船合同是一种特殊的财产租赁合同，而航次租船合同虽名为租船合同，但其实质却是海上货物运输合同。

（2）出租人地位不同。航次租船合同中的出租人与班轮运输中的承运人具有相同的法律地位，都是承运人，在任何情况下，应对完成约定航次的运输直接负责。但在定期租船合同下，除出租人签发自己的提单外，出租人仅对承租人负责。即使出租人的船舶有可能因运输合同或承租人的其他债务而被扣押，但这并不影响其根据定期租船合同的规定，向承租人追偿其不应承担的赔偿责任。

（3）费用承担不同。航次租船合同中的出租人向承租人提供船舶的全部或部分舱位，除装卸费等费用另有约定外，须自负一切费用。而定期租船合同中的出租人提供给承租人的是整艘船舶，在合同约定的租期内，出租人除承担船员工资、船舶的维修和保养等费用外，其他有关船舶营运费用由承租人承担。

（4）对价性质不同。航次租船合同中出租人收取的是运费，而定期租船合同中出租人收取的是租金。

三、定期租船合同的格式

在国际航运市场上，有多种定期租船合同标准格式供当事人选择使用。目前，国际航运界常用的定期租船合同格式有：

（1）《统一定期租船合同》（Uniform Time Charter），租约代号"波尔的姆"（Baltime）。由波罗的海国际航运公会于 1909 年制定，经过 1911 年、1912 年、1920 年、1939 年、1950 年、1974 年和 2001 年的修订。目前经常使用的是 2001 年的格式。此格式较倾向维护出租人的利益。

（2）《定期租船合同》（Time Charter），租约代号"土产格式"（Produce Form），常简称为"NYPE"或"纽约格式"。由纽约土产交易所于 1913 年制定，后经过 1921 年、1931

年、1946 年、1981 年和 1993 年的修订。目前适用的是经 1993 年修订后的格式。该合同格式比较公平地维护了出租人和承租人双方的权益，但对双方权利义务的规定不如"波尔的姆"格式明确。

除以上两种常用格式外，实践中还使用其他多种合同格式，如英国伦敦壳牌石油公司制订的《液体货物定期租船合同》（Shell Time），中国租船公司 1980 年制订的《定期租船合同》，租约代号"中租 1980"（SINOTIME 1980）。

四、定期租船合同的主要内容

《海商法》第 130 条规定："定期租船合同的内容，主要包括出租人和承租人的名称、船名、船籍、船级、吨位、容积、船速、燃料消耗、航区、用途、租船时间、交船和还船的时间和地点以及条件、租金及其支付，以及其他有关事项。"

在定期租船合同中，一般包括以下条款：船舶说明条款、交船条款、租期条款、合同解除条款、货物条款、航行区域条款、出租人提供事项条款、承租人提供事项条款、租金支付条款、还船条款、停租条款、出租人责任与免责条款、使用与赔偿条款、转租条款、留置权条款、国际安全管理条款、船舶保安条款、共同海损条款、新杰森条款、双方互有过失碰撞条款、战争条款、仲裁条款、佣金条款等。

（一）船舶说明（Description of Vessel）

说明船名、船舶国籍、船级、吨位、容积等内容，与航次租船合同的有关条款内容相同。

（二）船速与燃料消耗（Vessel's Speed and Fuel Consumption）

在定期租船情况下，承租人按时间支付船舶租金，船舶航行速度影响船舶的利用效率，直接关系到承租人所能取得的经济收益。同时由于承租人承担船舶营运费用，包括燃料，因此燃料消耗影响到船舶使用成本，也关系到承租人的经济收益。根据合同规定，船舶出租人有义务提供符合约定的船速与燃料消耗情况的船舶，否则应赔偿承租人的损失。

一般情况下，船舶出租人对船速与燃料消耗的保证是在船舶满载和天气良好的条件下。实际的船速与燃料消耗与合同约定略有差异的，不应视为违约。

（三）交船（Delivery of Vessel）

船舶出租人应在合同约定的时间和地点将符合合同要求的船舶交付承租人使用，此处的"交付"是指船舶、船员处于可听从承租人指示以为其服务的状态。

交船时间是合同租期的起算时间，也称为起租时间。如果在合同约定的交船期的最后一天，出租人未能将符合约定的船舶交与承租人，则承租人有权解除合同。也有合同约定，解约日应为交船期届满后的某一天，则出租人在交船期届满后解约日到来之前交船的，承租人无权解除合同，但可就损失索赔。我国《海商法》第131条规定，"出租人应当按照合同约定的时间交付船舶"，出租人违反约定的，承租人有权解除合同。"出租人将船舶延误情况和船舶预期抵达交船港的日期通知承租人的，承租人应当自接到通知时起四十八小时内，将解除合同或者继续租用船舶的决定通知出租人。因出租人过失延误提供船舶致使承租人遭受损失的，出租人应当负赔偿责任。"

交船地点一般约定为某一具体港口，甚至具体到港内某一地点；合同约定两个或两个以上的交船港口或地点，由承租人在约定的交船时间之前进行选择。

出租人所交付的船舶应符合合同约定的状态以及约定用途。我国《海商法》第132条规定，出租人交付船舶时，应当做到谨慎处理，使船舶适航，交付的船舶应当适于约定的用途。否则，承租人有权解除合同，并有权要求赔偿因此遭受的损失。为确定船舶状态，有的合同约定了检验事项，双方可各派一名验船师进行联合检验，检验报告对合同双方具有拘束力。

（四）租期（Period of Hire）

定期租船情况下，租期通常按日历月或年计算。由于海上运输很难做到时间精确，租期届满的时间和承租船舶的最后航次结束时间往往不能一致，因此在合同中一般规定有"宽限期"，允许承租人在合同租期届满后的一定时间内交还船舶，而不视为违约。

（五）航行区域与安全港口（Trading Limit and Safe Ports）

根据我国《海商法》第134条规定，承租人应当保证船舶在约定航区内的安全港口或者地点之间从事约定的海上运输，否则，出租人有权解除合同，并有权要求赔偿因此遭受的损失。

定期租船合同一般列明承租人可以指示船舶前往的区域，有的还特别订明承租人不能指示前往的区域（除外地区），如战争区、冰冻区、与船旗国处于敌对状态的国家或地区、疫病流行区等。如果承租人指示船舶前往除外地区或港口，出租人及其船长有权拒绝，若承租人坚持前往，出租人可以解除合同并提出索赔。在实践中，出租人在承租人同意投保船舶附加险并承担费用的情况下，通常会同意船舶前往除外的地区或港口。

安全港口应当是在船长船员运用良好的船舶驾驶技艺的情况下，船舶能安全地驶入、停靠、驶离而不会遭受损害的港口。一个安全港口，首先是航行条件的安全，其中包括航道、天气、助航设施、系泊设备等方面。其次是政治上的安全，即船舶不会遭遇战争、敌对行为、恐怖活动、捕获、没收等风险。承租人对安全港口的保证以其向船长发出指示时为限，如果此后港口变为不安全，在时间允许情况下，承租人应另行指定安全的港口。

（六）货物（Cargo）

该条款一般规定，承租人只能使用船舶运送合法及合乎合同约定的货物。合法货物是指符合船旗国、装货港、卸货港、船舶所经过国家的法律以及租船合同准据法的货物。通常合同还特别排除某些货物，禁止载运如活动物、武器弹药、爆炸物、核原料等，这被称为除外货物。承租人指示船长装运非法或违反合同约定的货物的，船长有权加以拒绝。如果承租人根据合同有权运输危险货物，则他应当在装运前将货物的性质和运输注意事项通知出租人。

我国《海商法》第 135 条规定，承租人应当保证船舶用于运输约定的合法的货物，承租人将船舶用于运输活动物或者危险货物的，应当事先征得出租人的同意，承租人违反约定致使出租人遭受损失的，应当负赔偿责任。

（七）出租人提供事项（Owners to Provide）

该条款规定出租人应安排并承担费用的项目，一般包括船长、船员工资、伙食、给养，船舶备用物品、保险费、检验费、修理费和日常开支。

（八）承租人提供事项（Charterers to Provide）

该条款规定承租人应安排并承担费用的项目，一般包括船舶燃料，安排货物装卸并承担费用，港口使用费、代理费、税金等。

（九）租金支付与撤船（Payment of Hire and Withdraw of Vessel）

在定期租船合同中，租金一般按船舶载重吨位、每吨每月计算，或按每月租金率计算，支付通常以日历月为准预付。我国《海商法》第 140 条规定，承租人应当按照合同约定支付租金，否则，出租人有权解除合同，并可要求赔偿因此遭受的损失。出租人通过撤船来行使解除合同权利，即指示船长将船舶开回指定港口，不再为承租人提供服务。合同中一般约定，出租人撤船的，必须向承租人发出通知，通知自送达承租人时起生效。撤船权利应在合同约定时间或合理时间内行使，否则视为放弃权利。由于在撤船后，出租人往往不能立即将船舶再出租或由于市场租金低于合同租金，按照我国《海商法》第 140 条，出租人可就此损失提出赔偿请求。

（十）留置权（Lien）

按照我国《海商法》第 141 条以及一般定期租船合同中的留置权条款的规定，承租人未向出租人支付租金或合同约定的其他款项的，出租人对船舶所载属于承租人的货物和财产以及转租船舶的收入有留置权。

在出租人行使该留置权时，应注意：（1）由于承租人是债务人，因此留置财产只能限于承租人的财产，它可能包括承租人的货物、船用燃料、承租人提供的垫舱、隔离物料等；（2）留置转租船舶的收入，是指承租人将船舶再定期出租或航次出租所获得的租金、运费，出租人可要求转租的承租人将租金、运费交付给其本人，而后对该租金、运费行使留置权。

（十一）停租（Off-hire）

停租是指，在租期内，非由于承租人的原因使其不能根据合同使用船舶的，对此期间承租人可以不付租金。我国《海商法》第133条第2款规定："船舶不符合约定的适航状态或者其他状态而不能正常营运连续满二十四小时的，对因此而损失的营运时间，承租人不付租金，但是上述状态是由承租人造成的除外。"具体而言，可导致停租的原因主要有：（1）船舶人员配备问题，如所配备船长、船员不适合预定航次，船员数量不足等，导致船舶处于不适航状态；（2）应由出租人提供的船用物料不足；（3）船舶本身及设备出现故障，需要进行修理；（4）船舶定期或临时检验、维护；（5）船舶或货物遭遇海损事故导致营运延误；（6）因出租人原因导致的船舶被扣押或禁止离港等。

（十二）转租（Sublet）

在定期租船合同中，一般规定承租人可以将船舶转租给第三人（转租承租人），但承租人在定期租船合同下的义务不因转租而受影响。我国《海商法》第137条规定："承租人可以将租用的船舶转租，但是应当将转租的情况及时通知出租人。租用的船舶转租后，原租船合同约定的权利和义务不受影响。"在转租合同中，关于船舶航行区域、装载货物范围、原出租人义务和责任等约定不能超出原租船合同的约定，否则船长和原出租人有权拒绝。

（十三）还船（Redelivery of Vessel）

还船是指承租人在租期届满后，在约定地点将船舶交还出租人。由于在多数情况下，船舶的最后航次结束时间与租期届满时间不一致，因此实践中常发生延期还船或提前还船的情形。

就延期还船而言，其最后航次有合法与非法之分。合法的最后航次是指在最后航次开始之时，承租人合理预期船舶在完成该航次后还船将在租期内或合理的宽限期内，如果合理预期还船将超期，则为非法的最后航次。对于合法的最后航次，承租人应就超期支付租金；对于非法的最后航次，出租人可要求承租人改变航次，如其拒绝，则出租人有权解除合同，撤回船舶。我国《海商法》第143条规定："经合理计算，完成最后航次的日期约为合同约定的还船日期，但可能超过合同约定的还船日期的，承租人有权超期用船以完成该航次。超期期间，承租人应当按照合同约定的租金率支付租金；市场的租金率高于合同约定的租金率的，承租人应当按照市场租金率支付租金。"

如果承租人提前还船，出租人可请求承租人赔偿损失，但负有减少损失义务，应及时寻找新租船人。

租船合同中一般约定，承租人交还的船舶状态，除自然磨损外，应具有与出租人交船时相同的良好状态，否则承租人应予以修复或赔偿。我国《海商法》第 142 条也做了同样的规定。船舶状态通过检验确定，由双方各自或共同指定验船师进行。

（十四）出租人的责任和免责（Owner's Responsibility and Exceptions）

租船合同中通常规定，出租人交船时应提供适航船舶，并使船舶维持适航状态。《海商法》第 132 条规定："出租人交付船舶时，应当做到谨慎处理，使船舶适航。交付的船舶应当适于约定的用途。"根据我国法律，出租人适航义务的程度限于"谨慎处理"，即只要其做到了应有的谨慎，即使船舶不适航，也不承担赔偿责任。但期租双方当事人可以在合同中做不同约定，加重出租人责任，如有的合同即规定出租人应承担交船时的绝对适航义务。在租期内，出租人还应当使船舶的适航状态得到维持，如果船舶出现不适航情况，出租人应及时采取合理措施进行恢复。

在期租合同中还规定有免责事项，通常在租期内遇有天灾、公敌、火灾、政府限制，海上、河流、机器、锅炉和航行的所有危险和事故，以及航行过失等，期租双方均可免责。此处的免责应理解为免除赔偿责任，而合同约定的停租权利和解除合同权利等并不受影响。

实践中，期租合同常订入"首要条款"，规定出租人的责任、权利和豁免，依据《海牙规则》《海牙—维斯比规则》或相应国内法确定，这样出租人应对租期内每一航次承担船舶适航义务，并享有相应免责、责任限制权利。

（十五）使用和赔偿（Employment and Indemnity）

根据期租合同约定，承租人在租期内有权使用船舶，我国《海商法》第 136 条也规定："承租人有权就船舶的营运向船长发出指示，但是不得违反定期租船合同的约定。"承租人可就船舶航次、装运货物的种类、数量等营运事项，向船长发出指示，但承租人无权干涉有关船舶安全、内部管理等事务。

出租人及其船长在船舶营运安排上服从承租人指示，导致船舶发生损害或对第三人承担赔偿责任，并因此使出租人遭受的损失超过其按照租船合同应承担的范围，出租人可就超出部分损失要求承租人赔偿。例如船长根据承租人指示签发提单，出租人就货物损害适用提单准据法，其所承担的赔偿责任超过其根据租船合同应承担的责任范围的，出租人可向承租人索赔。

（十六）运输单证（Documentation）

期租合同一般规定，船长有义务为货物签发提单或海运单等运输单证，但承租人不能要求船长签发与大副收据或理货报告不符的单证，也不能要求他签发违反诚信原则和法律的单证，如预借提单、倒签提单等。

（十七）救助款项（Salvage Payment）

在租期内，如果船舶从事海难救助并取得救助款项，由于海难救助使用了出租人的船舶和承租人的营运时间，因此双方都有权获得相应的救助款项份额。一般合同规定，在除去救助费用、船员应得份额后，出租人和承租人应平均分配救助款项。我国《海商法》第139条也规定："在合同期间，船舶进行海难救助的，承租人有权获得扣除救助费用、损失赔偿、船员应得部分以及其他费用后的救助款项的一半。"

（十八）共同海损（General Average）

定期租船合同均有共同海损条款，约定适用的理算规则，一般选择《约克·安特卫普规则》。出租人有权收取的租金通常不参与共同海损的分摊。

（十九）其他条款

在定期租船合同中，还有仲裁条款、双方互有过失碰撞条款、新杰森条款、船舶保安条款、战争条款、佣金条款等，其内容与航次租船合同的相关条款相同。

【案例研习 6-1】

"兴达"轮定期租船合同纠纷案①

1993年9月17日，兴鹏公司与福星公司签订定期租船合同，将"兴达"轮出租给福星公司，租期6个月，租金每日6400美元。出租人保证该轮在天气良好情况下航速可达约12节；海上航速12节时，每天耗油约工业燃油30吨，轻油2吨；在港不作业时每天耗2吨轻油，在港作业时每天耗3~3.5吨轻油。租期结束后，经福星公司测算，"兴达"轮租期内航速约11.39节，多消耗轻油约68吨。福星公司扣留未付租金，双方遂起纠纷。

经审理，一审法院认为船舶航速在合理浮动范围内，不能认为未达到合同约定航速；多消耗轻油系福星公司只计算船舶辅机耗油而未计算主机耗油所致，其主张不应支持。二审法院认为，根据航运惯例，"兴达"轮合理航速可按11.5节计算，租期内测算航速显然未达到合同规定航速；期租合同对油耗的约定明确，根据航运惯例，可允许5%浮动，据此计算，"兴达"轮油耗仍超出合同规定。判决福星公司扣除相关损失后向兴鹏公司支付剩余租金。

第三节 光船租赁合同

一、光船租赁合同概述

光船租赁合同，又称为光船租船合同或光租合同，根据我国《海商法》第 144 条的规定，"光船租赁合同，是指船舶出租人向承租人提供不配备船员的船舶，在约定的期间内由承租人占有、使用和营运，并向出租人支付租金的合同"。

光船租赁在"二战"后得到了较大发展，不少发达国家的船舶所有人将船舶出租给发展中国家的航运企业。这种情况出现的原因在于，发达国家本国船员工资福利费用高昂，企业税收沉重，使船舶营运成本大增；同时"二战"后海运业长期处于运力过剩状态，竞争空前激烈，这些原因使得部分发达国家船舶所有人选择将船光租，以获得稳定的租金收益的经营方式。另一方面，发展中国家在造船和购船上缺乏资金，但在获得政治独立后，发展自己的航运事业的需求强烈，很多国家实施货载保留政策，强制性地为本国航运企业保留一定比例的货源，加上拥有丰富而廉价的劳动力资源，因此光船租赁经营便成为一种选择。此外，光船租赁还是一种投资方式。有相当部分船舶所有人因为经营条件和能力等方面的限制，不能或不愿亲自经营船舶，于是便购买船舶进行光租，作为投资手段。

光船租赁合同的特点：

（1）船长和船员由承租人配备，船舶由承租人占有和经营。船舶占有权由出租人转至承租人是光船租赁合同与定期租船合同最大的不同，在合同租期内，占有权和使用权由承租人行使，而出租人仅保留最终的处分权。

（2）由于出租人失去对船舶的占有，因此在租期内，未经出租人书面同意，承租人不得转让合同的权利和义务或者以光船租赁的方式将船舶进行转租。

（3）承租人根据光船租赁合同取得的光船租赁权具有物权性。根据我国《船舶登记条例》第 6 条规定，光船租赁权的设定、转移和消灭应向船舶登记机关登记；未经登记的，不得对抗第三人。在登记后，承租人的光船租赁权即取得对世效力，可排斥和对抗第三人的权利。例如，在租期内出租人将船舶转让的，光船租赁权继续有效，船舶受让人必须予以接受和维持。

基于以上特点，光船租赁合同在性质上应是一种较典型的财产租赁合同。

二、光船租赁合同的格式

目前在国际航运领域使用最广泛的光船租赁合同格式是波罗的海国际航运公会于 1974

年制定的《标准光船租赁合同》(Standard Bareboat Charter)，租约代号"贝尔康"(BARECON)，经过1989年和2001年两次修订。"贝尔康2001"共有五部分，其中第一、二部分是合同基本条款，第三部分是关于新造船舶的专门规定，仅适用于通过抵押贷款进行建造的新船光船租赁，第四部分是关于光船租购的附加规定，第五部分是关于光船租赁合同登记的附加条款。

三、光船租赁合同的主要内容

光船租赁与定期租船区别主要在于船舶占有问题，故而在合同条款上有许多相同或相近之处。我国《海商法》第145条规定："光船租赁合同的内容，主要包括出租人和承租人的名称、船名、船籍、船级、吨位、容积、航区、用途、租船期间、交船和还船的时间和地点以及条件、船舶检验、船舶的保养维修、租金及其支付、船舶保险、合同解除的时间和条件，以及其他有关事项。"

由于出租人不负责配备船员，也不承担相应的项目和费用，因此光船租赁合同的内容比定期租船合同要简单。有关交船、还船、航行区域与安全港口、货物、租金、留置权、仲裁等条款内容与定期租船合同基本相同，而运输单证、承租人使用和赔偿条款由于船长由承租人雇佣，一般不会出现提单持有人向出租人索赔的情况，因此条款实际作用有限。光船租赁合同的特殊性主要体现在船舶的使用和维护、保险、出租人检查权利、船舶抵押、转租等方面。

(一) 交船

《海商法》第146条规定，出租人应当在合同约定的港口或者地点，按照合同约定的时间，向承租人交付船舶以及船舶证书。交船时，出租人应当做到谨慎处理，使船舶适航。交付的船舶应当适于合同约定的用途。否则，承租人有权解除合同，并有权要求赔偿因此遭受的损失。有的合同还约定，在交船之前，承租人应向出租人提供由银行或第三人出具的保函，作为承租人履约的担保。

(二) 船舶的维护

《海商法》第147条规定："在光船租赁期间，承租人负责船舶的保养、维修。"具体而言，承租人的维护义务包括，租期内保持船舶及其设备处于良好状态，保持船级和船舶证书的有效性，对于船舶发生的损坏情况及时采取措施进行修复。如果承租人不履行其维护义务，出租人有权撤回船舶解除合同，并请求损害赔偿。

(三) 出租人检查权利

在租期内出租人有权随时检查船舶状况，以确定承租人是否对船舶进行了适当的保养和维修。检查范围还包括各种船舶日志，出租人有权了解船舶使用情况以及船舶发生海损事故的情况。

（四）船舶保险

光船租赁合同中，承租人应在租期内负责船舶保险并支付保险费。我国《海商法》第148条规定："在光船租赁期间，承租人应当按照合同约定的船舶价值，以出租人同意的保险方式为船舶进行保险，并负担保险费用。"保险不仅包括船舶险、战争险等保险公司承保险种，还应包括保赔险。如果承租人不按照约定投保，出租人可行使撤船权利和索赔权利。对于承保范围内的船舶修理事宜，一般约定由承租人处理，并向保险人索赔。但对于船舶因承保风险导致的实际全损或推定全损，由于出租人是船舶所有人，因此保险赔偿应支付给出租人，然后再由出租人和承租人按照利益受损程度进行分配。

（五）船舶抵押

我国《海商法》第151条规定，未经承租人书面同意，光船出租人不得在租期内将船舶抵押。这是因为在光船租赁情况下，船舶所有权和经营权分离，船舶抵押可能会影响到承租人的经营权利。如果出租人违反约定，承租人有权解除合同并请求赔偿。

（六）转租

《海商法》第150条规定，在租期内，未经出租人书面同意，承租人不得转让合同的权利和义务或者以光船租赁的方式将船舶进行转租，以防止转租承租人经营管理船舶能力欠缺，影响到出租人利益。但承租人仍可将船舶通过航次或定期租船方式转租。

（七）出租人利益的保护

承租人在租期内不得因为对船舶的占有、使用和经营而使出租人利益受到影响，例如因承租人债务导致船舶被扣押，承租人应及时提供担保或采取其他措施解除扣押，给出租人造成损失的，承租人应负责赔偿。

（八）承租人利益的保护

在租期内，由于出租人与第三人之间的船舶所有权争议或出租人所负债务致使船舶被扣押的，出租人应及时提供担保或采取其他措施解除扣押，给承租人造成损失的，出租人应负责赔偿。

【案例研习 6-2】

常德利通海运有限公司、日照市畅通海运有限责任公司光船租赁合同纠纷案①

2017年1月3日，日照市畅通海运有限责任公司（简称"畅通公司"）和常德利通海运有限公司（简称"利通公司"）签订《船舶光租合同》，利通公司为光船出

---

① 参见山东省高级人民法院（2021）鲁民终1530号民事判决书。

租人，畅通公司为承租人。合同约定：利通公司负责光租船舶"利通浦7"船舶检验证书、国籍证书、最低配员证书等的年检，保持其合法、齐全、有效，并承担费用；畅通公司承担"利通浦7"光租期间的生产费用，包括配员、工资及生活费用，燃油及日常维护保养费用。光租期间，为通过船舶年检，畅通公司向响水县圣丰船舶工程有限公司支出检修费用 161767.1 元，畅通公司认为该费用应由利通公司承担。

法院认为，出租人利通公司负责船舶证书的年检并承担费用，该约定费用是指年检过程中为取得年检证书或获取年检手续向法定船舶检验部门缴纳的费用。当事人为通过年检或获取年检手续对船舶的维修、保养不属于《船舶光租合同》约定的应由出租人承担的费用。即，畅通公司在本案中主张的向响水县圣丰船舶工程有限公司支付的"利通浦7"船舶修理项目费用，不论其维修、保养的目的是否为了顺利通过年检，该笔费用均属于对承租船舶的维修、保养费用，依法、依合同约定均应由畅通公司自己承担。

四、光船租购合同

光船租购合同是融资租赁合同的一种表现形式。由于船舶买卖和建造耗资巨大，绝大多数航运企业无法一次拿出购船款，而必须进行融资，这会出现两种情况：（1）如果融资人是银行，则银行与航运企业签订光船租购合同，作为船舶的所有人和出租人，而航运企业作为承租人。同时，根据航运企业对船舶的要求，银行与船舶建造人或出让人订立船舶建造或船舶买卖合同，取得船舶所有权。（2）如果是船舶建造人或出让人直接与航运企业签订光船租购合同，则其实际上充当了融资人，它将作为船舶所有人和出租人，保持对船舶的所有权直至承租人付清租购费用。

在光船租购合同约定的期间内，承租人向出租人定期支付租金，当出租人收回融资成本并获得约定回报后，船舶所有权即转归承租人。由于承租人支付的租金包括船舶价款，因此其数额远高于一般的光船租赁租金。光船租购合同具有财产租赁的形式和买卖的实质，因此一般认为它具有财产租赁合同和买卖合同的双重性质。

光船租购合同一般是通过在光船租赁合同中订入租购条款形成的，如前述"贝尔康"格式的第四部分即关于光船租购的条款。光船租购条款中的特殊规定主要包括：

（1）船舶所有权与风险的转移。如果承租人在租期届满时履行了合同义务支付了全部租金，则船舶及其附属财产的所有权转移至承租人。我国《海商法》第 154 条也规定："订有租购条款的光船租赁合同，承租人按照合同约定向出租人付清租购费时，船舶所有权即归于承租人。"在承租人付清租购费之前，船舶风险由出租人承担，而在承租人付清租购费之后，由于所有权即发生转移，风险亦转由承租人承担。

（2）船舶无债务担保。出租人应保证在船舶所有权转归承租人时，船舶之上不存在由船舶优先权或其他担保物权担保的债务，除非该债务系由于承租人原因产生或承租人已经知晓。

（3）税费承担。承租人应承担船舶买卖的税款、船舶所有权、国籍重新登记的费用，而出租人承担注销原登记的费用。

【专业术语】

船舶出租人	Shipowner
船舶承租人	Charterer
定期租船合同	Time Charter Party
光船租赁合同	Bareboat Charter Party/ Demise Charter Party

【拓展阅读】

1. 杨良宜：《租约》，大连海事大学出版社 1994 年版。

2. 郭萍：《租船实务与法律》，大连海事大学出版社 2002 年版。

3. 杨大明：《期租合同》，大连海事大学出版社 2007 年版。

第七章 海上拖航

海上拖航作为一种海上作业，是随着机动船广泛使用而产生和发展起来的。其早期主要用于港口内、内河、沿海港口间拖带，目的是用拖轮为港口内大船靠离码头、移泊、调头以及趸船、浮吊、浮坞、无动力船舶或失去动力船舶、货驳提供拖带协助或服务。近五十年来，随着海洋运输事业、海上石油开发事业的迅速发展，海上拖航作业需求越来越多，大型货驳、石油钻井平台、大型石油生产设备、海难救助以及超大、特长物件的海上拖航业务日益频繁，各海运发达国家纷纷成立了专业化的拖航队伍，设立了专业性拖航公司，从事专门或兼营的国内国际海上拖航业务。我国在 20 世纪 70 年代末也建立起专门从事海上拖航作业的机构——中国拖轮公司，承揽国际国内海上拖航业务。① 由于海上拖航事业发展较快，目前调整海上拖航作业的法律法规并不多见，国际条约对此关注也较少。因此，调整海上拖航业务的主要是各专业拖轮公司自行印制的海上拖航合同。在我国，海上拖航关系主要适用《海商法》和各拖轮公司的标准拖航合同。

第一节 海上拖航概述

一、海上拖航的概念

海上拖航（Maritime Towage）又称海上拖带或船舶拖带，是指拖轮利用自己的动力和设备将另一船舶或其他可漂浮的物体在海上从一地拖至另一地的海上作业行为。大多数情况下，拖航是由配备专业船员的专用船舶提供的特殊服务，这种船舶被称为拖轮。与那些只为自身提供动力的船舶不同，拖轮是通过纤绳为其他船舶提供动力的船舶。一般来说，拖船有三种类型：远洋和海难救助拖轮、沿海拖轮、港口和内河拖轮。所有类型的拖轮应满足的最基本要求是在任何情况下应具有续航力、行动力和足够的拖带动力。② 在海上拖航作业中，提供拖轮的一方称为承拖方，而接受拖航服务的一方则称为被拖方。承拖方用

---

① 参见韦经建主编：《海商法》，吉林人民出版社 1994 年版，第 263 页。
② 参见 Edgar Gold, Aldo Chircop, Hugh Kindred, Maritime Law, Irwin Law, 2003, p. 575。

自己所有或租用的拖轮的动力或设备设施为他人提供海上拖航服务并收取拖航费。承拖方可以是专业性的海上拖航公司，也可以是兼营或主营打捞救助业务的企业或一般航运公司。就承拖方而言，无论是专营还是兼营拖航业务，均必须具有特定的拖航能力和特定设施设备的拖轮，拖轮必须装备适拖设备、索具、系缆柱等。被拖方是需要承拖方提供拖航服务并支付拖航费的被拖物体的所有者或其他关系人。被拖物通常是无法用货船载运的物体包括驳船和其他无动力船舶、操作能力受限制的大型船舶、石油钻井平台、浮动码头、浮动船坞等可漂浮的海上装置和失去动力的船舶等。因此，海上拖航作业的作用主要表现在为无动力或失去动力的物体或船舶提供航行、移位、靠离等服务。

海上拖航作业通常发生于下列情况：

（1）在港口内、狭窄水道或拥挤的水域内航行的船舶，由该港内拖轮拖带航行；

（2）大型船舶需要拖轮协助靠离码头、泊位、调头或其他操作；

（3）无自航能力的载货驳船由拖轮拖带过驳；

（4）石油钻井平台等大型石油勘探开发设备以及其他特长特大不能被海船装运的可浮物体需用拖轮将其拖至目的地；

（5）航行途中失去自航能力或遇有海上危险的船舶需拖轮拖带航行至附近安全港口或目的港；

（6）趸船、浮吊、浮坞、排筏、油囊等需要拖轮提供服务。

二、海上拖航的类型

（一）依拖轮与被拖物的方位，可分为拖拉、顶推和拖带

拖拉又称一列式拖带，指拖轮在前被拖物在后、用拖缆联结拖轮和一个或数个被拖物的拖航方式。拖拉是一种常见的拖航方式。顶推是指被拖物在前、拖轮在后的拖航方式。在这种方式下，拖轮以强大拖带能力和设备，用自己的船首顶着被拖物尾部，推动被拖物航行。顶推方式常用于江河拖航和协助大船靠离码头、调头。拖带又称傍拖，指被拖物位于拖轮的一侧或两侧，拖轮用系缆横向联结被拖物、携带被拖物航行的方式。这种方式通常用于港区内浮吊拖航，但内河及海上驳货也使用。

这种分类有助于对海上拖航含义的理解，即海上拖航不限于拖拉作业，还包括单侧拖带、双侧拖带以及顶推作业。

（二）依拖航作业的区域，可以分为港区内拖航、河海拖航、沿海拖航、国际拖航

港区内拖航是在一港口区域内拖轮协助他船进出港口、靠离码头、移泊或提供其他服务。河海拖航是指起拖地、目的地分别位于内河或海上的拖航。沿海拖航指起拖地和目的地均位于一国海域的拖航。国际拖航是指起拖地、目的地分别位于不同国家或地区的海上

拖航，我国习惯上称之为远洋拖航，国际拖航是最近十几年随着海上石油开发和国际航运迅速发展而发展起来的一种新兴海上商业活动。

这种分类的意义在于：各国对不同区域内的拖航作业的法律要求和法律调整不同。从某些国家法律实践看，港口内拖航一般不由海商法调整，而由单行特别法或港内专门的规章规则调整，海商法调整河海、沿海和国际拖航作业。在各国法律要求上，港区内、内河、沿海拖航只能由本国拖轮从事，鼓励本国拖轮从事国际拖航业务，并对国际拖航的本国拖轮拖带外国的被拖物的拖航作业实行较宽松的责任制度，而对本国拖轮拖带本国被拖物和海上拖航实行较严格的责任制度。

（三）依在同一拖航作业中拖轮的数量，可分为单一拖航、共同拖航和连接拖航

单一拖航是指由一艘拖轮拖带一个或几个被拖物的拖航。共同拖航又称平行拖航，指两艘或多艘拖轮并行地拖带一个或几个被拖物的拖航。在这种方式下，数艘拖轮的动力分别直接加于被拖物。连接拖航又称相继拖航，是指两艘或多艘拖轮前后连续衔接，拖带一个或几个或一连串被拖物的拖航。海上拖航以单一拖航最常见。

这种分类的意义在于：当被拖物的所有人与拖轮所有人不为同一人时，拖轮的法律责任不同。在单一拖航中，拖轮所有人与被拖物所有人未有相反约定的，承拖方承担指挥责任，对拖航中所发生的第三人的损害负责。在共同拖航与连接拖航中，拖轮不为同一所有人时，对拖航中所发生的损害负连带责任，无过失拖轮方对过失拖轮方有求偿权。

（四）依拖航费的计付方式不同，可分为日租型拖航和承包型拖航

日租型拖航指承拖方在拖轮租赁服务期间按每日租金率或服务费率向被拖方收取拖航费的拖航。承包型拖航是指承拖方按照拖航合同中约定的固定金额向被拖方收取拖航费的拖航。在承包型拖航中，通常还通过日租金率方式确定被拖方应向承拖方支付因解拖、起拖延误和拖航过程中造成的时间损失的赔偿额。

第二节　海上拖航合同的订立与解除

一、海上拖航合同的订立

我国《海商法》第155条第1款规定："海上拖航合同，是指承拖方用拖轮将被拖物经海路从一地拖至另一地，而由被拖方支付拖航费的合同。"海上拖航合同在性质上属于一种海上服务合同。需要注意的是，一方只租赁另一方的不配备船员的拖轮，以完成某项拖航作业，这种合同属于船舶租赁合同，不是海上拖航合同。另外，在拖航作业中，拖轮所有人与货主之间的合同，是海上货物运输合同，也不属于海上拖航合同的范畴。

就海上拖航合同的订立而言，海上拖航合同通常由承拖方和被拖方双方当事人就拖航事宜主要条件达成一致即告成立。但在有些国家，则需经过经纪人签订合同。就合同的要式性而言，各国法律允许当事人以任意适当方式达成合同，因而在各国法律中，它为不要式合同。就是否采用书面形式而言，因承拖方通常是专营或兼营拖航业务的公司，大多有各自的标准合同格式，或采纳航运组织拟定的拖航合同格式，因而海上拖航合同一般是在事先准备好的标准基础上达成的，即以书面形式订立。但不同国家的法律，对于拖航合同是否必须采取书面形式，有不同的要求。在英美法系国家，法律并不要求以书面形式订立。在前苏联，其海商法规定，除由拖轮船长负责指挥拖航作业的协议必须采取书面证据证明外，允许拖航合同以非书面形式订立。在我国，海上拖航合同必须采取书面形式。《海商法》第156条规定："海上拖航合同应当书面订立。"当然"书面"是广义的，不仅指书面合同文本本身，而且包括电报、电传、传真、信函以及数据电文等形式。

二、海上拖航合同的格式与主要内容

海上拖航合同通常在事先拟定的合同格式上达成。目前各国海上拖航公司一般都有自己的合同格式。例如，中国海洋工程服务有限公司拖航合同（承包）格式，代号为"CHINATOW"；中国拖船公司拖航合同（日租）格式。一些航运组织也拟定有海上拖航合同格式，如日本航运交易所（Japan Shipping Exchange Inc.）拖航合同格式，代号为"NIPPONTOW"；国际救助同盟、欧洲拖船船舶所有人协会和波罗的海国际航运公会三家联合推荐的国际远洋拖航协议（日租）格式，代号为"TOWHIRE"。①

在众多的海上拖航合同格式中，波罗的海国际航运公会（The Baltic and International Maritime Conference）合同格式较具代表性。它将合同内容分为两部分：基本条款和特别约定条款。基本条款包括：签约日期与地点；承拖方与被拖方的名称与营业地点；拖轮船名、船旗、登记地、船级社、保险责任承保人；拖轮类型、吨位、指示马力、绞车和主要拖航索具、预计燃料平均日消耗量；被拖物的名称与类型、总吨位或排水吨、长度、宽度和吃水等；起拖地和目的地、计划航线；拖航费（承包价或日租费率）及其支付；起拖日期与预计到达目的地日期；解约日与解约费等。特别约定条款是对双方权利、义务与责任的约定，包括：价格与支付条件、附加费和额外费用；拖轮的适拖性、拖轮的替换；被拖物的适拖性、随船人员；拖航设备与被拖物上索具的使用；合同航次所需证书和许可证；有关绕航、救助、共同海损事项；安全港、留置权等事项；时效、法律适用和管辖权等。

我国《海商法》第156条也规定了海上拖航合同的主要内容，根据该条规定，海上拖

---

① 参见司玉琢、胡正良、傅廷中：《新编海商法》，大连海事大学出版社1999年版，第269页。

航合同的主要条款有：承拖方和被拖方的名称和住址；拖轮的名称、主要尺度和马力；被拖物的名称、主要尺度；起拖地和被拖地；起拖日与解约日、预计抵达目的地日期；拖航费及其计算与支付办法；拖轮的适航与适拖；被拖物的适拖；安全港的保证；留置权；绕航、救助、滞期、共同海损；对第三人的损害；港口费；免责；合同的解除；索赔及其程序、法律适用等。

三、海上拖航合同的解除

海上拖航合同一经有效成立，即具法律约束力，承拖方与被拖方均应严格遵守合同的约定，履行各自的义务，直至合同义务全部履行，任何一方不得擅自变更、解除合同，否则应承担违约责任。但是海上拖航合同有效成立后，因客观环境发生重大变化，致使合同无法履行或不能继续履行，法律要求承拖方和被拖方维持原有合同的效力已无必要，因而各国法律直接或间接地赋予合同当事人在特殊情况下享有解除合同的权利。

（一）因当事人一方违反合同而解除

如果承拖方未能在合同规定的解约日之前，在约定的地点提供约定的拖轮，并使拖轮作好适航、适拖准备，被拖方有权解除合同；或者，被拖方未能在合同规定的解约日之前，在约定的地点，使被拖物作好拖航准备，承拖方有权解除合同。承拖方或被拖方有其他违约行为，使合同不能履行或者不能继续履行，或者使合同的履行或继续履行失去意义时，另一方可以解除合同。违反合同的一方当事人，对另一方因此遭受的损失，除依照法律或合同的规定可以免责外，应承担赔偿责任。[①]

（二）因不可抗力或其他不能归责于双方当事人的原因而解除

我国《海商法》第 158 条规定："起拖前，因不可抗力或者其他不能归责于双方的原因致使合同不能履行的，双方均可以解除合同，并互相不负赔偿责任。除合同另有约定外，拖航费已经支付的，承拖方应当退还给被拖方。"该法第 159 条规定："起拖后，因不可抗力或者其他不能归责于双方的原因致使合同不能继续履行的，双方均可以解除合同，并互相不负赔偿责任。"

此外，和海上货物运输合同一样，由于海上风险比较大，对承拖方的拖航义务应当作出灵活的规定或约定。我国《海商法》第 160 条规定："因不可抗力或者其他不能归责于双方的原因致使被拖物不能拖至目的地的，除合同另有约定外，承拖方可以在目的地的邻近地点或者拖轮船长选定的安全的港口或者锚泊地，将被拖物移交给被拖方或者其代理人，视为已经履行合同。"

---

① 参见司玉琢、胡正良、傅廷中：《新编海商法》，大连海事大学出版社 1999 年版，第 246 页。

四、海上拖航合同免责条款

多数国家的海商法或商法对于拖航合同的调整存在缺陷，不是未对其调整，就是调整极不完善。即使有些国家对海上拖航合同进行了国内立法调整，但其国内法规范大多是任意性规范，当事人对在履行合同过程中所产生的责任有很大的自由约定空间。在这种背景下，承拖方充分利用法律上的缺陷和私法上的契约自由原则，在其自拟的海上拖航合同标准格式中订入内容广泛的免责条款，以减轻、限制或免除承拖方在拖航期间内可能承担的责任。免责条款的内容与效力成为海上拖航合同纠纷中争议的焦点之一。

尽管各种标准合同格式对承拖方的免责内容有不同的规定，但归纳起来主要有以下几种免责条款：（1）替代责任条款与雇佣关系条款。即规定拖轮的船长、船员不是承拖方的雇佣人员或代表人、代理人，而是被拖方的受雇人员或代理人、代表人。该条款的目的在于使被拖方按雇主责任原则或规则对拖航过程中的拖轮船长、船员在拖航中的过失承担责任，使承拖方不仅可以免除承担其雇员过失所造成的任何损害赔偿责任，还可以要求被拖方赔偿承拖方的任何损失。（2）损失免责条款。即规定除因拖轮的缺陷（不适航、不适拖）或拖轮船员的过错对拖轮造成的损失由承拖方负责外，在该航次拖航过程中承拖方因任何原因对被拖物或第三人所造成的任何性质损失或损坏，由被拖方负责。该条款实际上免除了承拖方的一切责任。（3）补偿条款。即规定被拖方赔偿第三人向承拖方提出的任何索赔，并补偿承拖方的对外赔偿责任。该条款的目的在于使承拖方在依法对第三人承担了赔偿责任后可以从被拖方处得到相应的补偿，将某些法定义务转嫁给了被拖方，从而将损失转嫁。

我国《海商法》第 162 条对承拖方的免责规定了两种情形，并只适用于海上拖航合同没有约定或没有不同约定的情况：（1）拖轮船长、船员、引航员或者承拖方的其他受雇人、代理人在驾驶或管理拖轮中的过失；（2）拖轮在海上救助或者企图救助人命或者财产时的过失。从这些规定中可以看出，我国海商法允许海上拖航合同当事人自由拟定免责条款以分配海上风险。

第三节　海上拖航合同当事人的权利与义务

一、承拖方的权利与义务

（一）承拖方的主要义务

1. 提供拖船并使之适航适拖

为完成海上拖航作业，承拖方的首要任务是提供完成约定拖航作业的拖轮，并谨慎处理，使拖轮在起拖前或起拖时处于适航适拖状态。对此，我国《海商法》第157条第1款规定："承拖方在起拖前和起拖当时，应当谨慎处理，使拖轮处于适航、适拖状态，妥善配备船员，配置拖航索具和配备供应品以及该航次必备的其他装置、设备。"拖轮的适航状态是指拖轮本身的航行能力，即能够承担约定的拖航航次的一般风险。承拖方的适航适拖义务是一种审慎处理的相对义务，而不是提供一艘绝对适航适拖的拖轮的义务。①

2. 负责指挥拖航作业

在海上拖航中，除合同另有约定外，通常由承拖方负责指挥整个拖航作业，包括负责拖轮与被拖物之间的接拖、拖带航行安全和解拖。在拖航过程中，如拖轮与被拖物脱离，拖轮应守护被拖物，尽力重新接上缆绳，救助被拖物。承拖方在拖航合同规定的服务范围内对被拖物实施救助时，不得主张救助报酬。

3. 合理正当航行

承拖方应尽快完成拖航作业，不应产生不合理的延误。在履行拖航过程中，承拖方应合理地、尽快地在合同约定的时间内按合同约定或通常航线作业，将被拖物安全地从起拖地拖至目的地。当然，合理的延误和绕航不在此列，合理的延误和绕航通常产生于救助或企图救助海上人命和财产，以及为拖航安全而躲避台风等。

4. 交付被拖物

承拖方到达目的地后向被拖方发出交付通知并按合同约定条件交付被拖物。当发生不可抗力或不能归责于承拖方的原因致使被拖物不能到达目的地时，承拖方应在目的地邻近地点或者拖轮船长选定的安全港口或锚泊地将被拖物交给被拖方或者其代理人。判定承拖方移交被拖物的地点是否为合适的"邻近地点"，应根据个案具体情况综合确定，考虑的因素应包括该地点是否安全、是否便于双方移交和接交被拖物、对双方而言成本是否均较为节省等，而该地点的距离并非判定其是否合适的邻近地点的唯一因素，甚至不是最重要的因素。②

（二）承拖方的权利

1. 拖航费请求权

承拖方按合同完成拖航任务后，有权向被拖方收取作为完成拖航任务报酬的拖航费。拖航费的构成项目、数额及其支付方式由合同具体约定。如果发生不可抗力事件或不能归责于承拖方的原因时，依我国《海商法》第160条的规定，承拖方可以在目的地的邻近地点或者拖轮船长选定的安全港口或者锚泊地，将被拖物移交给被拖方或其代理人，视为承拖方已履行完拖航任务，承拖方有权向被拖方收取合同规定的全部拖航费。

---

① 参见司玉琢、张永坚、蒋跃川：《中国海商法注释》，北京大学出版社2019版，第249页。
② 参见司玉琢、张永坚、蒋跃川：《中国海商法注释》，北京大学出版社2019版，第252页。

2. 留置权

海上拖航同海上货物运输一样，是承拖方占有被拖物并提供海上服务，因此应享有留置权。我国《海商法》第161条规定："被拖方未按照约定支付拖航费和其他合理费用的，承拖方对被拖物有留置权。"这就意味着，承拖方完成拖航后，被拖方不按合同约定支付拖航费、滞期费、承拖方为被拖方垫付的各种款项和其他应付的合理费用，承拖方有权变卖被拖物以清偿拖航费、其他合理费用及其延期利息等。

3. 免责权

在一般情况下，承拖方违反拖航合同造成被拖方损失时，应负赔偿责任。但是，当承拖方造成被拖方的损失符合法定的或约定的减免责任事由时，承拖方享有减免赔偿责任的权利。我国《海商法》第162条第2款规定，承拖方证明被拖方的损失是下列原因造成的，并且海上拖航合同又没有约定或者没有不同的约定，承拖方不负赔偿责任：拖轮船长、船员、引航员或者承拖方的其他受雇人、代理人在驾驶拖轮或管理拖轮中的过失；拖轮在海上救助或企图救助人命或财产时的过失。

二、被拖方的权利与义务

（一）被拖方的主要义务

1. 提交被拖物并保证被拖物适拖

被拖方提交被拖物并使之适拖同承拖方提供拖船并使之适航一样，是海上拖航合同得以履行的前提，同时也是被拖方应承担的首要义务。对此，我国《海商法》第157条第2款规定："被拖方在起拖前和起拖当时，应当做好被拖物的拖航准备，谨慎处理，使被拖物处于适拖状态，并向承拖方如实说明被拖物的情况，提供有关检验机构签发的被拖物适合拖航的证书和有关文件。"被拖方应在离港前在一切方面做好被拖物的拖航准备，包括负责保障被拖物的照明、灯号设备、龙须缆、拖架等装置处于正常状态。被拖船上载有货物的，应保证货物的合理积载。被拖方应保持被拖物处于符合保险公司验船师或公认的船级社及拖轮船长要求的良好状态，被拖方需在约定的日期前向拖轮所有人或拖轮船长提供由保险公司验船师或公认的船级社签发的被拖物适于拖带的证书及其他有关文件。①

2. 服从承拖方船长的指挥

在拖航过程中，被拖物上被拖方的船员或其他人员应采取合理措施，积极配合拖轮的航行。当拖航作业由承拖方指挥时，这些人员应听从拖轮船长的指挥，并随时将被拖物的情况报告给拖轮船长。

3. 保证安全的港口

---

① 参见张丽英：《海商法学》，高等教育出版社2010年版，第199页。

被拖方应保证起拖地、目的地和合同约定的中途停靠港口为安全港口。"安全"指能使拖轮和被拖物在任何潮汐情况下保持漂浮状态的自然条件下的安全和不发生战争、武装冲突、罢工、扣押等情形的政治条件上的安全。如合同中约定的港口为不安全港口，拖轮和被拖物不能进入和抵达，被拖方应负担拖轮船长因合理选定的安全港口而发生的延长航程的拖航费和其他费用。

4. 支付拖航费和其他费用

被拖方支付拖航费和其他费用是被拖方的核心义务。被拖方应按合同约定的费率或金额以及支付的时间、地点和方式支付拖航费。在起拖后，因不可抗力或不能归责于承拖方的原因致使承拖方未完成拖航，被拖方应对已拖航的部分里程支付拖航费。因可归责于被拖方的原因造成起拖、解拖和航行时间的损失，被拖方应按合同约定支付滞期费。被拖方应承担配备在被拖物上的人员与设施的费用和与被拖物有关的其他一切费用。被拖方应偿付承拖方为其垫付的各种费用。

5. 接受被拖物

在接到承拖方作出的准备交付被拖物的通知后，被拖方应在目的地采取合理措施，及时接受被拖物。当因不可抗力或其他不能归责于承拖方的原因使被拖物不能拖至约定目的地以致承拖方将被拖物拖至目的地的邻近地点或选定的安全港口时，被拖方应在该邻近地点或安全港口接受被拖物，除合同另有约定外，不得主张承拖方违约。

（二）被拖方的主要权利

1. 预付拖航费返还请求权

在起拖前因不可抗力或其他不能归责于承拖方和被拖方的原因致海上拖航合同被解除，除合同另有约定外，被拖方有权要求承拖方返还已付的拖航费。

2. 被拖航权

被拖方订立海上拖航合同的根本目的是通过承拖方提供的拖航服务将被拖物从一地拖至另一地。被拖方以支付拖航费为代价换取被拖航权。海上拖航合同的各项约定都是以此项权利为中心的。被拖方有权要求承拖方按合同约定的拖航条件提供拖航服务，完成拖航作业，并在目的地交付被拖物。除不可抗力和其他不能归责于双方的原因外，承拖方未完成拖航作业的，被拖方有权拒付拖航费。当承拖方没有谨慎处理使拖轮适航、适拖，拖轮船长和船员的拖航技术达不到一般拖航要求，致使承拖方不履行拖航义务而终止合同时，被拖方有权要求承拖方承担责任。

第四节　海上拖航中的损害赔偿责任

在海上拖航作业过程中时常发生人身伤亡和财产损失。这类损害可能发生在承拖方与被拖方之间，也可能发生在第三人身上，因而形成两种类型的损害赔偿责任，即承拖方与被拖方之间的损害赔偿责任，承拖方与被拖方对第三人的损害赔偿责任。前者因通常在海上拖航合同中予以明确约定而被称为合同责任。后者因承袭英美法中"拖轮与被拖轮（物）是一条船"这一古老法律原则而被称为非合同责任，大陆法系国家称之为侵权责任。虽然海上拖轮合同当事人可以在合同中约定谁对第三人的人身伤亡及财产损失负责任，但这种约定对第三人不产生效力。

一、承拖方和被拖方之间的损害赔偿责任

在海上拖航过程中，对于承拖方和被拖方之间的损害赔偿责任，属于违约责任，它应适用关于违约责任的一般规定，按照合同的约定或制约合同的法律来确定。承拖方和被拖方约定的相互间的损害赔偿责任一般体现在海上拖航合同标准格式中。同时，有些国家的海商法也规定承拖方与被拖方之间的损害赔偿责任问题。但应注意的是，法律的规定一般不具有强制性，承拖方与被拖方之间的责任分担主要取决于合同的约定，在合同没有约定或约定不明时，才适用法律的规定。综观各种合同格式和各国的海商法，承拖方与被拖方之间的损害赔偿责任归责原则主要有指挥原则和过失原则。

（一）指挥原则

指挥原则，指谁负责指挥拖航作业，谁承担损害赔偿责任。在英国法中与此相似的原则为"支配与控制"原则。指挥拖航作业的可以是承拖方，也可以是被拖方，谁负责指挥依法律规定或依具体情况而定。有些国家规定由被拖方指挥，由被拖方承担责任，如英国法中有"拖轮听任被拖轮的支配与控制"的法律原则。英国这条法律原则产生的背景是，在早期，海上拖航作业主要限于港区内，被拖轮大，被拖轮的船长、船员指挥拖轮提供服务，对拖轮拥有支配权和控制权。承拖方基于海上拖航合同是雇佣合同性质而听从被拖方指挥。拖轮船员因过失造成拖轮或被拖轮损害的赔偿责任根据雇佣关系应归于雇主即被拖方。

在指挥原则中，确定双方当事人的合同内部责任事实上也存在过失责任问题，表现在以下三个方面：（1）在海上拖航过程中，负责指挥拖航作业的一方除能证明其本身没有过失外，应当对另一方的损失负赔偿责任。（2）被指挥方的过失造成损失，指挥方可向被指挥方索赔，但须负举证责任，证明其损失是被指挥方的过失造成的。（3）指挥方与被指挥方对损失或损害的发生均存在过失，按各自过失比例程度承担赔偿责任，但指挥方仍承担证明被指挥方存在过失的举证责任。

（二）过失原则

过失原则即对被拖方或者承拖方在海上拖航过程中遭受的损害以过失为基础确定损害

赔偿责任归属，即谁有过失谁承担损害赔偿责任，无过失即无责任；互有过失的，按过失程度比例承担责任。过失原则既可以与指挥原则结合在一起，也可以作为单独的损害赔偿原则。前苏联海商法采指挥原则与过失原则相结合的标准；我国《海商法》则采单纯的过失原则标准，同时又免除某些过失的赔偿责任，实为不完全的过失责任原则。

《海商法》第 162 条第 1 款规定，在海上拖航过程中，承拖方或者被拖方遭受的损失是由一方过失造成的，有过失的一方负赔偿责任；由双方过失造成的，各方按过失程度比例负赔偿责任。该条第 2 款规定，经承拖方证明，被拖方的损失是由于拖轮船长、船员、引航员或者承拖方的其他受雇人、代理人在驾驶拖轮或管理拖轮中的过失造成的，或者是由于拖轮在海上救助或者企图救助人命或财产时的过失造成的，承拖方不负赔偿责任。如前所述，前述规定仅在海上拖航合同没有约定或者没有不同约定时适用。

【案例研习 7-1】

北车船舶与海洋工程发展有限公司与
交通运输部南海救助局海上、通海水域拖航合同纠纷案①

2016 年 10 月 15 日，北车船舶与海洋工程发展有限公司（简称"北车公司"）与交通运输部南海救助局（简称"南海救助局"）签订编号为 BCHG2016-ZGWB-TH01 的协议书。该协议书记载：南海救助局按双方商议提供"南海救 115"轮，将"泰鑫 1"轮从海南大洲岛船舶施工地拖带至湛江大黄江防台锚地。协议第 4 条第(4) 款约定：不论是否由于南海救助局、其工作人员或代理人、船长、船员的疏忽或任何过失而发生以下情况，均由北车公司单独承担责任，并对南海救助局、其工作人员或代理人、船长、船员无追索权：(a) 无论任何原因造成的被拖物或被拖物上任何财物的灭失和损坏。该条约定免除了南海救助局因过失造成"泰鑫 1"轮损失的赔偿责任。10 月 17 日，"南海救 115"轮拖航"泰鑫 1"轮过程中，主拖缆两次绷断，之后无法接拖，"泰鑫 1"轮在随后的漂移过程中触礁搁浅，该事故造成"泰鑫 1"轮搁置礁石上 2 个月 10 天，船底多舱破损进水，机器浸水。

一审认为，协议约定的免责条款有效。南海救助局在起拖前和起拖当时未谨慎处理妥善配置索具，违反了《海商法》第 157 条规定的法定义务，但涉案拖航协议中约定的免责条款不因违反《海商法》第 157 条规定的法定义务而无效。《海商法》第162 条规定的是拖航合同过失责任制项下的合同约定优先原则。鉴于海上拖航是一种

---

① 参见广州海事法院（2017）粤 72 民初 1027 号民事判决书、广东省高级人民法院（2019）粤民终 1289 号民事判决书。

风险很大的海上作业，第 162 条的过失责任制度并不是强制性的，只是在合同没有约定或没有不同约定时才适用。因此，《海商法》第 157 条虽然规定了承拖方和被拖方的法定义务，但可以通过约定免除民事赔偿责任，当事人对第 157 法定义务的违反应通过其他途径予以处理。在《海商法》对过失责任制已有明确规定的情况下，海上拖航合同免责条款不应再适用当时的《合同法》第 52、53 条（现在的《民法典》相关条款）认定其效力。本案"泰鑫 1"轮的损失的赔偿责任不适用《海商法》第 162 条第 1 款的规定，应按约定由北车公司单独承担责任，且其无权向南海救助局索赔。因此，南海救助局依照该合同条款抗辩免责，具有合同和法律依据，予以支持。二审对此予以确认。

二、承拖方与被拖方对第三人的损害赔偿责任

承拖方与被拖方对第三人的损害赔偿责任，属于侵权责任，它应适用关于侵权责任的一般规定。但是，由于拖船与被拖船（物）连为一体，第三人实际上很难确定损害的造成是由于承拖方的过错还是由于被拖方的过错，因此各国法律通常为保护第三人的利益而将承拖方和被拖方视为一方当事人，令其对第三人承担连带责任，在其内部则按过错责任原则确立各自责任。但在实践中，承拖方往往通过拖航合同中的损害赔偿条款规避其责任，合同通常会约定在拖航过程中，如果承拖方有责任赔偿第三人的损失，那么被拖方应对该损失进行赔偿，因为承拖方被视为被拖方的雇员，雇主应承担间接责任。这点对承拖方很重要，因为第三人并非合同的当事人，其有可能直接起诉承拖方。[1]《海商法》第 163 条规定："在海上拖航过程中，由于承拖方或者被拖方的过失，造成第三人人身伤亡或者财产损失的，承拖方和被拖方对第三人负连带赔偿责任。除合同另有约定外，一方连带支付的赔偿超过其应当承担的比例的，对另一方有追偿权。"此条规定有以下几层含义：

其一，第三人遭受的人身伤亡或者财产损失是由于承拖方或者被拖方单方过失造成的，承拖方和被拖方作为一个整体，应向第三人承担连带赔偿责任，承拖方和被拖方内部按合同的约定或由有过失的一方承担责任。

其二，第三人的人身伤亡或者财产损失是由承拖方和被拖方的共同过失造成的，二者仍作为一个整体对第三人承担连带赔偿责任，承拖方与被拖方内部按过失比例分摊责任，或按合同的约定承担责任。

其三，承拖方或被拖方连带支付的赔偿超过其应承担的比例或者连带支付了自己依合同约定不应由其承担的赔偿责任的，有权向另一方追偿。这只适用于海上拖航合同中没有

---

① 参见 Edgar Gold, Aldo Chircop, Hugh Kindred, Maritime Law, Irwin Law, 2003, p. 582。

另外约定的情况。如果合同中对这种情形另外有约定或有与法律规定完全相反的约定，则按合同约定确定双方当事人是否有追偿权和追偿权的大小。

其四，合同约定原则在承拖双方的内部责任确定与分配上居优先地位，但在确定对第三人的外部责任上则不具有任何效力。无论拖航合同是否对第三人的损害赔偿予以约定以及如何约定，都不影响双方当事人对第三人承担连带责任，因此合同当事人对第三人承担连带责任是我国海商法规定的一种强制性责任，当事人不得以合同的约定来对抗、回避连带责任。

【案例研习 7-2】

安徽澳海航运有限公司等与黄某海上、通海水域人身损害责任纠纷案①

黄某为安徽澳海航运有限公司（简称"安徽澳海"）所属的"澳海 9"轮大副。在 2019 年 1 月 29 日的拖航作业中，泉州新港拖轮有限公司（简称新港拖轮）所属的"新港拖 07"和"新港拖 08"两条拖轮以傍拖的形式拖"澳海 9"前行。拖行中缆绳多次断裂，造成黄某头部受伤。本案系拖航过程中发生的海上人身损害责任纠纷，双方当事人的争议在于责任主体。《海商法》第 163 条规定，在海上拖航过程中，由于承拖方或者被拖方的过失，造成第三人人身伤亡或者财产损失的，承拖方和被拖方对第三人负连带赔偿责任。一审认为，黄某作业时未佩戴安全帽致使头部重伤，应承担 15% 的责任，而承拖方新港拖轮、被拖方安徽澳海没有谨慎保障作业现场的安全，缆绳断裂，造成黄某头部受伤，构成共同侵权，连带承担 85% 的过错责任。二审对此予以确认。

【专业术语】

拖轮	Tug or Tugboat
拖航	Towage or Towing
拖航合同	Towage Contract
拖航责任	Towage Liability
承拖方	Towing Party

① 参见厦门海事法院（2020）闽 72 民初 4 号民事判决书、福建省高级人民法院（2020）闽民终1604 号民事判决书。

续表

被拖方	Tow Party
适拖	Tow Worthiness
适拖证书	Certificate of Tow-worthiness

【拓展阅读】

1. 司玉琢主编:《国际货物运输法律统一研究》,北京师范大学出版社 2012 年版。

2. 邵琦、李薇:《海上拖航侵权中连带责任下的海事赔偿责任限制问题探讨》,载《中国海商法研究》,2013 年第 1 期。

3. 王欣:《海上服务标准合同法律制度研究》,大连海事大学出版社 2017 年版。

第八章　船舶碰撞

船舶碰撞（Collision of Ships）是一种常见的海上侵权行为，其发生导致一系列的海上法律问题。船舶碰撞多发生于飓风、大雾中航行的船舶和在过往频繁的狭窄航道上航行的船舶。即使在船舶和航运技术相当发达，雷达和先进的导航设备被广泛使用的今天，也不能绝对避免碰撞事故的发生。船舶碰撞严重威胁到船舶及其所载货物、人员的安全和环境保护。鉴于船舶碰撞的严重后果，国际组织和各海运国家采取了种种措施以避免船舶碰撞事故的发生，以确保海上航行安全，保护海洋环境。

第一节　船舶碰撞概述

一、船舶碰撞的概念与构成要件

（一）船舶碰撞的概念

我国《海商法》对船舶碰撞概念的规定体现在第 165 条、第 170 条和第 3 条中。《海商法》第 165 条规定："船舶碰撞，是指船舶在海上或者与海相通的可航水域发生接触造成损害的事故。前款所指船舶，包括与本法第 3 条所指船舶碰撞的任何其他非用于军事的或者政府公务的船艇。"《海商法》第 170 条规定："船舶因操纵不当或者不遵守航行规章，虽然实际上没有同其他船舶发生碰撞，但是使其他船舶以及船上人员、货物或者其他财产遭受损失的，适用本章（即《海商法》第八章"船舶碰撞"）的规定。"而《海商法》第 3 条规定："船舶是指海船和其他海上移动式装置，但用于军事的、政府公务的船舶和 20 总吨以下的小型船艇除外。"

由《海商法》第 165 条对"船舶碰撞"的定义可知，《海商法》中的船舶碰撞仅限于船舶"发生接触"即直接碰撞情形；而对于"实际上没有同其他船舶发生碰撞"即间接碰撞情形，按照《海商法》第 170 条规定准用《海商法》关于船舶碰撞的有关规定。①

（二）船舶碰撞的构成要件

从船舶碰撞定义可以看出，船舶碰撞必须具备如下要件：

第一，碰撞须发生在船舶之间，即碰撞必须是船舶之间产生力学上的作用与反作用的冲突或对抗。这一要件排除了船舶与非船舶的碰撞，即船舶碰撞码头、灯塔、灯船、防波堤以及其他在水上或水中的固定建筑物或设施，不属于船舶碰撞范围。依此条件，只要是海商法上所确定的船舶，无论在航与否、大小与否，在所不问。

第二，船舶必须发生接触，即两船或多船的某个部位必须同时占据一定空间的物理状态。船舶间必须有接触，产生相互作用，导致相碰船舶的一方或多方受损害。如果船舶间没有接触，即使发生损害，也不构成船舶碰撞。因此浪损或间接碰撞，不属于船舶碰撞的范畴。但船舶属具及其他设备与他船发生接触导致损害的，属于船舶碰撞，因为这些属具与设备是船舶的组成部分。

第三，碰撞须发生在海上或其他与海相通的可航水域。这一要件将发生在不与海相通的或不能供海船航行的内河、湖泊中的碰撞排除在船舶碰撞之外。但有些国家则规定碰撞须发生在水面上或水中。依这些国家的规定只要船舶之间的碰撞发生在水上或水中，不论是在海洋、内河、湖泊，均构成船舶碰撞。

第四，碰撞须有损害。损害后果是船舶碰撞侵权行为成立的必要条件。此条件的最终目的是解决船舶碰撞侵权损害赔偿。损害是船舶碰撞索赔诉讼成立的理由。依侵权行为法理，没有损害，就不存在侵权，也就不存在承担侵权损害赔偿责任。因此，即使前三个要件都具备而无损害的事实，船舶碰撞也不成立。

二、船舶碰撞的类型

船舶碰撞的种类通常以是否接触、碰撞起因等为标准进行分类。

（一）直接碰撞和间接碰撞

依船舶是否有接触分为直接碰撞和间接碰撞。直接碰撞是指船舶之间因某种原因使船体或船舶任何组成部分接触而造成损害的碰撞事件。直接碰撞是最常见的碰撞。各国海商法和有关国际公约大都以此为主要调整对象。间接碰撞是指船舶之间虽未发生实际接触但

---

① 《最高人民法院关于审理船舶碰撞纠纷案件若干问题的规定（2020年修正）》第1条规定："本规定所称船舶碰撞，是指《海商法》第165条所指的船舶碰撞，不包括内河船舶之间的碰撞。《海商法》第170条所指的损害事故，适用本规定。"值得注意的是，《最高人民法院关于审理船舶碰撞和触碰案件财产损害赔偿的规定》（2020年修正）第16条对船舶碰撞的界定有所不同，按照该条规定，"船舶碰撞"是指在海上或者与海相通的可航水域，两艘或者两艘以上的船舶之间发生接触或者没有直接接触，造成财产损害的事故。"

造成损害的碰撞事件。未实际发生接触是指船舶的船体和船舶任何组成部分之间均未发生接触。如：一船因超速航行掀起巨浪使一小船被浪掀翻；甲船违反避碰规则在狭窄航道进入相反航向乙船的航线，乙船为避让甲船而与同甲船航向相同但位于甲船后侧处于正常航线的丙船相碰。超速航行的船对小船，甲船对丙船属于间接碰撞。

区分直接碰撞与间接碰撞的意义在于：海商法以直接碰撞为调整对象，间接碰撞只有在法律明确规定的情况下，才成为调整对象，并按船舶直接碰撞的规定处理。

（二）过错碰撞与非过错碰撞

船舶碰撞依碰撞船舶的主观心态分为过错碰撞和非过错碰撞。过错碰撞是指因一方或多方的过失、疏忽或故意导致的碰撞。在民法中，过错是故意、过失的统称，我国《民法典》有49处使用"过错"概念，另有18处使用"故意或重大过失"概念。需要指出的是，我国《海商法》第八章"船舶碰撞"仅使用了"过失"这一概念，但对其应做广义解释，包括故意和狭义上的过失两种情形。[1] 过错碰撞是常见的碰撞，在实践中所占比例很高。过错碰撞除极少为故意碰撞外，大多因过失或疏忽引起，如船舶本身的不适航、疏于瞭望、违章驾驶、避让措施不当、偏离航线等。非过错碰撞是指船舶碰撞的发生不是因任何一方的过失疏忽或故意造成的，亦即不能归责于任何一方的原因造成的碰撞，包括不可抗力、意外事件、无法查明原因的碰撞。

区分过错碰撞与非过错碰撞的意义在于：加害船舶是否承担赔偿责任以及承担何种程度的赔偿责任。在过错碰撞中，由过错方承担责任；在非过错碰撞中，由受害人自行承担损失。

第二节　船舶碰撞民事责任

船舶碰撞是一种常见的海上侵权行为，是特殊的民事侵权行为。但由于海上航行的特殊性和船舶本身的特殊性，致使船舶碰撞侵权行为与陆上特殊侵权行为在构成要件及民事责任上有重大区别，因而陆上特殊侵权行为的法律规则尤其是承担民事责任的原则与基础不能适用于船舶碰撞侵权行为。有鉴于此，各国海商法、船舶碰撞法均在吸收民法中一般侵权行为法律规则的基础上，规定了一些专门调整船舶碰撞侵权行为的特殊规则。

一、过失碰撞的民事责任

（一）单方过失碰撞责任

单方过失碰撞责任是指船舶碰撞损害是由一船的过失造成的，依法由该过失船舶单独

---

① 参见司玉琢、张永坚、蒋跃川：《中国海商法注释》，北京大学出版社2019年版，第265～266页。

承担一切碰撞损害赔偿责任。《海商法》第 168 条规定，船舶发生碰撞是由于一船的过失造成的，由有过失的船舶负赔偿责任。单方过失船舶承担的赔偿责任的范围为无过失船舶及其船上财产、船员、旅客的损失和第三人的财产、人员的损失。当船舶碰撞的发生是一船故意行为所致，该船舶的所有人承担全部赔偿责任，有关人员应承担其他责任，如刑事责任、行政责任等。

【案例研习 8-1】

香港长航国际海运有限公司诉台州

江海运输有限公司船舶碰撞损害责任纠纷案①

2012 年 1 月 21 日 1540 时左右，"长航昌海"轮右舷系泊于上海港军工路码头 7-8 号泊位等待装货期间，"浙海 331"轮船首左侧碰撞上"长航昌海"轮左舷船中部位，造成"长航昌海"轮吊机吊臂、底座、转盘以及艏部左舷舷墙挡水板、船中部附近甲板、舷墙列板、栏杆以及舷梯等损坏，"浙海 331"轮左舷舷墙、立墙、主甲板、餐厅等不同程度损坏。碰撞事故发生时，"浙海 331"轮未在规定航道内行驶，违反了《上海黄浦江通航安全管理规定》第 10 条第 1 款中"船舶在规定的航道内航行时，应尽可能靠近其右舷的航道一侧行驶"的规定，而"长航昌海"轮未超出前述规定对所停靠水域限定的沿岸 36 米的并靠宽度，因此涉案碰撞事故系因"浙海 331"轮一方的过失造成。

（二）互有过失的碰撞责任

互有过失的碰撞责任是指碰撞事故的发生是因双方或多方的过失所致，各过失船舶依法承担损害赔偿责任。

关于互有过失的碰撞责任的承担，按大多数国家的法律和有关国际公约的规定，各船按其过失比例或过失程度分担，如果不能确定各船所犯过失的比例，或者过失程度相当，各船平均分担责任。《海商法》第 169 条第 1 款规定，船舶发生碰撞，碰撞的船舶互有过失的，各船按照过失程度比例负赔偿责任；过失程度相当或过失程度的比例无法判定的，平均负赔偿责任。"过失程度的比例"指互有过失的船舶中，各船的过失在促成碰撞结果发生中所起的作用或者原因力的大小。②

由于船舶碰撞所造成的损害有财产损失和人身伤亡，有对受害船舶的损害，也有对第

---

① 参见上海海事法院（2012）沪海法海初字 21 号民事判决书。

② 参见司玉琢、张永坚、蒋跃川：《中国海商法注释》，北京大学出版社 2019 年版，第 266 页。

三人的损害，因此需要区别不同情况，要求互有过失的船舶承担不同形式的民事赔偿责任。我国海商法在确定上述一般赔偿形式的同时，又规定了财产损失和人身伤亡的不同赔偿责任形式。《海商法》第 169 条第 2~3 款规定：互有过失的船舶，对碰撞造成的船舶以及船上货物和其他财产的损失，各船按本条第 1 款规定的比例负赔偿责任；碰撞造成第三人财产损失的，各船的赔偿责任均不超过其应当承担的比例；互有过失的船舶对造成的第三人的人身伤亡，负连带赔偿责任；一船连带支付的赔偿超过本条第 1 款规定的比例的，有权向另一有过失的船舶追偿。

《海商法》第 169 条第 2~3 款的规定包含了两个方面的内容。其一，对因船舶碰撞产生的所有财产损失包括第三人的财产损失，按各船的过失比例承担责任。就第三人而言，他只能按各船过失程度比例分别向各过失船舶索赔。互有过失的各船舶对第三人的财产损失不负连带赔偿责任。其二，对第三人的人身伤亡的损害赔偿，各过失船舶承担连带责任。第三人可以向任何过失船舶请求全部损害赔偿。在海商法上要求各过失船舶承担连带赔偿责任，体现了对人身权利的特殊保护。各过失船舶内部间则按过失比例承担责任，一过失船舶向第三人赔偿了全部损失后，再按过失比例向其他过失船舶追偿。

【案例研习 8-2】

南通天顺船务有限公司诉扬州育洋
海运有限公司等船舶碰撞损害赔偿纠纷案①

2001 年 6 月 16 日，南通天顺船务有限公司"通天顺"号船舶在石碑山附近海域与扬州育洋某有限公司"天神"号船舶发生碰撞，此次事故导致"通天顺"号沉没。该案经广东海事法院调查后查明，原告"通天顺"轮在海上大雾、能见度很差的情况下疏于瞭望，高速行驶，违反避碰规则，"天神"轮在能见度不良的情况下同样疏于瞭望，并未采用安全航速，构成紧迫局面，违反船舶航行及避碰规则，双方均违反了《1972 年国际海上避碰规则》第 19 条关于船舶在能见度不良时的行动规则。"通天顺"轮和"天神"轮对本次船舶碰撞均存在过失，但鉴于"通天顺"轮船长在能见度不良的情况下未上驾驶台指挥驾驶，违规向左转向，对造成本案碰撞负有更大的过失责任。因此根据两船的过失程度，"通天顺"轮应对本案碰撞承担 60% 的过失责任，"天神"轮应对本案碰撞承担 40% 的过失责任。

---

① 参见广州海事法院（2001）广海法初字 109 号民事判决书。

二、无过失碰撞的民事责任

在双方均无过失的碰撞中，各船对碰撞损失互不负赔偿责任，由各受害方自行承担。《海商法》第167条规定："船舶发生碰撞是由于不可抗力或者其他不能归责于任何一方的原因或者无法查明的原因造成的，碰撞各方相互不负赔偿责任。"依此条规定，凡因不可抗力、其他不能归责于任何一方的原因、无法查明的原因导致的船舶碰撞损失均由受害各方自行承担。

（一）不可抗力造成的船舶碰撞

不可抗力，在民法上是指不能预见、不能避免并不能克服的客观情况。①它包括两类情形：自然现象引起的不可抗力和社会因素引起的不可抗力。前者如强台风、地震、海啸等；后者如战争、武装冲突、暴动、暴乱等。在船舶碰撞中，一船要以不可抗力事件作为免责事由必须符合以下几个条件：（1）该事件的发生是不可预测的，或即使能预测，但不可能避免或克服。（2）船方曾按通常要求和当时的特殊情况妥善地采取了各种必要的力所能及的防范措施。（3）在照料、管理或驾驶船舶上不存在过失，在事件发生前或发生时，各船员忠于职守，尽最大努力避免发生碰撞。

（二）意外事件造成的船舶碰撞

意外事件造成的船舶碰撞是指船舶所有人或船员恪尽职守，既没有违反有关规则，又充分发挥了应有的谨慎与管理和航行技术水平，仍不能避免的碰撞。意外事件通常是在正常人思维所想不到的更特殊复杂的情况下发生的。

意外事件的构成要件有三个：（1）不可预见性。即加害船方或其船长、船员或其他受雇人经谨慎处理、经合理注意并已发挥了当时情况通常要求的合理技术仍不能预见事故的发生。（2）不可避免性。即加害船方及其人员在事件发生之前或发生当时经及时采取当时情况所允许的一切合理避碰措施仍然不能避免事故的发生或其后果。（3）非有意性。事件的发生，不是行为人的行为所致，而是事物本身所具有的特性所致，事件的发生具有偶然性和突发性。

在船舶碰撞中，最常见的意外事件是机械故障，特别是船机失灵、发电与供电系统障碍。在意外事件的情况下，碰撞船舶须证明意外事件是潜在的而不是人为的，经合理谨慎和充分发挥技术与管理水平仍不能预见和避免其发生的可能性。意外事件造成的船舶碰撞损害由受害方自行承担。

在司法实践中，审查不可抗力多侧重于客观方面的事实调查，而审查意外事件则更多

---

① 参见我国《民法典》第180条第2款。

侧重于对当事主观方面的谨慎和努力的审查。①

（三）不明过失造成的船舶碰撞

不明过失是指船舶碰撞各方和受理案件的法院或仲裁机构或检验部门无法证明碰撞损害的发生是哪一方的过失造成的，无法查清碰撞发生的真实原因。无法查明原因的碰撞是一种罕见的碰撞。对无法查明的原因导致的碰撞损失，由受害方自行承担。

需特别提及的是，无法查明原因与过失程度无法判定是两种不同的责任情形。后者指在肯定各船均有过失、有责任的前提下无法判定各自过失的大小或比例，属于过失比例责任的范畴；前者则是无法判断各方是否有过失，是一方的责任还是多方的责任，即碰撞原因无从查起，属加害船舶免责的范畴。

【案例研习 8-3】

"苏海门渔 1415" 号与 "大庆 244" 号油轮碰撞案②

在此案中，法院审理后认定：处于锚泊状态作业的 "苏海门渔 1415" 号木船受西北风的作用，在碰撞发生前一段时间与当时，船首向只能为东南，"大庆 244" 号油轮在碰撞发生时的航向为北偏东，与木船不可能形成两船几乎平行的局面，也不可能平行碰擦木船。从木船受损的情形看，其受损害不能用平行碰坏解释。在碰撞发生时，油轮如在半速前进中以大夹角碰撞木船，木船船体所受的损害比此时所反映的更加严重，其产生的碰撞痕迹不会成 "S" 形，且同一次碰擦不会产生上为 "S" 形、下为横向形的矛盾痕迹，在油轮右前舷面也不可能会剥落直角弯曲形状的漆片。现有证据不能证明油轮碰撞或碰擦了木船，此次事故为一起原因不明的事故，油轮对碰撞事故不负责任。

第三节　船舶碰撞损害赔偿

一、船舶碰撞损害赔偿的原则

（一）船舶碰撞财产损害赔偿的原则

根据《民法典》第七编 "侵权责任" 关于侵权行为致财产损失赔偿的规定和最高人

---

① 参见司玉琢、张永坚、蒋跃川：《中国海商法注释》，北京大学出版社 2019 年版，第 264 页。

② 参见张湘兰等：《海商法论》，武汉大学出版社 2001 年版，第 208 页。

民法院《关于审理船舶碰撞和触碰案件财产损害赔偿的规定（2020修正）》（以下简称《规定》）的规定，船舶碰撞财产损害赔偿的原则有恢复原状、赔偿实际损失、不合理扩大的损失不赔偿。

1. 恢复原状原则

《规定》第2条规定："赔偿应当尽量达到恢复原状，不能恢复原状的折价赔偿。"据此，恢复原状是确定船舶碰撞财产损害赔偿的基础原则。只有在无法恢复原状时，才能采取诸如折价赔偿等其他赔偿责任形式。"恢复原状"就其裁判规范的内容而言包括两方面。一方面，在"恢复原状"原则下应贯彻全部赔偿原则，即赔偿请求人因船舶碰撞所受损害及所失利益；另一方面，在不能恢复原状（包括事实上不能与法律上不能）时，应向请求人进行金钱赔偿。①

需要注意的是，"恢复原状"原则在海商法中受到诸多限制。一方面，海事赔偿责任限制制度的存在，使得船舶碰撞损害赔偿责任在某种程度上体现为一种限制性的赔偿责任。另一方面，国际海上货物运输中实行的"不完全过失责任制"使得船舶碰撞损害赔偿责任在一定条件下也体现为一种限制性的赔偿责任。②

2. 赔偿实际损失原则

实际损失是指依碰撞发生时的客观环境及碰撞事故发生的直接后果与延续后果，被合理地认为是碰撞所造成的直接或间接损失。实际损失包括直接损失和间接损失。直接损失是由船舶碰撞直接造成的损失。间接损失是指船舶碰撞事故发生后致使受害方不能获得在正常情况下应当获得的正常利益，或在正常情况下不应支付的额外费用。我国以前的立法和司法实践否认财产间接损失的赔偿。现在的司法实践对间接损失的赔偿在一定程度上给予了肯定。虽然间接损失的认定有一定困难，但纳入损害赔偿范围，可以起到良好的法律效果，即在法律上达到最大程度的公平合理，尽可能保护无过失受害者的利益，同时通过间接损失赔偿的补偿性功能和惩罚性功能，告诫船舶所有人、船员在管理和驾驶船舶过程中应充分谨慎行事，发挥合格船员应有的船技，抑制其过失行为，减少海上碰撞事故的发生。

3. 受损方尽力减少损失原则

不合理扩大的损失是在船舶碰撞事故发生后无过失受害方未采取合理措施防止或减少损失以致发生或进一步扩大的损失。船舶碰撞财产损害赔偿的基本作用是保护无过失受害方，要求过失加害方赔偿其损失。但有时为防止无过失受害方为了多获得赔偿而为非善意行为，法律上要求无过失受害方负有采取一切合理措施减少过失方对其造成的损失的义

---

① 参见王泽鉴：《损害赔偿》，北京大学出版社2017年版，第114~126页。

② 参见曲涛：《船舶碰撞损害赔偿责任研究》，大连海事大学2009年博士论文，第53~55页。

务。受害方的此项义务也同样体现了公平原则，即对加害方和受害方的合理利益同样给予保护。

我国民法、海商法都将无过失受害方负有减少损失的义务作为财产损害赔偿的一项原则。依此原则，无过失受害方必须采取合理的措施减少损失的发生，不得故意或过失地扩大损失，在采取合理措施时必须以合理的费用为限。凡受害方因故意或过失不采取减少损失的合理措施，或虽采取措施但费用不合理，受害方不得就扩大部分的损失与不合理的费用向过失加害方索赔。对此，《民法典》第 1173 条规定："被侵权人对同一损害的发生或者扩大有过错的，可以减轻侵权人的责任。"《规定》第 1 条规定："因请求人的过错造成的损失或者使损失扩大的部分，不予赔偿。"但是，如果受害方采取合理措施以合理费用减少了损失，有权就合理费用和减少损失的效果向过失加害方索赔。

（二）船舶致人伤亡损害赔偿的原则

各国法律对人身伤亡赔偿与财产损害赔偿采取不同的赔偿制度。这种对人身伤亡实行特殊赔偿的制度，表现了对人的价值的重视，体现了各国对人身权益的保护。

从国外立法和司法实践看，船舶致人伤亡损害赔偿原则可概括为无过失责任原则、过失责任赔偿原则、精神损害赔偿原则、赔偿责任限额原则等。在我国，关于船舶致人伤亡的损害赔偿原则，在《民法通则》实施以前，一贯坚持以优先、非限制、酌情为原则。自《民法通则》实施以后，尤其是《海商法》实施以来，船舶致人伤亡赔偿的原则有较大变化，即实行过失责任原则、赔偿实际损失原则、赔偿责任限额原则。

二、船舶碰撞损害赔偿的范围与计算标准

船舶碰撞损害赔偿的范围可概分为三部分，即船舶的损害赔偿、船上财产的损害赔偿，以及船上旅客和船员人身伤亡的损害赔偿。

（一）船舶损害赔偿的范围与计算标准

船舶损害赔偿分为全部损害赔偿和部分损害赔偿。

1. 船舶全部损失的赔偿范围与计算标准

船舶全损包括实际全损与推定全损，其赔偿范围为：船舶的价值损失；未包括在船舶价值内的船舶上的燃料、物料、备件、供应品，渔船上的捕捞设备、渔网、渔具等损失；船员工资、遣返费及其他合理费用；合理的救助费，沉船的勘查、打捞和清除费用，设置沉船标志费；拖航费，本航次的租金或者运费损失，共同海损分摊；合理的船期损失；其他合理的费用；利息损失。①

船舶价值损失的计算，以船舶碰撞发生地当时类似船舶的市价确定；无类似船舶市价

---

① 参见《关于审理船舶碰撞和触碰案件财产损害赔偿的规定（2020 修正）》第 3 条。

的，以船舶籍港类似船舶的市价确定，或以其他地区类似船舶市价的平均价确定；没有市价的，以原船舶的造价或购置价，扣除折旧（折旧率按年 4%～10%）计算；折旧后没有价值的，按残值计算。船舶被打捞后尚有残值的，船舶价值应当扣除残值。①

船期损失的期限计算为，船舶全损的船期损失的计算期间以找到替代船所需的合理期间为限，但最长不得超过 2 个月；船舶部分损害的修船期限，以实际修复所需的合理期间为限，其中包括联系、住坞、验船等所需的合理时间；渔业船舶，按上述期限扣除休渔期为限，或者以一个渔汛期为限。船期损失以船舶碰撞前后各两个航次的平均净盈利计算；无前后两个航次可参照的，以其他相应航次的平均净盈利计算。渔船渔汛损失以该渔船前三年的同期渔汛平均净收益计算，或以本年同期同类渔船的平均净收益计算。计算渔汛损失时，应当考虑碰撞渔船在对船捕鱼作业或者围网灯光捕鱼作业中的作用等因素。②

船舶价值的损失利息，从船期损失停止计算之日起至判决或调解指定的应付之日止。其他各项损失的利息从损失发生之日或费用产生之日起至判决或调解指定的应付之日止。③碰撞导致期租合同承租人停租或不付租金的，以停租或不付租金额，扣除可节省的费用计算。④

2. 船舶部分损害的赔偿范围与计算标准

船舶部分损害的赔偿包括：合理的船舶临时修理费、永久修理费及辅助费用、维持费用。这些费用必须满足以下条件：船舶应就近修理，除非受害方能证明在其他地方修理更能减少损失和节约费用，或有其他合理的理由；船舶碰撞部位的修理，同受害方为保证船舶返航，或因另外事故所进行的修理，或与船舶例行的检修一起进行时，赔偿仅限于修理本次船舶碰撞的受损部分所需的费用损失。此外，船舶部分损害的赔偿还包括合理的救助费、拖航费、合理的船期损失、运费损失、租金损失、共同海难分摊、其他合理费用、利息损失。⑤

船期损失的计算期间为船舶实际修复所需要的合理期间，其中包括联系、住坞、验船等所需要的合理时间。渔业船舶船期损失的计算期间为一个渔汛期，或渔船实际修复所需要的合理期间扣除休渔期。船期损失、渔汛损失的计算与船舶全损相同。船舶部分损失中的其他损失及其计算见上述船舶全损部分和其他有关章节。

（二）船上财产的损害赔偿范围及计算与认定

船上财产的损害赔偿包括：船上财产的灭失或者部分损坏引起的贬值损失；合理的修

---

① 参见《关于审理船舶碰撞和触碰案件财产损害赔偿的规定（2020 修正）》第 8 条。
② 参见《关于审理船舶碰撞和触碰案件财产损害赔偿的规定（2020 修正）》第 10 条。
③ 参见《关于审理船舶碰撞和触碰案件财产损害赔偿的规定（2020 修正）》第 13 条。
④ 参见《关于审理船舶碰撞和触碰案件财产损害赔偿的规定（2020 修正）》第 11 条。
⑤ 参见《关于审理船舶碰撞和触碰案件财产损害赔偿的规定（2020 修正）》第 3 条。

复或处理费用；合理的财产救助、打捞和清除费用，共同海损分摊；其他合理的费用；利息损失。①

船上财产损失的计算与认定采取如下规则。（1）货物的灭失按货物的实际价值即货物装船时的价值加运费、加请求人已支付的货物保险费计算，扣除可节省的费用。（2）货物损坏，以修复所需的费用，或货物的实际价值扣除残值和可节省的费用计算。（3）由于船舶碰撞在约定的时间内迟延交付所产生的损失，按迟延交付货物的实际价值加预期可得利润与到岸时的市场差价计算，但预期可得利润不得超过货物实际价值的10%。（4）船上捕捞的鱼货以实际的鱼货价值计算。鱼货价值参照碰撞发生当时当地的市价，扣除可节省的费用。（5）船上渔具、网具的种类与数量，以本次出海捕捞作业所需量扣减现存量计算，但所需量超过渔政部门规定或者许可的种类和数量的不予认定；渔具、网具的价值按原购置价或原造价扣除折旧费和残值计算。（6）旅客行李、物品（包括自带行李）的损失，属本船旅客的损失，按海上旅客运输合同及其责任限额处理；属他船旅客的损失，可参照旅客运输合同中有关旅客行李灭失或者损坏的赔偿规定处理。（7）船员个人生活必需品的损失，按实际损失适当赔偿。（8）承运人与旅客书面约定由承运人保管的货币、有价证券、金银、珠宝或者其他贵重物品的损失，按海上旅客运输中的规定处理；船员、旅客、其他人员个人携带的上述物品的损失，不予认定。（9）船上其他财产的损失，按其实际价值计算。②

（三）船舶碰撞致人伤亡的赔偿范围

我国《海商法》仅在第五章"海上旅客运输合同"、第八章"船舶碰撞"、第十一章"海事赔偿责任限制"中对船舶碰撞造成人身伤亡的责任承担及举证责任、海上人身伤亡的责任限制作出了规定，并无针对海上人身伤亡损害赔偿的专门立法。1992年，最高人民法院印发了《关于审理涉外海上人身伤亡案件损害赔偿的具体规定（试行）》，该规定已于2013年被废止。此后，对海上人身伤亡损害赔偿只能依据民法的有关规定处理。然而，从《民法通则》《侵权责任法》《民法总则》直至《民法典》，对人身伤亡的损害赔偿均只作出了原则性的规定，这使得在具体处理海上人身伤亡损害赔偿时出现了法律适用的混乱，有的参照《国家赔偿法》的有关规定，有的参照《道路交通事故处理办法》，有的参照有关省（直辖市）的规章。而国内大部分碰撞造成的人身伤亡案件都在适用最高人民法院《关于审理人身损害赔偿案件适用法律若干问题的解释》的范围和标准确定损害赔偿。③

---

① 参见《关于审理船舶碰撞和触碰案件财产损害赔偿的规定（2020修正）》第4条。
② 参见《关于审理船舶碰撞和触碰案件财产损害赔偿的规定（2020修正）》第9条。
③ 参见司玉琢：《海商法专论》，中国人民大学出版社2018年版，第274页。

鉴于我国目前对于涉外和国内两个领域的海上人身伤亡损害赔偿范围及计算均无专门的赔偿规则，下文将不区分涉外与国内，而是结合晚近司法实践对船舶碰撞致人伤亡的赔偿范围及计算进行整体性分析。

1. 船舶碰撞致人伤残的赔偿范围

船舶碰撞致人伤残分为一般伤害和致残两种情形。一般伤害又称轻度伤害，指经过治疗恢复健康、没有丧失劳动能力的伤害。一般伤害赔偿范围为：医疗费、护理费、收入损失、安抚费和其他合理费用。致残是指受害人的器官、肢体及其他重要部分因受伤后丧失生理功能，部分或全部丧失劳动能力。致残的赔偿范围，除赔偿一般伤害的各项外，还应赔偿补偿性治疗费、残疾用具费、残疾后的收入损失。

2. 船舶碰撞致人死亡的赔偿范围

船舶碰撞致人死亡的赔偿范围包括：收入损失；医疗、护理费用；丧葬费；被扶养人生活费；死亡赔偿金；①受害人亲属办理丧葬事宜支出的交通费、住宿费和误工损失等其他合理费用；以及受害人近亲属的精神损害抚慰金。②

第四节　船舶碰撞国际公约

在国际海事立法中，侵权立法一直落后于合同立法。船舶碰撞损害赔偿应遵循的原则以及损害赔偿的计算问题，一直没有得到完全统一。但在国际海事委员会的努力下，先后制定的公约主要有：

一、《1910 年碰撞公约》

《1910 年碰撞公约》，全称为《1910 年统一船舶碰撞若干法律规则的国际公约》（International Convention for the Unification of Certain Rules of Law with Respect to Collisions, 1910）。该公约是在国际海事委员会主持下于 1910 年 9 月 23 日在布鲁塞尔召开的第三届海洋法会议上签订的，并于 1931 年 3 月 1 日生效。它是有关船舶碰撞民事责任的最早最重要的国际公约。该公约的主要成就在于：统一了当时英国和欧洲大陆沿海国家、北欧国

---

① 最高人民法院《关于审理人身损害赔偿案件适用法律若干问题的解释》（法释〔2022〕14 号）第 15 条规定："死亡赔偿金按照受诉法院所在地上一年度城镇居民人均可支配收入标准，按二十年计算。但六十周岁以上的，年龄每增加一岁减少一年；七十五周岁以上的，按五年计算"。

② "受害人近亲属的精神损害抚慰金"在《关于审理涉外海上人身伤亡案件损害赔偿的具体规定（试行）》（法发〔1992〕16 号）（2013 年失效）第 4 条里被表述为"安抚费"，具体指"对死者遗属的精神损失所给予的补偿"；《关于审理人身损害赔偿案件适用法律若干问题的解释》第 23 条规定："精神损害抚慰金适用《最高人民法院关于确定民事侵权精神损害赔偿责任若干问题的解释》予以确定。"

家海商法中有关船舶碰撞过失责任的划分标准，并为以后各参加国或其他国家的国内法所接受，或者在实务中按该公约确定的过失比例制度处理过失碰撞责任问题。到目前为止，公约的参加者有66个国家和地区。该公约先后经过四次修订，但其基本精神、基本规则并未改变。

《1910年碰撞公约》的主要内容有以下几方面：

（一）公约适用的范围

公约适用于海船间或海船与内河船之间在任何水域发生的使船舶、船上财产、人身遭受损害引起赔偿的碰撞，但不适用于军事的船舰或专用于公务的政府船舶。所有当事船舶均属于公约缔约国所有的任何案件，以及国内法对此有所规定的情况下，公约的规定适用于全体利害关系人。公约的规定扩及于一船对另一船造成损害的赔偿案件，不论这种损害是由于执行或不执行某项操纵还是不遵守规则所造成的，即使未发生碰撞也如此。

（二）船舶碰撞责任的划分与确定

公约对船舶碰撞责任与损害赔偿承担的规定有以下几方面：（1）无过失碰撞责任。船舶碰撞的发生是出于意外或出于不可抗力或碰撞原因不明造成的，其损害应由遭受损害者承担。（2）单方过失碰撞责任。碰撞是由于一船的过失所引起的，损害赔偿的责任应由该过失船舶承担。（3）多方过失碰撞责任。两艘或两艘以上的船舶互有过失，各船应按其所犯过失程度，按比例分担责任。考虑到客观环境，不能确定各船所犯过失程度，或者过失程度相等，应平均分担。船舶对财产的损害，由过失船舶按上述比例承担。即使对于第三人的财产损害，也不负超过其过失比例的责任。对于人身伤亡的损害，各过失船舶对第三人负连带责任。但是一船所付出的人身伤亡赔偿超过其应承担的部分，该船舶所有人有权依各国内法的规定向其他过失船舶追偿超过部分。（4）引航员的过失责任。由于引航员的过失而发生碰撞，无论是服务性引航还是强制性引航，上述单方过失或多方过失责任均适用。（5）废除过失的法律推定。关于在碰撞责任方面的过失问题的一切法律推定均应废除。

（三）起诉权与时效期限

因船舶碰撞引起的损害赔偿起诉权不得以提出海事报告或履行其他特殊手续为条件。起诉权的时效期限为两年，自事故发生之日起算。对第三人人身伤亡负连带责任的一过失船舶向其他过失船舶进行追偿的起诉权，须自付款之日起一年内提出。

（四）碰撞中的救助责任

碰撞事故发生后，相碰撞船舶的船长在不致对其船舶和人员、旅客造成严重危险的情况下，必须对另一船舶、船员、旅客施救。各相碰撞船舶的船长必须尽可能将其船名、船籍港、出发港、目的港通知对方。各缔约国应采取必要措施防止发生违反这种责任的行为。

二、《1952年船舶碰撞民事管辖权公约》

《1952年船舶碰撞民事管辖权公约》，全称为《1952年统一船舶碰撞民事管辖权若干规则的国际公约》（International Convention on Certain Rules Concerning Civil Jurisdiction in Matters of Collision，1952），该公约在国际海事委员会主持下于1952年5月10日在布鲁塞尔召开的第9届海洋法外交会议上签订，于1955年9月14日生效。

公约关于司法管辖权的规定：（1）原告只能向下述法院提出诉讼：被告经常居住地或营业所在地法院；被扣船或可依法扣押的属于被告的任何其他船舶的，扣押地法院，或本可以扣押并已提供担保金或其他保全的地点的法院；碰撞发生于港口界限或内河水域时，为碰撞发生地法院。（2）原告有权选择向上述任何一国法院提起诉讼，但原告在未撤销已提起的诉讼之前，不得就同一事实对同一被告在另一管辖区域内提起诉讼。

公约关于仲裁与协议司法管辖权的规定为：上述关于司法管辖权的规定，在任何情况下都不妨碍当事人双方通过协议向其选择的法院就碰撞提起诉讼，或提交仲裁的权利。

公约还对反诉、共同诉讼、其他诉讼管辖权进行了规定。

三、《1952年船舶碰撞刑事管辖权公约》

《1952年船舶碰撞刑事管辖权公约》，全称为《1952年统一船舶碰撞或其他航行事故刑事管辖权若干规则的国际公约》（International Convention for the Unification of Certain Rules Relating to Penal Jurisdiction in Matters of Collision or Others Incidents of Navigation，1952），该公约是《1952年船舶碰撞民事管辖权公约》的配套公约，与其同日签订，于1955年11月20日生效。

该公约适用于发生碰撞或任何有关海船其他航行事故中并涉及船长或其他任何船舶服务人员的刑事和纪律诉讼。这些案件由船旗国的法院或行政机关行使管辖权，除此之外，任何当局不得扣留或扣押船舶。缔约国就本国所发权限证书或许可证问题所采取的任何措施，或对其本国公民在悬挂其他国旗的船舶上的违法行为提出指控，该公约不予阻止。

四、《1985年评估海上碰撞损害的国际公约（预案）》

《1985年评估海上碰撞损害的国际公约（预案）》（Preliminary Draft International Convention on the Assessment of Damages in Maritime Collisions）由国际海事委员会草拟，其目的在于统一各国法律关于评估船舶碰撞损害赔偿金的不同规定，为各国提供一套统一的赔偿金计算标准和方法。虽然该预案目前尚未形成正式的国际公约，但自其出台以后，许多国家的法律和司法实践均予以接受。我国最高人民法院1995年8月18日公布的《关于审理船舶碰撞和触碰案件财产损害赔偿的规定》受该预案的影响。

该预案由定义、原则、船舶全损、船舶损害、货物、人身伤亡、利息、一般规定等八个部分组成。船舶碰撞损害赔偿的原则为恢复原状、扩大或应避免的损失不赔偿、赔偿直接损失。船舶全损的赔偿范围为：船舶价值、船舶滞期损失的补偿；碰撞引起的合理保险费的偿还；补偿第三方所支付款项的赔偿；因合同义务或法定义务，赔偿人身伤亡或个人财产损失后的偿还；利息。船舶损害的赔偿即船舶部分损失的赔偿，其范围包括船舶滞期损失的补偿；临时修理费、永久性修理费和附属修理费的补偿；合理保险费的偿还；补偿第三方所支付款项的赔偿；基于合同或法定义务，赔偿人身伤亡和个人财产损失后的赔偿额返还；净营利损失；利息等。货物的损害赔偿仅限于货物在运输中的灭失或损坏的损失。预案对船舶、货物的损害赔偿的有关重要项目的计算及价值确定进行了规定。预案关于人身伤亡和个人财产损失的赔偿仅作了一般性规定，即由具有管辖权的法院确定。

五、《1987 年船舶碰撞案件损害赔偿规则》

由于各国有关船舶碰撞损害赔偿的计算方法不同，国际海事委员会主持制订的《船舶碰撞损害赔偿国际公约》尚在进行中，为了促进这方面的统一，国际海事委员会于 1987 年 4 月制订了《船舶碰撞案件损害赔偿规则》（Compensation for Damages in Collision Cases），简称里斯本规则（The Lisbon Rules）。该规则由定义、字母规则和数字规则三部分组成。

字母规则共 5 条（Rule A-E），主要内容为：（1）本规则适用于对船舶碰撞造成损害的计算，但不涉及对碰撞责任的划分，也不适用有关人身伤亡的损害赔偿，但本规则不影响船舶所有人责任限制权；（2）索赔方仅有权对可以合理认为是碰撞导致的直接损失提出索赔；（3）索赔方通过索赔使其处于与没有发生碰撞时其本应具有的财务地位相同的地位；（4）提出索赔的一方负举证责任；（5）索赔方无权对经其合理谨慎可以避免或减轻的损失提出索赔。

数字规则有 5 条（Number I-V），是本规则的核心部分。（1）船舶全损，索赔方可以请求相等于碰撞发生之日在市场上购买一艘类似船舶的金额，如果没有类似的船舶，按碰撞之日的船舶价值索赔，该价值可以参考船龄、船舶状况及任何其他有关因素进行计算。（2）船舶部分损失，索赔方有权提出下列赔偿：合理的临时性修理费和永久性修理费、救助报酬、共同海损的补偿和作为碰撞结果而合理产生的任何费用和支出；碰撞发生后，因合同的、法定的或其他合法义务等原因使索赔方在法律上有义务并必须为这种义务向第三方赔偿，索赔方在此情况下支付的赔偿额；作为碰撞的后果，索赔方遭受的净运费损失及添置因碰撞事故而损失的燃料和船舶属具的费用。数字规则还就运费、租金的损失计算与利息损失的计算作了具体规定。

　　里斯本规则是一种由国际民间组织制订的民间规则，属于国际惯例文件，不具有强制性的法律效力，只有被有关当事人接受后才对当事人有约束力，但是如果所有的利害关系方能接受该规则，对因船舶碰撞引起的索赔就能在同一基础上进行处理，有助于节省时间和费用。

【专业术语】

船舶碰撞	Collision of Ships
直接碰撞	Direct Collision
间接碰撞	Indirect Collision
驾驶船舶过失	Negligence of Navigation
单方过失碰撞	Collision caused by the fault of one vessel
双方过失碰撞	Collision caused by joint fault
里斯本规则	Lisbon Rules

【拓展阅读】

　　1. 司玉琢、吴兆麟：《船舶碰撞法》，大连海事大学出版社 1995 年版。

　　2. 司玉琢：《侵权法的发展对船舶碰撞法律制度的影响》，载《中国海商法研究》2012 年第 3 期。

　　3. 曲涛：《船舶碰撞侵权行为定性之法理分析——以侵权责任法原理为基础展开》，载《东方法学》2020 年第 5 期。

第九章　船舶油污损害赔偿

随着石油取代煤成为主要能源，大量的石油经由海上从输出国运往输入国，船舶油污事故频发，油污损害巨大。自 20 世纪中叶开始，以国际立法为先导，船舶油污损害赔偿法逐步发展起来，形成了富有特色并卓有成效的损害赔偿机制，成为现代海商法中重要的新分支。我国《海商法》虽没有专门规定，但依据《海洋环境保护法》《防治船舶污染海洋环境管理条例》以及我国加入的《1992 年国际油污损害民事责任公约》《2001 年国际燃油污染损害民事责任公约》和最高人民法院《关于审理船舶油污损害赔偿纠纷若干问题的规定》，船舶油污损害赔偿领域已经形成了较为完整的规范体系，在损害赔偿范围、责任限制、强制保险（担保）、赔偿基金等方面具有特殊性。[①]

第一节　船舶油污损害概述

一、船舶油污损害的概念和特征

船舶油污损害，是指船舶溢出或者排放油类，在该船舶之外因污染而造成的灭失或者损害。根据现行法律制度，船舶溢出或排放油类的种类不同，它所适用的法律规范亦有所不同，主要分为船舶载运持久性油类、船舶载运非持久性油类和船舶燃油。

船舶油污损害通常具有以下特征：

1. 跨国性

船舶周游于天然相连的海洋，船旗国、损害行为地和损害结果地往往位于不同的国家。例如，1967 年"托利·堪庸"（Torrey Canyon）号事件中，肇事船为利比亚籍油轮，损害行为发生在英国锡利群岛合地角，损害结果则波及英国、法国和荷兰。多个连结因素带来了管辖权、法律适用以及判决承认和执行方面的法律问题，其解决必然依赖于国际层

面的努力与合作。

2. 严重性

船舶油污不仅影响海洋资源的开发利用，而且造成海洋环境和自然资源的灭顶之灾，损害后果往往令人触目惊心。1989 年美国阿拉斯加"埃克森·瓦尔迪兹"（Exxon Valdez）号事件中，仅清污费就高达 25 亿美元。面对受害人的巨额索赔需求，传统侵权法和海商法的赔偿功能明显不足。①

3. 复杂性

船舶油污损害的复杂性既体现在损害类型的复杂，更体现在主体利益的复杂。从损害类型而言，除了普通财产损害，还包括纯经济损失和环境损害，后两者的赔偿面临传统侵权法和海商法的障碍。从主体利益而言，船舶油污损害牵涉船东、货主、保险人、受害人等多方利害关系，受国家利益、环境保护等多种因素影响，在复杂的利益交织中寻求平衡，并非易事。

二、船舶油污损害赔偿的国际立法

基于油的种类，国际公约对船舶载运持久性油类、船舶载运非持久性油类和船舶燃油进行了分别规定。

（一）船舶载运持久性油类造成的损害

1. 《1969 年/1992 年国际油污损害民事责任公约》（以下简称《1969 年/1992 年油污责任公约》）

为解决"托利·堪庸"号事件引发的油轮油污损害责任和赔偿问题，政府间海事协商组织法律委员会和国际海事委员会"托利·堪庸"分委员会分别拟定公约草案，提交 1969 年 11 月 10 日至 28 日在布鲁塞尔召开的海洋污染损害国际法律会议审查，最终通过了《1969 年油污责任公约》。公约于 1975 年 6 月 19 日生效，是船舶油污损害赔偿领域的第一个国际立法，适用于持久性油类（不论是在船上作为货物运输还是在此种船舶的燃料舱中）。它的鲜明特征在于：为保障污染受害人得到充分、及时和有效的赔偿，对油轮登记所有人施加了严格责任和更高的责任限额，并以强制保险或财务担保制度保证实施，同时辅之以管辖权和判决承认与执行规则。

《1969 年油污责任公约》在 1976 年、1984 年和 1992 年进行了修订。其中，1976 年议定书将责任限额的计算单位由金法郎改为特别提款权，该议定书于 1981 年 4 月 8 日生效。

---

① 传统侵权法的诉因、赔偿范围以及海商法的责任限制都影响了受害人得到充分的赔偿。相关问题可参见 Wu Chao, Pollution from the Carriage of Oil by Sea: Liability and Compensation, Kluwer Law International, 1996, pp. 10-33；杨良宜：《海事法》，大连海事大学 1999 年版，第 262～268 页。

1984 年议定书扩大了公约的适用范围、提高了责任限额、明确了污染损害范围，但因美国拒绝加入一直未生效，最终被 1992 年议定书取代。1992 年议定书基本反映了 1984 年议定书的变化，于 1996 年 5 月 30 日生效，经其修订的《油污责任公约》被称为《1992 年油污责任公约》。为了统一和便利责任限额的修订，《1992 年油污责任公约》确立了默认接受程序。经过 2000 年修订，船东的最高赔偿额为 8977 万特别提款权（约合 1.15 亿美元）。

加入《1992 年油污责任公约》以退出《1969 年油污责任公约》为条件。截至 2023 年 4 月 19 日，《1992 年油污责任公约》的缔约方增至 146 个，而《1969 年油污责任公约》的缔约方减至 32 个。

2.《1971 年/1992 年设立国际油污损害赔偿基金的国际公约》（以下简称《1971 年/1992 年油污基金公约》）

《1969 年油污责任公约》下船东对油污损害的赔偿额是有限的，不足以充分保护受害人的利益。因此，1969 年海洋污染损害国际法律会议要求建立由石油运输中的货方参与分摊的赔偿基金。1971 年 11 月 29 日至 12 月 18 日，政府间海事协商组织在布鲁塞尔召开了关于设立国际油污损害赔偿基金的外交大会，通过了《1971 年油污基金公约》。公约于 1978 年 10 月 16 日生效，成为《1969 年油污责任公约》的必要补充。加入《1971 年油污基金公约》以加入《1969 年油污责任公约》为前提，两者共同构成确保受害人得到充分赔偿的双层机制，实现了石油运输中船方与货方的损失分担。据此设立的 1971 年国际油污赔偿基金由石油进口公司摊款设立，在《1969 年油污责任公约》不能提供保护的范围内给予受害人一定限额的赔偿，并向船东提供补贴以减轻其负担。

《油污基金公约》与《油污责任公约》保持同步变动，以维持双层机制的协调和船货双方利益的平衡。与《1969 年油污责任公约》的历次修订相应，《1971 年油污基金公约》亦在 1976 年、1984 年和 1992 年进行了修订。其中，1976 年议定书于 1994 年 11 月 22 日生效；1984 年议定书因《1969 年油污责任公约》1984 年议定书的终止而终止；1992 年议定书取消了基金对船东的补贴功能，于 1996 年 5 月 30 日生效，经其修订的《油污基金公约》被称为《1992 年油污基金公约》，1992 年国际油污赔偿基金据此设立。随后，《1971 年油污基金公约》于 2002 年 5 月 24 日终止，1971 年国际油污赔偿基金于 2014 年 12 月 31 日解散。

随着《1992 年油污责任公约》责任限额的提高，《1992 年油污基金公约》2000 年修订将责任限额（包括受害人依据《1992 年油污责任公约》得到的赔偿）提高到 2.03 亿特别提款权（约合 2.6 亿美元），如果有三个成员国的境内石油公司接收的摊款石油总量达到或超过 6 亿吨，限额可高达 3.0074 亿特别提款权（约合 3.86 亿美元）。即便如此，欧盟国家仍对国际双层机制的充分有效性提出了质疑。为此，国际海事组织于 2003 年在伦敦召开了关于设立油污赔偿补充基金的国际大会，通过了 2003 年议定书，据此设立国际油污损害赔偿补充基金。作为《1992 年油污责任公约》和《1992 年油污基金公约》外的第三层保障，受害人所能获得的赔偿额最终可达到 7.5 亿特别提款权（约合 11.15 亿美元）。对于 2003 年议定书，《1992 年油污基金公约》成员国可选择不加入，该议定书已于 2005 年 3 月 3 日正式生效。

截至 2023 年 4 月 19 日，《1992 年油污基金公约》的缔约方有 121 个，2003 年议定书的缔约方有 32 个。

（二）船舶载运非持久性油类造成的损害

在成功建立油轮油污损害赔偿机制后，政府间海事协商组织又开始着手制定一部关于海上运输有毒有害物质损害责任和赔偿的国际公约。二十多年后，国际海事组织在 1996 年 4 月 15 日至 5 月 3 日伦敦外交大会上通过了《1996 年国际海上运输有毒有害物质损害责任和赔偿公约》（以下简称《1996 年 HNS 公约》）。① 公约以有毒有害物质造成的损害为调整对象，几乎包括了已生效的有关船舶污染防治公约列出的所有有毒有害物质，如油类、其他有毒或危险液体物质，液化气体，闪点不超过 60 摄氏度的液体物质，以包装形式运载的危险、危害和有毒物质材料，具有化学风险的固体散装材料及上述物质散装运输的残渣；而损害不限于污染损害，还包括因毒性、火灾或爆炸等引起的损害。

各国对《1996 年 HNS 公约》的有关条款存在争议，使其迟迟未能生效。为此，国际海事组织于 2010 年 4 月召开第二次外交会议，通过了 2010 年议定书，对《1996 年 HNS 公约》中阻碍公约生效的若干条款作了修订和删除，包括有毒有害物质的分类、摊款货物、预防措施、缔约国的报告义务、船舶所有人的责任等。2010 年议定书规定，将《HNS 公约》和议定书作为一个整体进行解释和适用，共同构成《2010 年 HNS 公约》。截至 2023 年 4 月 19 日，公约尚未生效。

《1996 年 HNS 公约》的特色在于，它借鉴了油轮油污损害赔偿领域的双层赔偿机制，且将其放到一个公约下调整，从而避免了在油污损害中出现的因许多国家仅参加《油污责任公约》导致双层机制跛腿的现象，进一步确保了对受害人的充分赔偿，并便于协调两层机制的赔偿限额之间的关系。公约也规定了较高的责任限额，两层机制加起来可达到 2.5 亿特别提款权（约合 3.2 亿美元）。为避免与《油污责任公约》冲突，《HNS 公约》不调整《油污责任公约》下油轮载运的散装持久性油类造成的污染损害，但可适用于持久性油类造成的非污染损害和非持久性油类造成的损害。

---

① 参见危敬添：《关于海上运输有害有毒物质的责任和损害赔偿的国际公约》，载《中国海商法年刊》（1996），第 327~335 页。

（三）船舶燃油造成的损害

在《1969 年油污责任公约》的制定过程中，人们就认识到法律对于油轮以外船舶造成燃油污染的调整尚存在空白，《1996 年 HNS 公约》亦未解决这一问题，而现实中重大燃油污染事故又时常发生。因此，国际海事组织于 2001 年 3 月 19 日至 23 日在伦敦外交会议上通过了《2001 年船舶燃油污染损害民事责任国际公约》（以下简称《2001 年燃油公约》），公约于 2008 年 11 月 21 日生效。① 公约在很大程度上借鉴了《1992 年油污责任公约》和《1996 年 HNS 公约》的内容，但又具有自己的独特之处：由于燃油不是货物，公约没有设立货主参与分摊的赔偿基金；也正因为缺乏赔偿基金的补充，公约将船舶所有人从登记所有人扩大到光船租船人、船舶管理人和经营人，以拓宽受害人的索赔途径；此外，公约没有自己独立的责任限制制度，从而也没有固定的强制保险金额。为避免与《油污责任公约》冲突，《2001 年燃油公约》不调整《油污责任公约》下油轮持久性燃油造成的污染损害，但可适用于非持久性燃油造成的污染损害。截至 2023 年 4 月 19 日，《2001 年燃油公约》的缔约方有 105 个。

三、国际油污损害赔偿公约的影响

国际公约在油污损害赔偿领域发挥了开拓的、主导的作用。截至 2023 年 4 月 19 日，《1992 年油污责任公约》的缔约方船舶总吨位占全世界的 97.55%；《1992 年油污基金公约》的缔约方船舶总吨位占全世界的 94.45%；《2001 年燃油公约》的缔约方船舶总吨位占全世界的 95.20%。

与国际公约体系形成对峙的是美国法体系。“埃克森·瓦尔迪兹”号事件后，美国两院通过了《1990 年油污法》，对美国可航水域和专属经济区内发生的油污（不限于油轮油污）建立了一个完善的体系。它与国际公约一样采用双层赔偿机制，但赔偿水平更高。第一层严格责任下，责任主体包括船舶所有人、经营人和光船承租人等广泛的人群，抗辩援引难，责任限额高，且容易丧失责任限制权，被认为近似于“准绝对责任”；第二层溢油责任信托基金下，资金主要来源于石油税的征收，将油污损害赔偿的负担施加给了石油受益产业。更重要的是，《1990 年油污法》不排斥各州制定比其更加严厉的责任规则，美国很多州已经放弃了责任限制而采用完全赔偿原则，如阿拉斯加、加利福尼亚、康涅狄格等。②

---

① 参见傅国民、徐庆岳：《〈船舶燃料油污染损害民事责任国际公约〉评介》，载《海商法研究》第 4 辑（2001 年），第 90~106 页。

② 对于美国《1990 年油污法》的介评，参见陈悦：《美国油污法介绍及评价》，载《海商法研究》第 12 辑（2006 年），第 251~268 页。

第二节　船舶油污损害的赔偿机制

在油污损害赔偿领域，虽然国际公约与美国法两大体系对峙，且基于油的种类以特别法展开，但遵循着相同的立法理念和规则设计。与传统的以过错为归责的船舶碰撞侵权法相比，它的特点在于引入了严格责任，而这一变化源于其以损害分散为中心的立法理念。

一、船舶油污损害赔偿法的理念：从损害移转到损害分散

随着像船舶油污这样的现代工业事故的出现，现代侵权法面临着功能的重新定位，损害分散逐渐代替损害移转成为侵权法的逻辑方式。在传统侵权法所秉持的损害移转理念下，受害人遭受的损害由施害人承担，强调施害人与受害人之间的关系，以施害人行为的可非难性为归责，标榜个人责任；而在损害分散理念下，受害人遭受的损害可以先加以内部化由创造危险活动的企业负担，再经由商品或服务的价格机能，或保险加以分散，由多数人承担。这样的构造既能使受害人获得更有力的保障，又能使施害人不因赔偿重负而破产。它所涉及的，除了施害人和受害人外，还包括了社会大众，不特别着眼于施害人的过失，而是在寻找一个有着"深钱袋"（Deeper Pocket）的能够分散损害的人，并认识到这是一个福祸与共的社会，凸显损害赔偿集体化的发展趋势。① 理念的转变必然带来对有关法律责任属性的传统观念的修正：其一，它弱化了人们对侵权责任可能给施害人带来过重负担的忧虑；其二，它冲击了以过错作为普遍适用的归责基础的合理性；其三，它将人们的注意力转向考虑当事人之中谁是最佳的损害分配渠道。

正是在损害分散理念的引领下，我们看到了现代侵权法的重大变化：严格责任的勃兴、强制保险的集成、乃至于侵权法本身和社会保障机制的冲突和融合。而这些元素从船舶油污损害赔偿法诞生之初便已融入其中，可见损害分散理念在该领域之影响。在保障污染受害人获取充分救济和避免相关产业遭受沉重负担的大原则下，损害分散理念无疑是这一平衡机制的最佳润滑剂。

二、船舶油污损害侵权责任的内部构造：以强制责任保险制度保障实施的严格责任

（一）严格责任的引入

早期侵权法采过错责任原则，"过错"实质上等同于"归责"，责任是过错的必然结果。自 19 世纪末开始，严格责任发展成为与过错责任并立的侵权法归责原则，适用于危险事故损害。与以往的侵害相比，危险事故一般由合法而必要的社会生产活动所致，且发

---

① 参见王泽鉴：《侵权行为法》第一册，中国政法大学出版社 2001 年版，第 8 页。

生多为高度工业技术缺陷的结果，施害人难以防范，受害人更难以证明施害人的过错。如仍采用过错责任原则，受害人将独自承担工业社会带来的风险，而风险的制造企业却独自享受工业社会带来的利润，显然有悖于通识的情感和正义。

在一般侵权法发展的影响下，严格责任成为了《1969 年油污责任公约》立法者的备选之一。公约起草过程中，围绕归责基础和责任主体两个议题，形成了四种意见：其一，由货方承担严格责任；其二，由船方承担严格责任；其三，由船方承担过错推定责任；其四，由船方和货方共同承担责任。各国在利益的驱动下各持己见，长期僵持不下，例如法国等拥有漫长海岸线的潜在灾区偏向严格责任，而丹麦、挪威等油轮业大国则青睐货方严格责任。直到大家就设立货方赔偿基金达成共识，这一僵局才被打破。在石油业作出分担损害的承诺后，船方严格责任顺利出台。可见，船舶油污损害赔偿法引入严格责任，并非由于立法者对损害分散理念的自觉，而是在政治妥协中发现了损害分散的价值。

对于污染受害人而言，严格责任提供了更强的救济功能。在侵权法的不法性判断中，严格责任不考察行为不法，仅关注结果不法。只要损害在责任发生条款的保护范围内，特定的责任主体即应负责；而该范围一般已由立法者在平衡社会经济、政治和道德因素的基础上事先给定，无须法官个案考察。因此，严格责任具有过错责任所没有的可预测性和统一性，类似于一种准自动性责任。

（二）严格责任的限制

1. 责任主体的限制

严格责任的确立基础是施害人和受害人之间的特定关系。因此，严格责任立法多将主体限于危险活动的控制者，这一做法被称为"责任专属"（Channelling of Liability）。鉴于船舶控制权一般由所有人行使，《油污责任公约》和《1996 年 HNS 公约》将严格责任仅施加于船舶所有人，并具体为登记所有人，以便简化识别。

国际公约的责任专属不仅排除了受害人依据公约向其他人索赔的权利，而且排除了受害人依据其他法律向其他人索赔的权利。《1992 年油污责任公约》和《1996 年 HNS 公约》规定不得向六类人提出索赔，除非损害是其本人故意或明知损害有可能发生但轻率作为或不作为造成：（1）船舶所有人的雇佣人或代理人；（2）引航员或其他为船舶提供服务但并非船员的人；（3）租船人（包括光船承租人）、船舶管理人或经营人；（4）经船舶所有人同意或依有关公共当局的指示从事救助作业的人；（5）采取预防措施的人；（6）上述后三种人员的所有雇佣人员和代理人。有人指出，这一做法削弱了相关人员预防污染发生的动机，且在双层赔偿机制不足的情况下剥夺了受害人寻求其他索赔途径的权利。我们认为，责任专属的负面影响并没有那么严重，因为预防污染发生的主导在于船舶的实际控制者，且公约并不排除上述人员的故意和重大过失责任。更重要的是，公约的排除充分反映了被大多数国家接受的一些法律规则，如排除雇佣人或代理人责任体现了雇主转承责任，引航员过失通常由船舶所有人承担，等等；即使受害人提出索赔也难以成功。此外，公约的责任专属条款是封闭性的，并不排除受害人依据其他法律对六类人员以外的人索赔。

2. 赔偿范围的限制

严格责任的保护范围不是没有边界的。除了《1996 年 HNS 公约》，国际公约都仅适用于污染损害。目前被普遍接受的是《1992 年油污责任公约》中的定义，即"（a）由船舶溢出或排放油类（无论这种溢出或排放在何处发生）导致的污染在该船舶以外造成的灭失或损害，对环境损害的赔偿，除了该损害产生的利润损失外，应限于实际采取或将采取的合理的复原措施的费用；（b）预防措施的费用以及由于采取预防措施而造成的进一步灭失或损害"。

《1992 年油污责任公约》第 3 条第 4 款、《1996 年 HNS 公约》第 7 条第 4 款和《2001 年燃油公约》第 3 条第 5 款特别强调："除非按照本公约，否则不得向船舶所有人提出任何污染损害赔偿。"这意味着，定义构成了对赔偿范围的限制，超出公约定义的污染损害将得不到赔偿。

进一步言之，定义不同，法律的保护水平也不同。例如，对环境损害的赔偿，尽管美国《1990 年油污法》和公约都以环境复原费用作为赔偿的基础，但前者指向的用于加速自然复原的活动包括恢复、修复、替代或获得等同资源，而后者仅限于纯复原措施。因此，美国《1990 年油污法》更有利于保护受害人，保护自然资源。

3. 赔偿金额的限制

严格责任在强化受害人救济的同时，也会给施害人带来沉重的经济负担。因此，早期学说认为严格责任在性质上属于"社会责任"于民法上之蜕化，在赔偿理论上应济以"社会责任"之原理，以限额赔偿取代完全赔偿。[①] 这种观点与海商法不谋而合，因为它从来就是航运业的行业保护法，船东在它的偏瘫下本来就享有限制责任的权利。这不是一个法律问题，而是一项公共政策，其正当性在于通过为船东提供保护来鼓励航运。

在《1969 年油污责任公约》的起草过程中，各国从未质疑过责任限制制度，只是在具体的额度上费了一番周折。需要提及的是，虽然公约最终确定了高于《1957 年海船所有人责任限制公约》一倍的责任限额，但仍无法一劳永逸地满足不断增加的实际赔偿需求。正因为此，公约处于相对频繁的修订状态，而提高限额是修订的主要动因。

责任限制现在已经饱受人们的诟病，成为船舶油污损害赔偿法功能不足的强力证据。我们认为，不能否认责任限制制度曾经和正在发挥的作用。在船舶油污损害赔偿法的产生阶段，它至少缓解了严格责任给航运业可能带来的严重影响，并因责任的可预见而使得船

---

① 参见邱聪智：《民法研究》，中国人民大学出版社 2002 年版，第 63 页。

东的责任具有可保险性；在船舶油污损害赔偿法的发展阶段，它对于维系船货双方分担的双层赔偿机制具有重要意义，没有责任限额的量化，船货双方的风险分担难以实施。

（三）严格责任的实施

即使有了责任限制的庇护，船东们也不能高枕无忧，除非他们以责任保险机制分散风险。事实上，正是寄生于侵权责任的责任保险，推动了侵权法逻辑方式向损害分散理念的转变。它为侵权责任的积极变革奠定了实践基础，成功减轻并充分分散了施害人的负担，为严格责任的发展提供了前提。① 如果没有责任保险的风险分散功能，严格责任不仅会遭到企业界的反感抵触，而且会使其因忌惮高额责任而放弃从事有益的社会活动，对个人资源的利用和社会资源的增长造成负面影响。正是在这个意义上，责任保险化解了严格责任所产生的权利保护与行动自由之间的紧张关系，为风险分散理念的实现创造了条件。也正因为此，船舶油污损害赔偿法在确定责任限额时一般都以当时的保险市场容量为参照，以便船东充分分散风险。

当然，对于损害分散而言，责任保险还起到另外一个作用，即对受害人救济的保障。它虽然以填补被保险人（施害人）的损失为目的，但又天然具有保护受害第三人的内核；责任保险人所支付的保险金表面上是弥补被保险人因承担损害赔偿责任而赔偿给受害人的损失，但最终得到补偿的，仍然是受害人。这一作用受到了《1969 年油污责任公约》的重视。在公约起草过程中，各国充分认识到了严格责任作为私法机制的本质缺陷：它只是给受害人提供了一张表明权利的判决书，而权利的实现常常因施害人的实际履行能力欠缺而落空，因为并不是每一个施害人都有足够的财力或投了保，巨大的污染损害也不是每一个施害人自身所能承受的。法律对侵害人的财力无法控制，却可以影响侵害人的投保选择。因此，为了让受害人的救济权从书面化为现实，公约纳入了强制责任保险制度，强迫潜在的施害人投保，并允许受害人直接向保险人提起索赔。于是，责任的实际承担者从船东转为了保险人，而其背后的支撑则是整个行业的风险共担，是一个更深的钱袋子。

强制保险制度的确立，是政府管制权力对私法领域的介入，模糊了私法与公法的传统界限。在传统的法律框架下，尽管投保有利于企业的风险分散，但是否投保仍取决于企业的意思自治，并不排除某些企业有其更为有效低廉的风险控制和分散工具。如果强制投保，构成了对企业行动自由的限制，带来了企业成本的增加。因此从一定意义上说，强制责任保险制度体现了个人责任向集体责任的转变：对于一个潜在的施害人，其责任已从"潜在"物化为额外的保险费支出。受害人遭受的损害，经由保险机制，转移到了危险行业全体。

这对行业本身来说，其实不是一件坏事。企业在作出投保决策的时候，有些由于信息

---

① 参见王利明：《侵权行为法归责原则研究》，中国政法大学出版社 1992 年版，第 165 页。

不对称，不能准确评估自身所处的风险和保险的效用，而产生逆向选择问题；有些依仗有限责任制度而购买不足额保险；有些滥用法人人格转移自身风险而无需保险。这些行为都影响了风险集中的规模和数量，不利于保险市场的发展。在强制责任保险制度下，所有的企业都必须投保，一个更大的风险集中得以建立，保险成本得以减少；而且，通过竞争市场的风险定价，保险提供了更为精确的风险评估。因此，强制责任保险有益于责任保险市场的发展，有益于企业有效分散风险的长远利益。

三、船舶油污损害侵权责任的外部补充：货主赔偿基金①

如果石油业没有作出分担损害的承诺，《1969 年油污责任公约》恐怕会流产；即使生效，也是一只跛腿，由于责任限制的存在，受害人无法得到充分的赔偿。因此，只有船方与货方相结合的双层赔偿机制，才构成对受害人完整的救济体系。《1971 年油污基金公约》完成了这一使命。与船东通过侵权法上的严格责任承担损害不同，货主对损害的分担采用了赔偿基金的形式，由各缔约国的石油进口公司摊款设立。如果说以强制责任保险保障实施的船东严格责任有了一丝集体责任的意味，那么货主赔偿基金完全体现出了集体责任的特征。就性质而言，它已与侵权法彻底脱钩，投身于损害赔偿机制的公法阵营，顺应了损害赔偿社会化的趋势。长期以来，损害赔偿的法律调节机制一直是侵权法，但随着社会生活和社会价值的变化，已代之以损害赔偿的多元调整机制。

损害赔偿社会化作为一种趋势，过错侵权责任和完全的社会保障为其两端，船方与货方相结合的双层赔偿机制则处于中间阶段。在双层机制下，风险的承担仅限于与船舶污染相关的危险行业，尚未扩及社会全体；更重要的是，它是私法与公法的有机结合，而不是后者对前者的完全排除。受害人必须首先依据《油污责任公约》向船东索赔，在未获得充分救济时才可以向基金索赔。

船货双方利益的平衡始终是《油污责任公约》和《油污基金公约》互动的主题。在责任限额的修订事项上，两者保持同步，以维持双层机制的协调。值得一提的是，当国际海事组织在欧盟国家的压力下设立 2003 年国际油污损害赔偿补充基金后，由于产生石油公司的额外摊款，现行双层赔偿机制下的船货利益平衡被打破，从而引发了国际赔偿机制成本如何在船货双方间合理分摊的问题。在国际保赔协会集团、1992 年国际油污损害赔偿基金秘书处和石油公司国际海事论坛的努力下，达成了《2006 年小型油轮油污赔偿协议》和《2006 年油轮油污赔偿协议》，并在 2006 年 2 月底召开的国际油污基金大会上获得批准。根据这两个民间协议，船方将在一定情况下给予 1992 年基金和 2003 年补充基金补

---

① 《2001 年燃油公约》虽然没有双层赔偿机制，但各国设立的国内油污赔偿基金多扩大适用于燃油损害，如加拿大和我国。

偿，使两者基本达到均摊。①

综上，我们可以清晰地看到损害分散在很大程度上塑造了船舶油污损害赔偿法，无论是严格责任的引入，还是货主赔偿基金的补充。损害分散理念和方法打开了现代侵权法的新视野，带来了制度创新，使其不再因为固守个人道德责任而在调整重大危险事故方面束手束脚。

第三节　中国船舶污染损害赔偿的立法与实践

一、中国船舶油污损害赔偿的规范体系

（一）国际条约

我国已加入《1969 年油污责任公约》②《1992 年油污责任公约》③ 和《2001 年燃油公约》④，尚未加入《1992 年油污基金公约》⑤ 和《1996 年 HNS 公约》。

《1992 年油污责任公约》和《2001 年燃油公约》自身关于适用范围的规定并不以涉外为前提。实践中，它们能否在非涉外案件中适用一直存在争议。在没有涉外因素的"闽燃供 2"轮案中，广州海事法院曾裁定适用《1969 年油污责任公约》。然而，最高人民法院无论是在下发的审判工作通知⑥中，还是对具体案件的处理意见⑦上，都明确表达出公约只能适用于涉外船舶油污损害赔偿的观点。

该观点的主要依据是 1983 年 12 月 29 日国务院发布的《防止船舶污染海域管理条例》。该条例第 13 条规定："航行国际航线、载运 2000 吨以上的散装货油的船舶，除执行本条例规定外，并适用于我国参加的《1969 年国际油污损害民事责任公约》。" 2010 年 3 月 1 日《防治船舶污染海洋环境管理条例》施行后，《防止船舶污染海域管理条例》废

---

① 参见岳岩：《油船油污赔偿协议评介及中国应采取的对策》，载《中国海商法年刊》（2007），第 362~369 页。

② 1980 年 1 月 30 日加入，1980 年 4 月 9 日生效，我国加入《1992 年油污责任公约》后失效。

③ 1999 年 1 月 5 日加入，2000 年 1 月 5 日生效。

④ 2008 年 11 月 17 日加入，2009 年 3 月 9 日生效。

⑤ 中国香港特区已加入公约。

⑥ 《第二次全国涉外商事海事审判工作会议纪要》第 141 条规定："我国加入的《1992 年国际油污损害民事责任公约》适用于具有涉外因素的缔约国船舶油污损害赔偿纠纷，包括航行于国际航线的我国船舶在我国海域造成的油污损害赔偿纠纷。非航行于国际航线的我国船舶在我国海域造成的油污损害赔偿纠纷不适用该公约的规定。"

⑦ 在"恒冠 36 轮"案中，经青岛海事法院、山东省高级人民法院审理后向最高人民法院请示，最高人民法院 2008 年 7 月在《关于非航行国际航线的我国船舶在我国海域造成油污损害的民事赔偿责任适用法律问题的答复》（［2020］民四他字第 20 号）中认为案件不具有涉外因素，应当适用我国国内法。

止。该条例第 52 条①规定："船舶污染事故的赔偿限额依照《中华人民共和国海商法》关于海事赔偿责任限制的规定执行。但是，船舶载运的散装持久性油类物质造成中华人民共和国管辖海域污染的，赔偿限额依照中华人民共和国缔结或者参加的有关国际条约的规定执行。"按照该规定，《1992 年油污责任公约》的赔偿限额适用于非涉外船舶油污损害赔偿。这一变化在最高人民法院 2011 年 1 月通过的《关于审理船舶油污损害赔偿纠纷案件若干问题的规定》得到进一步确定。

尽管这一变化只涉及赔偿限额，但有学者指出，它为公约在非涉外船舶油污损害赔偿中的适用开辟了一条新的解释路径，公约在我国非涉外船舶油污损害赔偿中的适用有其合法性、合理性和必要性。② 我们认为，这一问题的解决取决于有关部门对国际条约在我国适用的认识，③ 有待进一步观察。目前，《1992 年油污责任公约》仅有赔偿限额适用于非涉外船舶油污损害赔偿；《2001 年燃油公约》未规定专门的赔偿限额，不存在这一问题。

【案例研习 9-1】

中国船舶燃料供应福建有限公司申请设立油污损害赔偿责任限制基金案④

1999 年 3 月 24 日，"闽燃供 2"轮满载 1032.067 吨 180 号燃料油在从厦门运往东莞航次中，在珠江口水域与空载油轮"东海 209"发生碰撞，"闽燃供 2"轮油舱破裂、泄漏油类并沉没。"闽燃供 2"轮的所有人中国船舶燃料供应福建有限公司于 1999 年 10 月 8 日根据中国参加的《1969 年油污责任公约》的规定向广州海事法院申请设立油污损害赔偿责任限制基金，珠海市环境保护局、广东省海洋与水产厅对申请人的申请提出异议，认为闽燃供 2 轮不属公约调整的船舶，本次油污事件没有涉外因素，不应适用于国际公约规定的责任限制。

广州海事法院认为，《环境保护法》规定环境保护实行国际公约优先的原则，《1969 年油污责任公约》是与环境保护有关的国际公约，我国在参加该公约时没有作出保留，因而载运 2000 吨以下航行国内航线的船舶造成的油污损害赔偿应当适用《1969 年油污责任公约》，裁定准许申请人根据该条约及其 1976 年议定书的规定设立

---

①　2018 年修正第 50 条。

②　参见许卉：《〈国际油污损害民事责任公约〉在非涉外船舶油污损害赔偿中的适用问题》，载《大连海事大学学报（社会科学版）》2020 年第 1 期，第 2 页。

③　参见万鄂湘、余晓汉：《国际条约适用于国内无涉外因素的民事关系探析》，载《中国法学》2018 年第 5 期。

④　参见广州海事法院（2001）广海法初字第 57 号民事判决书。

基金。

（二）国内立法

《海商法》未对船舶油污损害赔偿进行全面调整，仅在第 208 条规定"中华人民共和国参加的国际油污损害民事责任公约规定的油污损害的赔偿请求"不适用第 11 章"海事赔偿责任限制"，在第 265 条规定了油污损害的诉讼时效。因此，非涉外油污损害赔偿案件的国内法适用一度存在争议，直至最高人民法院于 2002 年通过对山东省高级人民法院审理的"烟台海上救助打捞局与荣成市落凤港渔业公司船舶油污损害赔偿纠纷一案"的提审，确立了适用《海洋环境保护法》（归责基础）和《海商法》（责任限额）审理国内船舶油污损害赔偿案件的原则。

随着 2013 年修正的《海洋环境保护法》第 66 条提出建立船舶油污保险、油污损害赔偿基金制度，我国开始逐步建立船舶油污损害赔偿机制，目前已形成较为完整的规范体系。其制度构成包括三个层面。一是由船舶油污事故的责任人承担，原则上由泄漏油船舶所有人承担；二是实行船舶油污责任强制保险或者财务保证制度，由船舶所有人的油污责任保险人或者财务保证人承担；三是由国家法律和行政法规强制规定接收海运持久性油类货物的货物所有人或者代理人按照接受油类的吨数和规定费率摊款，建立货油基金予以补充赔偿。

具体法律渊源包括：（1）法律：《民法典》《海商法》《海事诉讼特别程序法》《海洋环境保护法》（2017 年修正）；（2）行政法规：《防治船舶污染海洋环境管理条例》（2018 年修正）；（3）行政规章：《船舶油污损害民事责任保险实施办法》《船舶油污损害赔偿基金征收使用管理办法》《船舶油污损害赔偿基金征收使用管理办法实施细则》；（4）司法解释：《关于审理船舶油污损害赔偿纠纷案件若干问题的规定》（法释［2011］14 号，经法释［2020］18 号修正，以下简称《油污赔偿规定》）、《关于审理海洋自然资源与生态环境损害赔偿纠纷案件若干问题的规定》（法释［2017］23 号，以下简称《海洋环境损害规定》）、《关于办理海洋自然资源与生态环境公益诉讼案件若干问题的规定》（法释［2022］15 号）。需要指出的是，《油污赔偿规定》只调整《1992 年油污责任公约》和《2001 年燃油公约》规定的油类，不适用于船舶载运的非持久性油类。

二、中国现行船舶油污损害侵权责任制度

（一）归责原则

根据《海洋环境保护法》第 89 条第 1 款和第 91 条①，船舶油污损害实行严格责任。

---

① 《防治船舶污染海洋环境管理条例》第 48 条和第 49 条作出了相同的规定。

与国际公约相比，在责任者免责的规定上存在以下差异：①

首先，国际公约规定，只有漏油船舶的所有人举证证明污染损害完全是由于第三方"有意"造成的，方可免责；而《海洋环境保护法》规定，如果污染损害完全是由于非漏油的第三者的故意或过失造成，则应由非漏油的第三者排除危害，承担赔偿责任。

其次，国际公约规定，损害全部或部分是由于受害人的故意或过失行为所引起，船舶所有人可以全部或免除对该受害人的责任；《海洋环境保护法》无此规定。尽管如此，《民法典》第 1173 条"过失相抵"和第 1174 条"受害人故意"可以为该项免责提供法律依据。

（二）责任主体

《海洋环境保护法》第 89 条和《防治船舶污染海洋环境管理条例》第 48 条未明确"造成海洋环境污染损害的责任者"。实践中，船舶油污损害赔偿的责任主体通常是指船舶所有人，由其承担严格责任。与国际公约相比，我国国内法无明确的责任专属规则。②

在司法实践中，污染受害人是否有权直接向船舶碰撞中非漏油船舶的所有人索赔污染损害，争议颇大。③作为油污损害赔偿领域的特别法，严格责任只适用于漏油船舶所有人。因此，该问题的实质在于如何处理以过错为归责的一般侵权法与以严格责任为中心的特别侵权法的关系，而之所以产生问题，是因为受害人在特别侵权法不能给予充分救济的情况下会产生援引一般侵权法救济的诉求。

【案例研习 9-2】

交通运输部上海打捞局与普罗旺斯船东 2008-1 有限公司、
法国达飞轮船有限公司、罗克韦尔航运有限公司
海难救助与船舶污染损害责任纠纷案④

2013 年 3 月 19 日零点 32 分，普罗旺斯船东 2008-1 有限公司（以下简称"普

---

① 参见韩立新：《船舶污染损害赔偿法律制度研究》，法律出版社 2007 年版，第 141～142 页。《海商法》（修订征求意见稿）第 13.3 条和国际公约规定相同。

② 《海商法》（修订征求意见稿）第 13.4 条借鉴国际公约作了规定。

③ 我国法院对该问题存在三种观点：第一种认为，应由漏油船承担责任，如由厦门海事法院审理的"千和 12"轮与"港拖 2"轮碰撞造成溢油污染案、宁波海事法院和浙江省高级人民法院审理的"达飞"轮与"舟山"轮碰撞造成溢油污染案。第二种认为，应由漏油船和非漏油船根据碰撞过失比例承担按份责任，如广州海事法院审理的"通天顺"轮与"天神"轮碰撞造成溢油污染案、青岛海事法院审理的"金玫瑰"轮与"金盛"轮碰撞造成溢油污染案、上海海事法院审理的"泰联达"轮与"宁连海 606"轮及"宁东湖 680"轮碰撞造成溢油污染案。第三种认为，应由漏油船承担全部责任，非漏油船承担按份责任，如最高人民法院审理的"达飞"轮与"舟山"轮碰撞造成溢油污染再审案。

④ 参见最高人民法院（2018）民再 368 号民事判决书，该案为最高人民法院发布的 2019 年全国海事审判典型案例之一。

罗旺斯公司") 所有并由法国达飞轮船有限公司 (以下简称"达飞公司") 经营的英国籍"达飞佛罗里达"轮与罗克韦尔航运有限公司 (以下简称"罗克韦尔公司") 所有的巴拿马籍"舟山"轮在长江口灯船东北约 124 海里的东海海域发生碰撞, 致使"达飞佛罗里达"轮五号燃油舱严重破损, 泄漏约 613.278 吨燃油入海。上海海事局、上海海上搜救中心自当日 12 点起, 先后协调、组织包括交通运输部上海打捞局 (以下简称"上海打捞局") 在内的多家单位启动应急行动; 于 24 日 13 点 10 分根据"边抢险、边清污、边移泊、边观察"方案, 组织"达飞佛罗里达"轮在六艘专业救助船、专业清污船的伴航下起锚, 沿途救助船和清污船保持即时清污, 该轮于 4 月 4 日安全抵达舟山的船厂。该事故应急处置属中国在专属经济区远海海域开展的重大救助及油污应急处置, 经过 17 个昼夜的海空配合连续作业, 载有 6100 余吨燃油的"达飞佛罗里达"轮避免了沉没断裂, 中国海域也避免了灾难性污染事故的发生。

最高人民法院审理认为, 根据《2001 年燃油公约》有关条款文义和公约主旨可见, 该公约仅规定漏油船舶两方面的责任, 在类似本案船舶碰撞导致一艘船舶漏油的情形中, 非漏油船舶一方的责任承担问题应当根据有关国家的国内法予以解决。《油污赔偿规定》第 4 条主要沿袭《2001 年燃油公约》等有关国际条约不涉及第三人责任之旨意, 并无排除其他有过错者可能承担责任之意。因此, 适用《侵权责任法》第 68 条 (《民法典》第 1233 条) 和《关于审理环境侵权责任纠纷案件适用法律若干问题的解释》第 5 条, 判决普罗旺斯公司、达飞公司应当向上海打捞局给付防污清污费 6324841.70 元人民币及其利息; 罗克韦尔公司应当向上海打捞局给付防污清污费 3162420.85 元人民币及其利息; 上海打捞局从碰撞事故双方所设立的两个海事赔偿责任限制基金中受偿的债权总额, 应当以防污清污费 6324841.70 元人民币及其利息为限。①

"达飞佛罗里达"轮案判决引发了学界的讨论, 焦点之一在于《民法典》第 1233 条在船舶碰撞造成的溢油污染案件中有无适用空间。② 我们认为: 首先, 国际公约将严格责任专属于漏油船舶所有人, 但并不排除非漏油船舶所有人对污染受害人承担船舶碰撞法上的过错责任。其次, 如两者依照各自所适用的法律应对污染受害人承担责

---

① 参见余晓汉:《船舶碰撞漏油事故中非漏油船舶的所有人过错归责相关问题辨析》, 载《国际法研究》2023 年第 2 期。

② 参见徐国平:《论〈民法典〉背景下的船舶油污侵权第三人责任立法》, 载《武大国际法评论》2023 年第 1 期; 司玉琢、吴煦:《"谁漏油谁赔偿原则"的历史考证及其在碰撞事故中的运用》, 载《中国海商法研究》2022 年第 1 期。

任,① 则构成不真正连带责任。再次,两者的不真正连带责任是否可以适用《民法典》第 1233 条,应深入论证。对一般的侵权可以适用《民法典》第 1233 条规定,但对油污侵权赔偿,因其有一套完整的体系,会引发责任保险、责任限制、基金配套等复杂问题。

(三) 责任限制

不同油类造成的污染损害适用不同的赔偿限额。根据《防治船舶污染海洋环境管理条例》第 50 条及《油污赔偿规定》第 5 条,船舶载运的持久性油类(含船上的持久性燃油)造成油污损害的,应依照《1992 年油污责任公约》的规定确定赔偿限额;其他油污损害应依照海商法关于海事赔偿责任限制的规定确定赔偿限额。

《1992 年油污责任公约》规定的责任限制不同于一般海事赔偿责任限制,具有独立性和专属性。另,两者在具体规则上存在很多不同,如设立基金的必要性、基金数额、禁止对船舶所有人的财产行使权利即保全的条件、没有在规定期限申请登记债权的后果、基金的分配方式。因此,《油污赔偿规定》对上述油污损害赔偿责任限制的特殊性作出了规定,并针对《1992 年油污责任公约》关于禁止对船舶所有人的财产行使保全措施的严格条件,作出了相对折中的程序设置。②

由于《1992 年油污责任公约》规定了专项的油污损害赔偿责任限制制度,船舶载运持久性油类造成的污染损害(包括清污费)均属于责任限制范围。③ 而其他油污损害中的清污费依据一般海事赔偿责任限制制度是否具有限制性,则存在争议。与此相关的概念是"有关沉没、遇难、搁浅或者被弃船舶的起浮、清除、拆毁或者使之无害提起的索赔"和"有关船上货物的清除、拆毁或者使之无害提起的索赔"。按照《1976 年海事索赔责任限制公约》,船方对这两项索赔可以享受责任限制,但缔约国可以提出保留。我国吸纳公约的过程中没有吸收相关规定,因此这两项索赔不能享受责任限制。④ 最高人民法院《关于审理海事赔偿责任限制相关纠纷案件的若干规定》第 17 条对此进行了明确。就清污费而言,如果属于这两项索赔的范围,则属于非限制海事赔偿请求。⑤《油污赔偿规定》第 20

---

① 对油污损害是否属于碰撞造成的第三人财产损害,学者们尚未达成一致。

② 参见刘寿杰、余晓汉:《〈关于审理船舶油污损害赔偿纠纷案件若干问题的规定〉的理解与适用》,载《人民司法》2011 年第 11 期,第 36~37 页。

③ 美国《1990 年油污法》则将"美国政府或州或地方部门或其代理蒙受的清污费用"排除出限制债权之列。

④ 参见王淑梅:《〈关于审理海事赔偿责任限制相关纠纷案件的若干规定〉的理解与适用》,载《人民司法》2010 年第 19 期,第 25 页。

⑤ 参见余晓汉:《论海事赔偿请求限制性与非限制性之识别》,载《环球法律评论》2017 年第 4 期。

条规定："为避免油轮装载的非持久性燃油、非油轮装载的燃油造成油污损害，对沉没、搁浅、遇难船舶采取起浮、清除或者使之无害措施，船舶所有人对由此发生的费用主张依照海商法第十一章的规定限制赔偿责任的，人民法院不予支持。"①

【案例研习 9-3】

江门海事局与新韩投资有限公司船舶污染损害赔偿纠纷案②

新韩投资有限公司（以下简称"新韩公司"）所属"宙斯"轮（韩国籍非油轮），于 2008 年 9 月 24 日在广东台山上川岛海域遇台风触礁断裂而泄漏燃油，造成严重污染。为减少事故对附近海域的污染损害，江门海事局组织 14 艘船舶和人员进行清污。之后，江门海事局向广州海事法院起诉，请求新韩公司支付清污人工、物料、船舶使用和污染处理等费用共计人民币 13406484 元。新韩公司抗辩其可以依据《海商法》的规定限制赔偿责任。广州海事法院一审认为，江门海事局请求的清污费是以合同约定支付的报酬，该请求与船舶碰撞后"使其无害"的费用赔偿请求性质相同，属于非限制性海事请求；判令新韩公司向江门海事局赔付清污费用人民币 10332070 元及利息，从新韩公司申请设立的海事赔偿责任限制基金之外另行赔付。新韩公司不服提出上诉，广东省高级人民法院二审判决维持原判。新韩公司仍不服，申请再审。

最高人民法院认为，《海商法》借鉴 1976 年《海事索赔责任限制公约》规定海事赔偿责任限制制度，但未吸收该公约第 2 条第 1 款 d、e 两项，即未将船舶及船上货物清除、毁坏或使之无害的索赔规定为可以限制赔偿责任的海事请求；2010年《最高人民法院关于审理海事赔偿责任限制相关纠纷案件的若干规定》第 17 条第 1 款规定与 2011 年《最高人民法院关于审理船舶油污损害赔偿纠纷案件若干问题的规定》第 20 条规定中的"船舶"不仅指船体，还包括船舶属具、燃料等船上物品，不论前述物品是否因事故脱离船体，对其采取起浮、清除或者使之无害措施发生的费用，船舶所有人均不能限制赔偿责任；江门海事局请求赔偿的清污费，是其对船舶泄漏的燃油采取清污措施而产生的费用，属于上述规定的费用，新韩公司主张限制赔偿责任缺乏法律依据。

---

① 最高人民法院在"宙斯"轮案、"达飞佛罗里达"轮案中都采用了这一观点。
② 参见最高人民法院（2012）民申字第 212 号民事裁定书。

（四）赔偿范围

根据《1992 年油污责任公约》《2001 年燃油公约》关于污染损害的限定，借鉴 1992 年国际油污基金组织的《索赔手册》（2005 年 4 月版）等国际普遍做法，《油污赔偿规定》将船舶油污损害赔偿范围确定为：（1）为防止或者减轻船舶油污损害采取预防措施所发生的费用，以及预防措施造成的进一步灭失或者损害；（2）船舶油污事故造成该船舶之外的财产损害以及由此引起的收入损失；（3）因油污造成环境损害所引起的收入损失；（4）对受污染的环境已采取或将要采取合理恢复措施的费用。

对于第一项损失，应结合污染范围、污染程度、油类泄漏量、预防措施的合理性、参与清除油污人员及投入使用设备的费用等因素合理认定。对遇险船舶实施防污措施，作业开始时的主要目的仅是为防止、减轻油污损害的，所发生的费用应认定为预防措施费用。作业具有救助遇险船舶、其他财产和防止、减轻油污损害的双重目的，应根据目的的主次比例合理划分预防措施费用与救助措施费用；无合理依据区分主次目的的，相关费用应平均分摊，但污染危险消除后发生的费用不应列为预防措施费用。

对于第二项损失，船舶泄漏油类污染其他船舶、渔具、养殖设施等财产，受损害人请求油污责任人赔偿因清洗、修复受污染财产支付的合理费用，法院应予支持。但受损害人因其财产遭受船舶油污，不能正常生产经营的，其收入损失应以财产清洗、修复或者更换所需合理期间为限进行计算。

对于第三项损失，比较重要的是海洋渔业、滨海旅游业及其他用海、临海经营单位或者个人请求因环境污染所遭受的收入损失。对此，如果具备下列全部条件，由此证明收入损失与环境污染之间具有直接因果关系的，应予支持：（1）请求人的生产经营活动位于或者接近污染区域；（2）请求人的生产经营活动主要依赖受污染资源或者海岸线；（3）请求人难以找到其他替代资源或者商业机会；（4）请求人的生产经营业务属于当地相对稳定的产业。

对于第四项损失，船舶油污事故造成环境损害的，对环境损害的赔偿应限于已实际采取或者将要采取的合理恢复措施的费用。恢复措施的费用包括合理的监测、评估、研究费用。

其中，需要重点关注的是环境损害。在赔偿范围方面，《油污赔偿规定》与《民法典》《海洋环境损害规定》有所不同。《民法典》第 1235 条规定了期间（服务功能）损失、环境功能永久性损失、调查鉴定评估费用、清污修复费用和预防损害费用；《海洋环境损害规定》规定了预防措施费用、污染环境恢复费用、恢复期间损失（生态环境服务功能损失和海洋自然资源损失）和调查评估费用。① 两者虽然表述有差异，但实质内容一致。相比之下，《油污赔偿规定》排除了期间损失，从而与《1992年油污责任公约》保持一致。

因此，在我国民事公益诉讼和生态环境损害赔偿制度迅速发展的背景下，② 我们应注意海洋环境损害赔偿，尤其是船舶油污损害赔偿，在法律适用上的特殊性。鉴于海洋生态环境的特殊性以及国际公约的影响，使得涉海法律法规体现了与陆地相关制度不同程度的差异。《生态环境损害赔偿制度改革试点方案》及其后出台的《关于审理生态环境损害赔偿案件的若干规定（试行）》均明确排除海洋生态环境损害赔偿；而《海洋环境损害规定》又明确规定，人民法院审理因船舶引起的海洋自然资源与生态环境损害赔偿纠纷案件，法律、行政法规、司法解释另有特别规定的，依照其规定。

【案例研习9-4】

上海晟敏立速服海上应急服务有限公司与平潭综合实验区恒鼎船务有限公司、中国人民财产保险股份有限公司江苏省分公司海事海商纠纷案③

"中恒9"轮航行的过程中，与"长荣门"轮在长江水域发生碰撞，随后"中恒9"轮沉没。该船沉没后，发生溢油事故，上海海事局启动溢油应急预案，并指派"长江口船舶溢油应急设备库委托的运营管理单位"开始清污工作，清污工作产生清污费及各项费用。清污公司随后请求漏油船船东及其油污责任保险人承担清污费用，船东拒绝，清污公司遂向法院起诉。

武汉海事法院一审认为，原告作为清污单位，有权根据法律规定，请求相关责任

---

① 对于政府部门组织清污产生的费用该如何索赔，司法实践中存在争议。第一种观点认为属于一般民事纠纷，由政府部门向责任人主张费用，如青岛海事法院审理的"金盛"轮和"金玫瑰"轮碰撞造成溢油污染案，广州海事法院审理的"宙斯"轮污染案、厦门海事法院审理的"千和12"轮污染案。第二种观点认为属于一般的民事纠纷，被指派的第三方暨社会清污单位直接向责任人主张费用，如上海海事法院审理的"山宏12"轮污染案、宁波海事法院审理的"达飞佛罗里达"轮和"舟山"轮碰撞造成溢油污染案、上海海事法院审理的"宁东湖680"和"宁东海606"轮污染案等。第三种观点认为不属于民事纠纷，肇事方和清污单位之间不存在民事法律关系，清污单位不能向责任方提出民事索赔，政府部门可以行政指令形式要求责任人支付行政代履行费用（清污费用）如湖北省高院审理的"中恒9"轮污染案、福建省高院审理的"千和12"轮污染案。最高人民法院更倾向于第二种观点。2021年12月31日发布的《全国法院涉外商事海事审判工作座谈会会议纪要》第82条规定："清污单位受海事行政机关指派完成清污作业后，清污单位就清污费用直接向污染责任人提起民事诉讼的，人民法院应予受理。"

② 事实上，《海洋环境保护法》自1999年起就借鉴《1992年油污责任公约》，规定了海洋生态破坏损害赔偿制度，开启了行政机关代表国家基于海洋生态破坏提起损害赔偿请求的制度先河，后被2012年《民事诉讼法》民事公益诉讼制度所吸纳。相关讨论参见王秀卫：《海洋生态环境损害赔偿制度立法进路研究》，载《华东政法大学学报》2021年第1期。

③ 参见湖北省高级人民法院（2017）鄂民终664号民事裁定书。

人承担赔偿责任。但其主张民事权利时，需依据相应的民事法律关系。换言之，需满足以下三种情况之一：双方存在合同关系；双方存在侵权关系；法律另有规定。依据法院查明的事实，"中恒9"轮因碰撞沉没后，不可避免地会导致燃油或其他油类泄漏。该轮船东有义务采取有效措施，防止环境污染。然而，依据《中华人民共和国行政强制法》第五十二条，责任人对污染物不能清除的，行政机关可以决定立即实施代履行。依据上述法律规定可以看出，海事局指派清污公司，进行相应清污工作的行为，对漏油船东而言在性质上属于行政强制行为。这一过程中，清污公司为代履行主体，其与海事局之间存在委托法律关系，其有权请求委托方支付相关费用。在海事局支付上述费用后，有权依法向污染方追偿。综上，由于清污公司与船东间不存在民事法律关系，其相应请求也因此无法律依据，故裁定驳回原告起诉。

二审法院认为，两被告分别作为"中恒9"轮船舶所有人及强制油污责任保险人，确应依法承担油污清除责任，但其责任承担方式，应依油污防控、清除工作的具体开展而确定。本案中，被告未及时开展油污清除防控工作，而是由海事局指派清污公司，进行清污作业。海事局的上述行为，符合《行政强制法》中第50条及第52条的相应规定，属于行政强制行为中委托第三人代履行的情形。一审法院认定原告与海事局之间存在行政委托关系并无不当。而原告在整个清污工作过程中，自始未与被告进行过磋商，亦未就清污事宜签订过合同，因此，双方不存在民事法律关系。因此，二审法院裁定驳回上诉，维持一审裁定。

三、我国现行船舶油污责任强制保险制度

（一）我国现行船舶油污责任强制保险制度的建立

《1992年油污责任公约》和《2001年燃油公约》均规定了船舶油污损害民事责任强制保险制度。在国内立法方面，《海洋环境保护法》《防治船舶污染海洋环境管理条例》也要求建立船舶油污损害民事责任保险制度，以使船舶所有人具备与其赔偿责任限额相匹配的赔付能力。依据上述规定，交通运输部制定了《船舶油污损害民事责任保险实施办法》，自2010年10月1日起施行，2013年8月31日作了修正。

《防治船舶污染海洋环境管理条例》中明确了投保油污损害民事责任保险的船舶的适用范围，即除1000总吨以下载运非油类物质的船舶无需投保外，航行于中华人民共和国管辖海域内的其他船舶均必须投保船舶油污损害民事责任险，具体说就是包括所有载运持久性油类或非持久性油类物质的船舶，以及1000总吨以上载运非油类物质的船舶，不论其是国际航行船舶还是国内航行船舶。需要说明的是，我国对载运散装持久性油类物质船

舶的要求比相关国际公约更为严格，由国际公约要求的"载运 2000 吨以上作为货物的散装持久性油类的船舶"扩大到了所有载运散装持久性油类的船舶。这虽然可能对我国从事沿海运输的小型油船产生一定的影响，一部分船舶状况差、管理水平低、事故风险高的小型油船可能因为难以承受较高的保险费用而被迫退出沿海油运市场；但也正符合淘汰落后、净化沿海油运市场，促使油轮公司向高标准、规范化的发展方向，也符合我国加入《1992 年油污责任公约》的履约承诺。

按照《船舶油污损害民事责任保险实施办法》的规定，载运散装持久性油类物质的船舶，投保油污损害民事责任保险，其保险标的应当包括持久性油类物质造成的污染损害；1000 总吨以上载运非持久性油类物质的船舶，投保油污损害民事责任保险，其保险标的应当包括非持久性油类物质造成的污染损害和燃油造成的污染损害；1000 总吨以上载运非油类物质的船舶，投保油污损害民事责任保险，其保险标的应当包括燃油造成的污染损害；1000 总吨以下载运非持久性油类物质的船舶，投保油污损害民事责任保险，其保险标的应当包括非持久性油类物质造成的污染损害。

（二）船舶油污损害民事责任保险的直接索赔制度

《1969/1992 年油污责任公约》规定，对污染损害的任何索赔可向承担船舶所有人污染损害责任的保险人或提供财务保证的其他人直接提出。我国《海事诉讼特别程序法》第 97 条也规定，对船舶造成油污损害的赔偿请求，受害人可以向造成油污损害的船舶所有人提出，也可以直接向承担船舶所有人油污损害责任的保险人或者提供财务保证的其他人提出。油污损害责任的保险人或者提供财务保证的其他人被起诉的，有权要求造成油污损害的船舶所有人参加诉讼。

受害人直接向船舶油污损害责任保险人或者财务保证人提起诉讼的，船舶油污损害责任保险人或者财务保证人可以对受害人主张船舶所有人的抗辩，但是油污损害是由于船舶所有人故意造成的除外。除船舶所有人故意造成油污损害外，船舶油污损害责任保险人或者财务保证人向受害人主张其对船舶所有人的抗辩，应不予支持。此外，船舶取得有效的油污损害民事责任保险或者具有相应财务保证的，油污受害人主张船舶优先权的，同样应不予支持。

四、我国现行船舶油污损害赔偿基金制度

在《海洋环境保护法》《防治船舶污染海洋环境管理条例》规定的基础上，财政部、交通运输部联合制定了《船舶油污损害赔偿基金征收使用管理办法》，自 2012 年 7 月 1 日起施行，从而初步建立起了我国的船舶油污损害赔偿基金制度。

按照上述规定，凡在中华人民共和国管辖水域内接收从海上运输持久性油类物质（包括原油、燃料油、重柴油、润滑油等持久性蜂类矿物油）的货物所有人或其代理人，都应缴纳船舶油污损害赔偿基金。征收标准为每吨持久性油类物质 0.3 元，财政部可依据船舶油污损害赔偿需求等因素会同交通部确定、调整征收标准或者暂停征收。

船舶油污损害赔偿基金用于以下油污损害及相关费用的赔偿、补偿：（1）同一事故造成的船舶油污损害赔偿总额超过法定船舶所有人油污损害赔偿责任限额的；（2）船舶所有人依法免除赔偿责任的；（3）船舶所有人及其油污责任保险人或者财务保证人在财力上不能履行其部分或全部义务，或船舶所有人及其油污责任保险人或者财务保证人被视为不具备履行其部分或全部义务的偿付能力；（4）无法找到造成污染船舶的。

但是，下列情况不得从船舶油污损害赔偿基金中提供赔偿或者补偿：（1）油污损害由战争、敌对行为造成或者由政府用于非商业目的的船舶、军事船舶、渔船排放油类物质造成的；（2）索赔人不能证明油污损害由船舶造成的；（3）因油污受害人过错造成的全部或部分油污损害的。

船舶油污损害赔偿基金，按照申请时间顺序依次受理。其中，对同一事故的索赔按照下列范围和顺序赔偿或补偿：（1）为减少油污损害而采取的应急处置费用；（2）控制或清除污染所产生的费用；（3）对渔业、旅游业等造成的直接经济损失；（4）已采取的恢复海洋生态和天然渔业资源等措施所产生的费用；（5）船舶油污损害赔偿基金管理委员会实施监视监测发生的费用；（6）经国务院批准的其他费用。船舶油污损害赔偿基金不足以赔偿或者补偿前款规定的同一顺序的损失或费用的，按比例受偿。

此外，按照上述规定，船舶油污损害赔偿基金对任一船舶油污事故的赔偿或补偿金额不超过 3000 万元人民币。财政部可以依据船舶油污事故赔偿需求、累积的船舶油污损害赔偿基金规模等因素，会同交通运输部调整基金赔偿限额。

【专业术语】

1992 年国际油污损害民事责任公约	International Convention on Civil Liability for Oil Pollution Damage，CLC 1992
1992 年设立国际油污损害赔偿基金的国际公约	International Convention on the Establishment of an International Fund for Compensation for Oil Pollution Damage，FUND 1992
1996 年国际海上运输有毒有害物质损害责任和赔偿公约	International Convention on Liability and Compensation for Damage in connection with the Carriage of Hazardous and Noxious Substances by Sea，HNS 1996

续表

2001 年船舶燃油污染损害民事责任国际公约	The International Convention on Civil Liability for Bunker Oil Pollution Damage，BUNKERS 2001
严格责任	Strict Liability
强制责任保险	Mandatory Liability Insurance
赔偿基金	Compensation Fund

【拓展阅读】

1. 韩立新：《船舶污染损害赔偿法制制度研究》，法律出版社 2007 年版。

2. 徐国平：《船舶油污损害赔偿法律制度研究》，北京大学出版社 2006 年版。

3. Colin de la Rue & Charles B. Anderson，Shipping and the Environment：Law and Practice，LLP，1998.

4. Wu Chao, Pollution from the Carriage of Oil by Sea：Liability and Compensation，Kluwer Law International，1996.

第十章　海　难　救　助

海难救助制度是一项古老的法律制度，为海商法所特有。海难救助制度的目的在于通过法律形式赋予海难救助人以救助报酬请求权，鼓励人们冒险救助海上遇难人员和财产，使海难损失尽可能减少到最低限度，并协调平衡救助者和被救助者之间的利益关系，以维护海上人命财产安全和航行安全，促进海上商事活动的发展。海难救助的法律制度在各国国内立法和有关国际公约、国际实践和标准合同的影响下，已经基本上得到统一。

第一节　海难救助概述

一、海难救助的概念与构成要件

海难救助，又称海上救助，是指在海上或在与海相通的可航水域对遇难的人员、船舶和其他财产进行援助、救助的行为。海难是指船舶和人员及其他财产在海上和与海相通的可航水域发生的海上事故。海难分为一般性海难和特殊海难。一般性海难是指船舶沉没、搁浅、碰撞、触碰、倾覆或其他意外事故及有关船舶载货、其他海上财产、船员或旅客或其他海上人员之非常事变。特殊海难指不明飞机、船舶、军舰追踪、袭击、劫持以致船舶及海上财产或船员、旅客及其他海上人员遭受危害。海难救助包括对这两种海难的救助。

从各国的海商法观之，海难救助有广义和狭义之分。广义的救助包括对人、物的救助。狭义的救助仅限于对物的救助。海商法大多是有关对物的救助规定，而对人的救助大多规定在其他相关法律中。区分广义上海难救助与狭义上海难救助的意义主要涉及海难救助报酬请求问题，即单纯的人命救助者，不能向被救人员主张救助报酬，但有权参与其他救助人因获救助财产取得的报酬的分配。当救助人既救助人命又救助了财产并有效时，只能就获救财产主张报酬，但应将人命救助的因素考虑在内。因此，我们认为，区分狭义与广义的海难救助对救助性质的认定不产生任何影响。

海难救助行为与方式多种多样，判定一项救助行为是否构成法律上的海难救助的标准是该救助行为是否符合以下条件：救助行为是由外来力量，即外来救助者实施的；救助对象处于实际的危难中；救助行为须有救助对象；救助要有效果；救助行为发生在海上和其他与海相通的可航水域。

（一）须有救助主体

船舶和海上其他财产、人员，其因发生海难事件而缺乏自救能力或自救无效，需要由他人相救。在绝大部分情况下，因情况紧急，事故严重，只能直接请求他人营救。有时也有过往船舶自愿实施救助。因此，海商法上的海难救助行为是来自于遇难船舶本身或其他财产所有人以外的外在力量。遇难船舶船员和其他财产的所有人及其雇员的自救行为不构成海难救助。

关于合格的救助主体，不同国家和地区的法律有不同规定。我国海商法对合格的救助主体未明确规定，但根据我国有关法律的规定及我国实践中所遵循的海难救助法律概念，可以看出，在我国，海难救助的合格主体为遇难船舶以外的或其他财产所有人或经营人以外的在任何海域提供救助、援救的任何人。这些救助人可能是负有救助义务的人，也可以不是负有救助义务的人。不负有救助义务的人只要对财产救助成功即可获得报酬，负有救助义务的人的救助报酬问题在我国仍由《海商法》调整。救助人可以是专门从事海难救助的专业救助人，政府机关派出的船舶、飞机甚至军舰，也可以是遇难船舶或其他海上设施、海上作业事故发生地附近的船舶和不期而遇经过的船舶或飞机，甚至可以是同一所有人的其他船舶。

多数国家的法律和学说在合格的救助主体方面强调救助人在公法上或私法上的义务性。从本质上讲，海商法中强调救助人公法上的义务或私法上的义务只是对救助报酬权有实际意义，而对海上救助行为本身的构成则无任何实际意义，不能因为某船或某人负有救助义务而实施了有效救助就不承认其是海难救助。就一般社会法律观念、伦理观念以及法律规定而言，任何从事海上航行与作业的公司、企业、个人、商船以及沿海国家及其政府机关和军队、军舰、公务船舶都负有一般性质的海难救助义务，即它们在私法上负有救助义务，在公法上亦负有救助义务。

（二）须有救助对象

海难救助对象因不同时期、不同国家的海商法规定不同而不同。在传统的海商法中，海难救助对象限于船舶和货物。在当代，救助对象几乎包括在海上和其他可航水域遇难的可漂流的一切人命和财产，甚至包括抛弃物和在海上遇难的飞机及其人员。但就各国的具体立法例和实践而言，救助对象的具体范围及其表述有所不同。依我国《海商法》规定，救助对象为遇难船舶或其他财产和人员。船舶为非军用船舶、非政府公务的海船和其他海上移动的装置、20总吨以下的小型船艇。其他财产为非永久性地和非有意地依附于海岸线的财产，包括有风险的运费。但海上已经就位的从事海底矿藏资源的勘探、开发或生产的固定式、浮动式平台和移动式近海钻井装置不属于救助对象。人员为在海上处于危难状况的船员和其他一切人员。依美国海事判例法，救助对象不限于航行的船舶、货物、属具、人员，凡可移动而有价值的物品（除邮件和证券外）均属于救助对象。

关于救助对象，须注意人命是否属于救助对象。由于一些国家的传统立法未将单纯的人命救助列入海难救助报酬请求权范围内，因而一些学者提出人命不是救助对象的观点。究其原因，是由于对人命救助属于道德义务，海商法律不应干预，即使法律上要加以干预，也是公法上的事。在法律上尤其海商法上不将人命作为救助对象，在某种意义上强调了人的生命价值不及财产的价值，其严重后果将可能造成救助人为获取救助报酬而专救财产而忽视人命的救助。对这一问题可从两个方面来看：其一，从海商立法上看，不将人命救助作为海难救助对象至少是立法上的一大缺陷，在立法上或多或少有人命价值不如财产价值之嫌。其二，从救助对象与救助报酬的关系看，救助人只能在人命救助后就财产的救助者所获得的报酬取得公平的分配额，否定单纯人命救助的报酬请求权。在某些情况下，人命救助成功但可能只救出极少财产，甚至没有救出财产，如不赋予人命救助报酬请求权，救助人可能在只有遇难人员没有财产时，不救人；在财产和人员同时遇难时，先救财产后救人。因此，我们认为，人命的价值比财产更重要，海商法应将人命救助列为首要救助，并以立法形式赋予人命救助者以救助报酬请求权，达到从立法上高度评价与奖励人命救助行为的目的。至于救助报酬，可由国库或特设专项基金支付。根据英国现行法，人命救助者，应由获得保全之船舶、货物、属具之所有人给付报酬，若船货全损或损失重大，不足以给付救助人报酬的，则由商务部以海运基金给付。英国的做法，值得借鉴。

（三）救助对象须处于真实危难之中

海难救助对象不论是船舶、船载货物、其他财产还是人员，只要有一部分遇到真实危险，并有他人施以救助，即可构成海难救助。被救助对象的一部分或全部处于真实危险中是海难救助的前提，如果没有遇到危险或明显受到危险威胁，即无救助之必要。真实危险的判断标准有二：一是船货或其他海上财产和人员合理地丧失自行脱离危险的能力，且危险已经发生或尚在继续，正在或即将发生。二是合格船长在当时的情况下，能合理断定如不施救，船货即有可能发生重大损失或继续发生损失，人命将丧失。危险是客观存在的，不是臆想的。

（四）海难救助发生在海上和与海相通的可航水域

海难救助行为发生的区域不局限于海上，还包括其他可航水域或海港内，如港湾、海峡、江河入海区域等。有些国家还将江河、湖泊、国际河流上的救助行为纳入海难救助范围。

（五）救助须有效果

海难救助有效果是传统海商法上救助人获取救助报酬的法定条件。救助人救助报酬的多少通常以救助效果的大小确定。所谓有效果是指救助人的海难救助行为使遇难船舶及其他财产和人员避免了全部或部分损失，或阻止了损失的进一步扩大。有效果并不意味着救助要完全成功。它是一个相对概念，遇难人员或财产通过救助人的施救得到了相对的安全。只要救助人尽最大努力挽救了一定人命和财产即构成有效果。

【案例研习 10-1】

青岛某渔业公司与英属维尔京群岛某海事公司海难救助纠纷案①

青岛某渔业公司（以下简称"渔业公司"）与英属维尔京群岛某海事公司（以下简称"海事公司"）签订航次租船合同，约定由海事公司所有的冷冻货轮转载渔业公司在大西洋作业渔船的渔获运至中国。接载过程中，货轮的尾轴和螺旋桨被缆绳缠绕失去动力，渔业公司派出船员切割缠绕物，由于海况等因素未能成功，又派出渔船将货轮拖带至浅水区继续切割，成功后货轮进港修理。事后，渔业公司诉请海事公司支付救助报酬。

青岛法院经审理认为，渔业公司的行为构成海难救助，海事公司关于渔业公司行为系减损行为不构成海难救助的抗辩理由和证据不足，海事公司应按照"无效果无报酬"的原则向渔业公司支付合理救助报酬。

近年来，各国法律和有关国际公约对于遇难油轮海上油污的救助报酬请求权并不以救助效果为前提条件，只要救助人实施救助，即使没有效果，也有权向遇难油轮所有人请求特别补偿金。

二、海难救助的类型

海难救助可采取各种不同的方式、措施，甚至仅仅是一项建议。就海难救助的目的而言，只要能使遇难船舶和其他财产、人员全部或部分保全，无论采取何种方式，甚至为一项建议，均可构成海难救助行为。海难救助采取的方式和措施，因救助处于不同情况的遇难船舶、财产、人员而相应地不同，有时在同一种海难救助中要采取多种救助方式。尽管如此，海难救助仍可按一定标准进行归类。在海商法上，有重要意义的分类为以下几种：

（一）依遇难财产是否被所有人占有分类

依遇难财产是否被所有人或其雇员占有可分为救助和捞救。救助是指船舶及其他财产

① 参见《青岛海事法院 2021 年度海事审判白皮书》案例四，http://qdhsfy.sdcourt.gov.cn/qdhsfy/resource/cms/article/5047465/8786965/20220830120005181874.pdf。

尚未脱离财产所有人、代理人或雇员占有，而由救助人对其实行援救，使其脱离危险的行为。捞救是指遇难船舶或其他财产已经脱离船员或所有人或其雇员、代理人的占有，行将沉没或 漂流，而由救助人施以救助，使其得以解救的行为。这两种救助行为在大陆法系国家法律中加以区别。这两种救助只是在形式和程度上有差异，实质意义上并无不同。英美法系国家的海商法中对这两种救助行为不加以区分，而统称海难救助。《1910 年统一海难援助和救助某些规则的公约》虽然也将这两种救助行为加以区分，但作统一处理，适用同样的规则。

（二）依救助人的性质与地位分类

海难救助依救助人的性质与地位不同可分为强制救助、义务救助、合同救助、自愿救助。

（1）强制救助，是指沿海国家或其主管机关依照法律对发生在其管辖范围内的港口、内水、领海、专属经济区内的某些具有重大危害的海难事件采取强制性救助措施。强制性救助是沿海国家行使主权的一种表现，无论遇难船舶船长、所有人或其他财产的所有人、管理人是否同意，沿海国家或其主管机关均实施救助。此种救助的目的在于沿海国家或其主管机关确保本国领域内或管辖区内的港口、航道安全，海洋自然资源的生态平衡，防止海洋受污染。强制救助由法律赋予主管机关组织救助的权力。救助人无论有无救助效果，均有权主张救助报酬或救助耗损费用。我国《海上交通安全法》第 31 条赋予港务监督机关采取包括强制救助在内的必要的强制性措施，处理对海上交通安全造成或可能造成危害的船舶、设施事故。

（2）义务救助，是指依照强制性法律有责任、有义务对遇难船舶、其他财产和人员进行的救助。义务救助是国际法律和各国及地区国内法赋予每一航海人员，尤其是船长、救生员的法定义务。凡是违反此义务的人，必须承担由此引起的法律责任，甚至刑事责任。各国和地区关于义务救助尤其是船长对人命的义务救助有以下几项规定：①船长在不严重危及本船和船上人员安全的情况下，有义务救助海上人命；②船舶发生碰撞，当事船舶的船长在不严重危及本船和船上人员安全时，对相互碰撞的船舶和船上人员必须尽力抢救；③船舶在航行中遇到船货和人员遇难而不救的，轻者吊销船长船员证书，重者负刑事责任。关于船长违反救助义务的责任，我国台湾地区规定较重。台湾地区有关规定指出，船长或行使船长职权的人对遇有行将淹没或者其他危难的人在不甚危害其船舶、海员、旅客安全范围内应尽力救助，如有余力而置之不顾，船长处 3 年以下有期徒刑或拘役；如因船舶碰撞所致海难，其碰撞船舶的船长在碰撞后应对他船船长、海员、旅客尽力救助，违者处 5 年以下有期徒刑。有关国际公约对船长的海难救助义务亦作了规定，如《1910 年碰撞公约》，《1910 年救助公约》，《1974 年海上人命安全公约》等。在义务救助中需注意的是，不能与海事合同中的救助义务混在一起。海事合同中的救助义务是指依合同条款规定，救助方对被救助方负有合同规定范围内的救助义务，与此处的救助义务不同。

（3）合同救助，又称契约救助，指救助人与被救助人达成救助合同，并依据此合同规定进行的救助。契约救助一般是在订立救助合同之后实施救助。契约救助通常采取"无效果—无报酬"的救助原则。只有在少数情况下才采用"实际费用合同"，支付救助人救助费用，以补偿救助人。在契约救助下，被救助人有义务向救助人支付救助报酬。契约救助为各国海商法和国际公约所承认。

（4）自愿救助，是指既无法定救助义务又无合同救助义务的救助人对遇难船舶、财产自愿实施的救助。在自愿救助中，救助人不负有救助义务是指不负公法、私法上或合约上的义务，其救助行为是一种见义勇为行为。对这种救助，可向被救人请求救助报酬，但当纯属人命救助时，不得向被救助人请求报酬。

（三）依救助作业的内容与方式分类

海难救助依救助作业内容与方式可分为拖航救助、搁浅救助、抢险救助、守护救助，提供船员设备或供应品、救火、打捞等。

（1）拖航救助，即拖带救助或救助拖航，指救助人将遇难船舶或其他可漂浮物体拖至安全地点的救助方式。此种救助方式的特点是：救助人的救助行为是拖带，即采取拖带方式使处于危难中的船舶或物体脱离危险，转为安全状况。它与海上拖航作业有本质的区别。拖航救助不以拖航作业为目的，而以救助为目的，救助人只要将被拖物拖至任何安全地点，救助即为有效果，有权向被救助人请求救助报酬。如果救助人未能将遇难船舶或其他物拖至安全地点或灭失，整个拖航救助即无效果，通常不能主张救助报酬。

（2）搁浅救助，由两个方面构成：一是帮助即将沉没的遇难船舶有意搁浅，以避免船舶沉没而受更大的损失；二是脱浅，即帮助已搁浅的船舶脱离搁浅状态，使其恢复漂浮状态，如将搁浅船舶拖下浅滩，卸载或转运搁浅船舶所载货物使其起浮，开挖航槽，炸礁开辟航道，使船舶回到水中。

（3）抢险救助，是指救助人或有关机关对处于紧急危险的船舶或其他财产、人员采取的紧急救助。在这种方式下，有关机关或任何船舶接到求救信号，应立即组织船舶、飞机、援助人员与设备在尽可能短的时间内赶赴现场，按先救人后救财产的原则进行救助。抢险救助是最常见的救助，通常由直升飞机、船舶共同施救。在西方国家，抢险救助一般由专门的海上抢险队进行。

（4）守护救助，包括两个方面：一是救助人根据遇难船舶的需要守候在遇难船舶旁帮助其进行通讯联络，注意险情变化，提供建议或跟随航行或提供其他帮助；二是在多艘船救助遇难船舶时，一些船舶实施救助，另一些船舶应请求守护在附近，以备需要时实施救助。

（5）提供船员、供应品和设备。救助人向因主要船员突然死亡、生病、主要机械设备不能工作或缺乏食品、淡水、燃料等必需品而失去续航安全保障的船舶提供船员、供应品或机械设备的行为，在一些国家视为形式上的海难救助，但在我国实践中一般不认为是救助。

（6）灭火救助，是指救助人采取各种有效手段单独或协助起火船舶或物体扑灭火灾或使其脱离险区的救助行为。最常见的灭火救助是灌水灭火，将失火船舶拖离港口等危险区域后故意凿沉灭火。

（7）打捞救助，指救助人对沉船及其所载物品、船舶属件或被抛离船舶的物品进行打捞的救助方式。在打捞救助中，救助人可以对沉船及其所载或所属物品，或其他漂散于海上的物品进行打捞，但通常是打捞有重要价值的物品。

（四）依救助对象分类

海难救助按救助对象可以分为对人的救助和对物的救助。

对人的救助是指对处于淹没或即将淹没或其他危难情形的人员所实施的拯救其生命的救助。此种救助是基于人道精神而进行的，为道德上最高之义务。各国法律与有关国家公约将对人的救助置于重要的地位，强制性赋予海事工作者特别是船长负有人命救助之公法义务。如我国《海商法》第 174 条规定，船长在不严重危及本船和船上人员安全的情况下，有义务救助海上人命。对纯人命救助，法律不承认有救助报酬请求权，救助人不得向被救助人索取救助报酬。只有当救助人在救助中既对人进行救助又对财产进行救助时，救助人才享有救助报酬分配权。

对物救助是指救助人对遇难船舶和其他财产所实施的救助，属海商法上之海难救助，或狭义的海难救助（如果海难救助兼指对人的救助，则为广义之海难救助），为海商法专门调整的海难救助。在对物的救助中，救助人享有法定的救助报酬请求权。即使负有公法上救助义务之人，对财产救助之成功仍然可以享有救助报酬请求权。

三、海难救助的法律性质

就狭义海难救助概念而言，救助方与被救助方之间存在一种民事法律关系。对于这种法律关系的性质，存在各种不同学说，包括：无因管理说、准契约说、不当得利说、特殊事件说等。其中，无因管理说较为普遍。不过，海难救助的无因管理与民法中的无因管理有所不同。民法中的无因管理制度，财产所有人有义务向管理人支付必要的费用或因管理事务而遭受的财产损失，但不存在报酬请求权，而海难救助的无因管理则有报酬请求权。海难救助法律关系的性质之所以找不到恰当的法学理论予以解释，原因在于海难救助的法律制度是来自于实践，不是基于某种理论而产生。①

第二节　海难救助合同

海难救助合同是指救助人与被救助人在救助开始前或进行中达成的由救助方对被救助方遇难的船舶或其他财产进行救助，而由被救助方支付救助报酬或救助费用的协议。在传统的海商法中，海上救助法律调整的是海难救助合同关系和非合同关系两大部分，但以调整合同关系为主，在现代各国海商法及有关国际公约中，海难救助合同关系仍然是海难救助法律所调整的基本范畴。海难救助是从非合同救助发展起来的，以后发展为合同救助。非合同救助亦即纯救助，指救助者未经遇难者请求而进行的救助，双方事先无约定。如经过之船舶对遇难船舶救助，此为典型非合同救助。在现代海难救助实践中，除非当时情况特殊不能订立救助合同，非合同救助通常能转化为合同救助。在英美法系国家，对非合同救助一般按合同救助处理，即以被救助人接受援救的行为与救助人救助行为的事实，推定双方之间存在合同关系，构成合同救助。海难救助合同在当代海难救助法律中占有重要的地位。

一、海难救助合同的订立与变更

（一）海难救助合同的订立

海难救助通常因情况紧急特殊，被救方与救助方无时间或无法就海难救助合同的具体内容进行磋商，故各国法律和有关国际公约对海难救助合同的订立形式、合同成立的时间与合同内容，无严格的法律要求。海难救助合同的订立既可采书面形式也可采口头形式，但以书面形式为主。在书面合同形式下，通常使用救助人印制的或国际上著名的救助合同标准格式。救助合同成立的时间通常是在开始救助前，特别情况下，可以在救助过程中成立。依《海商法》第 175 条"救助方与被救助方就海难救助达成协议，救助合同成立"之规定，只要救助方和被救助方就海难救助有关事宜达成一致，合同即可成立，并无成立的具体时间规定。合同一经成立，对救助方与被救助方具有约束力。

关于海难救助合同订立者资格方面，各国法律和国际公约都对被救助方的订约人资格加以特别规定，而对救助人的订约人资格无特别规定。《海商法》第 175 条第 2 款规定："遇险船舶的船长有权代表船舶所有人订立救助合同。遇险船舶的船长或者船舶所有人有权代表船上财产所有人订立救助合同。"依此规定，遇险船舶的船长有权代表船舶所有人和船上财产所有人与救助方订立救助合同，遇险船舶的所有人有权代表船上财产所有人与

---

① 参见司玉琢：《海商法专论》，中国人民大学出版社 2007 年版，第 452 页。

救助人订立救助合同。遇险船舶的所有人不仅指所有权人，还包括船舶经营人、光船承租人。船长与救助人订立救助合同无需船舶所有人和财产所有人分别授权或追认，船舶所有人与救助人订立救助合同亦无需船上财产所有人授权或追认。船舶所有人不得以船长未经其同意，船上财产所有人不得以本人未授权或追认为理由对抗救助人。船长和船舶所有人订立救助合同的法定权利，并不排除船长和船舶所有人利用现代通讯进行相关联络选择适当的救助人，以及船长在订约时谨慎从事，订立对被救助人有利的合同。

关于救助方的合同订立者资格，法律无明确规定，但依船长负有救助遇险船舶和人员的法定义务可以引申出救助船舶的船长有权代表救助船舶的所有人与被救助方订立救助合同。实践中通常由救助船的船长与被救助船的船长签订救助合同。

（二）海难救助合同的变更

海难救助合同通常是在危险中或危险过后订立的，这两种情况下订立的合同一经成立对合同双方均发生效力，任何一方不得解除、变更合同内容。但各国法律考虑到海难救助合同签订时双方所处的特殊地位以及对救助作业的难易程度，耗资的不可预测性，规定了海难救助合同变更或无效的情形。在英美法系国家，救助合同只要是公平订立，并无欺诈胁迫情形，合同有效，任何一方不得变更。否则，被救方有权主张或由裁判机构判令变更合同或宣告合同无效，或减少、剥夺救助人的救助报酬。在大陆法系国家，在危难中订立的合同视为无效合同。在危险过后订立的救助合同只要是善意订立的，就为有效合同。

依我国《海商法》规定，海难救助合同一经成立，即为有效，任何一方不得变更、解除、终止合同或宣告合同无效。如果要变更救助合同，只能按照《海商法》第176条规定，请求法院或者仲裁机构变更合同内容，且法院和仲裁机构无权宣告解除、终止合同或宣告合同无效。因此，海难救助合同无论是在危险之中签订的还是在危险过后签订的，无论合同有何种不公平的情形，只存在依法变更合同，不存在合同无效或解除合同。这是我国海商法中关于海难救助合同的一项重要法律制度和重要特色，充分体现了合同当事人的利益和公平合理原则。在某种程度上，它是我国法与外国法关于海难救助合同的重大区别点。

《海商法》第176条规定，有下列情形之一的，经一方当事人起诉，或双方当事人协议仲裁的，受理争议的法院或仲裁机构可以判决或裁决变更救助合同：（1）合同在不正当的或危险情况影响下订立，合同条款显失公平的；（2）根据合同支付的救助款项明显过高或过低于实际提供的救助服务的。变更合同的第一种情形体现了海难救助合同订立的真实意思与公平原则。合同在不正当的或危险情况的影响下订立是指双方订约时所处的环境的危险性、复杂性等客观因素和人为的因素的影响，导致双方重大误解，或救助方乘人之危或进行要挟、欺诈被救助方，使被救方作出不真实意思，接受对自己非常不利的条件。合同条款显失公平是指救助合同条款所规定的双方权利义务明显地违反了公平原则，使双方之间的权利义务分配严重倾斜。上述不正当影响与危险情况影响是订立显失公平合同条款的前提和原因，合同条款显失公平是不正当影响和危险情况影响的直接后果。这两项条件必须同时具备，才能变更救助合同。第二种情形体现了救助合同的合理性原则，是指合同规定的救助款项与救助人实际提供的救助服务所应得的款项相比较，明显不合理。第二种情形只针对救助款项的合理与否，不涉及其他合同条款。

二、海难救助合同的格式与内容

在海难救助中，国际上通行的海难救助合同有两种，即雇佣救助合同和"无效果—无报酬"救助合同。

（一）雇佣救助合同

雇佣救助（Employed Salvage Service）又称实际费用救助，是指救助人与被救助人在救助前或救助时订立的救助费用按救助人实际支付人力、物力及时间计算的救助合同。

雇佣救助合同的主要内容有：

（1）雇佣救助合同可以在救助前或救助过程中签订，也可以只凭被救助方的书面申请而成立。这种申请应被视为被救方同意按有关规定支付费用的证据。

（2）雇佣救助的救助指挥权在遇险船一方，并且不论救助是否成功，被救助方都要向救助方支付救助费。与无效果—无报酬合同救助相比，雇佣救助的救助方所承担的风险较小，所以救助费相对较低。①

雇佣救助合同具有以下特点：

（1）在法律性质上是一种纯雇佣性质的合同，救助方只要按合同约定从事一定海难救助作业，即可获得报酬。救助人对救助是否有效果不承担责任，救助方无论救助有无效果，被救助方均得向其支付救助费用。

（2）救助人救助报酬的计算以救助人在救助中实际支付的费用为原则，数额的确定以救助方每天的费用、救助人员的工作时间、消耗物料等实际费用计算。如果救助有较大效果，可按一定比例增加报酬。

（3）救助工作由被救助方负责指挥，在救助中所发生的一切风险责任，包括对第三人财产和人身伤亡造成的损害及其赔偿责任，均由被救助方负责。雇佣救助合同常用于遇难船舶或财产离海岸线或港口较近，救助作业危险程度低，救助工作比较简单，救助成功的可能性相当大的救助。

---

① 参见司玉琢：《海商法专论》，中国人民大学出版社 2007 年版，第 453 页。

【案例研习 10-2】

交通运输部南海救助局诉阿昌格罗斯投资公司、
香港安达欧森有限公司上海代表处海难救助合同纠纷案①

　　交通运输部南海救助局（以下简称"南海救助局"）诉称："加百利"轮在琼州海峡搁浅后，南海救助局受阿昌格罗斯投资公司（以下简称"投资公司"）委托提供救助、交通、守护等服务，但投资公司一直未付救助费用。请求法院判令投资公司和香港安达欧森有限公司上海代表处（以下简称"上海代表处"）连带支付救助费用7240998.24元及利息。投资公司所属"加百利"轮系希腊籍油轮，载有卡宾达原油54580吨。2011年8月12日5时左右在琼州海峡北水道附近搁浅。事故发生后，投资公司立即授权上海代表处就"加百利"轮搁浅事宜向南海救助局发出紧急邮件，请南海救助局根据经验安排两艘拖轮进行救助，并表示同意南海救助局的报价。上海代表处通过电子邮件向南海救助局提交委托书，委托南海救助局派出"南海救116"轮和"南海救101"轮到现场协助"加百利"轮出浅，承诺无论能否成功协助出浅，均同意按每马力小时3.2元的费率付费，计费周期为拖轮自其各自的值班待命点备车开始起算至上海代表处通知任务结束、拖轮回到原值班待命点为止。

　　本案焦点在于涉案救助行为性质。一审法院认为本案属于"雇佣救助合同"，而二审法院认为本案应按照"无效果，无报酬"原则支付救助款项。最终，最高人民法院支持了一审的判决，认为本案属于"雇佣救助合同"，可以适用我国合同法的相关规定确定当事人的权利义务。

（二）"无效果—无报酬"救助合同

"无效果—无报酬"救助合同是指救助人对遇险船舶和其他财产的救助，取得效果的，有权获得救助报酬；未取得效果的，无权获得救助报酬。

"无效果—无报酬"救助合同（No Cure No Pay Salvage Agreement）经过多次修改，现在使用的是"LOF2020劳合社救助合同标准格式"，该合同格式也以"无效果—无报酬"的原则为条件，同时，还规定了救助报酬的支付方式、仲裁地点等其他内容。②

　　该合同格式的主要内容如下：救助人尽最大努力将船舶和财产送到约定地点或安全地

---

　　①　参见（2016）最高法民再61号民事判决书。该案为最高人民法院2019年发布的第21批指导性案例之一。

　　②　参见 Lloyd's Standard Form of Salvage Agreement 2020，https：//assets. lloyds. com/assets/pdf-lloyds-open-form-lof-lsac-2020/1/pdf-lloyds-open-form-lof-LSAC-2020. pdf。

点；救助人应尽力防止或减轻对环境的损害；当事人可选择是否在合同中并入"特别补偿条款"；救助方可以合理地免费使用遇险船舶的设备，但不应使遇险船舶的财产遭受不必要的损失。财产所有人有与救助人通力合作的义务；被救助人有终止救助的权利；"劳氏标准救助和仲裁条款"及"劳氏程序规则"应视为并入本合同，并构成本合同不可分割的部分。

《1989 年国际救助公约》已被纳入英国 1994 年《商船航运法》。因此，1995 年之后的劳合社救助合同格式无须单列"特别补偿条款"。

"无效果—无报酬"救助合同具有以下特点：

（1）在法律性质上是一种承揽关系，强调救助人的救助效果。救助方除完成一定救助工作外，还必须有救助效果。它将效果与报酬结合在一起，按救助成效的大小确定救助报酬的多少。救助人有救助效果，即有权获得报酬；救助不成功或无效果，则无权取得救助报酬，即被救助方无义务支付报酬。即使救助方花费大量人力、物力、时间，也无权向被救助方请求报酬。

（2）救助作业由救助方负责指挥，并对救助中的一切风险，包括对第三人造成的人身伤亡、财产损失的损害赔偿承担责任。它对被救助方和第三人的损害赔偿责任基础是过失原则，即救助方只对其在救助过程中因其过失导致的被救助方或第三人的损害承担赔偿责任。如果能证明损害的发生是由第三人或被救助方的过失造成的，不承担责任。如果救助方和被救助方共同过失造成第三人人身伤亡、财产损失的，双方承担连带责任，对双方的损失按各自过失比例分担责任。

（3）无须事先确定救助报酬数额。在救助作业完成后，由双方按救助效果协商确定，协商不成的，由仲裁机构或法院决定。即使合同中确定有救助报酬数额，如果该数额过高或过低，亦可请求法院或仲裁机构予以重新确定。

（三）劳氏救助合同标准格式

"劳合社救助合同标准格式（无效果—无报酬）"（Lloyd's Standard From of Salvage Agreement），简称劳氏合同格式，即 LOF2020。它是世界上最著名的以"无效果—无报酬"为原则的海难救助合同标准格式，为国际上普遍使用。它经过不断修订，以适应新的海难救助作业。世界上绝大多数海难救助合同格式以它为蓝本制定。随着劳氏合同格式的更新，《中国海事仲裁委员会救助合同（2022）》（简称《救助合同北京格式（2022）》）也于 2022 年 11 月随之更新。①

过去航运界对于劳氏救助合同的批评是其过于复杂，让当事人难以理解，因此，2020

---

① 《中国海事仲裁委员会救助合同（2022）》的内容可参考 http：//www.cmac. org. cn/data/upload/image/20221122/1669084938651019. pdf。

年劳氏救助合同进一步简化合同格式，并对仲裁条款进行了修改。2020 年劳氏救助合同格式的主要内容如下：

（1）救助人的基本义务。救助人尽最大努力救助遇险财产，这些财产包括船舶及其货物、运费、燃料、物料和任何其他财产（但不包括旅客、船长或船员的个人物品或行李），并将它们送到约定的安全地点。如果在合同中没有写明指定的安全地点而且事后也没有通过协议达成约定，救助人应将财产送到任一安全地点。

（2）环境保护。救助人在进行救助服务时，应尽力防止或减轻对环境的损害。

（3）特别补偿条款。当事人可选择是否在合同中并入"特别补偿条款"，除了英国法所吸收的《1989 年国际救助公约》关于特别补偿的规定，以及所并入的特别补偿条款外，救助人救助服务的提供和接受应以"无效果—无报酬"为原则，任何救助人有权获得的救助补偿不应以"无效果—无报酬"的例外为由根据特别补偿条款在支付给救助人的特别补偿或补助中扣减。

（4）先前服务。在本合同生效前并且直至本合同生效之日，救助人已采取的任何救助服务应被认为包括在本协议之内。

（5）财产所有人的义务。财产的每位所有人均应与救助人完全合作，具体而言包括：救助人可以免费合理地使用船上的机器、装置和设备，但不应该不必要地损害、抛弃或牺牲船上的任何财产；救助人有权获得需要的有关船舶或者剩余部分财产的信息，只要该信息与救助服务有关且能够在没有不合理的困难或延迟的情况下提供；财产所有人应与救助人通力合作，来获得准许进入合同中约定的安全地点或其他地点。

（6）终止权。船舶所有人或救助人对于根据公约第 12 条和/或第 13 条可以产生救助报酬的有效结果不再有任何合理的希望时，都有权事先以书面形式向对方发出合理通知，然后终止救助服务。

（7）视为完成。当财产到达约定的安全地点时，救助人的服务应视为完成。为此，如果救助人没有义务继续在场以满足有关港口当局、政府机构或类似组织的要求，或者为避免财产灭失或进一步受到严重损坏或迟延而不再需要救助人继续提供技术性的救助服务，在这种情况下，即使财产损坏或需要维修，其仍应被视为处于安全状态。

（8）仲裁和劳氏标准救助与仲裁条款。救助人的报酬或特别补偿应根据"劳氏标准救助和仲裁条款"规定的方式在伦敦仲裁确定。"劳氏标准救助和仲裁条款"所规定的程序应视为并入本合同，并构成本合同不可分割的一部分。本合同或救助服务产生的任何其他争议也应同样提交仲裁。

（9）准据法。本合同及其仲裁均适用英国法。

（10）授权范围。船长或其他财产人代表各自的财产所有人订立本合同，并对各方均有约束力（但为他人或为自己个人的除外）。

（11）禁止劝诱。任何签署本合同的人或任何以其名义签署本合同的人都不应在任何时候、以任何方式提供、作出、使对方作出或许诺提供、要求、接受任何形式的劝诱，以订立本合同。

此外，合同的内容中还包括四项重要提示。第一，救助担保。船舶所有人应将订立本合同的事宜通知船上其他财产所有人。如果救助成功，财产所有人应根据规定向救助人提供救助担保。有关共同海损担保的规定并不减轻获救利益人向救助人提供救助担保的独立义务。第二，并入条款。特别补偿条款和"劳氏标准救助和仲裁条款"的文本可以从救助人和位于伦敦的劳氏救助仲裁分会处获得。第三，裁决。劳合社理事会有权在其官方网站上（www.lloydsagency.com）提供裁决、上诉裁决和理由，但要受"劳氏标准救助和仲裁条款"第 13 条规定的条件约束。第四，通知劳合社。救助方应在提供救助后的 14 天内通知劳合社救助情况，并尽快将签署的救助协议或其正本转发给劳合社理事会。修订或更改本合同的规定或条款的任何其他合同的文本也必须尽快提供给劳合社理事会。理事会不会就此类通知收取费用。

（四）SCOPIC 条款

《1989 年国际救助公约》的救助报酬条款和特别补偿条款提出后，在实践操作中产生了许多问题，如计算方式特别复杂，起止时间不够确定，救助人取得被救助人的担保困难重重。这些问题引起了船舶所有人和互保协会以及救助人的关注。由于上述原因，"国际救助联盟"（International Salvage Union，ISU）、国际船东互保协会集团（International Group of P&I Club）、财产保险人（Property Underwriter）与国际航运公会（International Chamber of Shipping）四方代表协商一致，最终产生了"船东互保协会特别补偿条款"（Special Compensation of P&I Clause，SCOPIC 条款）。

SCOPIC 条款是一个根据固定的拖船、设备和人力使用的比率（而不是根据《1989 年国际救助公约》第 14 条规定通过仲裁）计算向救助人员支付特别补偿的机制。SCOPIC 条款规定向救助人员支付补偿时，不考虑救助财产是否获得成功救助，因此它是普通法、《1910 年救助公约》和《1989 年救助公约》关于海上救助"无效果—无报酬"基本原则的例外。SCOPIC 稍作修改就可作为补充条款并入 2000 年 9 月 1 日生效的 LOF 2000。一旦并入，救助人员得在其所选择的任何时间通过向被救助船舶的船东提交书面通知而适用该条款。要求支付 SCOPIC 救助报酬时，不考虑救助是否成功，不考虑是否对环境造成威胁，也不考虑救助作业的地理位置。

SCOPIC 条款是一个既能加快海难事故处理速度，又能减少特别补偿法律争议的新机制。在该机制下，SCOPIC 酬金取代了《1989 年国际救助公约》下的特别补偿，而且该酬金的计算一律以附件 A 中所确定的费率为准，从而避免了《1989 年国际救助公约》下关于"合理费率"的法律争议以及繁琐程序。

虽然 SCOPIC 不能改变法律，但救助当事人可以选择适用含有 SCOPIC 条款的救助合同，来规避《1989 年国际救助公约》第 14 条的繁琐规定。SCOPIC 条款已于 1999 年 8 月正式使用，经过 2 年的使用后，互保协会将向其成员船舶所有人推荐使用该条款。

三、海难救助合同当事人的权利与义务

海难救助合同当事人的主要权利和义务由合同约定和法律规定，依据我国海商法的规定，合同当事人约定的义务不公平、合理时，可以请求法院或仲裁机构加以变更。

（一）救助方的基本权利与义务

根据《海商法》第 177 条规定，在救助作业过程中，救助方对被救助方负有下列义务：

1. 以应有的谨慎进行救助

救助方在救助作业中应当以应有的谨慎，采取一切通常的或当时情形允许的合理措施进行救助，发挥通常的合理的技术与技能，以应有的高度责任心和最大努力进行救助，尽量挽救和减少遇险财产的损失，避免对第三人造成损失。在救助中因自己的过失造成救助作业成为必要或更加困难，或造成被救助方更大损失，则丧失或减少救助报酬。

2. 以应有的谨慎防止或减少环境污染损害

救助方同时应采取合理措施尽最大努力减少或防止被救财产造成环境污染损害。

3. 寻求其他救助方救助

在救助作业中，救助方根据当时情形，判定不能使遇险财产获救或在合理的时间内获救，或为避免遇险财产遭受更大损失，需其他救助方援助救助，增加救助人时，应主动寻找其他救助人参加或协助救助。在自己无力救助时，交由其他救助人救助。被救方依当时情形判定需增加救助人时，只要其提出的增加要求是合理的，救助方应接受此项要求，并配合其他救助方救助。

4. 在安全地点如实移交获救财产

救助方应将已获救的财产送至安全地点，并如实向被救助方交付已获救的财产，救助人不得对获救的财产有任何隐瞒。救助人隐匿获救财产的，丧失其救助报酬请求权，或应减少其救助报酬数额。

（二）被救助方的基本权利与义务

根据《海商法》第 178 条的规定，在救助作业过程中，被救助方对救助方负有下列义务：

1. 与救助方通力合作

被救助方在救助方实施救助过程中应采取一切合理的可能的措施，尽力对救助方的救助予以配合协助。通力合作包括以下几个方面：（1）将有利于救助的被救船舶及其他财产的真实情况如实告知救助方；（2）允许救助方合理无偿地使用被救船舶或其他财产上的设备、设施、物料；（3）无偿提供必要的人员参加救助方的救助，救助方在救助遇险船舶时可以直接使用该船的船员；（4）被救助方的人员听从救助方的指挥和安排。

2. 防止和减少环境污染

被救助方在船舶或其他财产遇险时或在配合救助方的过程中，应采取通常合理的在当时情况所允许的一切措施，防止和减少被救财产造成环境污染损害。

3. 及时接受获救财产

救助方将获救财产已运至安全地点，并合理地要求被救助方接受获救财产时，被救助方应及时接受，不得不合理地延迟。因不合理延迟致使获救财产损坏、丢失或其他进一步损失的，由被救助方负责，且不影响救助方获取救助报酬。

第三节　海难救助款项

海难救助款项是指被救助方依照法律规定或合同约定应向救助方支付的任何救助报酬、酬金和特别补偿金的统称。

一、海难救助报酬

海难救助报酬是指救助方对遇险船舶或其他财产进行救助并取得效果时，有权依法或依合同向被救助方获取的款项。海难救助是一项艰难危险的海上作业，为鼓励救助人从事海难救助的积极性，各国国内法和有关国际公约对海难救助报酬予以规定，我国《海商法》也进行了规定。海难救助报酬制度是传统海难救助法律的核心制度，也是现代海难救助法律的基本制度。

（一）海难救助报酬请求权构成条件

依各国法律和有关国际公约的规定，并非所有海难救助都能产生救助报酬，只有具备一定条件的海难救助行为才享有救助报酬请求权。海难救助报酬请求权的构成条件如下：

1. 救助对象处于真实的不能自救的海上危险中

被救助的船舶或其他财产处于真实的不能自救的海上危险之中是产生海难救助及其报酬请求权的前提条件。船舶和其他财产没有遭到明显的海上危险或明显受到海上危险的威胁，即无救助之必要，海难救助行为即不能成立，也就不产生救助报酬。因此，即使遇到危险或危险的威胁，但船舶船员或其他财产的所有人能够自行解救，亦不构成救助行为，不产生救助报酬请求权。

2. 救助人须出于自愿

救助人实施救助是一种自愿行为，即不是基于其职责范围内或法律义务或其他合同约定范围而进行的救助，这是构成海难救助报酬请求权的根本条件。凡基于履行法律义务或职责范围或其他合同责任范围而实施的救助即使成功，也无救助报酬请求权。此条件将以下几种情况的救助排除在救助报酬请求权之外：（1）在船舶碰撞中，船舶间的相互救助，此为法定救助义务；（2）救助人的过失行为引起的必要救助，此为原救助合同义务之救助；（3）遇险船舶的船员的自救行为，此为雇佣合同所规定的船员职责，但船长作出弃船决定后的救助除外；（4）正常履行拖航合同或其他海上服务合同的义务而为之救助；（5）引水员、救生员、消防员等在职责范围内的救助。

需要指出的是，同一所有人的船舶间的救助享有救助报酬请求权。其主要原因在于：船员根据雇佣合同只对本船安全负责并有救助义务，对同一所有人的其他船舶不负有救助义务，法律赋予同一所有人雇佣的在不同船舶上工作的船员享有与非同一船舶所有人的船员相同的救助报酬请求权。

3. 救助须有效果

救助有效果即救助人使遇险的船舶或其他财产全部或部分获救。救助有效果是海难救助报酬请求权的基础，即"无效果—无报酬"原则。救助有效果这一条件通常不适用于对人命的有效救助和减少与防止海上环境污染损害的救助。对单纯的人命救助，救助人不得向被救人员请求救助酬金，这是因为救助报酬请求权是依赖于获救财产的一种权利，只针对获救物，不针对获救的人。但为了奖励人命救助者，各国法律和有关国际公约赋予人命救助者从获得救助款项的救助人处获得合理份额的权利。既救助人命，又救助财产，救助人仅就获救的财产享有救助报酬请求权，但数额的确定仍考虑救人功绩。

4. 救助未被明确合理地拒绝

海难救助法律所调整的主要是合意的救助行为，即救助方自愿施救，被救助方自愿接受救助。当船舶或其他财产处于危险时，遇险者有时有自救能力，无需他人救助，只有在无自救能力情况下才接受或请求其他救助服务。在请求或接受救助服务时，如有多个救助人，被救助方有权选择救助人。当救助方施救时，未被明确合理地拒绝，才构成法律上的海难救助，才能产生报酬请求权。若被救助方明确合理地拒绝救助方，即使救助成功，也不产生报酬请求权。合理的拒绝是指被救助人拒绝接受救助有正当可信的理由。被救助方如拒绝救助的理由不可信，救助方仍然救助并有效果，则享有救助报酬请求权。对此条件，我国《海商法》第186条规定，不顾遇险船舶的船长、船舶所有人或者其他财产所有人明确的和合理的拒绝，仍然进行救助的，无权获得救助款项。

（二）海难救助报酬的取消与减少

在海难救助中，有时救助方因过失或故意致使被救助方遭受进一步的损失。为在一定程度上保护受害方的利益，维护海难救助秩序，各国法律与国际公约在确认救助人享有救助报酬请求权的前提下作了一些例外规定，对救助人的救助报酬请求权加以剥夺或减少救助报酬数额《1989 年国际救助公约》第 18 条规定，如因救助人的过失或疏忽或因救助人有欺诈或其他不诚实行为而使救助作业成为必要或更加困难时，可剥夺救助人按公约规定所得的全部或部分支付款项。我国《海商法》第 187 条规定与《1989 年国际救助公约》第 18 条的精神一致，但有些差异：取消或减少救助款项较公约的"剥夺"更严格。取消即为全部剥夺，减少即为部分剥夺。

（三）获救财产价值的确定

获救财产价值的确定标准与数额直接关系到救助人的救助报酬数额。我国《海商法》第 181 条规定，船舶和其他财产的获救价值，是指船舶和其他财产获救后的估计价值或者实际出卖的收入，扣除有关税款和海关、检疫、检验费用以及进行卸载、保管、估价、出卖而产生的费用后的价值。但不包括船员获救的私人物品和旅客获救的自带行李的价值。依此条规定，获救财产的价值为获救财产的净值，即估计价值或实际出卖价值减去各项实际费用，获救的船员私人物品和旅客自带行李不属获救财产的范围，在估算获救财产价值时应予以排除。海商法对估算价值的时间和地点未规定，但国内外实践通常以救助作业结束后获救财产最初到达的港口或地点及到达时间的公平价值或市场价值确定获救财产的估计价值。

（四）救助报酬数额的确定

在海难救助报酬数额的确定中应遵循两项原则：鼓励救助作业原则和救助报酬不能超过获救财产的获救价值的原则。根据《海商法》第 180 条的规定，数额的确定须综合考虑下列因素：船舶和其他财产的获救的价值；救助方在防止或者减少环境污染损害方面的技能与努力；救助方的救助成效；危险的性质与程度；救助方所用的时间，支出的费用和遭受的损失；救助方或者救助设备所冒的责任风险和其他风险；救助方提供救助服务的及时性；用于救助作业的船舶和其他设备的可用性及使用情况；救助设备的备用状况、效能、设备的价值。总之，救助报酬的确定不得超过船舶和其他财产的获救价值。

（五）救助报酬请求权人与责任人

1. 请求权人

救助报酬请求权人为对遇险船舶及其他财产进行单独或共同救助并取得成效，依法律规定有权取得救助报酬的一切救助单位、个人、团体。具体有：救助公共当局及其领导下的海难救助单位；在职责范围以外进行救助的公务员、引水员、消防人员、救生员；救助船舶的在职责范围以外实施救助的船长、船员。

2. 责任人

救助报酬的责任人即救助报酬的支付人或债务人，为获救船舶的所有人或其他财产的所有人。人命的被救助者不是债务人。各债务人均以各自获救财产的获救价值承担责任。救助报酬的金额由获救的船舶所有人和其他财产的所有人，按各自的获救价值占全部获救价值的比例承担。

（六）海难救助报酬的分配

我国《海商法》对救助报酬的分配在第 184 条只对数个救助人的分配作了原则性规定："参加同一救助作业的各救助方的救助报酬，应当根据本法第 180 条规定的标准，由各方协商确定；协商不成的，可以提请受理争议的法院判决或者经各方协议提请仲裁机构裁决。"

二、特别补偿

特别补偿制度是随现代海难救助作业的发展，为鼓励救助人从事防止和减少海上环境污染损害的救助而产生的一项新型法律制度，这种制度是在无效果—无报酬法律制度的基础上发展起来的，是相对于"无效果—无报酬"这一海难救助报酬法律原则的一种特殊制度，对无效果—无报酬原则起补充作用，专门适用于防止和减少环境污染损害的救助。这种制度最先在《1989 年国际救助公约》中确立。我国《海商法》第 182 条与《1989 年国际救助公约》的规定基本一致。

（一）特别补偿权的构成要件与例外

特别补偿权是指救助人对构成环境污染损害危险的船舶或船上货物进行救助，无论成功与否，均依法享有从船舶所有人处获取特别补偿的权利。依《海商法》和《1989 年国际救助公约》规定，救助人必须符合两个条件才有权从船舶所有人处获得特别补偿：（1）救助方须有救助行为，即救助方对构成环境污染损害危险的船舶或船上货物进行救助。只要实施救助，不论是否有救助效果。（2）依无效果—无报酬原则未取得相当于特别补偿金额的救助报酬。这一条件有两层含义：其一是救助方对构成环境污染损害危险的船、货所进行的救助作业未取得效果，使救助方未取得任何救助报酬；其二是虽然救助方对船、货的救助有效，但依无效果—无报酬原则所取得的救助报酬少于特别补偿的金额。

（二）特别补偿金额的确定

特别补偿金额按《海商法》第 182 条第 1、2 款的规定予以确定。依第 182 条第 1 款的规定，当救助方对构成环境污染损害危险的船、货进行了救助，却未能取得防止或减少环境污染损害效果时，特别补偿的金额等于救助费用。救助费用是指救助方在救助作业中直接支付的合理费用以及实际使用救助设备，投入救助人员的合理费用，即救助作业中的成本费用。依第 2 款规定，当救助方对构成环境污染损害危险的船舶或船上的货物进行救助，并取得效果时，救助方应取得的特别补偿的金额可另行增加，增加的数额应大于救助费用，但增加部分最多不得超过救助费用的 100%。

第四节　海难救助国际公约

本节仅介绍《1910 年救助公约》及其《1967 年议定书》和《1989 年国际救助公约》。

一、《1910 年救助公约》

（一）《1910 年救助公约》

《1910 年救助公约》全称为《统一海难援助和救助某些规则的公约》（Convention for the Unification of Certain Rules of Law Relation to Assistance and Salvage at Sea，1910），该公约由国际海事委员会倡导和制订，1910 年 9 月 23 日在布鲁塞尔召开的第三届海洋法会议上签订，1913 年 3 月 1 日生效。该公约明确规定了救助人与被救助人的权利义务，建立了现代海难救助法律制度，体现了海难救助的传统原则，统一了各国海难救助的法律，为各国所承认并接受。目前参加该公约的成员有 70 多个国家和地区。我国在实践中按公约的精神、基本规则处理国内外海难救助事务，《海商法》也接纳了公约的有关法律原则和基本规定。

《1910 年救助公约》主要内容有：

1. 适用范围

该公约适用于海上航行、内河航行以及其他任何与海相通的可航水域的救助服务，救助服务包括对遇难海船、船上货物和客货运费的救助以及海船与内河船相互间的救助。公约不适用于军用船舶和专门用于公务的政府船舶。

2. 无效果—无报酬原则

该公约确认了古老的为各国海商法所接受的"无效果—无报酬"原则。凡已取得有益成效的每一项救助活动都有权得到公平的报酬。所付报酬的金额在任何情况下都不得超过获救财产的价值。属于同一所有人的船舶之间的救助，有权享有救助报酬请求权，并按无效果—无报酬原则处理。

3. 救助报酬请求的拒绝与例外

下列情形不产生救助报酬请求权：经被救助船舶明确、合理地拒绝仍参与救助活动；

拖轮对被拖船舶或该船所载货物的救助，但不能认为是履行拖航合同的特殊服务除外。在下列情况下，法院有权裁定减少或拒绝同意给予救助报酬：救助人本身的过失致使救助成为必要或救助人有盗窃被救船载货物或其他欺诈行为。

4. 救助报酬金额的确定与分配

救助报酬依当事人协议确定，协议不成的由法院以下列各项为依据决定：获救效果的程度；救助人的努力与功绩；被救船舶、所载旅客、船员、货物及救助人与救助船舶所冒风险；救助工作所用的时间，所耗费用和所受损失；救助人所承担的责任上的风险和其他风险以及承担上述风险的财务价值；救助船舶具有的特殊用途；被救财产的价值。救助人分配报酬的比例由救助人之间协议确定，协议不成的，由法院以上述各项为依据具体决定。每一救助船舶的所有人、船长和其他工作人员之间对于报酬的分配，按船旗国法处理。

5. 救助合同的变更与无效

在危险期间并在危险影响下订立的任何救助协议，经一方当事人请求，如果法院认为协议条件不公平，可以宣告该协议无效或予以变更。在任何情况下，经证明当事人一方同意的事项因有欺诈、隐瞒或救助报酬与救助服务相对过多或过少，经受影响的一方请求法院可以宣告协议无效或予以变更。

6. 人命救助的法定义务与分配救助报酬

对在海上发现的遭遇人命危险的每个人，即使是敌人，只要对其船舶、船员和旅客不致造成严重危险，每一船长都必须施救。人命救助者不得向被获救人员索取报酬。在发生海难时参加救助工作的人命救助者对船舶、货物及其附属品的救助者所获得的报酬，有权取得公平的分配份额。

（二）《1967 年议定书》

《1967 年议定书》，全称为《修改〈统一海难援助和救助某些规则的公约〉议定书》（Protocol of 1967 to Amend the Convention for the Unification of Certain Rules of Law Relating to Assistance and Salvage at Sea），简称《1967 年议定书》。该议定书于 1967 年 5 月 27 日由国际海事委员会主持召开的第 12 届海洋法外交会议上签订。

《1967 年议定书》的核心部分是将《1910 年救助公约》扩大适用于军事船舶和公用的政府船舶。该议定书第 1 条规定：《1967 年议定书》的各项规定亦适用于国家或公共当局拥有、经营或租用的军用船舶或任何其他船舶所施予或被施予的救助。

二、《1989 年国际救助公约》

《1910 年救助公约》所确立的主要法律制度，尤其是"无效果—无报酬"的救助原则，已不适应现代航运事业的发展和海难救助的重大变化，尤其不适应对油轮的救助和危害海洋环境事故的救助。1978 年"阿莫科·卡迪兹"（Amoco Cadiz）① 号油轮的灾难性事件促使联合国国际海事组织法律委员会与国际海事委员会研究制订新的国际救助公约以代替《1910 年救助公约》。为此，1989 年 4 月 15 日至 28 日，国际海事组织在伦敦召开的外交大会上正式通过《1989 年国际救助公约》（International Convention on Salvage，1989）。我国已于 1993 年 12 月 29 日由八届全国人大第五次会议通过了加入此公约的决定。

公约的主要内容有以下几方面：

（一）公约适用的范围

公约适用于因在可航水域或其他任何水域中援助处于危险中的船舶或其他任何财产的任何救助作业，而在缔约国提起的诉讼和仲裁。

公约不适用于已就位的从事海底矿物资源的勘探开发或生产的固定式、浮动式平台或移动式近海钻井装置。公约原则上不适用于军舰或国家所有或经营的在救助作业时享有国家主权豁免的非商业性船舶，但各国可以决定这类船舶适用本公约。

（二）公共当局控制的救助作业

缔约国公共当局控制或从事的海上救助作业，其救助人享有本公约规定有关救助的权利和补偿。负责进行救助作业的缔约国公共当局所享受的本公约规定的权利和范围由缔约国法律决定。

（三）合同的订立、废止与修改

船长有权代表船舶所有人，船长或船舶所有人有权代表船上财产的所有人签订救助合同。如有下列情形之一的，可以废止、修改合同或其任何条款：在胁迫或危险情况影响下签订的合同，且其条款不公平；合同项下的支付款项同实际提供的服务不相称，过高或过低。

（四）救助人与被救助人的义务

救助人对处于危险中的船舶或其他财产负有的义务以及被救助人对救助人所负的义务与我国《海商法》第 177、178 条的规定一致。

---

① 1978 年 3 月，阿莫科·卡迪兹号油轮在驶近西欧时遇到风暴，3 月 16 日上午 9 时舵机失灵，船舶失控。联邦德国布克西尔航运和救助公司的"太平洋"号拖船几次营救都因风浪太大而未获成功。最后，该船于 16 日晚在法国布列塔尼亚触礁沉没，所装载的 22 万吨原油和 4000 多吨燃油全部落入海中，大量石油被风吹上岸滩，估计上岸油量达 6 万 ~ 6.5 万吨，约占总溢油量的 30%，其余的 70% 分散在水体和沉积物中，400 多公里海岸及沿岸水域遭受到重大的损失。这次事故造成的油污损害赔偿问题引起复杂的诉讼纠纷，涉及法国、美国石油公司集团的标准石油公司、国际石油公司、运输公司和油船公司以及西班牙阿斯蒂勒罗斯造船公司和联邦德国布克西尔航运和救助公司。经美国伊利诺斯州地方法院审理，法院判决美国石油公司集团的标准石油公司、国际石油公司及运输公司对溢油造成的污染损害负有责任，据统计本次事故造成的经济损失共达 28.1 亿美元，这一事件直接导致《1989 年国际救助公约》的出台。

（五）船长救人的义务

只要不至于对其船舶及船上人员造成严重危险，每位船长均有义务援救在海上有丧生危险的任何人员，缔约国应采取必要措施使船长履行此项义务。

（六）国家的权利与义务

沿海国家在发生可以合理预见足以造成重大损害后果的海上事故或与此项事故有关的行为时，具有依公认的国际法准则采取措施保护其海岸线或有利于避免污染或污染威胁的权利，包括对救助作业作出指示的权利。缔约国对诸如允许遇险船舶进港或向救助人提供便利等有关救助作业事项作出规定时，应考虑救助人、其他利益方同当局间的合作需要，以保证为拯救处于危险中的生命或财产及为防止对总体环境造成损害而进行的救助作业得以有效成功地实施。

（七）救助报酬权的规定

有效果的救助作业方有权取得报酬，除特别补偿外，救助作业无效果的，不享有救助款项。同一所有人的船舶间的救助作业，救助船舶有权获得救助款项。人命获救者不需支付报酬，但国内法另有规定的，不受影响。在危险发生前所订的合同，不得享有救助款项，除非所提供的服务被合理地认为已超出正常履行该合同的范围。因救助人的过失疏忽，或因有欺诈或其他不诚实行为致救助作业成为必需或更加困难，剥夺救助人应得的全部或部分救助款项。不顾船舶所有人、船长或其他处于危险中的不在船上且未装船的财产所有人明确合理的制止仍提供服务的，不享有救助款项。

（八）评定报酬的标准

除救助报酬不包括应付的利息和可追偿的法律费用外，公约规定的评定报酬的标准与我国《海商法》第180条相同。

（九）特别补偿

公约关于特别补偿的规定与我国《海商法》第182条相同。

（十）救助报酬的分配

救助人之间的报酬分配应以评定报酬的标准为基础，每一救助船舶的所有人、船长及船上其他工作人员之间的报酬分配应根据该船旗国法确定。不在救助船上进行救助作业的，其报酬分配应根据救助人与其受雇人所订立合同的法律确定。参与救助作业的人命救助者有权从支付给救助财产或减轻、防止环境污染的救助人的报酬中获得合理份额。

（十一）优先请求权

救助人享有国际公约、国内法规定的优先权不受影响，但被救助人提供或提交了包括利息和诉讼费用在内的令人满意的担保后，救助人不得行使优先请求权。

（十二）扣押国有货物与人道主义货物

未经国家所有人的同意，公约的规定不得作为法律诉讼中的扣押、扣留、留置国家拥有的享有主权豁免的非商业性货物的根据。当一国已同意向对其人道主义货物所提供的救助服务支付费用时，本公约的规定不得作为扣留、扣押或留置该国捐赠的人道主义货物的根据。

（十三）诉讼时效

提起诉讼或仲裁的时效期间为两年，从救助作业结束之日起计算。被索赔人可在有效期限内的任何时候向索赔人延长时效期限，且可以同样方式进一步延长。如果诉讼是在起诉地国法律允许的时间内提起，即使上述规定的期限已届满，负有责任的人仍可提起要求补偿的诉讼。

【专业术语】

海难救助	Salvage at Sea
海难	Distress at Sea/Disasters at Sea
一般性海难	General Distress at Sea
特殊海难	Particular Distress at Sea
雇佣救助	Employed Salvage Service
"无效果—无报酬"救助合同	No Cure No Pay Salvage Agreement
劳合社救助合同标准格式	Lloyd's Standard From of Salvage Agreement
劳氏标准救助和仲裁条款	Lloyd's Salvage Arbitration Clauses，the LSAC
国际救助联盟	International Salvage Union，ISU
国际船东互保协会集团	International Group of P&I Club
财产保险人	Property Underwriter
国际航运公会	International Chamber of Shipping
船东互保协会特别补偿条款	Special Compensation of P&I Clause，SCOPIC
1910 年救助公约	Convention for the Unification of Certain Rules of Law Relation to Assistance and Salvage at Sea 1910
1967 年议定书	Protocol of 1967 to Amend the Convention for the Unification of Certain Rules of Law Relating to Assistance and Salvage at Sea 1910
1989 年国际救助公约	International Convention on Salvage 1989

【拓展阅读】

1. 傅廷中：《国际视野内的中国海难救助立法》，载《国际法研究》2022 年第 3 期。

2. 司玉琢、吴煦：《雇佣救助的法律属性及法律适用》，载《中国海商法研究》2016

年第 3 期。

3. 初北平：《〈海商法〉下海难救助制度的架构完善》，载《环球法律评论》2019 年第 3 期。

4. 李海：《关于"加百利"轮救助案若干问题的思考》，载《中国海商法研究》2016 年第 3 期。

5. 李天生、徐娟：《"无效果无报酬"的法律本质》，载《大连海事大学学报（社会科学版）》2016 年第 5 期。

6. 王彦君、张永坚：《雇佣救助合同的属性认定和对〈中华人民共和国海商法〉第九章的理解》，载《中国海商法研究》2016 年第 3 期。

7. 高俊涛：《构建海洋环境救助报酬制度的正当性研究——一个法律生态化的视角》，载《中国海洋大学学报（社会科学版）》2018 年第 6 期。

第十一章 共同海损

共同海损是海商法中一项特有的法律制度，历史悠久，国际航运实践中通常适用《约克—安特卫普规则》。《约克—安特卫普规则》先后经过多次修订，目前使用的有 1974 年规则、1994 年规则、2004 年规则和 2016 年规则。这些规则同时并存，供各方自由选用。该规则是任意性的，只有在双方当事人约定使用时才对双方当事人有拘束力。中国国际贸易促进委员会 1975 年制定并于 2022 年修订《中国国际贸易促进委员会共同海损理算规则》（通常简称为《北京理算规则》），对推动我国共同海损理算业务发展起到了重要作用。我国《海商法》第十章对共同海损的规定主要是参考当时通行的《1974 年约克—安特卫普规则》并结合我国共同海损理算实践制定的，我国《海事诉讼特别程序法》第八章第二节对人民法院审理共同海损案件的程序性问题做了规定，至此我国共同海损制度基本完备。

第一节 共同海损概述

一、共同海损的概念

共同海损（General Average）系指载货船舶在海上运输中，遭遇自然灾害、意外事故或其他特殊情况时，为了使船舶、货物免遭共同危险，有意地采取合理措施而引起的特殊损失或支出的额外费用，应由各受益方共同分摊损失的一种法律制度。

所谓自然灾害系指自然力造成的灾害，即我们通常讲的不可抗力或天灾给船舶、货物所造成的损坏，如恶劣气候、地震、海啸、流冰、雷电等。意外事故系指船舶在航行中遭遇突然的、外来的、意料之外的事故，如船舶搁浅、触礁、碰撞、机器失灵和火灾等。其他特殊情况既不是自然灾害，又不是意外事故，但它的出现又足以威胁船舶和货物的共同安全，如船舶在逆风中航行、燃料消耗完毕，若不及时补救，船舶将无法继续航行。

二、共同海损的构成要件

根据公平原则，只有那些属于共同海损的损失才由受益各方分摊。因此，共同海损的构成必须具备一定的要件。

（一）船舶、货物和其他财产必须遭遇共同危险

即船舶、货物及该船所载其他财产应同时面临危险，若不及时采取措施，船舶和货物就有灭失或损坏的危险。这种危险必须是真实存在的，而不是主观臆测的。所谓真实存在，即不能推想可能存在危险，该危险在客观上已发生。主观臆测，即本来并不存在危险，而是船长错误判断有危险。因判断失误采取措施所造成的损失，只能由船方负责。

（二）采取的措施必须是有意的、合理的

所谓有意采取措施，指船长或船上其他有权负责船舶驾驶和管理的人员在主观上明知采取某种措施会导致船舶或货物的进一步损失，但是为了船货的共同安全，而故意地采取行动。所谓合理，指一个具有良好船技的船长或船上其他负责船舶驾驶和管理的人员考虑了当时的客观情况、各种应急措施的可行性和客观效果等因素后，选择的能以较小的损失或费用获取共同安全的措施。

（三）损失和费用的支出必须是特殊的

所谓特殊，指由于共同危险，为了船货共同安全，船长或船上其他负责船舶驾驶和管理的人员采取措施所造成的损失、费用的支出超出了正常范围的损失。如船舶搁浅，为使船舶得以脱浅，反复使用快进车、快倒车，以使船舶松动，最终得以脱浅。由于采取该措施而导致船舶主机的损害，应列入共同海损。

（四）措施必须要有效果

所谓效果，是指船方所采取的措施达到了全部或部分地保全船舶、货物或其他财产的目的，否则，没有获救财产的价值，共同海损也就失去了赖以存在的基础。换句话说，没有获救财产，就无所谓分摊损失。有效果，并不是说财产全部获救，只要有部分财产获救，就不影响共同海损的构成，就可以使共同海损的分摊有其财产来源。

总之，上述四条是判断构成共同海损的必要条件，尽管实践中每一海损事故的情况不同，但分析判断是否构成共同海损的基本条件仍然要以上述这四个要件为准则。

三、共同海损与单独海损的区别

共同海损，是指船舶在海上运输中，遭遇自然灾害、意外事故或其他特殊情况，为使船舶、货物、运费避免共同危险，有意采取合理措施而引起的特殊损失或支出的额外费用，应由各受益方共同分摊。单独海损指因自然灾害、意外事故或驾驶人员等的航海过失直接造成的船舶或货物的损失，这部分损失不能要求航海中各利害关系人来分摊，只能由各受害方自行承担，或按运输合同的有关规定进行处理。

共同海损不同于单独海损：其一，损失发生的原因不同。单独海损完全是由于意外事故、自然灾害或一方可免责的过失等原因直接造成的损失；而共同海损则是由于船舶和货物遭遇共同危险之后，为了船舶和货物的共同安全，有意地、合理地采取某种措施而造成的损失。其二，承担损失的责任不同。单独海损由各受害方自行承担，如果是因某一方不可免责的过失造成，损失由责任方承担；而共同海损的损失是为了船货共同安全人为地、有意地造成的，所受损失应由受益方按照受益财产的比例进行分摊，

第二节　共同海损牺牲和费用

一、共同海损牺牲

共同海损牺牲（General Average Sacrifice），是指由于共同海损措施所引起的特殊损失，这种损失包括船舶、货物、运费及船舶所载其他财产的损失。

（一）船舶牺牲

由于采取共同海损措施给船舶或船用物料造成的损失，通常有以下几种情况：

1. 扑灭船上火灾

这是船舶发生火灾时，为了解除船货的共同危险而采取的灭火措施。船舶在海上航行时，由于某种原因而发生火灾，无论是由于船员的过失，还是由于自然灾害（如雷电袭击导致船舶失火），只要发生火灾，就会危及船货的共同安全，因此必须采取喷水、灌水灭火或者使失火船舶搁浅等措施。该措施必然导致船舶遭受损失，这一损失应列入共同海损。

2. 切除残损物

切除残损物是指船舶发生事故后，船舶上的某部分已经损坏，但未离船，为了共同安全对这些残损部分进行切除。如遭遇海难已损坏的舷樯、桅杆等残损物或其他部位的破损物，若原封不动地放置在原处，有可能威胁航行安全，切除残损物是为了航行的安全。切除这种已经损坏的残损物不作为共同海损处理，即使残损物还有一定的使用价值。但是，因切除残损物所造成货的损失或船舶的进一步破损，以及切除残损物引起的费用是共同海损。

3. 有意搁浅

有意搁浅是指为了解除船货的共同危险，船长有意将船舶驶往比较安全的浅滩而使之搁浅的措施。因有意搁浅给船舶或货物造成的损失，应列入共同海损。《约克—安特卫普规则》规则五规定，不论船舶是否势将搁浅，如果为了共同安全有意搁浅，因此造成的同一航程中财产的损失应作为共同海损。

4. 船机的损失

在船舶搁浅并有危险的情况下，如经证明的确是为了共同安全，有意使机器、锅炉冒着受损坏的危险而设法起浮船舶，由此造成任何机器和锅炉的损坏，应列入共同海损。但船舶在浮动状态下因使用推进机器和锅炉所造成的损失，在任何情况下不得作为共同海损受到补偿。

5. 货物、船用燃料和物料的牺牲

在遭遇危险时，为了共同安全而卸下搁浅船舶的货物、船用燃料和物料时，其减载、租用驳船和重装（如果发生）的额外费用和由此造成共同航程中的财产的任何灭失或损坏，都应列入共同海损。《2016 年约克—安特卫普规则》规则八规定，船舶搁浅，货物、船用燃料及物料，或其中任何一项，作为共同海损行为被卸下，则所发生的减载、租用驳船和重新装载的额外费用，以及因此造成的灭失或损害，应作为共同海损；规则九规定，在遭遇危险时，为了共同安全的需要，用作燃料的货物、船用材料和物料，也应认作共同海损，但船用材料和物料费用受到补偿时，应从共同海损中扣除为完成原定航程本应消耗的燃料的估计费用。

（二）货物牺牲

由于采取共同海损措施所引起船上所载货物的灭失或损害，主要有以下情况：

1. 抛弃货物

抛弃货物是指在船货遭遇共同危险的紧急情况下，将货物部分抛入海中以减轻船舶载重量。根据《约克—安特卫普规则》和长期以来各国公认的航运习惯，船长有权决定抛弃货物的数量。为了保证船上人员生命安全，船长甚至可以决定抛弃所有的货物，由此造成的损失应列入共同海损。抛货原是共同海损中最重要、最典型的一种措施，但随着航海技术的日益提高，造船技术的不断进步，现在已很少发生抛弃货物的情况，只有在搁浅不能起浮而又无法卸货的情况下才使用。抛货通常是在其他措施不能挽救船货共同安全时，或不容等待他船来救，或其他措施的损失比抛货损失更大时采取的，由此造成的损失应认作共同海损。被抛弃货物如在甲板上，只要符合航运习惯装载于甲板上的货物，如生铁、木材等均应列入共同海损。未经申报或谎报的货物被抛弃，不能列入共同海损，但这些货物获救时，应分摊共同海损。

2. 货物的湿损

船舶搁浅后，在救助过程中船底被礁石撞穿，海水进入舱内致使货物被水浸湿；又如船舶发生火灾，将着火船舶搁浅凿洞灌水入舱，从而导致未被火烧的货物受到水湿的损失，均属于共同海损。但烟熏或火烤造成货物的损坏在任何情况下不得列入共同海损。

3. 其他共同海损措施所引起的货物损失

船舶自动搁浅、切除残损货物、为修理船舶而将货物驳卸，在驳卸过程中部分货物落入水中受到的损失以及货物储存、搬运和重装等所引起的货物的损失和费用，均应列入共同海损。

（三）运费牺牲

《2016 年约克—安特卫普规则》规则十五规定："如果货物的损失是共同海损行为造成的，或者已作为共同海损受到补偿，则由于货物损失所引起的运费损失，也应作为共同海损受到补偿。"运费是船方的收入，当运费是"到付"（Freight at Destination），也称待收运费（Collect Freight）或有风险的运费（Freight at Risk）时，如果货物途中受到损失不能运到目的港，船方应收的运费也随之损失。如损失的货物被认作共同海损时，运费也应认作共同海损。

二、共同海损费用

共同海损费用（General Average Expenditure），是指为了解除船舶货物的共同危险而采取的措施所引起的额外费用。共同海损费用通常有在避难港等地发生的额外费用、救助费用和代替费用等。

（一）在避难港发生的额外费用

我国《海商法》第 194 条规定："船舶因发生意外、牺牲或者其他特殊情况而损坏时，为了安全完成本航程，驶入避难港口、避难地点或者驶回装货港口、装货地点进行必要的修理，在该港口或者地点额外停留期间所支付的港口费，船员工资、给养，船舶所消耗的燃料、物料，为修理而卸载、储存、重装或者搬移船上货物、燃料、物料以及其他财产所造成的损失、支付的费用，应当列入共同海损。"根据该条规定，在避难港发生的费用主要有：（1）驶往或驶离避难港口的费用；（2）额外的港口使用费；（3）船舶停航期间，维持船舶的营运成本，包括工资、给养、燃物料的支出；（4）因安全所需造成货物、燃料、物料的重新装卸、移动、堆存所引起的开支及因此产生的损耗；（5）与安全完成航程进行船舶修理的有关费用。

（二）代替费用

《约克—安特卫普规则》规则 F 规定：为代替一项原可以作为共同海损费用而发生的任何额外费用，应视为并列入共同海损，而无须考虑为其他相关方节省开支的情况，但仅以所避免的共同海损费用的数额为限。我国《海商法》第 195 条也规定："为代替可以列为共同海损的特殊费用而支付的额外费用，可以作为代替费用列入共同海损；但是，列入共同海损的代替费用的金额，不得超过被代替的共同海损的特殊费用。"

所谓代替费用，是指费用本身虽不能列入共同海损，但由于它的产生，更能节约地代替一项或数项应作为共同海损的费用。因此，此项代替费用的金额在任何情况下都不得超过被代替的共同海损特殊费用。代替措施的采取必须谨慎、合理，所产生的费用应比采取共同海损措施的费用更节省。如果代替费用超过了被代替的共同海损措施的费用，则超过部分应由采取代替措施的一方自行承担。代替费用并不具有共同海损的性质，因此，代替费用相对于共同海损特殊费用而言，就是不同于共同海损特殊费用的额外费用。① 例如，船舶遭遇海难后，为了船舶和货物的共同安全、继续完成航程而必须在避难港进行临时修理，临时修理费应列入共同海损。

【案例研习 11-1】

英国 Marida Ltd. v. Oswal Steel（"BIJELA"轮）案②

"BIJELA"轮装载废钢 25197.6 吨，1985 年 11 月 14 日从美国的普罗维登斯港开往印度的坎德拉港卸货，开航不久，该轮搁浅，致使船底板大面积受损，双层底舱裂漏。遂驶入詹姆斯敦港，因在该港不能做永久修理，故进行了临时修理。1986 年 1 月 26 日修理完毕，2 月 3 日开航，3 月 8 日到达目的港，卸货完毕后，继续开往新加坡，进行为期约三周的永久修理。事故发生后，船东宣布了共同海损，并委托一位海损理算师编制了一份海损理算书。在该理算书中，未将该轮在詹姆斯敦港的临时修理费用 282606 美元列入共同海损。船东不满，又委托另一位海损理算师编制了第二份理算书，把该临时修理费用列为共同海损。船东凭第二份理算书要求货方分摊临时修理费用，但货方拒付，双方相持不下，船东遂于 1989 年 6 月 22 日向法院起诉。

一审法院 Hobhouse 法官于 1992 年 2 月审理了该案，判决船方败诉。船东不服，提出上诉，二审法院以二比一的多数维持原判，驳回了船东的上诉。理由是，该轮在詹姆斯敦港不能做永久修理，但可进行临时修理，然后便能完成航程，故船东可在该港进行临时修理，船舶无须转港。如该轮开往纽约入坞进行永久修理，则不是为了安全完成航程所需，因而所产生的货物卸载、储存重装费用等不能根据《1974 年约克—安特卫普规则》规则十第一款第二项的规定计入共同海损，因为没有其他办法可供选择。因此，在避难港的临时修理费用也就不能根据规则十四的规定计入共同海损。船东不服，向上议院提起上诉。上议院判决如下："船东已证明该轮开赴纽约进行的永久修理是规则十第一款第二项所指的为安全完成航程所必需的；假如该轮不在詹姆斯敦港而开赴纽约入坞修理，则将产生的货物卸载、储存和重装费用等（53.5

---

① 参见於世成、杨召南、汪淮江：《海商法》，法律出版社 1997 年版，第 300~301 页。

② 参见 Lloyd's Law Reports 1994, Vol. 2。

万美元）可认作共同海损。因而在詹姆斯敦港所进行的临时修理费用也可作为代替费用计入共同海损。"英国上议院对此案的判决，对共同海损理算方面有较大的影响。

（三）救助费用

船舶遭遇海难，无法自行脱险，请求第三方进行救助，救助成功，应按获救的财产价值向救助方支付救助报酬。如果救助的对象是船舶和货物，则各自合理支付的报酬可以列入共同海损，即航程中各有关方所支付的救助费用，不论救助是否根据合同进行，都应计入共同海损，但以使在同一航程中的财产脱离危险而进行的救助为限。

对于以上各项共同海损牺牲和费用，我国《海商法》第196条规定："提出共同海损分摊请求的一方应当负举证责任，证明其损失应当列入共同海损。"

三、共同海损与当事人的过失

船舶和货物面临共同危险，船长为了船货的共同安全采取的共同海损行为所导致的共同海损的特殊损失和特殊费用，应由各受益方按各自获救财产的价值比例进行分摊。但在实践中，许多共同海损是由于承运人的过失所引起的，这里的过失又分为承运人可以免责的过失和承运人不可免责的过失。我国《海商法》第197条规定："引起共同海损特殊牺牲、特殊费用的事故，可能是由航程中一方的过失造成的，不影响该方要求分摊共同海损的权利；但是，非过失方或者过失方可以就此项过失提出赔偿请求或者进行抗辩。"

所谓承运人可以免责的过失，是指承运人虽有过失，但根据海上货物运输合同和有关法律的规定又是可以免除赔偿责任的。《海牙规则》规定了17项承运人免责条款。对此，各国的航运和司法实践并未提出异议。美国对此做法经历了一个转变过程，并由此促使航运部门采取了相应的对策，即在提单中增加了"杰森条款"和"新杰森条款"。该条款的背景是，美国1910年"杰森"上诉案中，上诉法院请求最高法院对所谓共同海损疏忽条款的效力表明态度。最高法院肯定了共同海损疏忽条款的效力，并将其命名为"杰森条款"。自此，凡是去美国港口的船舶，都在提单上加上"杰森条款"。① 1936年，美国制定了海上货物运输法，为了符合1936年海上货物运输法，各航运公司对提单上的"杰森条款"进行了修改或补充，并将其改称为"新杰森条款"。新杰森条款同杰森条款的不同之处在于，当船舶因船长、船员或引航员的过失发生事故而采取救助措施时，即使救助船与被救助船同属一家船公司，被救助船仍需支付救助报酬，该项救助报酬可作为共同海损费用。②

---

① 参见司玉琢：《新编海商法学》，人民交通出版社1991年版，第461页。
② 参见司玉琢：《新编海商法学》，人民交通出版社1991年版，第461页。

所谓承运人不可免责的过失是指海上货物运输合同约定的和有关法律规定的免责范围以外的过失。如引起共同海损特殊损失、特殊费用的事故，确实是由于航程中一方的不可免责的过失造成时，那么，该过失方不但要对全部共同海损负责，同时还要对其他方由此事故而引起的一切损失负责赔偿。

如果不能确定是哪方的过失时，可以先在推定航程中的各方均无过失的情况下进行共同海损理算。然后，在决定共同海损分摊之前或之时，再确定该共同海损事故是否由于航程中一方的不可免责的过失引起的。如果是，其他非过失方就无须参与分摊共同海损；如果不是，其他非过失方则应按照我国《海商法》中有关共同海损的其他条款规定参与分摊共同海损。在此期间，非过失方或者过失方可以就此项过失提出赔偿要求或者进行抗辩。

此规定主要用于航程中有关方的过失处于不确定的状态时，将共同海损与共同海损分摊、提出赔偿请求以及进行抗辩等分开处理，其目的在于避免共同海损各当事方因共同海损事故责任争执不下导致财产损失的扩大及时间上的延迟，从而有利于共同海损事故的解决。

【案例研习 11-2】

福建畅达船务马尾公司诉烟台华联商厦对外经济
开发总公司、招远市黄金机械总厂共同海损分摊案①

1994 年 7 月 11 日，原告所属"铨宝湖"轮在龙口港装载被告货物共计 5459.3 吨。该轮从龙口港启航，开往目的港三亚。航行途中"铨宝湖"轮螺旋桨轴失去动力。航海日志记载当时西南风 8—9 级，原告向广州海上救助打捞局请求救助。经救助，"铨宝湖"轮于 8 月 5 日被安全拖抵沙角锚地。8 月 10 日，原告宣布共同海损。

原告主张，"铨宝湖"轮在航行途中失去续航能力，在强台风逼近情况下，为船货共同安全而请求救助，已构成共同海损。共同海损所产生的救助费用、弹性联轴节配件和安装费用、货物卸船费、货物仓储费、货物转堆费、船舶港口使费、船舶油料和淡水费、选矿设备转运三亚港费、船员工资等，除已由各方分别支付的救助费用外，共计 203 万元，应由作为货物所有权人的两被告华联公司和招远机械厂与原告一起，按共同海损分摊价值比例，分摊共同海损费用。

被告华联公司答辩称："铨宝湖"轮装货后，其总货吨位未超过该轮载重吨位，但平均吃水却超过水线 35 公分，且船长及高级船员为了自身安全而罢工，致船在装货港锚地停留 7 日，显示该轮严重不适航。原告作为承运人没有做到保证按期航行和

---

① 参见金正佳主编：《中国典型海事案例评析》，法律出版社 1998 年版，第 565~571 页。

使船舶适航，已违反其义务要求，因其过错造成的损失，应由原告自行承担。

被告招远机械厂在答辩中还认为：原告所要求的共同海损费用，其中大部分属单独海损费用，如弹性联轴节配件及安装费用等，应由原告单独承担。其他可列入共同海损的费用，是由于原告不能免责的过失所造成的，也应由原告全部承担。

法院认为："铨宝湖"轮在航行中螺旋桨轴失去动力，致使船舶突然失控，此时又适逢台风影响，船舶和所载货物遭受共同危险真实存在。在此情况下，原告为了船货的共同安全请求救助，使船货被救拖抵安全锚地，措施合理有效，符合法律规定的共同海损构成要件，共同海损成立。原告诉讼请求中关于救助报酬（已由各获救受益人支付）、货物卸船费用、货物仓储费用、货物转堆费用、船舶港口使费、选矿设备转运三亚港费用、货物卸完前的船舶油料及淡水费用、船员工资和伙食费用等属共同海损费用。但弹性联轴节配件和安装费用不是为了船货的共同安全而支出的，不属于共同海损费用。虽然如此，依照我国《海商法》的有关规定及国际惯例，引起共同海损特殊牺牲、特殊费用的事故，如果是由于航程中的一方不可免责的过失造成的，该过失方应对全部共同海损负责，无权要求其他方分摊共同海损。提出共同海损分摊请求的一方应当负举证责任，证明其损失应当列入共同海损，非过失方或过失方可以就此项过失提出赔偿请求或进行抗辩。"铨宝湖"轮在龙口港装完货后，其大副签名的货物装载图已记明装货后船舶平均吃水7.00米，按该轮船检规范计算，已严重超载，船舶不适航。该轮启航开往三亚港途中，主机又多次出现故障而停航检修，对此，原告应负举证责任，证明弹性联轴节的损坏不是由于上述原因或其他承运方可负责的原因所致，以支持其提出共同海损分摊请求的主张。但虽经本院多次要求，原告仍拒绝提供有关"铨宝湖"轮该航次油、水数量的记录和弹性联轴节损坏原因的证据，又不指派大副到庭接受调查，故原告请求分摊共同海损的证据不足，理由不充分，判决驳回原告的诉讼请求。

第三节　共同海损理算

一、共同海损理算的概念

共同海损理算（Adjustment of General Average），是指具有一定专业水平的机构和人员，按照理算规则，对共同海损损失的费用和金额进行确定，对各受益方应分摊的价值，以及各受益方应分摊的共同海损金额进行的审核和计算工作。

我国《海商法》第 203 条规定，在进行共同海损理算时，应遵循的原则是：（1）如果合同已明确约定据以进行理算的理算规则，则按该理算规则理算。（2）如果合同未作约定，则适用我国《海商法》第十章的规定进行理算。因此该章的规定是非强制性的，仅在合同未约定情况下适用。（3）如合同未作规定，海商法也无此规定时，则依照其他相关法律和惯例，实践中通常参照国际通行惯例——《约克—安特卫普规则》来进行理算。

（一）共同海损理算人

海损理算人（Adjuster）是指由国家认可的具有法定资格的，按照理算规则，对共同海损的损失和费用、各受益方应分摊的价值以及各受益方应分摊的共同海损损失数额进行审核和计算工作的专业机构和人员。

目前，世界上主要的海运国家都设有海损理算机构，英国的海损理算机构在国际上影响最大，并在世界许多国家和地区设有海损理算分支机构。我国进行海损理算的机构是中国国际贸易促进委员会海损理算处。凡是在运输合同中规定共同海损在中国理算的，均由该理算处进行理算。

（二）共同海损理算程序

进行共同海损理算，先由申请人提出委托，然后由理算人进行调查研究，确定哪些项目属于共同海损，哪些属于单独海损。在此基础上，确定共同海损损失的项目和金额；计算出各受益方应分摊的价值和分摊的金额；制定各受益方应收付的金额和结算办法；最后由理算人编制出共同海损理算书。

理算书的内容一般包含共同海损事故情况概述、共同海损损失和费用划分表、共同海损分摊表和共同海损收付结算表以及与海损事故有关的证明文件。除少数国家外，共同海损理算书无法律约束力，是否采纳由法院决定。各当事方对之如有争议，可以提请仲裁或进行诉讼。如各方当事人无异议，就必须执行。

（三）共同海损理算的时间和地点

共同海损理算的时间和地点直接关系到各方当事人的经济利益。各国海商法通常要求"尽快"或"不迟延的"向理算人要求理算，理算地点则一般规定为当事人约定地点，无约定情况下通常为船方指定地点或航程终止、中断地点。我国《海商法》对此无明确规定，实践中通常由当事人选择。

二、共同海损理算方法

（一）共同海损损失金额的确定

共同海损损失金额是依据采取共同海损措施给船舶、货物或其他财产所直接造成的特殊损失和支付的特殊费用的总和来确定的。我国《海商法》第 198 条详细规定了船舶、货物和运费的共同海损损失金额的确定方法。

1. 船舶损失金额的确定

确定船舶损失金额需要从以下几方面进行考虑：

（1）船舶受损后进行修理的，按照实际支付的修理费，减除合理的以新换旧的扣减额计算。所谓实际支付的修理费，应是实际合理的修理和更新的费用。这一修理费必须是合理的修理费，船方应在保证修理质量的前提下，选择就近的、费用较低的、修理时间较短的修船厂进行修理，以便使共同海损措施造成的损失减少到最低程度，即船方不能因共同海损而不当得利。所谓以新换旧，是指在修理时，用新材料、新部件或新设备更换了船舶因共同海损损失或受损的旧材料、旧部件、旧设备。以新换旧的准则是以合理为原则，否则将构成不当得利。

（2）船舶受损后尚未进行修理的，按照船舶损失造成的合理贬值计算，但不得超过估计的修理费：①船舶共同海损分摊价值以船舶在航程终止时的市价为基础，合理贬值的确定也应以航程终止时的市价差为基础。②船舶共同海损的损失金额以船舶的合理贬值和估计的修理费两者中较小者为限。所谓估计修理费，应和实际支付的修理费一样，按标准进行确定。

（3）船舶发生实际全损或者修理费用超过修复后的价值的，共同海损的损失金额按该船在完好状态下的估计价值，减除不属于共同海损损坏的估计的修理费和该船受损后的价值的余额计算。

2. 货物损失金额的确定

货物损失的金额按货物在灭失或损坏情况下的共同海损损失金额来确定：①货物灭失的，按照货物在装船时的价值加保险费和运费，减除由于损失而无须支付的运费计算。②货物损坏的，在就货物损坏程度达成协议前出售的，按货物在装船时的价值加保险费和运费，与出售货物净得的差额计算。出售受损货物的净值为出售货物的货价减去为出售该货物所支付的费用。

3. 运费损失金额的确定

由于采取共同海损措施，货物被抛弃，或在驳卸过程中部分货物落入水中，而运费又是到付的情况下，承运人自然收不到运费，这种运费的损失应确定为共同海损。运费损失金额的确定应按照货物遭受损失造成的运费的损失金额，减除为取得此运费本应支付但由于损失而无须支付的营运费来计算。

应注意的是，在计算船舶、货物的共同海损损失金额时，应扣除船舶、货物的单独海损。在计算运费的共同海损损失金额时，应扣除属于单独海损的货物的运费损失。

（二）共同海损分摊价值的计算

船舶、货物和运费的共同海损分摊价值，是船舶、货物和运费的所有人因共同海损措施而分别受益的价值。按照我国《海商法》第 199 条的规定，共同海损应由受益方按照各自的分摊价值的比例分摊。该条第 2 款规定，船舶、货物和运费的共同海损分摊价值，分别依照下列规定来确定。

1. 船舶分摊价值

我国《海商法》第 199 条第 2 款规定："船舶共同海损分摊价值，按照船舶在航程终止时的完好价值，减除不属于共同海损的损失金额计算，或者按照船舶在航程终止时的实际价值，加上共同海损牺牲的金额计算。"《2016 年约克—安特卫普规则》规则十七规定，共同海损的分摊，须以航程终止时财产的实际净值为基础；确定船舶的价值，无须考虑该船舶因订有光船或定期租船合同而产生的有利或不利影响。这意味着在确定船舶分摊价值时，不应考虑船舶未来可能获得或损失的租金收益。

2. 货物分摊价值

我国《海商法》第 199 条第 2 款规定："货物共同海损分摊价值，按照货物在装船时的价值加保险费加运费，减除不属于共同海损的损失金额和承运人承担风险的运费计算。"如果货物在抵达目的港以前已经售出，则按照出售净得金额，加上共同海损牺牲的金额计算。旅客的行李和私人物品，不分摊共同海损。《2016 年约克—安特卫普规则》规则十七规定，货物的分摊价值应以卸货时的价值为基础，此价值应根据送交收货人的商业发票确定；如果没有商业发票，则应根据装运价值来确定；货物的价值应包括保险费和运费，但不应由货方承担风险的运费除外，还应扣除卸货前和卸货时所遭受的损失。

3. 运费分摊价值

我国《海商法》第 199 条第 2 款规定："运费分摊价值，按照承运人承担风险并于航程终止时有权收取的运费，减除为取得该项运费而在共同海损事故发生后，为完成本航程所支付的营运费用，加上共同海损牺牲的金额计算。"《2016 年约克—安特卫普规则》规则十七规定，有风险的运费，应扣减假如船舶和货物在共同海损行为发生之日全部损失就无须为赚得该项运费而支付的、不属于共同海损的费用和船员工资。

总之，在计算共同海损运费的分摊价值时，应将运费的共同海损补偿额加上在目的港收取的运费数额，然后扣除船员工资、港口使用费等。但不能排除在有些情况下，如果船舶以很少的运费收入从事开支昂贵的航程，扣减的费用数额超过到付运费和补偿金额，因而也就没有必要参加分摊。其原因是，如果补偿金额参加分摊而不考虑有关费用的扣减，则船方将不能处于如同其在别的财产遭受损失时同样有利的地位。

（三）共同海损分摊金额的确定

共同海损分摊金额，系指因共同海损而受益的船舶、货物、运费等，按其各自分摊价值的大小，应承担的共同海损损失的数额。在理算时，以共同海损损失总额除以共同海损分摊价值的总额，再乘以百分之百，得出共同海损百分率，最后以船舶、货物、运费的分摊价值分别乘以每一项财产（船舶、货物和运费）的共同海损百分率，即可得出每一项财产的分摊金额。

简而言之，各受益方应分摊的共同海损金额可按下列公式计算：（1）共同海损损失总金额除以共同海损分摊价值总额，得出共同海损百分率（损失率）；（2）各受益方的分摊价值金额分别乘以共同海损百分率，得出各受益方应分摊的共同海损金额。

（四）共同海损理算实例

某轮承运一批货物从广州港至荷兰鹿特丹港，航行途中发生火灾，在灭火过程中造成船上设备故障，对航行安全构成严重威胁，船长遂驶入最近港口进行临时修理并宣布共同海损。经鉴定，某轮原价值1000万元，在火灾中船舶直接损失100万元（单独海损）；货物原价值1000万元（CIF发票价格），在火灾中货物直接损失100万元（单独海损），灭火措施造成损失100万元；该批货物运费为"到付运费"50万元，损失运费10万元，因货物损失而减少支付的燃料、卸货等营运成本2万元。该共同海损理算分如下步骤进行：

1. 计算共同海损损失额

（1）船舶共同海损损失额

救火造成机器设备湿损　　　　　　10万元

船舶受损后的临时修理费　　　　　20万元

港口费用　　　　　　　　　　　　1万元

临时修理期间的船员工资给养　　　1万元

合计：10万元+20万元+1万元+1万元=32万元

（2）货物共同海损损失额

灭火措施造成货损　　　　　　　　100万元

（3）运费共同海损损失额

运费损失　　　　　　　　　　　　5万元（扣除因货物单独海损损失的运费5万元）

因货物损失而节省的营运成本　　　1万元（扣除因货物单独海损减少的成本支出1万元）

合计：5万元-1万元=4万元

共同海损损失总额为：32万元+100万元+4万元=136万元

2. 计算共同海损分摊价值

（1）船舶的共同海损分摊价值

船舶的完好价值　　　　　　　　　1000万元

船舶因火灾造成的单独海损　　　　100万元

合计：1000 万元-100 万元 = 900 万元

（2）货物的共同海损分摊价值

货物完好价值（CIF 发票价格） 1000 万元

货物因火灾造成的单独海损 100 万元

因货物共同海损无需支付的运费 5 万元

合计：1000 万元-100 万元-5 万元 = 895 万元

（3）运费的共同海损分摊价值

承运人有权收取的到付运费总额 40 万元

共同海损发生后产生的港口、船员工资等营运费用 2 万元

运费的共同海损金额 5 万元

合计：40 万元-2 万元+5 万元 = 43 万元

共同海损分摊价值总额为：900 万元+895 万元+43 万元 = 1838 万元

3. 计算共同海损分摊率

136 万元÷1838 ×100% = 7. 3993%

4. 计算各方分摊金额

（1）船舶 900 万元×7. 3993% = 665941 元

（2）货物 895 万元×7. 3993% = 662237 元

（3）运费 43 万元×7. 3993% = 31817 元

第四节 共同海损时限与担保

一、共同海损时限

共同海损时限是指共同海损事故发生后宣布共同海损和提供有关材料的期限。

我国《海商法》和《约克—安特卫普规则》都没有规定宣布共同海损的时限问题。《北京理算规则》规定，如果船舶在海上发生事故，应在船舶到达第一港口 48 小时内宣布共同海损；如果船舶在港内发生事故，应在事故发生后 48 小时内宣布共同海损。共同海损事故和损失的证明材料，有关方收到后应尽速提供理算机构，而全部材料应在航程结束后 1 年内提供。违反上述规定的，海损理算机构可以根据已有材料进行理算。

二、共同海损担保

共同海损担保（General Average Security），是指在共同海损事故发生后为确保共同海

损分摊，经利益关系人要求，而由受益方或分摊方作出的保证行为。对此，我国《海商法》第202条规定，经利益关系人要求，各分摊方应该提供共同海损担保。以提供保证金方式进行共同海损担保的，保证金应当交由海损理算师以保管人的名义存入银行。保证金的提供、使用、退还，不影响各方最终的分摊责任共同海损担保通常有以下几种形式：

（一）由货方提供的现金担保

收货人在提取货物以前，向船舶所有人提供分摊共同海损现金担保。《北京理算规则》规定，保证金应交由海损理算机构以保管人的名义存入银行。《2016年约克—安特卫普规则》规则二十二也规定，保证金应以理算人名义存入银行的特别账户。保证金的使用，须获得保证金提供人的批准。保证金的提供、使用或者退还，不影响各方最终的分摊责任。保证金所产生的利息，属于保证金提供方的利益；如果保证金本金和利息超过最终确定的分摊金额时，还应将余额退还给提供方。

（二）由货物保险人提供的共同海损担保函

共同海损担保函是收货人向船舶所有人提供的、经货物保险人签署的、保证分摊共同海损的一种书面凭证。

在事故发生后，收货人为了能及时提取货物，可以向船舶所有人提供此种担保函根据担保函，货物保险人向船舶所有人保证，保证支付经过恰当理算的有关共同海损的损失和费用，共同海损担保函分为限额担保函和无限额担保函。

1. 限额担保函

限额担保函是保险人以对被保险人应当赔付的金额为限而出具的书面证明一按限额担保函规定，若分摊金额与保险金额相等或小于保险金额，保险人就全额赔付货方应分摊的共同海损金额；若分摊金额大于保险金额，保险人只负责保险金额限额内应该分摊的数额，超过部分由被保险人自负。如发生共同海损情况，限额担保函可能使货方的利益得不到应有的保障，所以货方一般不愿意接受限额担保函。

2. 无限额担保函

无限额担保函是保险人出具的不论货物保险金额大小，保险人都保证全额赔付货物的共同海损分摊金额的书面凭证但是，如果该项货物的分摊金额超过了货物的保险金额，保险人在向船舶所有人作出全额赔付后，可向被保险人收回超过保险单责任的部分。为了保证保险人能收回这部分数额，往往是保险人在向被保险人出具无限额担保函的同时，要求被保险人出具反担保，以保证将超过保险金额部分的分摊额退还给保险人。

（三）留置货物

当受益货方拒绝参加共同海损分摊，并拒绝提供担保时，船方可以留置其掌管下的货物，并用拍卖留置货物所得的货款来抵偿其应承担的共同海损分摊金额。

第五节　共同海损理算规则

共同海损的法律与惯例，不同国家有不同的规定，在法律适用上存在许多问题。一起共同海损事故按不同国家的法律来处理，其结果会异常悬殊。为此，国际航运界、保险界、共同海损理算界有较大动力推动统一共同海损规则，目前国际航运界普遍接受的是《约克—安特卫普规则》。

一、《约克—安特卫普规则》的历史沿革

1860 年，在由英国社会科学促进会发起的英国格拉斯哥共同海损会议上，与会的理算界、保险界和航运界的代表制定了 11 条关于共同海损理算规则的格拉斯哥决议。该决议是根据各国的共同海损立法与习惯中比较一致的内容制定的。此后，又于 1864 年和 1877 年在英国的约克城和比利时的安特卫普城开会，修改并增订了格拉斯哥决议，增加了第 12 条，正式命名为《约克—安特卫普规则》。

随着航运事业和保险业的迅速发展以及科学技术的进步，该规则又经过数次修订，出台了 1890 年规则、1924 年规则、1950 年规则、1974 年规则、1994 年规则、2004 年规则、2016 年规则。这些规则同时并存，供各方自由选用。虽说《约克—安特卫普规则》只是一个民间规则，但实际上它已成为国际海损理算界的一个重要规则，它的作用已超出任何一部法律。为了与《1989 年国际救助公约》相适应，国际海事委员会在 1989 年 10 月召开的第 34 届大会上讨论了 1974 年规则六的修改问题。修改的条文 A 款规定，根据防止或减轻环境污染损害所发挥的技能和努力所确立的救助报酬，应列入共同海损。同时，A 款将《1989 年国际救助公约》第 14 条第 4 款所规定的"特别补偿"从共同海损中删除，由船舶所有人单独承担责任。在对 1974 年规则六修改的同时，起草委员会提出一个决议草案，决定将 1974 年规则改称为《1990 年修订的约克—安特卫普规则》，并建议从 1990 年 10 月 1 日起，在共同海损理算中适用该规则。1994 年 10 月 2 日至 8 日，国际海事委员会在澳大利亚悉尼召开了第 35 届大会，主要讨论和修改《1990 年修订的约克—安特卫普规则》，大会最后一致通过了 1994 年规则。该规则从 1994 年 12 月 31 日开始适用于共同海损的理算。

1995 年 10 月 10 日至 12 日，欧洲国际理算师协会在希腊罗得岛召开了第 18 届大会，出席大会的有 19 个国家，我国派代表出席了大会。各会员国在会上相互通报了所在国家的海商法协会、船东协会、船东保赔协会、船舶保险人和货方等组织和关系方对《1994 年约克—安特卫普规则》的态度以及采用新规则的情况，新规则看来是可以被接受的，但

尚未被订入运输契约、船舶保险单和船东保赔协会规则中。其原因有二：其一是同旧规则相比，1994 年规则只是明确和统一了理算中的一些做法，并未继续向着简化的方向作大的改动，按 1974 年规则理算仍是可行的。其二是修改运输契约、保险单、保赔协会规则等需要一段时间考虑和讨论。

1994 年规则通过后不久，国际海上保险联盟（International Union of Maritime Insurance，IUMI）就对其表示不满，认为共同海损理算所花时间长，费用昂贵，根据 1994 年规则，共同海损的范围太广，结果是损失大部分落在货物保险人身上，只有一小部分由船舶保险人分摊。他们提出应当对规则进行彻底修改。1998 年国际海上保险联盟在柏林开会，工作组向大会提交了一份名为《共同海损应当如何修改》的文件。次年，该组织致函国际海事委员会，正式要求修改 1994 年规则。国际海事委员会于 2000 年和 2001 年分别在西班牙的托莱多和新加坡举行会议讨论这一问题。会议成立了一个专门工作组，对此问题进一步地研究和考虑。工作组于 2003 年 3 月 7 日提交一份报告，并于 2003 年 6 月在法国的波尔多举行会议进行修改，然后提交国际海事委员会第 38 届大会讨论。该次会议对 1994 年规则进行部分修改，2004 年规则最后获得通过。该规则 2005 年 1 月 1 日起开始适用。

但 2004 年规则并未得到国际航运界的普遍认可，实践中仍主要适用 1994 年规则。在此情况下，国际海事委员会通过了 2016 年规则，对 2004 年规则进行调整，在某些方面回归原有制度。2016 年规则的修改主要体现在：（1）将救助报酬重新认定为共同海损。2004 年规则排除了大部分救助报酬，而 2016 年规则重新回归 1994 年规则做法，规定救助费用均应认定为共同海损，但以同一航程中财产脱离危险而进行的救助为限，同时附加了一些限制条件。（2）对临时修理费认定为共同海损问题进行了简化处理。2004 年规则规定，修理费用应以在装货港、停靠港或避难港进行临时修理的费用与最终进行永久修理的费用之和或如在理算时未进行修理，则与航程完成时船舶的合理贬值之和超过假如在装货港、停靠港或避难港进行永久修理所需费用的数额为限。2016 年规则删去了这一规定，即无需考虑对于其他方有无节省，此项修理费用应认作共同海损，但其数额应以因此所节省的如不在该港进行临时修理本应支付并列入共同海损的费用为限。（3）明确了共同海损保证金的处理方法，允许现金保证金以理算人名义存入特别账户，并对其使用进行了规定。

各国海商法以及《约克—安特卫普规则》《北京理算规则》等都仅是共同海损理算的原则性规定，无法充分应对海损理算中的复杂情况，因此各个理算机构往往还会制定各自的操作规则（Rules of Practice），以使理算工作顺利开展。

二、《约克—安特卫普规则》的适用

《约克—安特卫普规则》由解释规则、首要规则、字母规则和数字规则四部分内容组成。其中，字母规则按英文字母 A~G 的顺序排列，并在字母规则 A 中明确规定：只有在为了共同安全，使同一航程中的财产脱离危险，有意而合理地作出特殊损失或支出的特殊费用时，才构成共同海损行为。数字规则共 23 条，按罗马数字顺序排列，其中罗列了传统的可以列入共同海损的有关项目英文字母规则规定基本原则，数字规则规定具体办法。但两部分规则的内容又有不吻合之处，在理算中决定到底先适用哪部分规定是相当困难的，特别是在马基斯（Makis）一案的处理上，英国船东和保险人同意以 1924 年规则的原则为准，数字规则不应受字母规则所列原因的限制，此项协议即众所周知的"马基斯协议"。

1950 年对 1924 年规则进行修改时，就单列了一条解释规则来明确字母规则和数字规则的关系。解释规则规定，共同海损的理算适用字母规则和数字规则，凡与这些规则相抵触的法律和惯例都不适用。同时还规定，除数字规则已有规定外，共同海损应按字母规则理算。简言之，数字规则优先于字母规则，只有在数字规则没有具体规定的情况下，才适用字母规则。

首要规则是 1994 年修订中增加的，其背景是：1991 年，英国法院在"The Alpha"一案中判决，尽管由于船长不合理使用机器起浮搁浅船舶，致使机器遭受损坏，其损失仍可作为共同海损受到补偿。理由是，根据解释规则，数字规则优先于字母规则，故虽然字母规则要求列入共同海损的损失或费用必须是合理作出或支付的，但 1974 年规则七对此并无规定。鉴于此，国际海事委员会决定在解释规则之后加列一条"首要规则"，其内容为："损失或费用，除合理作出或支付者外，不得受到补偿。"

【专业术语】

共同海损	General Average
共同海损费用	General Average Expenditure
共同海损理算	Adjustment of General Average
海损理算人	Adjuster
共同海损担保	General Average Security
抛弃货物	Jettison of Cargo
约克—安特卫普规则	York-Antwerp Rules, YAR

【拓展阅读】

1. 王恩韶、许履刚：《共同海损》，大连海事大学出版社 1996 年版。

2. 张丽英、李倩瑶:《2016 年〈约克——安特卫普规则〉规则六解读》,载《中国海商法研究》2017 年第 1 期。

3. 叶伟膺:《〈2016 年约克——安特卫普规则〉评介》,载《海大法律评论》(2016—2017),上海浦江教育出版社 2018 年版。

第十二章　海事赔偿责任限制

海事赔偿责任限制制度有别于一般民事损害赔偿制度，它是海商法所特有的一项法律制度。它的作用主要是通过限制船舶所有人等责任人的赔偿责任，使投入航运的资本得到一定程度的保护，从而促进航运业的发展。各国在海运立法中均将海事赔偿责任限制制度作为重要内容加以规定，并将海事赔偿责任限制作为扶持造船工业、奖励航运和发展国际贸易的一种重要方法，与其航运政策相互配合。基于减少各国海事赔偿责任限制法律冲突，促进国际航运业发展的考虑，国际社会先后制定了数个关于海事赔偿责任限制的国际公约。海事赔偿责任限制从立法的角度来讲是一种制度，从责任人的角度而言则是一种权利，这种权利是由法律赋予而不是在合同中自由约定的。

第一节　海事赔偿责任限制概述

一、海事赔偿责任限制的概念

海事赔偿责任限制（Limitation of Liability for Maritime Claims）是指在发生重大海损事故造成财产损失或人身伤亡时，作为责任人的船舶所有人、船舶承租人、船舶经营人、救助人和责任保险人等，可根据法律的规定，将其赔偿责任限制在一定限度内的赔偿制度。

海事赔偿责任限制，最初仅是为保护船舶所有人利益而设立的，以促进航海事业发展。因此历史上一直称之为"船舶所有人责任限制"或"船东责任限制"。但随着海运业的发展，海上经济关系日趋复杂化和多样化，真正的船舶所有人与船舶的实际经营人分离。而海事赔偿责任限制制度的根本目的在于保护和促进海运业的发展，所以责任限制应尽可能赋予与海运业相关的主体。因此，船舶经营人、船舶承租人、救助人，船舶所有人的受雇人、代理人及责任保险人也渐渐被纳入责任限制保护的范围，"船舶所有人责任限制"也就演变成今天的"海事赔偿责任限制"。在海事赔偿责任限制制度下，当责任人具备法律规定的条件时，可依法对一些债权进行限制，使这些被限制的债权即使未能完全受偿，也会由于债权人因法律规定不得再行起诉而被消灭，从而在一定程度上使作为债务人的责任人得到保护。①

总之，海事赔偿责任限制是"航运秩序的基石"。作为一项法律制度，它是海商法中所特有的；作为一种权利，它是海商法赋予船舶所有人、船舶承租人、船舶经营人等责任主体的一种法定特权。丹宁法官对海事赔偿责任限制制度作了如下精辟总结："海事赔偿责任限制制度是有其历史渊源和便于审判的一项公共政策规则……是法律所赋予的促进贸易健康发展的一项权利，其实质则是分摊保险风险的一种途径。"加拿大联邦上诉法院也认为："尽管有争议，但责任限制制度促进了航海和航运事业的发展。有关责任限制的公约是合理、有效的，因此被许多航运国家所采纳。"②

二、海事赔偿责任限制制度的历史沿革

海事赔偿责任限制作为一项法律制度，其到底始于何时，至今众说纷纭，莫衷一是。目前大多数观点认为该制度出现于公元 11 世纪，甚至有人认为意大利《阿马尔斐法》中就有关于船东有权限制其责任的记载。③ 但也有人认为 13 世纪西班牙巴塞罗那的《海事裁判集》才是海事赔偿责任限制制度的发端。④

此后，各国的近代海事立法逐步确立了这一法律制度。例如，1667 年《瑞典海事法》第 2 章包含了在债权人弃权的情况下保护船东其他财产免受债权人索赔的条款。在这些法规中最重要的当属 1681 年法国路易十四颁布的《海事条例》，该法首次尝试将国际海事法成文化、系统化，且有关船舶所有人责任限制条款更加具体。法国的《海事条例》先后被荷兰、威尼斯、西班牙以及普鲁士用做范本。⑤ 在普通法系国家，英国于 1734 年通过的《乔治法案》和美国于 1851 年通过的《船舶所有人责任限制法》，改变了以往船东负无限责任的做法，实行船东赔偿责任限制制度。

由于各国立法原则的不同，历史上出现了不同形式的海事赔偿责任限制制度。大体上有如下几种：

（一）海上财产制度

1. 委付制度

委付制度，又称法国制度。根据这一制度，船舶所有人原则上负无限责任，即债权人

---

① 参见赵德铭主编：《国际海事法学》，北京大学出版社 1999 年版，第 584 页。

② Lloyd's Maritime Law Newsletter, LLP, Sep. 24, issue 232, 1988.

③ 参见 Donovan Admiralty Law Institute, Symposium on Limitation of Liability—The Origins and Development of Limitation of Shipowner's Liability, Tulane Law Review, Vol. 53, 1979, pp. 999-1045。

④ 参见 Robert Grirme, Shipping Law, Sweet & Maxwell, 1991, p. 263。

⑤ 参见 Griggs. Limitation of Liability for Maritime Claims: The Search for International Uniformity, Lloyds Maritime and Commercial Law Quarterly, 1997, pp. 369-378。

可对船舶所有人的海上财产强制执行。但是，只要船舶所有人将船舶和运费等海上财产委付给债权人，就可以免除责任。1807 年《法国商法典》最先采用这一制度。该制度现为罗马尼亚、墨西哥、阿根廷、秘鲁和巴西等国所采用。

2. 执行制度

执行制度，又称德国制度。这种制度原则上将船舶所有人的财产分为陆上财产和海上财产，指船舶所有人对船舶产生的债权以海上财产即船舶与运费为限承担赔偿责任的制度。凡属船舶的债务，债权人只能对债务人（船舶所有人）的海上财产享有请求权，进行求偿时只能要求强制执行此财产，而不能对船舶所有人的其他财产求偿。债权人在对海上财产强制执行后，不足清偿的债务部分，船舶所有人就不再负责。此制度起源于北欧日耳曼国家，最后在德国发展完善。原《德国商法典》以及原斯堪的纳维亚诸国均采用此制度。

以上两种制度有许多相同之处：其一，两者都是将船舶所有人的责任限制在海上财产范畴；其二，限制性债权实际上包括了所有可能产生的索赔；其三，都是以航次为限制单位；其四，债权人对海上财产的分摊均须根据海事优先权的顺序进行。这两种制度也存在一定程度的区别，主要表现在执行海上财产的顺序上。根据委付制度，船舶所有人原则上对船舶产生的损害承担无限责任，只有当其委付后，其责任才限于海上财产。而根据执行制度，船舶所有人原则上对债权的清偿以海上财产为限，债权人可自行决定是否立即对海上财产予以强制执行或等待一个更好的时机再采取行动。此外，在委付制度下，一俟委付，海上财产即为债权人所有，无论海上财产的价值是超出还是少于索赔额。但执行制度不同，海上财产执行后，如其金额不足以清偿债务，船舶所有人可以免除责任，但如有余额，仍应归其所有。

3. 船价制度

船价制度，又称美国制度。根据这一制度，船舶所有人的责任以航次终了时的船舶价值和运费为限，这也是一种航次制度。据说该制度产生于 17 世纪，一艘装运黄金的荷兰船舶被盗，其损失的金额大于船价，法院首次判决船舶所有人仅以船价为限承担赔偿责任，至于超出船价的损失部分，船舶所有人无须负责。[①] 船价制度最早也是一种委付制度，但它仅限于委付船舶股东在船舶中的利益和运费。此后，美国法院在 1870 年确认了一项原则，即股东可选择将有船舶估算价值和运费的证券交给法院。1935 年，美国修改了责任限制法，在船价制度的基础上，附加了金额制度，即规定了对于人身伤亡的索赔，如果船价加运费不足以全部赔偿的话，则应另外设立一项以船舶吨位乘以 60 美元为金额的基金，用以补偿不足的部分。

---

① 参见司玉琢：《海商法专论》，中国人民大学出版社 2007 年版，第 522 页。

（二）金额制度

金额制度，又称英国制度。这种制度是一种人的有限责任和事故制度，是按发生事故的船舶登记的净吨数乘以每一吨的赔偿额来计算的一种制度。英国 1894 年的《商船法》最早采用这一制度，它规定，对财产的损坏赔偿以每吨 8 英镑为限额，对人身伤亡的赔偿以每吨 15 英镑为限额。

金额制度与海上财产制度的区别在于：首先，采用金额制度，船舶所有人仅对其在船上或对其雇佣人员在对船舶的服务过程中的行为产生的索赔享受责任限制，而海上财产制度原则上可对任何索赔享受责任限制；其次，金额制度是一种事故制度，而海上财产制度是一种航次制度；再次，金额制度无论在什么情况下，都有一定的限制金额，无须考虑船舶的结局如何，而海上财产制度则与船舶的结局息息相关；最后，金额制度不考虑运价因素，而海上财产制度则考虑此因素。

由于该制度便于计算赔偿金额，而且有利于鼓励船舶所有人建造优质船舶，故目前它在世界上得到了广泛的运用。但是，该制度仍面临一些问题。它停留在责任主体如何赔偿受害人的问题上，并没有考虑受害人实际所发生的损失的具体数额。为加强保护受害人的利益，有学者认为，该制度可改进为：责任主体原则上以法定的每吨限额乘以船舶吨位产生的金额来承担赔偿责任，但该赔偿额不得低于受害人实际发生的损失额的法定比例。若该赔偿额高于受害人损失额的法定比例，则以该赔偿额承担赔偿责任；若该赔偿额低于受害人损失额的法定比例，则以该法定比例计算的赔偿标准进行赔偿一这样，一方面，可防止和克服通货膨胀所产生的不利影响，保持立法对于金额制度规定的稳定性；另一方面，也充分考虑受害人的实际损失额，使受害人的利益在海事赔偿责任限制制度下得到最大程度的保护。①

（三）选择制度

选择制度是指船舶所有人可以在几种不同的责任限制制度中选择一种用以限制责任的制度。该制度实际上体现了海上财产制度向金额制度的过渡，它是两种制度折中的产物。1908 年，比利时在国际海事委员会的影响下，首先在其《船舶所有人责任限制法》中采用了选择制度，即规定船舶所有人在委付制度、船价制度和金额制度中选择一种制度以限制责任。该制度作为一种弥补各种制度不足的手段是有其进步意义的，但它过多地偏袒了船方的利益。

除了上述选择制度外，还有一种希腊选择制度。根据 1958 年《希腊海事私法典》第 85~86 条的规定，船舶所有人可以将船价和运费委付给债权人以限制责任或选择用船舶开

---

① 参见许秀珠、何丽新：《论海事赔偿责任限制制度与受害人利益保护的问题》，载《福建政法管理干部学院学报》2002 年第 3 期，第 45 页。

航前完好价值的 30% 限制责任，如有人身伤亡，则另加 30%。希腊对责任限额采用船价百分比的做法，可能与希腊法律中对侵权行为所采用的罚金制度有关。目前，只有希腊采用这种制度。

（四）并用制度

并用制度，指船价和金额并用且以海上财产为限的制度。此制度为《1924 年统一海上船舶所有人责任限制若干规则的国际公约》所首先采用。该公约在规定船舶所有人责任以海上财产为限的同时，又规定对除共同海损分摊、救助报酬和船舶所有人授权船长所签合同产生的义务之外的索赔可以每吨 8 英镑的金额限制责任，二者取其低者。采用并用制度，如海上财产灭失，则每吨 8 英镑的限制金额亦不必执行。目前，世界上采用该制度的国家主要有俄罗斯、韩国等国。

三、海事赔偿责任限制制度的特征

（一）主体的特定性

海事赔偿责任限制制度的主体是法律预先设定的，国际公约和各国立法一般将与经营船舶有关的人列入海事赔偿责任限制主体，非海事赔偿责任限制主体即使与海事赔偿责任限制主体共同承担连带责任，也不能对事故享受海事赔偿责任限制的权利，如《汉堡规则》规定：承运人与实际承运人连带承担运输合同的赔偿责任时，实际承运人可能是海事赔偿责任限制的法定主体，从而可以享受海事赔偿责任限制的权利，承运人因为与船舶经营业务无关而不具备海事赔偿责任限制的主体资格，因而要对损失承担全额的赔偿责任。

（二）权利的确定性

受海事赔偿责任限制的债权是法定的，限制性债权和非限制性债权并不是非此即彼的关系，二者都有法定范围。我国《海商法》第 207 条规定的债权属于限制性债权，责任人可以对此类债权承担限额范围内的赔偿责任。非限制性债权虽不能享受海事赔偿责任限制，但基于其他国际公约规定或合同约定，仍有一定限制的空间。如责任人因油污造成的损害虽不是限制性债权，仍可依有关国际公约享受赔偿责任限制的权利，只是这种赔偿责任限制不属于海事赔偿责任限制制度的调整范围。对既不属于限制性债权，也不属于非限制性债权的其他债权，则应按民法的规定适用完全赔偿的原则。

（三）义务的强制性

法律为鼓励船舶所有人从事海上航运事业，促进各国贸易发展，对承受海上风险的船舶所有人等给予了特别的保护。同时，为了衡平船舶所有人和受害人之间的利益，法律也给船舶所有人设定了一项法律义务，即如果损失产生于船舶所有人的故意或明知可能造成损失而轻率的作为或不作为的，船舶所有人将丧失海事赔偿责任限制的权利。

（四）责任的限制性

海事赔偿责任限制是法律赋予责任人的一项特权，这项权利与公路、航空运输的承运人责任限制原则不同。公路、航空运输承运人的责任限制是按每人或每件货物进行的赔偿，并非总的赔偿限额，而海事赔偿责任限制是对总的赔偿责任的限制，是责任人可以在事先确定的，它一般以船舶吨位为计算单位，按法定的计算单位就可以计算出在一次事故中承担的最高赔偿数额。

四、海事赔偿责任限制制度的意义

海事赔偿责任限制制度发展至今，显示了强大的生命力，并且为世界各国的海事立法所接受，其意义有以下几个方面：

第一，保障海运业的发展。海运业不但需要巨额的投资，而且承担着独特而巨大的海上风险。一旦发生海损事故如船舶碰撞、油污等，损失惨重，甚至往往超过船舶本身的价值。倘若要求船舶责任方全额赔偿，势必导致船舶所有人因偶然一次海损事故而处于破产边缘，不利于海运业的健康发展。虽然在当今条件下，人类抗风险的能力大大增强，但由于船舶不断向大型化、专业化方向发展，一旦发生海难事故，造成的损失远远超过古代。所以，总体上来看，当今时代的航海风险并没有任何程度的降低。出于保护航运经营者和发展国家航运业的需要，在海商法中保留海事赔偿责任限制制度，仍然具有重大的现实意义。①

第二，体现公平原则。公平原则要求以利益均衡为价值判断标准来确定民事主体之间的民事权利和民事责任。在过去，船东赋予船长很大的代理权，加之过去通信设备落后，船东无法控制船长在一定情况下的行为，对船员的监督指挥存在一定的困难。由于船长船员疏忽过失而导致第三人损害时，要求船舶所有人负全部赔偿责任，显然过于苛刻，不符合公平原则。早在 1625 年，著名国际法学家格劳秀斯就曾认为船舶所有人责任限制符合公平要求。② 在当今时代，虽然通信技术已高度发达，船舶所有人与船员的联系也非常方便，但在危险事件发生时，由于船舶所有人不在现场，仍然无法对船员实施有效的指挥和控制，因而，赋予船舶所有人责任限制的权利仍然具有合理性。

第三，鼓励海难救助业的发展。海难救助是建立海上正常运输秩序的必要措施，它对于保护海上生命和财产安全具有重要意义。但海难救助本身同样面临危险，其中包括主观危险和客观危险。如果法律不赋予救助人以责任限制的权利，一旦因救助人的过失导致救助失败，最终救助方不但不能获得报酬，反而要对被救方承担无限赔偿责任。由于这种可

---

① 参见傅廷中：《海商法论》，法律出版社 2017 年版，第 324 页。
② 参见张新平：《海商法》，中国政法大学出版社 2002 年版，第 62 页。

能性的存在，就不会有人愿意从事这样高风险的行业。从这个意义上讲，为了鼓励海上救助的实施，也必须建立相应的法律机制，对救助人的利益进行适度的保护。

第四，促进海上保险的发展。海上保险，尤其是船舶责任保险的产生和发展，与海事赔偿责任制度的存在和完善不可分离。海上保险人在决定承保某种风险时，往往会对该风险造成的损失概率有一个基本的测算。海事赔偿责任限制制度的适用可将责任主体的赔偿责任限制在一定的范围之内，在一定程度上增加了保险人对海上财产和责任承保的信心。此外，通过海上保险，船舶所有人或经营人将海事赔偿责任转移给保险人，使受害人的索赔有了可靠的保障。

五、海事赔偿责任限制制度与其他制度的关系

（一）海事赔偿责任限制与民法赔偿实际损失制度的关系

按照民法关于违约责任或侵权责任的规定，违约方或侵权方应赔偿受害方受到的实际损失，从而使其恢复到违约或侵权发生前的法律状态。而我国海商法规定，在特定的条件下，侵害他人利益的责任人可依据法律规定向法院申请将赔偿责任限制在一定限度内，法院经审查，认为符合条件的，可判定责任人限制赔偿责任，即享受海事赔偿责任限制的法定权利。在此前提下，侵害他人利益的责任人将仅在责任限额内向债权人承担赔偿责任，尽管实际造成的损失可能比责任限制基金的数额要大。

海事赔偿责任限制作为海商法所规定的限制赔偿责任的法定制度，实际上仍以实际损失额为基础，仅是通过法律规定对超出赔偿限额的损失金额不予赔偿，其与民法按实际损失赔偿制度之间并不矛盾，也并不违背民法的基本法理。而且在实际损失额未超出责任限制主体所享受的最高赔偿限额的情况下，或者责任限制主体因故意或明知可能造成损失而轻率地作为或不作为而违反法律规定从而丧失责任限制权利时，责任限制主体的赔偿责任即应以受害人的实际损失为准。因此，同民法中其他限制赔偿责任的制度一样，海事赔偿责任限制是民法赔偿实际损失制度的一种特殊规定。

（二）海事赔偿责任限制与单位赔偿责任限制制度的关系

单位责任限制（Package Limitation or Unit Limitation）与海事赔偿责任限制是海商法中不同的赔偿责任限制制度。二者在限制主体、限制数额、责任限制丧失的条件及适用方面都有区别。前者又称承运人责任限制，是指承运人对所承运的货物的灭失或损坏的赔偿，可以根据提单或约束提单的国际公约或国内法的有关规定，享受按件数或重量单位的限额进行赔偿的责任制度。可见，单位责任限制仅适用于因货物灭失、损害而产生的索赔。海事赔偿责任限制又称为"总的责任限制"或"综合责任限制"，是在发生海难造成人身损害和财产损失时，根据法律规定将责任人的赔偿限制在一定限度内的责任制度。其不仅适

用于因货物灭失、损害而产生的超过单位责任限额的索赔，而且适用于因海上事故产生的任何其他索赔，并且同一事故产生的所有索赔都共享一个基金，即"一次事故、一个限额"制度。如果发生的海难事故既造成他船人身伤亡和财产损失，又造成本船货物损害，这时可能既产生单位责任限制，又产生海事赔偿责任限制的情况。因此有学者将单位责任限制称为"一次限制"，而将海事赔偿责任限制称为"二次限制"。① 但应当指出的是，两者适用有先后顺序，只有在按单位责任限额计算的总额超过海事赔偿责任限额时，才有适用海事赔偿责任限额的必要。否则，可直接按照单位责任限额进行赔付，而无须启动海事赔偿责任限制程序，比如，当船舶所有人或承租人作为承运人造成所载货物灭失或损害而使用单位责任限制时，倘若该索赔额超过单位责任限额，此时"一次限制"发生作用。若该索赔额连同承运人所造成的其他损害赔偿责任超过总的责任限制时，"二次限制"才发生作用。

第二节　中国海事赔偿责任限制制度

在《海商法》颁布之前，我国海事赔偿责任限制，主要适用交通部于 1959 年颁发的《关于海损赔偿的几项规定》。现在，我国已相继出台了《海商法》、交通部《关于不满 300 总吨船舶及沿海运输、沿海作业船舶海事赔偿限额的规定》《中华人民共和国港口间海上旅客运输赔偿限额的规定》最高人民法院《关于适用〈海事诉讼特别程序法〉若干问题的解释》以及《关于审理海事赔偿责任限制相关纠纷案件的若干规定》（以下简称《责任限制若干规定》）等法律法规和司法解释，并正在逐步完善我国海事赔偿责任限制制度的立法。

一、赔偿责任限制制度的适用范围

（一）适用的船舶

我国《海商法》第 11 章未明文规定适用赔偿责任限制的船舶范围，但是，根据该法第 208 条、第 210 条和第 211 条的规定，海事赔偿责任限制制度适用于该法所规定的船舶（海船和其他海上移动式装置）范围内的 300 总吨以上的船舶。因此，军事船舶、政府公务船舶不适用赔偿责任限制制度。造成海上油污损害和核能污染的船舶亦不适用海事赔偿责任限制制度。

不过，对于 300 总吨以下的船舶及从事沿海运输和沿海作业的船舶以及从事中华人民共和国港口之间的海上旅客运输的船舶的责任限制问题，则不直接适用我国《海商法》有

---

① 参见司玉琢、吴兆麟：《船舶碰撞法》，大连海事大学出版社 1995 年版，第 242 页。

关赔偿责任限制的规定。为此，交通部于 1993 年颁布的《关于不满 300 总吨船舶及沿海运输、沿海作业船舶海事赔偿限额的规定》就成为相应的适用依据。其中，有关海事赔偿限额的规定仅适用于 20 总吨以上不满 300 总吨的船舶和 300 总吨以上在中国港口之间从事货物运输或者沿海作业的船舶。

（二）适用的主体

随着海上活动的多样化，经营航运业或与航运业相关行业、承担着海上特殊风险的主体越来越多，责任限制主体的范围也不断发生着变化，出现了多元化的发展趋势。租船人、救助人及责任保险人等均与船舶所有人一样，承担着特殊的海上风险。船长、船员等船舶所有人、救助人的受雇人、代理人所需承担的海上风险责任也会直接或间接地转移给船舶所有人或救助人，而这些主体的存在又是发展航运事业、开发海洋资源的必然要求。责任限制制度的目的在于保护和发展航运事业，如果责任限制主体仅包括船舶所有人，则不能达到上述目的。因此我国《海商法》第 204~206 条明确规定，船舶所有人、船舶承租人、船舶经营人、救助人、责任保险人以及船舶所有人、船舶承租人、船舶经营人、救助人对其行为、过失负有责任的人员为海事赔偿责任限制的主体。

然而在司法实践中，法院对航次租船人的责任主体地位的认识存在分歧，有关判决也不统一，为此，最高人民法院《责任限制若干规定》明确规定航次租船人不享有法律规定的责任限制权利，也将无船承运业务经营者排除在责任限制主体的范围之外。

（三）适用的债权

适用的债权即限制性债权，是指责任限制的主体可以依法进行限制的海事赔偿请求或海事债权。我国《海商法》第 207 条规定了如下四类限制性债权：

（1）在船上发生的或者与船舶营运、救助作业直接相关的人身伤亡或者财产的灭失、损坏，包括对港口工程、港池、航道和助航设施造成的损坏，以及由此引起的相应损失的赔偿请求；

（2）海上货物运输因迟延交付或者旅客及其行李运输因迟延到达造成损失的赔偿请求；

（3）与船舶营运或者救助作业直接相关的，侵犯非合同权利的行为造成其他损失的赔偿请求；

（4）责任人以外的其他人，为避免或者减少责任人依法可以限制赔偿责任的损失而采取措施的赔偿请求，以及因此项措施造成进一步损失的赔偿请求。

对于上述赔偿请求，《海商法》第 207 条第 2 款规定，无论海事请求权人提出的方式有何不同，责任人均可以限制赔偿责任。这意味着责任人对于各项海事赔偿请求承担的赔偿责任，不论是基于合同而产生，还是基于侵权行为而产生，也不论责任人是否有过失，不管适用何种责任制度，也不论以何种方式提出索赔，均可以享受赔偿责任限制。显然，此规定既可保护债权人的赔偿请求权，又扩大了责任人享受责任限制的权利范围。同时，该条款对上述第 4 项赔偿请求的责任限制的适用亦规定了例外情况，即涉及责任人以合同约定支付的报酬，责任人的支付责任不得援用本条赔偿责任限制的规定。这是因为责任人通过合同约定支付的报酬，是责任人基于相关合同涉及的双方民事法律行为的内容，是对此合同的债权人承担的对价条件，其产生的基础是合同而非责任人的侵害行为，故责任人应依该合同的约定予以支付，而没有实行责任限制的法律前提。①

（四）不适用的债权

不适用的债权即非限制性债权，是指责任限制的主体依法不能限制赔偿责任的海事赔偿请求或海事债权。我国《海商法》第 208 条规定了如下责任人不得援引责任限制的请求权：

（1）对救助款项或者共同海损分摊的请求；

（2）中华人民共和国参加的国际油污损害民事责任公约规定的油污损害的赔偿请求；

（3）中华人民共和国参加的国际核能损害责任限制公约规定的核能损害的赔偿请求；

（4）核动力船舶造成的核能损害的赔偿请求；

（5）船舶所有人或者救助人的受雇人提出的赔偿请求，根据调整劳务合同的法律，船舶所有人或者救助人对该类赔偿请求无权限制赔偿责任，或者该项法律作了高于本章规定的赔偿限额的规定。

责任主体对以上债权请求，不得援引责任限制进行抗辩的原因在于：

（1）救助报酬存在的目的在于鼓励救助人实施海难救助。同时，根据海难救助的法律制度，救助报酬本身已有限制，即不能超过获救财产的价值，所以不宜对救助进行二次限制。

（2）共同海损的分摊，是船货各方按照自己在共同海损中受益的财产价值为限确定分摊金额的，若船方的共同海损分摊依据赔偿责任限制制度再享有一次责任限制，那么对遭受共同海损的货方（或其他受益人）显然不公平。

（3）对于上述油污损害的赔偿请求，由于我国已经参加了《1969 年/1992 年油污责任公约》，因此《海商法》无须将此请求列入限制性债权范围。

（4）对于上述核能损害请求，由于此类损害影响面大且影响时间长，所以各国协议以专门的国际公约如《1971 年有关海运核材料民事责任的国际公约》或《1962 年有关核动力船舶经营人责任的国际公约》来进行规范，此类损害不属于海商法的调整范围。

（5）船舶所有人或救助人对于其受雇人基于雇佣合同而提出的索赔不享受责任限制，

---

① 参见贾林青：《海商法》，中国人民大学出版社 2003 年版，第 339~340 页。

是为了特别保护船长、船员及其他受雇人员的利益而设立的，有利于船舶所有人或救助人恪尽职责，维护船舶航行的安全。

二、赔偿责任限制权利的丧失

责任限制权利的丧失是指法律明文规定因责任人的故意、明知等行为造成的损失，责任人不得限制赔偿责任。海事赔偿责任限制并非一项绝对的权利，此种权利在一定条件下也可能会丧失。无论是国际公约还是各国的国内法，一般都规定了不得限制责任的具体条件，当责任主体的行为符合此类条件时，将使其责任限制的权利归于消灭，进而承担无限赔偿责任。

我国《海商法》第 209 条规定："经证明，引起赔偿请求的损失是由于责任人的故意或者明知可能造成损失而轻率地作为或者不作为造成的，责任人无权依照本章规定限制赔偿责任。"根据这一规定，责任人丧失责任限制的权利只有在下述两种情况下，才得以确认：一是责任人的故意行为，即行为人在预见到自己行为的结果或认识到损害发生危险的情况下，希望或者放任损害的发生；二是明知可能会造成损失而轻率地作为或不作为，这种表述相当于我国民法理论中所说的重大过失。[1] 这一规定主要是考虑到损害是责任人的故意行为造成的，并非行业特殊风险所致，对此损害若给予责任限制保护，有悖于责任限制制度的宗旨和法律的公允。[2]

按照惯例，责任人如果实施了上述所论及的作为或不作为，并因此造成了损失，那么必须由索赔方即受害方举证证明，才能取消责任人的赔偿限制权利。应当指出的是，我国海商法强调只有"责任人"本人的"故意或明知可能会造成损失而轻率地作为或不作为"才丧失责任限制权利。若索赔请求是向船舶所有人、救助人的受雇人、代理人提出并出具了他们负有过错的证明时，被索赔的受雇人、代理人可能丧失责任限制权利；若是向船舶所有人、救助人等提出的，所有人、救助人等仍可限制赔偿责任。

三、赔偿责任限额的确定

赔偿责任限额，即责任主体依法对所有限制性债权的最高赔偿额。当船舶在同一航程中出现一系列的损害时，需要判断损失是一次事故造成的还是几次事故造成的，并以此决定如何确定责任限额的问题。

（一）确定责任限额的基本制度

在当今时代，各国海商法关于确定责任限额的基本方式有如下两种：

---

[1] 参见司玉琢：《海商法专论》，中国人民大学出版社 2007 年版，第 526 页。
[2] 参见张湘兰等：《海商法论》，武汉大学出版社 2001 年版，第 321~322 页。

1. 航次制度

航次制度是指责任人根据法律规定以航次为标准适用一个赔偿责任限额的制度。换句话说，责任人按一个航次承担赔偿责任和适用一个赔偿责任限额，而不论该航次中发生海损事故的次数。该制度对责任人的保护是充分的，但对受害人的保护略显不足。

2. 事故制度

事故制度是责任人根据法律规定以事故次数为标准承担赔偿责任和适用赔偿责任限额的制度与上述的各种计算赔偿限额的方法相联系，船价制度、执行制度、委付制度等均与航次制度一并适用，而金额制度则存在于事故制度中。

我国《海商法》所采用的确定责任限额的制度为事故制度。该法第210条和第211条规定的赔偿限额，适用于特定场合发生的事故所引起的请求的总额，也就是通常所说的"一次事故，一个限额"的原则，即一次事故计算一个赔偿限额，如果一个航次当中发生两次以上的重大事故，责任人就可能会承担两个以上的赔偿限额。

【案例研习 12-1】

阿斯特克有限公司申请设立海事赔偿责任限制基金案①

2014年6月5日，阿斯特克有限公司所属的"艾侬"轮自秦皇岛开往天津港装货途中，在河北省昌黎县海域驶入养殖区域，造成了郭某、刘某、李某等养殖户的养殖损失。事发后，受害人向责任人提出索赔，阿斯特克有限公司作为该轮的船舶所有人向天津海事法院申请设立海事赔偿责任限制基金。上述养殖户作为利害关系人提出异议，认为阿斯特克有限公司应当分别设立限制基金，而不能就整个航次设立一个限制基金。

此案经天津海事法院一审和天津市高级人民法院二审以及最高人民法院再审，最终确认，依据《海商法》第212条所实行的"一次事故，一个限额"原则，判断一次还是多次事故的关键是分析两次事故之间是否因同一原因所致。如果因同一原因发生多个事故，但原因链没有中断，则应认定为一个事故。如果原因链中断，有新的原因介入，则新的原因与新的事故构成新的因果关系，形成新的独立事故。

就本案而言，涉案"艾侬"轮所使用的海图明确标注了养殖区范围，但船员却将航线设定到养殖区，本身存在重大过错。涉案船舶在预知所经临的海域可能存在大面积养殖区的情形下，本应加强瞭望义务，保证航行安全，避免冲撞养殖区造成损失。

---

① 参见最高人民法院（2015）民提字第151号再审民事裁定书，该案为最高人民法院2019年发布的112号指导案例。

但根据涉案船舶航行轨迹，涉案船舶实际驶入了郭某经营的养殖区。在昌黎县海洋局出具证据证明郭某遭受实际损害的情形下，可以推定船员未履行谨慎瞭望义务，导致第一次侵权行为发生。依据航行轨迹，船舶随后进入刘某的养殖区，由于郭某与刘某的养殖区仅相距约500米，基于船舶运动的惯性及船舶驾驶规律，涉案船舶在当时情形下无法采取合理措施避让刘某的养殖区，致使第二次侵权行为发生。从原因上分析，两次损害行为均因船舶驶入郭某养殖区之前，船员疏于瞭望的过失所致，属同一原因，且原因链并未中断，故应将两次侵权行为认定为一次事故。船舶驶离刘某的养殖区进入开阔海域，航行约9000米，时长约半小时后进入李某等人的养殖区再次造成损害事故。在进入李某等人的养殖区之前，船员应有较为充裕的时间调整驾驶疏忽的心理状态，且在预知航行前方还有养殖区存在的情形下，更应加强瞭望义务，避免再次造成损害。涉案船舶显然未尽到谨慎驾驶的义务，致使第二次损害事故的发生。两次事故之间无论从时间关系还是从主观状态均无关联性，第二次事故的发生并非第一次事故自然延续所致，两次事故之间并无因果关系。依据《海商法》第212条之规定，涉案船舶应分别针对两次事故设立不同的责任限制基金。

（二）责任限额的计算与分配

我国对海事赔偿责任限额的计算，采用的是金额制度，即按照船舶总吨位的大小计算责任限额。在我国海商法领域内，赔偿责任限额的计算涉及三种情况：（1）300总吨以上船舶的赔偿限额，以《海商法》第210条的规定作为计算依据；（2）300总吨以下船舶的赔偿限额，以我国交通部《关于不满300总吨船舶及沿海运输、沿海作业船舶海事赔偿限额的规定》作为计算依据；（3）海上旅客运输的旅客人身伤亡的赔偿限额，以《海商法》第211条和交通部发布的《中华人民共和国港口间海上旅客运输赔偿责任限额规定》作为计算依据。

1. 300总吨以上船舶的赔偿限额

（1）一般赔偿限额。人身伤亡和非人身伤亡的赔偿额按船舶总吨位分级计算，人身伤亡的赔偿限额分五级，非人身伤亡的赔偿限额分四级。300总吨至500总吨的船舶，人身伤亡的赔偿限额为333000特别提款权（SDR），非人身伤亡的赔偿限额为167000SDR，对于500总吨以上的船舶，按吨位分级增加一定的数额。详见下表：

船舶总吨位	人身伤亡的赔偿限额	非人身伤亡的赔偿限额	限额种类
300~500吨	333000SDR	167000SDR	基本限额

续表

船舶总吨位	人身伤亡的赔偿限额	非人身伤亡的赔偿限额	限额种类
501~3000 吨	500SDR	167SDR	每吨增加限额
3001~30000 吨	333SDR		
30001~70000 吨	250SDR	125SDR	
70000 吨以上	167SDR	83SDR	

（2）人身伤亡赔偿限额与非人身伤亡赔偿限额的适用关系。因同一事故产生的人身伤亡赔偿请求，依人身伤亡的赔偿限额不足以支付全部人身伤亡请求的，其差额部分应当与非人身伤亡的赔偿请求并列，从非人身伤亡的赔偿限额中按比例受偿。在不影响支付人身伤亡赔偿请求的情况下，就港口、港池、航道和助航设施损害的赔偿请求，应当较非人身伤亡的赔偿请求优先受偿。

（3）救助人的赔偿限额。我国《海商法》规定，不以船舶进行救助作业或者在被救船舶上进行救助作业的救助人，其责任限额按照总吨位为 1500 吨的船舶计算。但是，如果救助人通过自己所有、租赁或者经营的船舶实施救助作业的话，则应当适用《海商法》第 210 条的规定，按照救助船舶的总吨位计算赔偿限额。

2. 300 总吨以下船舶和沿海运输、沿海作业船舶的赔偿限额

对于此类船舶的赔偿限额，交通部颁布的《关于不满 300 总吨船舶及沿海运输、沿海作业船舶海事赔偿限额的规定》（以下简称《规定》）予以确定。该《规定》的具体内容如下：

（1）超过 20 总吨、21 总吨以下的船舶，人身伤亡的赔偿限额为 54000SDR，非人身伤亡赔偿限额为 27500SDR；超过 21 总吨的船舶，超过部分的人身伤亡的赔偿限额每总吨增加 1000SDR，非人身伤亡的赔偿限额每总吨增加 500SDR。

（2）沿海运输、沿海作业的船舶，不满 300 总吨的，赔偿限额按照《规定》所确定的上述赔偿限额的 50% 计算；300 总吨以上的，其赔偿限额按照我国《海商法》第 210 条规定的赔偿限额的 50% 计算。

（3）同一事故中的当事船舶的赔偿限额，有适用《海商法》或《规定》的，其他当事船舶的赔偿限额应当同样适用。

3. 海上旅客运输的旅客人身伤亡的赔偿限额

（1）海上旅客运输的旅客人身伤亡的赔偿限额。根据我国《海商法》第 211 条的规定，按 46666SDR 乘以船舶证书规定的载客定额计算赔偿限额，但是，最高不超过 2500 万 SDR。

（2）中华人民共和国港口之间的海上旅客运输的旅客人身伤亡的赔偿限额。根据我国

交通部制定的《中华人民共和国港口间海上旅客运输赔偿责任限额规定》：旅客人身伤亡的，每名旅客不超过 40000 元人民币；旅客自带行李灭失或损坏的，每名旅客不超过 800 元人民币；旅客车辆包括该车辆所载行李灭失或损坏的，每一车辆不超过 3200 元人民币；上述自带和车载行李以外的旅客其他行李灭失或损坏的，每千克不超过 20 元人民币。

此外，该规定一方面允许承运人与旅客书面约定高于上述数额的赔偿限额，此时，当事人应当依据该书面约定执行赔偿限额，而不受上述规定的赔偿限额的约束；另一方面又规定海上旅客运输的旅客人身伤亡赔偿责任限制，按照每名旅客 40000 元人民币乘以船舶证书规定的载客定额计算赔偿限额，但是，最高不得超过 2100 万元人民币。这意味着在海损事故中，计算赔偿限额的船舶载客定额为 525 人。即使实际载客超过 525 人的，也只能在 2100 万元人民币内平均分摊。

【案例研习 12-2】

天津轮驳有限公司申请设立海事赔偿责任限制基金案①

华锐公司委托程远公司将岸桥、滚装工具等自大连运输至汕头港。程远公司将上述货物装载于烟台打捞局所有的"德浮 15002"驳船，并期租了轮驳公司所有的"津港轮 35"轮拖带"德浮 15002"驳船。拖航至厦门港东南约 25 海里处，遭遇恶劣天气，拖缆断裂，发生海损事故。轮驳公司向大连海事法院申请设立海事赔偿责任限制基金，主张以"津港轮 35"轮的总吨位作为计算海事赔偿责任限制基金数额的依据。华锐公司提出异议，认为案涉货物是以拖轮拖带驳船的方式进行运输，拖轮和驳船是一个整体，应当以拖轮和驳船的合计吨位计算基金数额。

大连海事法院经审查认为，"津港轮 35"拖轮和"德浮 15002"驳船分属不同企业所有，轮驳公司无权对驳船是否申请设立海事赔偿限制基金等事宜作出处分，亦无义务为他人船舶设立海事赔偿责任限制基金。华锐公司以拖轮及驳船的总吨位计算海事赔偿责任基金的异议缺乏法律依据。一审裁定准许轮驳公司按"津港轮 35"轮总吨位计算数额设立海事赔偿责任限制基金。辽宁省高级人民法院二审维持一审裁定。

4. 相互索赔情况下的赔偿限额

所谓相互索赔，是指责任限制主体就同一事故相互提出请求，当事人双方互为责任人和索赔人的情况。在这种情况下，立法上主要有两种处理原则：一是交叉责任限制原则，

---

① 参见大连海事法院（2020）辽 72 民特 114 号民事裁定书，辽宁省高级人民法院（2021）辽民他 280 号民事裁定书。该案为最高人民法院发布的 2021 年全国海事审判典型案例之一。

又称"先限制，后冲抵"原则，即责任限额分别适用于各自的索赔额，然后相互予以冲抵。二是单一责任限制原则，又称"先冲抵，后限制"原则，即两者先行按请求数额冲抵，然后就差额部分依法适用责任限制。① 大多数国家采用后者。

我国《海商法》采用的是单一责任限制原则。根据该法第 215 条的规定，依法享受责任限制的人，就同一事故向请求人提出反请求的，双方的请求金额应当相互抵消，该法规定的责任限额仅适用于两个请求金额的差额。应当注意的是，适用相互索赔冲抵的条件包括：（1）请求与反请求都产生于同一事故，不是同一事故的请求和反请求不适用该条规定；（2）请求与反请求的债权均属于《海商法》第 207 条规定的限制性债权。

四、海事赔偿责任限制的程序

海事赔偿责任限制的程序指在责任主体根据法律规定申请限制其责任时，所必须履行的法定手续。海事赔偿责任限制的程序是责任限制主体最终得以在实体法上享有责任限制权利的保证。

根据我国《海商法》《海事诉讼特别程序法》等法律的规定以及相关司法实践的做法，我国海事赔偿责任限制的程序主要有：申请、申请的审查、责任限制基金的设立、公告与限制性债权的登记、审理与裁判等步骤。

（一）申请

申请是引起责任限制程序的前提。申请人的资格与实体法的规定是一致的，即《海商法》规定的责任限制主体均有权提出责任限制申请。责任限制申请可以在诉前提起，也可以在海事索赔诉讼中作为抗辩提出。申请应以书面形式提出，申请书的内容应包括：（1）申请人的名称、地址，当事船舶的船名、国籍及吨位；（2）引起责任限制的海损事故的经过、责任及损失情况；（3）所涉及的债权性质及已知债权人的名称、地址；（4）申请责任限制的理由及依据。

（二）申请的审查

根据我国《海商法》的规定，法院应对当事人提交的责任限制申请进行必要的审查，以确定其能否享受责任限制和责任限额。审查的主要内容包括：（1）申请人是否符合《海商法》所规定的责任限制主体资格；（2）当事船舶是否为能够享受责任限制的海船及船舶吨位；（3）要求限制责任的债权是否属于限制性债权以及所涉及的债权是否为同一事故所引起。申请人申请海事赔偿责任限制的，应同时具备上述三个条件，否则其申请应被驳回。法院经初步审查认为理由充分，具备初步证据的，法院应予立案受理，并作出准予责任限制申请的裁定，同时限令申请人在指定的期间内向法院或法院指定的银行设立责任

---

① 参见司玉琢：《海商法专论》，中国人民大学出版社 2018 年版，第 349 页。

限制基金。

（三）责任限制基金的设立

《海事诉讼特别程序法》专门对设立海事赔偿责任限制基金的程序作了详细的规定，该程序主要有：

（1）管辖。《海事诉讼特别程序法》分别规定了责任限制基金设立的地域管辖、专属管辖和合并管辖原则。通常，在诉讼中申请设立责任限制基金的，必须向正在审理本案的有管辖权的海事法院提出；而在诉前申请的，对申请进行审查并裁定准予设立责任限制基金的法院则对案件有优先管辖权。

《责任限制若干规定》则统一了责任限制程序与基金程序的诉讼管辖问题。《责任限制若干规定》第2条规定：同一海事事故中当事人向不同的海事法院申请设立基金的，后立案的法院应当将案件移送先立案的法院，由先立案的法院行使管辖权。此外，其还规定在多个诉讼的情况下，案件的管辖权由设立基金的海事法院行使，此时受理案件的海事法院应当将案件移送有管辖权的法院。

（2）申请。申请人申请设立责任限制基金的，应向有管辖权的海事法院提交书面申请。

（3）受理、通知和公告。海事法院受理设立海事赔偿责任限制基金申请后，应当在7日内向已知的利害关系人发出通知，同时通过报纸或者其他新闻媒体发布公告。

（4）利害关系人提出异议及法院作出裁定。利害关系人对申请人申请设立责任限制基金有异议的，应当在法律规定的异议期内，以书面形式向海事法院提出。海事法院收到利害关系人提出的书面异议后，应当进行审查，作出裁定。当事人对一审裁定不服的，可在法定期间内提出上诉。二审法院审理后，作出是否准予申请人设立责任限制基金的终审裁定。

（5）责任限制基金的设立。准予申请人设立责任限制基金的裁定生效后，申请人应当在指定的期间内向海事法院或其指定的银行设立责任限制基金。设立基金的，可以提供现金，还可以提供经海事法院认可的担保。责任限制基金的数额，为海事赔偿责任限额和自责任事故发生之日起至基金设立之日止的利息。若以担保方式设立基金的，担保数额为基金数额及其在基金设立期间的利息。以现金设立基金的，基金到达海事法院指定账户之日为基金设立之日。以担保设立基金的，海事法院接受担保之日为基金设立之日。

在司法实践中，经常发生船舶优先权制度与海事赔偿责任限制制度相重叠的情况，而《海商法》对其规定得较为原则，给司法实践工作造成了很大的困扰。为此，《责任限制若干规定》第9条规定，海事赔偿责任限制基金设立后，海事请求人就同一海事事故产生的属于《海商法》第207条规定的可以限制赔偿责任的海事赔偿请求，以行使船舶优先权为由申请扣押船舶的，人民法院不予支持。

（四）公告与限制性债权的登记

在完成设立责任限制基金程序后，法院即可对准予申请人责任限制的裁定及设立基金的情况予以公告。公告通常包括以下内容：（1）申请人的名称；（2）申请的事实和理由；（3）事故发生的时间、地点及简要经过；（4）设立责任限制基金事项；（5）办理债权登记事项；（6）需要公告的其他事项。限制性债权人应在公告规定的期间内向法院提交书面申请，详述享有债权的事实、理由、要求赔偿的金额并提供相关证据。法院经审查，认为属于本次事故所引起的限制性债权的，应予以登记，并向其送达受理案件通知书和开庭通知，要求其参加诉讼。

（五）审理与裁判

根据公告，限制性债权登记期满后，法院应开庭审理申请人申请海事赔偿责任限制的案件。审理阶段所要解决的问题主要有：申请人能否享受责任限制；责任限制的数额；申请人对海损事故是否负有责任及责任比例；各债权人的债权数额及应分配的数额。申请人、限制性债权人及利害关系人应到庭参加诉讼，当庭举证、质证，进行辩论，最后法院裁判申请人可否享受责任限制。对申请人应当享受责任限制的，判决应同时确定具体的责任限额，限制性债权人名单及各限制性债权人的债权数额、应分配的金额。对不能享受责任限制的申请，裁定予以驳回其责任限制申请，并撤销已设立的责任限制基金。

（六）分配责任限制基金

在依法将判决书送达有关当事人后，对裁判准予限制责任人赔偿责任的案件，海事法院即可根据《海商法》的规定按照已确定的限制性债权人名单对责任限制基金进行分配。

责任限制基金是供所有限制性债权进行分配的。法院准许责任人享受责任限制以及对基金所作的分配对所有限制性债权人均有约束力。法院作出判决和裁定对基金予以分配后，不论该限制性债权人是否参加分配或者其债权是否得到满足，其债权即告消灭。

【案例研习 12-3】

中海发展股份有限公司货轮公司申请设立海事赔偿责任限制基金案①

中海发展股份有限公司货轮公司（以下简称货轮公司）所属的"宁安11"轮，于 2008 年 5 月 23 日从秦皇岛运载电煤前往上海外高桥码头，5 月 26 日在靠泊码头过

---

① 参见上海高级人民法院（2009）沪高民四（海）限字第 1 号民事裁定书，该案为最高人民法院 2019 年发布的 16 号指导案例。

程中触碰码头的 2 号卸船机，造成码头和机器受损。货轮公司遂于 2009 年 3 月 9 日向上海海事法院申请设立海事赔偿责任限制基金。基金数额为 2242643SDR（折合人民币 25442784.84 元）和自事故发生之日起至基金设立之日止的利息。

上海外高桥发电有限责任公司等作为第一异议人，中国人民财产保险股份有限公司上海市分公司等作为第二异议人，分别针对货轮公司的上述申请，向上海海事法院提出了书面异议。上海海事法院于 2009 年 5 月 27 日就此项申请和异议召开了听证会。第一异议人称：肇事轮系因船长的错误行为导致了事故的发生，应对本次事故负全部责任，故申请人无权享受海事赔偿责任限制。第二异议人称：事故所涉及的债权性质虽然大部分属于限制性债权，但其中清理残骸费用应当属于非限制性债权，申请人无权就此项费用申请限制赔偿责任。

上海海事法院经审理查明：申请人系"宁安 11"轮登记的船舶所有人。涉案船舶触碰事故所造成的码头和机器损失，属于与船舶营运直接相关的财产损失。该法院于 2009 年 6 月 10 日作出裁定，驳回异议人的异议，准许申请人设立海事赔偿责任限制基金，基金数额为 25442784.84 元和该款自 2008 年 5 月 26 日起至基金设立之日止的银行利息。宣判后，异议人提出上诉，上海市高级人民法院于 2009 年 7 月 27 日作出裁定，驳回上诉，维持原裁定。

第三节　海事赔偿责任限制国际公约

由于各国海事赔偿责任限制制度的具体形式不同，一旦船舶发生重大海损事故，海事赔偿责任限制就会因各国立法的不同而各异，因而发生法律冲突。这不仅给海难事故的处理带来困难，而且还会影响国家之间的关系。因此，各国要求统一海事赔偿责任限制制度的呼声日益高涨。在国际海事委员会和国际海事组织的主持下，国际社会先后制定了三个关于海事赔偿责任限制的国际公约和多个议定书。

一、《1924 年统一海上船舶所有人责任限制若干规则的国际公约》

《1924 年统一海上船舶所有人责任限制若干规则的国际公约》（以下简称《1924 年责任限制公约》）由国际海事委员会起草，于 1924 年 8 月 25 日在比利时首都布鲁塞尔获得通过并于 1931 年生效。如前所述，该公约采用并用制度。迄今为止，世界上只有 15 个国家批准或加入了该公约，而一些主要的航运大国，如英国、美国、德国、日本等均未参加该公约，致使该公约计划实现的统一海事赔偿责任限制立法的目标并未实现。

二、《1957 年海船所有人责任限制国际公约》

由于《1924 年责任限制公约》始终未能被大多数海运国家接受，在此背景下，国际海事委员会于 1955 年在西班牙首都马德里起草了一个新的公约草案，并于 1957 年 10 月在布鲁塞尔举行的海洋法外交会议上获得通过，即《1957 年海船所有人责任限制国际公约》（以下简称《1957 年责任限制公约》）。迄今为止，有 45 个国家批准或加入了该公约，其中包括欧洲大陆的多数国家和其他一些重要的航运国家，如日本、加拿大和澳大利亚等。我国没有加入该公约。从世界范围来看，该公约较之于《1924 年责任限制公约》，更进一步地体现了国际社会关于统一船舶所有人责任限制立法的目的和愿望。

（一）《1957 年责任限制公约》的主要内容

《1957 年责任限制公约》采用了"事故制度"及"金额制度"，并采用"金法郎"作为计算单位，对于用于计算责任限额的船舶吨位还作了特别规定——"公约吨"。[①] 此外，还就以下几个方面的问题作了规定。

第一，适用的船舶。该公约所适用的船舶为"海船"，不适用于内河船及公务船。该公约第 3 条第 5 款规定，为按照该公约的规定确定船舶所有人的责任限额，300 公约吨以下的船舶视为 300 公约吨。但允许各国在批准该公约时对 300 公约吨以下的海船以及其他种类的船舶根据本国的情况作出保留，是否适用该公约可在国内法中另行规定。

第二，责任限制的主体。该公约规定的责任限制主体为两类：第一类为船舶所有人、承租人、经理人和经营人；第二类为船长、船员以及为船舶所有人、承租人、经理人或经营人服务的其他受雇人。该公约同时还规定，当以船舶本身为被告时，责任主体也可引用该公约的规定。

第三，责任限制的条件。该公约对两类责任限制主体分别规定了不同的条件。作为第一类主体，他们享有责任限制权利的条件是自身不能因"实际过失或知情放任"（Actual Fault or Privity）引起损害赔偿，否则将丧失责任限制的权利。但是，导致损害发生的事故是由于第二类责任主体的"实际过失或知情放任"所引起时，第一类责任主体仍可限制责任。倘若第一类责任主体与第二类责任主体发生竞合时，即船长或船员同时又是船舶所有人、经营人、承租人、经理人时，仅在其行为、疏忽或过失是以该船的船长、船员身份作出时，责任主体才能限制责任。

第四，限制性债权。该公约规定了三类限制性债权，并允许缔约国对第三类提出

---

① 所谓"公约吨"，是指船舶净吨位加上为确定净吨位而从总吨位中减去的机舱容积。"公约吨"仅适用于蒸汽机船及其他机动船。对于其他类型的船舶，仍以净吨位为计算方法。参见何丽新：《海商法》，厦门大学出版社 2004 年版，第 272 页。

保留：

（1）船舶上所载人员的人身伤亡及船上所载财产的灭失或损坏。

（2）船舶所有人须对之负责的船上人员或非船上人员的疏忽或不履行义务的行为，造成了陆上或水上其他人员的人身伤亡，责任主体只有在该行为发生在船舶的驾驶或管理、货物的装卸或运送、旅客的登离船或运送中时，才可限制其责任。

（3）有关清除残骸的法律所规定的以及因起浮、清除或销毁沉船、搁浅船或被弃船（包括船上任何物品）所产生的任何义务或责任，以及因损坏港口工程、港池及航道所产生的任何义务或责任。

第五，非限制性债权。该公约规定了以下两类非限制性债权：

（1）有关救助报酬或共同海损分摊的请求。

（2）船长、船员以及在船上的船舶所有人的其他雇佣人员，或船舶所有人所雇的其职务与船舶有关的雇佣人员，因雇佣合同提出的请求，包括其继承人、私人代表或家属提出的请求。

第六，责任限额。该公约规定，对于单纯的人身伤亡索赔，责任限额为每公约吨3100金法郎；对于单纯的财产索赔，责任限额为每公约吨1000金法郎；当同一事故既有人身伤亡又有财产损害时，分别以每公约吨2100金法郎和1000金法郎确定责任限额，若人身伤亡责任限额不足以清偿实际发生的人身伤亡索赔时，其不足部分与实际发生的财产损害索赔一起按比例排列，从财产损害赔偿的基金中支付。

如果责任主体因同一事故向索赔人提出反索赔，双方索赔请求额应先进行冲抵，然后就差额部分依法适用责任限制，即实行"先冲抵，后限制"原则。

第七，责任限制基金的设立。该公约规定，责任限制基金在下列地点设立：（1）发生损害索赔事故的港口；（2）如果事故不在该港内发生，则在事故发生后的第一个挂靠港；（3）如系人身索赔，或有关货物损害的索赔，则在旅客离船地或卸货地港口。责任主体在上述地点设立责任限制基金或提交了其他形式的担保后，所有限制性债权人不得再另行申请法院扣押责任主体的船舶或其他财产，已经扣押的，法院应予以释放。

第八，准据法。该公约规定，有关责任限制基金的设立、分配及一切程序性规则适用基金设立地法；有关根据本公约规定提起诉讼的程序和提起此种诉讼的时效问题适用诉讼所在的缔约国的国内法规定；有关船舶所有人等责任主体是否存在"实际过失或知情放任"的举证责任问题适用法院地法。

（二）《1957年责任限制公约》的修订

由于英镑和金法郎受汇率影响较大，为稳定公约规定的责任限额，使之不致因货币因素而有较大的波动，国际海事委员会于1979年制定了修正《1957年责任限制公约》的议定书，将责任限额的计算单位由金法郎改为特别提款权，其中并未涉及提高赔偿责任限额的问题。该议定书于 1984 年生效，迄今只有 8 个国家批准或者加入。

三、《1976 年海事赔偿责任限制公约》

《1957 年责任限制公约》生效之后，由于国际航运界发生了一系列重大变故，公约在适用过程中出现了许多不适应航运发展之处。为此，国际海事委员会在 1974 年提出了新的海事赔偿责任限制公约草案，提交给政府间海事协商组织审议，并于 1976 年在伦敦召开的外交大会上获得通过，即《1976 年海事赔偿责任限制公约》（以下简称《1976 年责任限制公约》）。该公约现已在很大程度上取代了《1957 年责任限制公约》，成为当今海事赔偿责任限制国际立法的主流。该公约于 1986 年 12 月开始生效，迄今已有近 30 个国家批准或者加入。我国尽管不是该公约的缔约国，但我国《海商法》关于海事赔偿责任限制的规定借鉴了该公约的主要内容。

（一）《1976 年责任限制公约》的主要内容

与《1957 年责任限制公约》相比，该公约的重大修改体现在以下几个方面：

第一，扩大了责任限制权利的主体。该公约较之《1957 年责任限制公约》的责任限制主体范围有进一步的扩展。责任主体不仅包括船长、船员及船舶所有人的其他受雇人员，而且也包括了代理人和独立合同人。只要在法律意义上对于船舶所有人、救助人等责任主体的行为承担责任的人，均可依法享受责任限制。此外，由于受"东城丸轮"（Tojo Maru）案件判决的影响，① 该公约将救助人和责任保险人纳入责任限制权利主体范围之内。

第二，明确排除了对船舶油污和核损害赔偿的责任限制。《1957 年责任限制公约》虽然规定了限制性、非限制性海事请求的项目，但该公约在制定之时，并没有考虑将海上油污和核损害赔偿列入非限制性债权范围。《1957 年责任限制公约》通过后，油污和核损害问题日益严重，有关公约如《1969 年油污责任公约》等相继通过，油污及核损害等问题就由专门的国际公约调整，因此，《1976 年责任限制公约》明确地排除了对船舶油污和核损害赔偿的适用。

第三，修订了丧失责任限制权利的条件。该公约仿照《1929 年统一国际航空运输某些规则的公约》及其《1955 年海牙议定书》的规定，将《1957 年责任限制公约》规定的责任限制权利丧失的条件，由责任主体只要具有一般过失即不享受责任限制的情形，改为

---

① 1971 年"东城丸轮"案件中，救助人要求责任限制，但英国法院最终判决该案救助人不得享有责任限制，该判决引起国际航运界对《1957 年责任限制公约》的质疑。参见何丽新：《海商法》，厦门大学出版社 2004 年版，第 279 页。

具有故意或重大过失才不享受责任限制的情形，从而更有利于保护船东的利益。

第四，大幅度提高了责任限额。与《1957 年责任限制公约》相比，《1976 年责任限制公约》作了两项重大改革：首先是以特别提款权作为责任限额的计算单位，以减少通货膨胀的影响；其次是区分情况，适度提高责任限额，即首先确立一个基数，在此基础上按船舶的吨位实行超额累进递减的方式。该公约规定的责任限额与我国《海商法》的有关规定完全相同，不再赘述。

（二）《1976 年责任限制公约》的修订

《1976 年责任限制公约》出台以后，随之而来的是物价上涨和汇率波动，从而使其规定的责任限额显得偏低。另外，有关油污损害民事责任的国际公约在 20 世纪 80 年代陆续得到修订，而国际海事组织在 1996 年还制定并通过了《1996 年 HNS 公约》，这些经过修订或者新制定的国际公约都不同程度地涉及了赔偿责任限制的内容。故《1976 年责任限制公约》也有必要随之进行修订以适应国际海事立法的新发展。

1996 年 4 月，国际海事组织在伦敦召开的外交会议上通过了修改《1976 年责任限制公约》议定书，该议定书已于 2004 年 5 月生效。该议定书将发生一次事故可获得的赔偿限额作了大幅度的提高，具体内容如下表：

船舶总吨位	人身伤亡的赔偿限额	财产损害的赔偿限额
1~2000 吨	200 万 SDR	100 万 SDR
2001~30000 吨	200 万 SDR，并每吨增加 800 SDR	100 万 SDR，并每吨增加 400 SDR
30001~70000 吨	200 万 SDR，并每吨增加 600 SDR	100 万 SDR，并每吨增加 300 SDR
70000 吨以上	200 万 SDR，并每吨增加 400 SDR	100 万 SDR，并每吨增加 200 SDR

2012 年 4 月，国际海事组织法律委员会在伦敦召开会议，通过了《〈1976 年海事赔偿责任限制公约〉1996 年议定书》有关提高赔偿限额的修正案。该新限额经由默认程序已于 2015 年 4 月生效。根据该修正案的规定，赔偿限额的具体内容如下表：

船舶总吨位	人身伤亡的赔偿限额	财产损害的赔偿限额
1~2000 吨	302 万 SDR	151 万 SDR
2001~30000 吨	302 万 SDR，并每吨增加 1208 SDR	151 万 SDR，并每吨增加 604 SDR
30001~70000 吨	302 万 SDR，并每吨增加 906 SDR	151 万 SDR，并每吨增加 453 SDR
70000 吨以上	302 万 SDR，并每吨增加 604 SDR	151 万 SDR，并每吨增加 302 SDR

【专业术语】

海事赔偿责任限制	Limitation of Liability for Maritime Claims
单位责任限制	Package Limitation or Unit Limitation

【拓展阅读】

1. 何丽新、谢美山：《海事赔偿责任限制研究》，厦门大学出版社 2008 年版。

2. 陈小曼：《海事赔偿责任限制制度研究》，华中科技大学出版社 2018 年版。

3. 傅廷中：《船舶优先权与海事赔偿责任限制的价值冲突与协调》，载《法学研究》2013 年第 6 期。

第十三章　海　上　保　险

海上保险俗称水险，是以与海上运输有关的财产、利益或责任为保险标的的一种保险。海上保险以海上风险（危险），即与海上航行或海上运输有关的风险为承保对象，这是它区别于非海上保险的重要特征。

海上保险是历史最为悠久的保险制度，是一切保险尤其是财产保险的鼻祖，但它究竟肇始于何时何地已无法准确得知。虽有学者认为海上保险起源于古代共同海损或海上抵押借贷制度，但现在一般将 1384 年在意大利比萨（Piza）签发的海上保险单作为现代意义上海上保险的肇始。① 16 世纪以后，英国逐渐成为现代海上保险的中心。英国海上保险制度一直受判例法约束，直到《1906 年海上保险法》的问世才改变了这一局面，后者不仅是英国海上保险的重要法律依据，也是许多国家海上保险立法的重要参考。此外，英国协会保险条款也在国际保险市场上得到广泛应用。虽然在海上保险领域内并没有统一的国际公约，但是英国的立法和保险条款在一定程度上促进了海上保险法的国际统一。

我国的海上保险是伴随着殖民主义的入侵而引入的，但民营保险始终未得到应有的发展。解放后海上保险开始走上独立发展的道路，尤其是在改革开放后更是得到了迅猛的发展。我国没有制定单独的海上保险法，而是在《海商法》中单列一章"海上保险合同"。此外，我国还制订有《保险法》，故对于海上保险合同纠纷，应优先适用《海商法》的规定；《海商法》没有规定的，适用《保险法》（保赔保险除外，详见后文"保赔保险"一节）的有关规定；《海商法》《保险法》均没有规定的，适用《民法典》等其他相关法律的规定。

第一节　海上保险合同

一、海上保险合同概述

（一）海上保险合同的概念

同其他保险一样，海上保险具有经济和法律上的双重含义。经济意义上的海上保险表现

---

① 参见李继熊、魏华林：《海上保险学》，西南财经大学出版社 1997 年版，第 13~16 页。

为一种保险补偿关系，亦即通过集合众多面临同样海上风险的经济单位，以合理计收分摊金的方式积聚基金，在可能发生的特定偶然事件实际发生并造成损失后，给予经济补偿的一种经济制度。法律意义上的海上保险则表现为一种海上保险合同关系，是指投保人与保险人在平等自愿基础上订立海上保险合同，由投保人交纳保险费，在发生保险事故后由保险人按照合同规定履行补偿义务。海上保险的经济关系和法律关系是相辅相成、对立统一的。①

按照我国《海商法》第 216 条规定，海上保险合同是指保险人按照约定，对被保险人遭受保险事故造成保险标的的损失和产生的责任负责赔偿，而由被保险人支付保险费的合同。此处所称保险事故，是指保险人与被保险人约定的任何海上事故，包括与海上航行有关的发生于内河或者陆上的事故。

据此，只有海上事故，包括与海上航行有关的发生于内河或者陆上的事故，才属于《海商法》中"海上保险合同"的范畴。相反，与海上航行无关的发生于内河或者陆上的事故，不属于海上保险合同，不受《海商法》的调整和约束。例如，船舶触碰港口设施或者码头发生的保险事故应受《海商法》的调整；而非因海上事故引起的港口设施或者码头发生的事故，如地震、火灾等引起的港口设施或者码头事故，通常不受《海商法》的约束，而应适用《保险法》等的规定处理。此外，由于《海商法》第十二章"海上保险合同"对船舶未予特别限定，因此只有《海商法》第 3 条第 1 款规定的船舶，即为海船和其他海上移动式装置（用于军事的、政府公务的船舶和 20 总吨以下的小型船艇除外），才是《海商法》第十二章"海上保险合同"中的船舶。对不属于《海商法》第 3 条第 1 款规定的船舶的保险，例如内河船舶的保险，不受《海商法》第十二章"海上保险合同"的调整和约束。②

【案例研习 13-1】

中国人民财产保险股份有限公司航运保险运营中心与
泰州三福船舶工程有限公司船舶建造保险合同纠纷案③

三福公司与波兰赫密恩公司于 2008 年 4 月 28 日签订了造船合同，同日三福公

---

① 参见李继熊、魏华林：《海上保险学》，西南财经大学出版社 1997 年版，第 1 页。

② 按照目前的司法实践，海船的认定应当根据船舶检验证书记载的航行能力和准予航行航区予以确认，内河船舶的船舶性质及其准予航行航区不因船舶实际航行区域而改变。参见 2022 年《全国法院涉外商事海事审判工作座谈会会议纪要》第 71 条规定。

③ 参见最高人民法院（2017）民再 242 号民事判决书，上海市高级人民法院（2015）沪高民四（海）终字第 11 号民事判决书，上海海事法院（2012）沪海法商初字第 1635 号民事判决书。该案为最高人民法院发布的 2017 年度海事审判典型案例之一。

司、赫密恩公司与设计方上海佳豪公司签订该船舶建造技术规格书，约定船舶达到干舷吃水 8.25 米时，载重吨大约为 16900 吨。三福公司随后为该艘船舶的建造向人保航运中心投保船舶建造险。涉案保险单背面印制的保险条款第 3 条列明的保险责任范围包括"保险船舶任何部分因设计错误而引起的损失"，第四条除外责任包括"建造合同规定的罚款以及由于拒收和其他原因造成的间接损失"。涉案船舶基本建成前进行的空船测试显示，载重吨比设计合同的约定少 931.40 吨。三福公司发现上述问题后，与赫密恩公司签订备忘录协商同意降价 286 万美元。此后，三福公司通过改造并增加船舶载重吨后向赫密恩公司交付船舶。三福公司就上述降价损失向人保航运中心提出保险索赔被拒，遂提起诉讼。

本案是船舶建造保险合同纠纷，一审、二审均依据《海商法》作出判决。但最高人民法院再审认为，《海商法》第 3 条第 1 款规定："本法所称船舶，是指海船和其他海上移动式装置，但是用于军事的、政府公务的船舶和 20 总吨以下的小型船艇除外。"故除该法第 14 条规定建造中船舶的抵押权外，该法所规定的船舶原则上应限于基本建成而具有航海能力的船舶。该法第 12 章"海上保险合同"没有对船舶另作特别定义，故该章规定的船舶应当符合该法第 3 条的规定，需为具有航海能力的船舶。对于船舶建造险所承保的船舶是否属于《海商法》规定的船舶，需要根据其是否具有航海能力分阶段认定。涉案船舶投保时造船材料尚未移上船台，远未建成为《海商法》意义上的船舶，且涉案保险事故及其原因发生在船舶基本建成前的建造与设计阶段，故不应适用《海商法》，而应适用《保险法》的相关规定。

（二）海上保险合同的内容

按照我国《海商法》第 217 条的规定，海上保险合同的内容主要包括：保险人与被保险人名称；保险标的；保险价值；保险金额；保险责任和除外责任；保险期间；保险费等。

1. 保险人与被保险人

保险人，是指与投保人签订保险合同，并承担赔偿或者给付保险金义务的保险公司，是保险合同的一方当事人。保险人通常为保险公司，以及其他一些相互保险和合作保险组织，如保赔协会等。被保险人是指发生保险事故遭受损失时有权按照保险合同约定向保险人索赔的人。被保险人通常是投保人，但也有与投保人不一致的情形。

2. 保险标的

保险标的是指保险人与被保险人在海上保险合同中约定给予保险的财产、责任或利益。保险标的的范围很广，主要有船舶、货物以及其他与航海有关的财产和利益。

3. 保险价值与保险金额

保险价值是指保险责任开始时保险标的实际价值和保险费的总和。保险金额指保险人与被保险人约定在保险单中载明对保险标的所受损失给予赔偿的最高数额，其约定应以不超过被保险人对保险标的所具有的可保利益为限。

不过，在海上责任保险中，由于其承保的是被保险人将来对第三人的损害赔偿责任，因此保险标的的价值只有在事故发生后才能确定，在合同订立时无法确定。所以在责任保险中并无"保险价值"的存在，也没有"保险金额"这一概念，保险人只是在所约定的金额限度内承担保险给付责任，这在实践中一般称为"责任限额"。

4. 保险责任和除外责任

保险责任指海上保险合同成立后，保险人只对发生在保险责任范围内的保险事故造成保险标的的损失负责赔偿。除外责任指根据法律规定或约定，保险人不承担赔偿责任的风险范围。在不同的海上保险合同中，保险责任范围和除外责任范围是不同的，这取决于双方的约定以及标准保险条款的规定。

5. 保险期间和保险费

保险期间又称保险期限，指保险合同的有效期间，即海上保险合同自效力发生到终止的期限。不同的保险合同有着不同的保险期限，它一方面是计算保险费的依据，另一方面又是保险人与被保险人履行权利和义务的责任期限。

保险费则是保险合同的对价。但在保赔保险中，会员所支付的代价称为会费而不是保险费。而且，由于保赔保险的相互性，有关会费的约定并非终局的，会员除在入会时缴纳预付会费外，还可能包括追加会费和巨灾会费（溢额会费）以及退会免责会费等。

（三）海上保险合同的类型

1. 按保险标的分类

海上保险合同是以海上财产、利益及责任为保险标的的，因而属于财产保险的范畴。不过责任保险与财产保险相比，在保险标的、承保对象、保险价值与金额的确定以及代位求偿和索赔理赔等方面有许多重要区别，因此传统的财产保险有分化为狭义财产保险与责任保险的趋势。[①]相应的，海上保险也分为狭义的海上财产（损失）保险合同与海上责任保险合同两种，海上责任保险逐渐成为与货物、船舶等财产保险相并列的一种海上保险类型。[②]

海上财产保险合同通常承保船舶、货物等有形财产或其利益的损失，它通常由商业保

---

① 参见李凤宁：《海上责任保险的立法趋势与展望》，载《保险研究》2007 年第 4 期。

② 参见 Raymond P. Hayden, Sanford E. Balick. Marine Insurance：Varieties, Combinations, and Coverages, Tul. L. Rev. 1991-1992, p. 66.

险公司予以承保，因而属于商业保险的范畴。按照保险标的的不同，海上财产保险合同又可分为船舶保险、海上货物运输保险、运费保险、租金保险等。海上责任保险合同是以海上民事损害赔偿责任为承保对象的保险。依据责任的不同性质，海上责任保险又可分为碰撞责任险、油污责任险、承运人合同责任险等。保赔协会（船东互保协会）承保了大多数的承运人海上损害赔偿责任风险。

在实践中，有许多保险都是综合性的，既承保财产险又承保责任险。例如，船舶（船壳）保险单中会附加"碰撞责任"条款，船舶建造保险、船舶修理保险也会承保建造人、修船人的责任，而保赔保险也承保承运人的集装箱的财产损失等，以方便投保和索赔理赔。虽然上述财产险与责任险被综合在一个保险单中，但是由于性质不同，在法律上仍构成两个相互独立的合同关系，其在责任范围、索赔理赔等方面均有所不同。

2. 按保险价值分类

按保险合同中是否约定保险价值来划分，海上保险合同可分为定值保险和不定值保险两类。区分二者的意义在于，对于定值保险合同，发生保险事故后无需再对保险标的价值进行核定。对于不定值保险，则需要在保险事故发生后重新确定保险标的的保险价值。

保险人与被保险人在保险合同中约定了保险标的的保险价值的，为定值保险。定值保险合同中保险标的的保险价值可能与保险标的的实际价值不符。但是，除非保险人能够证明投保人有欺诈行为，否则保险人不得以实际价值与约定价值不符为由，拒绝履行赔付责任。①定值保险易诱发欺诈行为或道德风险的发生，因而定值保险通常只适用于一些不易确定价值的财产。海上保险，尤其是船舶保险和货物运输保险等大多采用定值保险形式，一方面是因为船舶、货物等海上保险标的流动性大，易受时间和空间因素的影响，事后估计损失在技术上存在许多难以解决的困难；另一方面，由于海上保险标的不像其他财产保险那样直接掌握在被保险人手中，因此不易产生故意制造保险事故的行为或道德风险。②

保险人与被保险人在保险合同中约定了保险标的的保险金额、但未约定保险价值的，不定值保险。对于不定值海上保险合同，按照《海商法》第219条第2款的规定，保险标的的保险价值依照下列规定计算：（1）船舶的保险价值，是保险责任开始时船舶的价值，包括船壳、机器、设备的价值，以及船上燃料、物料、索具、给养、淡水的价值和保险费的总和；（2）货物的保险价值，是保险责任开始时货物在起运地的发票价格或者非贸易商品在起运地的实际价值以及运费和保险费的总和；（3）运费的保险价值，是保险责任开始时承运人应收运费总额和保险费的总和；（4）其他保险标的的保险价值，是保险责任开始

---

①　英国1906年《海上保险法》第27条第3款规定，若不存在欺诈，保险人与被保险人达成的在保险合同中约定的保险标的的价值是保险标的的最终可保价值。我国立法虽未明确规定，但在理论上和实践中都是这样理解的。

②　参见李继熊、魏华林：《海上保险学》，西南财经大学出版社1997年版，第30页。

时保险标的的实际价值和保险费的总和。

3. 按保险期间分类

按承保的期间不同，海上保险合同可分为航次保险、定期保险和混合保险等不同类型。

（1）航次保险合同，是指以航程或航次为依据确定保险期间的保险，用来承保从起运港到目的港之间的一次航程、往返航程或多次航程中的保险责任。保险人的保险责任自航次开始时起，至航次结束时终止，其具体的日期需要依据具体的航次来确定。不过，如果保险单有不同约定的，例如约定"从货物装船时起"，则应以特别约定为准。海上货物运输保险通常采用航次保险形式，也有一些船舶保险如不定期营运的船舶等也采用这种保险方式。

（2）定期保险合同，是由保险当事人约定具体的期限（年、月、日、时）作为保险责任起讫日期的保险。保险期限通常有3个月、6个月或1年等。船舶保险一般采用定期保险。

（3）混合保险合同，是既以航次又以时间作为保险期间、兼具航次保险与定期保险特征的一种保险。实践中，混合保险以航次为主，但为避免航次时间拖延过长，又加以时间上的限制，两者以先发生者为准。超出约定期间或约定航次的损失不属于保险责任的范围。

二、海上保险合同的原则

海上保险合同所适用的原则，主要包括最大诚信、保险利益、损失补偿、近因原则等。

（一）最大诚信原则

最大诚信原则是被保险人和保险人订立、履行海上保险合同的基本原则之一。保险合同双方当事人必须本着最大诚意和信用来订立、履行合同。任何合同的签订，都须以合同当事人的诚信作为基础。如果当事人一方以欺诈为手段，诱使他方签订合同，一旦发现，他方则可据以解除合同。如有损害，还可要求对方予以赔偿。

我国《海商法》对被保险人的最大诚信义务做了详细规定。《海商法》虽未明确规定保险人的最大诚信义务，但是《保险法》关于保险人如实告知义务的规定应适用于海上保险。

1. 被保险人的最大诚信义务

（1）如实告知，是指被保险人在投保时将其所知道的有关保险标的重要情况如实告诉保险人。我国《海商法》第222条规定："合同订立前，被保险人应当将其知道的或者在通常业务中应当知道的有关影响保险人据以确定保险费率或者确定是否同意承保的重要情况，如实告知保险人。"这被称为"无限告知义务主义"，即无论保险人是否询问，被保险人都要将重要情况如实告诉保险人。这与我国《保险法》第16条确定的询问告知义务有所不同。

如实告知义务的主体，不仅包括被保险人，还包括被保险人的代理人，二者均应承担起如实告知的义务。如实告知义务的时间，通常是在投保时即合同订立前。也就是说，狭义上的被保险人如实告知义务在保险合同订立后就已经结束。至于续保时被保险人的如实告知义务，我国《海商法》并没有明确规定。理论上来说，续保时被保险人仍应履行如实告知义务。如果续保时被保险人违背了如实告知义务的，则仅影响续保后的保险合同，而不应因此溯及于续保前的保险合同。①被保险人如实告知义务的内容，仅限于对重要情况的告知。这里的重要情况，是指一切可能影响保险人作出是否承保，以及确定保险费率的有关事项。这种主要情况大体包括两类：一是被保险人实际知道的事实或信息，另一类是被保险人在业务活动中应当知道的事实或信息。在第一种情况下，被保险人实际知道有关情况，在第二种情况下，被保险人被推定为知道有关情况，以防止被保险人以不知为名推卸。

对于被保险人违反告知义务的，我国《海商法》第223条区分被保险人故意和非故意两种情况，作了不同规定：（1）如果被保险人的不告知是故意所为，保险人有权解除合同，并且不退还保险费；合同解除前发生保险事故，造成损失的，保险人不负赔偿责任。（2）如果被保险人的不告知不是故意所为，保险人有权解除合同或者要求相应增加保险费。保险人解除合同的，对于合同解除前发生保险事故造成的损失，保险人应当负赔偿责任，但是，未告知或错误告知的重要情况对保险事故的发生有影响者除外。不过，如果保险人知道被保险人未如实告知，仍旧收取保险费或者支付保险赔偿，后又以被保险人未如实告知重要情况为由请求解除合同的，不应支持。

（2）陈述，是指被保险人在协商合同或在合同订立前对其所知道的有关保险标的的情况，向保险人所作的说明。如所作的陈述不真实，即为错误陈述。陈述主要有三种：第一，对重要事实的陈述。按照国际保险市场的习惯做法，被保险人对重要事实所作的陈述必须真实，如不真实，或对保险人所询问的事项保持沉默，即视为对重要事实的错误陈述。在这种情况下，保险人得以被保险人违反最大诚信原则而解除合同。第二，对一般事

---

① 参见杨良宜：《海上货物保险》，法律出版社2010年版，第163~164页。

实的陈述。被保险人对一般事实所作的陈述，只要基本正确，即视为真实。简言之，凡被保险人所作的陈述与实际情况之间的差异，从一位谨慎保险人角度审视认为差异不大的，即为真实陈述，保险合同不得解除。第三，对期望或相信发生的事实的陈述。只要是被保险人出于诚信所作的陈述，即便与事实有些出入，保险人也不得解除合同。①

（3）担保又称保证，是最大诚信原则的另一重要内容。所谓保证是指保险人与被保险人在海上保险合同中约定被保险人担保对某一事项做或不做，或者担保某一事项的事实性。保证是保险合同的基础之一。但是，保证不同于告知，告知仅须实质上正确即可，而保证则必须严格遵守。保证可区分为明示保证和默示保证，明示保证（Express Warranty）是以书面形式在合同中明文规定或作为特别条款附加于合同中的保证条款。默示保证一般有适航、不绕航以及合法性保证等。明示保证取决于每一保险单的具体规定，如现行人保"船舶保险条款"第6条第2款规定了船级社、船级、船旗、船舶所有人、管理部门、光租和被征用等多项保证。此外，还可能附加航区保证等。②

被保险人违反合同约定的保证条款且未立即书面通知保险人的，保险人有权要求从违反保证条款之日起解除保险合同。保险人收到被保险人违反合同约定的保证条款的书面通知的，若双方就修改承保条件、增加保险费等事项与被保险人协商未能达成一致，保险合同也应于被保险人违反保证条款之日解除。但保险人收到被保险人违反合同约定的保证条款书面通知后仍支付保险赔偿，即不得再以被保险人违反合同约定的保证条款为由请求解除合同。

2. 保险人的如实告知义务

按照《保险法》第17条规定，订立保险合同，采用保险人提供的格式条款的，保险人向投保人提供的投保单应当附格式条款，保险人应当向投保人说明合同的内容。对保险合同中免除保险人责任的条款，保险人在订立合同时应当在投保单、保险单或者其他保险凭证上作出足以引起投保人注意的提示，并对该条款的内容以书面或者口头形式向投保人作出明确说明；未作提示或者明确说明的，该条款不产生效力。

此外，按照《保险法》第19条规定，采用保险人提供的格式条款订立的保险合同中的下列条款无效：（1）免除保险人依法应承担的义务或者加重投保人、被保险人责任的；（2）排除投保人、被保险人或者受益人依法享有的权利的。采用保险人提供的格式条款订立保险合同的，如果保险人与投保人、被保险人或者受益人对合同条款有争议时，首先应当按照通常理解予以解释。但如果对合同条款有两种以上解释的，法院或者仲裁机构应当

---

① 参见雷荣迪：《国际货物保险》，对外贸易出版社1994年版，第34页。

② 参见司玉琢：《海商法》，法律出版社2007年版，第393页。

作出有利于被保险人和受益人的解释。

【案例研习 13-2】

西谷商事株式会社与青岛人保海上货物运输保险合同纠纷案①

1998 年 1 月 20 日，西谷商事株式会社与北海船厂签订合同，约定由北海船厂为其制造一套土石装船输送设备。6 月 20 日，该套设备被拆分成塔架、支架、伸缩架和转台四大部分，然后在驳船"HANG BO 5001"的甲板表面焊接楔入角铁，将上述部分固定在驳船甲板上由拖轮"HANG TUO 2001"拖带运输（中国船级社出具了检验报告和适拖证明，认为在不超过 6 级风的情况下，"HANG BO 5001"可由"HANG TUO 2001"拖带从中国青岛至日本玉野从事一个航次的运输）。

北海船厂作为被保险人，并就上述土石装船输送设备海上运输，向青岛人保投保，根据北海船厂具体经办人胡某某向法院提交的书面证言，其当时向保险公司经办人员赵某提供了信用证和发票（赵某只要求其提供信用证和发票），未将上述运输情况（即将土石装船输送设备装载于驳船甲板上由拖轮拖带运输至日本这一情况）告知青岛人保。青岛人保签发的保险单载明：保险货物项目、包装、数量为一套土石装船输送设备，保险金额为 1440337 美元，装载运输工具为"HANG TUO 2001"，开航日期为 1998 年 6 月 20 日，自中国青岛至日本冈山县玉野，承保险别为根据中保财产保险有限公司 1981 年 1 月 1 日修订的海洋运输货物保险条款、海洋运输货物战争险条款和货物运输罢工险条款的一切险、战争险和罢工险。

在海上运输过程中，货物的承运人上海某工程公司发给胡某某（其又转发给西谷会社）关于航程中情况的传真若干，其中有"偏东风 7 至 8 级，大至巨浪"的记载。1998 年 6 月 26 日，"HANG TUO 2001"船到达日本玉野港。该船船长出具了《土石装船输送设备运抵日本玉野港损坏报告》，该报告记载详细的货损情况。1998 年 7 月 14 日，日本海事检定协会检验了上述土石装船输送设备，后出具了检验报告，确认该设备产生了凹痕、弯曲和脱落等损坏，认为总计为 12055000 日元的维修成本和费用是合理的，符合日本目前的成本和费用标准，同时认为货物的损害并非仅由单一原因造成，而是由以下列出的几个原因共同造成的：船长在遭遇声明中所述恶劣天气时未能作出合适的判断；在恶劣天气下，船长未能对船舶进行合适的操纵。西谷商事株式会社向青岛人保索赔不成，遂向法院提起诉讼要求青岛人保承担保险赔偿责任。

关于青岛人保是否应承担赔偿责任，二审认为：（1）本案中的土石装船输送设备

① 参见山东省高级人民法院（2002）鲁民四终字第 45 号民事判决书。

这种运输方式对于远距离的海上运输来说，风险明显要高于舱内货。而且，依据中国船级社的适拖证明，在超过6级风时，其风险就明显加大，因此货物装在甲板上并用拖轮拖带运输这种方式有自己特殊的风险，能够影响保险人据以确定保险费率或是否同意承保的判断，构成"重要情况"。(2) 经查明北海船厂在投保时未将上述"重要情况"告知保险人，即被保险人未尽如实告知义务（没有证据表明其系故意未将"重要情况"如实告知保险人，可以认定北海船厂在未尽如实告知义务方面不存在故意）。(3) 北海船厂在投保时向保险人提供的信用证和商业发票上的记载，依一般人包括保险人的常识，要从以上零散的信息中得出货物装在驳船甲板上并用拖轮拖带运输的情况是比较困难的。如实告知义务，是用来约束被保险人的，而要求保险人从被保险人告知的部分信息就推定其知道或者在通常业务中应当知道上述"重要情况"，这对于保险人来说，显然是不合理的。因此，该"重要情况"不属于保险人知道或者在通常业务中应当知道的情况，被保险人应该告知。(4) 该"重要情况"对保险事故发生有影响：首先，中国船级社的适拖证明说明，本案货物的运输过程中，风力达到了7级以上，可以认定此时是不适航的，这种拖带运输方式对保险事故的发生有影响；其次，本案货物是用角铁、捆绑钢索固定在驳船甲板上运输，根据损坏报告对等损坏情况的描述，将货物装在甲板上并需要用角铁、钢索加以固定的运输方式对本案保险事故的发生有影响据此认定，上述"重要情况"对本案保险事故的发生有影响，保险人不承担赔偿责任。

（二）保险利益原则

保险利益，是指投保人或者被保险人对保险标的具有的法律上承认的经济利益。保险利益原则在保险领域普遍适用，海上保险亦不例外。它的基本含义是要求与保险标的具有保险利益的投保人与保险人签订的保险合同才具有法律效力。保险利益原则可以限制保险人的保险赔偿责任，防止超额保险；可以杜绝利用保险进行赌博，防止道德危险。《海商法》对保险利益没有明文规定，因此应适用《保险法》的相关规定。

按照海上保险市场的惯例，海上保险的保险利益分为现有利益、期得利益和责任利益。从我国保险公司现在经营的海上保险险种和险别来看，上述三种保险利益皆被认可，《海商法》的有关规定（如第218条规定的海上保险合同的保险标的）亦体现了这一精神。此外，按照《保险法》第48条规定，保险事故发生时，被保险人对保险标的不具有保险利益的，不得向保险人请求赔偿保险金，这同样应当适用于海上保险。

（三）损失赔偿原则

损失赔偿原则是海上保险合同最基本的原则之一。海上保险合同是补偿性合同。海上保险的主要目的就是当被保险人因保险标的发生保险事故而遭受损失时，按保险合同规定从保险人处得到相应的补偿。这种补偿仅限于保险事故实际损失的价值，并仅以保险金额和被保险人应有的保险利益为限，即被保险人不得因保险事故的赔偿而获得额外利益，以防止被保险人投机取巧，因祸得福。如我国《海商法》第216条明确规定："海上保险合同……对被保险人遭受保险事故造成保险标的的损失和产生的责任负责赔偿……"

当保险标的发生保险责任范围内的损失，保险人对被保险人理赔时，须遵循"无损失无赔偿"规则，即保险标的没有发生损失时，保险人只收取保险费，而不负任何责任。其目的是保障社会整体利益和保持经营的稳定性，防止有人利用保险进行以赢利为目的的投机，故意制造损失。

（四）近因原则

近因原则是保险理赔中必须遵循的一项基本原则，是指保险人仅对承保范围的保险事故作为最直接、最接近的原因所引起的保险事故损失承担赔偿责任，而对于其他的损失，不负赔偿责任。在各国保险法律实务中，通常都采用"近因原则"来判断承保危险与保险标的损害之间的因果关系。如英国《1906年海上保险法》第55条第1款规定："根据本法规定，除保险单另有规定外，保险人对由其承保危险直接造成的损失，承担赔偿责任；但对非由其承保危险直接造成的任何损失，概不承担责任。"虽然我国《海商法》并没有类似的规定，但在实践中仍然贯彻了这一原则。

三、海上保险合同的订立、转让和解除

（一）海上保险合同的订立

订立海上保险合同，应当协商一致，并遵循公平原则确定各方的权利和义务。除法律、行政法规规定必须保险的外，海上保险合同应自愿订立。在实践中，海上保险合同订立的环节通常有要保、核保、保险费报价、暂保、签发保险单和缴纳保险费等。在法律上，海上保险合同的订立仍然可以分为要约与承诺两个过程。要约一般是指被保险人的投保行为，即投保人提出保险要求，这通常以填写投保单等形式出现；保险人同意承保即为承诺，海上保险合同即可成立。

依法成立的海上保险合同，自成立时生效。投保人和保险人可以对合同的效力约定附条件或者附期限。海上保险合同成立后，投保人按照约定交付保险费，保险人按照约定的时间开始承担保险责任；保险人还应及时向被保险人签发保险单或其他保险单证，并在其上载明双方约定的事项和内容，当事人也可以约定采用其他书面形式载明合同内容。在实践中，保险人有时会出具暂保单，在保险的具体事项确定后，应将暂保单换为保险单。被保险人在一定期间分批装运或者接受货物的，依据《海商法》第231~233条的规定，可

以与保险人订立预约保险合同。在预约保险中，保险人也应当签发预约保险单证加以确认。如果被保险人提出要求，保险人应当对依据预约保险合同分批装运的货物分别签发保险单证。保险人分别签发的保险单证的内容与预约保险单证的内容不一致的，以分别签发的保险单证为准。为了保证预约保险合同的正确履行，法律要求被保险人在知道经预约保险合同保险的货物已经装运或者到达的情况时，应当立即通知保险人，这样保险人才能据此签发保险单证。通知的内容包括装运货物的船名、航线、货物价值和保险金额。

此处还要注意的是，保赔保险合同的订立有特殊的规则。作为一种封闭性的相互保险组织，船东通常只有在成为保赔协会的会员后，才能享受到保赔保险的保障。因此，船东向协会出具的"入会申请"，实际上构成一项要约；如果协会同意其入会并签发"入会证书"，则可被视为一项承诺。但是，保赔协会签发给会员的入会证书并不是保赔保险合同本身，而只是双方合同的证明。除了入会合同外，协会与其会员之间还要受协会章程、协会规定、协会条款以及协会与会员间的特别协议等的约束。其中，入会证书通常视为是协会向会员签发的"保险单"，是合同的证明；协会章程主要规定协会的经营管理事项，一般不直接涉及保险权利义务关系；协会条款则是保赔保险的主要条款；协会规定则可能构成对保赔保险合同内容的单方变更。协会章程的效力高于协会条款，当两者发生冲突时，后者应当服从前者。

(二) 海上保险合同的转让

根据国际海上保险的惯例，海上保险合同一般允许转让。不过，它们的转让条件是不一样的。

1. 海上货物运输保险合同的转让

海上货物运输保险合同的转让通常是在货物运输途中所有权转移的情况下发生的，以便货物受让人在获得货物的同时也可以得到相应的保险保障。海上货物运输保险合同通常可自由转让，以适应国际贸易尤其是单证贸易的要求。与此相应，我国《海商法》第229条规定，海上货物运输保险合同一般可由被保险人（转让人）在保险单背面背书，或者以其他方式，如签订转让合同等转让，而不需要保险人的同意。因为此时货物尚在运输途中并处于承运人的监管之下，被保险人的变更对承保风险并没有影响。

海上货物保险合同依法被转让的，合同的权利、义务也随之转移。合同转让时尚未支付保险费的，被保险人和合同受让人负连带支付责任。

2. 船舶保险合同的转让

同海上货物运输保险不同，各国法律对于船舶保险合同的转让十分严格，因为船舶所有权转移有可能改变船舶的管理状况，从而影响到保险人的承保风险及其保险费率的确定。所以，各国法律一般都规定，船舶保险合同的转让需经保险人同意。我国《海商法》

第 230 条第 1 款明确规定:"因船舶转让而转让船舶保险合同的,应当取得保险人同意。"在实践中通常由保险人在保险单上批注或附贴批单,以确认合同的转让。

若船舶转让未经保险人同意,则船舶保险合同从船舶转让时起解除。船舶转让发生在航次之中的,船舶保险合同至航次终了时解除,船舶转让时起至航次终了时止的船舶保险合同的权利、义务由船舶出让人享有、承担,也可以由船舶受让人继受。船舶受让人向保险人请求赔偿时,应当提交有效的保险单证及船舶转让合同的证明。

由于《海商法》仅对海上货物运输保险和船舶保险合同的转让作了规定,对于其他类型海上保险合同的转让,可适用《保险法》第 49 条等的规定,除另有约定外,保险标的的转让应当通知保险人。

(三) 海上保险合同的解除

海上保险合同得依法或依当事人约定而解除。《保险法》第 15 条还规定,除该法另有规定或者保险合同另有约定外,保险合同成立后,投保人可以解除合同,保险人不得解除合同,这同样应当适用于海上保险合同。当然,《海商法》等有特别规定,依其规定。

1. 约定解除

当事人可以约定解除合同,这包括双方协议解除合同或者一方行使合同约定的解除权的情形。《海商法》第 227 条第 2 款对保险责任开始后解除合同的情形做出了规定:如果被保险人要求解除合同,保险人有权收取自保险责任开始之日起至合同解除之日止的保险费,剩余部分予以退还;如果保险人要求解除合同,应当将自合同解除之日起至保险期间届满之日止的保险费退还被保险人。但是,《海商法》第 228 条对于货物运输和船舶的航次保险的解除作出了限制,被保险人在保险责任开始后不得要求解除合同。这是因为航次保险的保险期间比较短,保险人对保险标的的安全和使用情况不易掌握,允许被保险人(投保人) 解除合同,可能会出现道德危险,不利于保护保险人的利益。[①]

2. 法定解除

(1) 被保险人在保险责任开始前的单方解除。我国《海商法》第 226 条规定:"保险责任开始前,被保险人可以要求解除合同,但是应当向保险人支付手续费,保险人应当退还保险费。"也就是说,保险责任开始前,被保险人可以支付一定的退保手续费为代价,无条件地解除合同。

(2) 保险人单方面的合同解除。按照《海商法》和《保险法》的规定,被保险人违反告知或保证义务的,被保险人或受益人谎称发生了保险事故或故意制造保险事故的,投保人、被保险人未按照约定履行其对保险标的的安全应尽的责任的,以及被保险人未按照约定及时通知保险人保险标的的危险增加的等,保险人均有权解除合同。

---

① 参见卞耀武:《中华人民共和国保险法释义》,法律出版社 1996 年版,第 79 页。

四、被保险人的义务

我国《海商法》第 234~236 条规定了被保险人的以下义务：

1. 及时支付保险费的义务

除合同另有约定外，被保险人应当在合同订立后立即支付保险费。被保险人支付保险费前，除非另有约定，保险人可以拒绝签发保险单证。被保险人未支付约定的保险费的，保险责任开始前，保险人有权解除保险合同，但保险人已经签发保险单证的除外，这主要是考虑到在海上货物运输保险中，保险单证可能已经被转让，此时若允许保险人解除保险合同，会使货物失去保险保障，并进而影响到货方的合法权益。但是，保险责任开始后，保险人以被保险人未支付保险费请求解除合同的，应不予支持。此外，订立合同时，被保险人已经知道或者应当知道保险标的已经因发生保险事故而遭受损失的，保险人不负赔偿责任，但是有权收取保险费；保险人已经知道或者应当知道保险标的已经不可能因发生保险事故而遭受损失的，被保险人有权收回已经支付的保险费。

2. 遵守保证的义务

被保险人违反合同约定的保证条款时，应当立即书面通知保险人。保险人收到通知后，可以解除合同，也可以要求修改承保条件、增加保险费。但如果保险人就修改承保条件、增加保险费等事项与被保险人协商未能达成一致的，保险合同于违反保证条款之日解除。被保险人违反合同约定的保证条款未立即书面通知保险人的，保险人有权要求从违反保证条款之日起解除保险合同。但是，保险人收到被保险人违反合同保证条款的书面通知后支付保险赔偿，此后又以此为由请求解除合同的，不应支持。

3. 出险后的通知与施救义务

一旦保险事故发生，被保险人应当立即通知保险人，并采取必要的合理措施，防止或者减少损失。出险通知对保险人非常重要，这关系到能否及时地安排检验、保留和提取证据、采取措施防止或减少损失等。被保险人收到保险人发出的有关采取防止或者减少损失的合理措施的特别通知的，应当按照保险人通知的要求处理。否则，对于被保险人违反上述规定所造成的扩大损失，保险人不负赔偿责任。

此外，我国《保险法》还规定了被保险人的其他义务，如防灾防损的义务，危险增加时的通知义务等。保险合同和保险标准条款中往往也有关于被保险人义务的特别规定。

五、保险人的责任

保险人最主要的义务和责任，就是在保险事故发生后，依照法律规定和合同约定向被保险人支付保险赔偿，以补偿被保险人的损失。

（一）保险标的的损失

保险标的的损失，可分为全损和部分损失两种情形。其中，全损又分为实际全损和推定全损两种。而不属于实际全损和推定全损的损失，则为部分损失。

所谓实际全损，按照《海商法》第245条规定，保险标的发生保险事故后灭失，或者受到严重损坏完全失去原有形体、效用，或者不能再归被保险人所拥有的，为实际全损。常见的货物实际全损有：货物随船沉入深海、货物被抛弃、货物烧毁、水泥进水结块、化肥被水溶解、食品被有毒货物玷污、水果腐烂、冻肉解冻变质、牲畜死亡等。而船舶失火、爆炸致使船舶灭失，或沉入水底无法打捞并重归所有人拥有的等，则构成船舶的实际全损。此外，船舶在合理时间内未从被获知最后消息的地点抵达目的地，除合同另有约定外，满两个月后仍没有获知其消息的，为船舶失踪。船舶失踪视为实际全损。

推定全损也有两种情形：（1）对货运险来说，货物发生保险事故后，认为实际全损已经不可避免，或者为避免发生实际全损所需支付的费用与继续将货物运抵目的地的费用之和超过保险价值的，为推定全损。例如，运输货物航程因海上自然灾害无法完成从而导致被保险人无法取得和处分货物，或者货物发生损坏后，虽然仍然可能修复，但修复费用加上将货物运至目的地的费用将超过货物到达后的实际价值。（2）对船舶险来说，船舶发生保险事故后，认为实际全损已经不可避免，或者为避免发生实际全损所需支付的费用超过保险价值的，为推定全损。例如，船舶沉入水底后，打捞、修理等的费用超过保险价值的，为推定全损。对于上述保险标的因发生保险事故后所造成的损失，保险人得依据法律规定和保险合同约定，在保险金额范围内承担保险责任。当然，保险人承担保险赔付责任须有一定的前提，即损失应发生在保险有效期限内并属于保险人的责任范围，同时被保险人已履行了必要的索赔程序，而保险人也不具有免责的事由。

（二）保险人的保险赔付责任

按照保险金额与保险价值之间的关系不同，海上保险合同可分为以下三种情形：（1）保险金额与保险价值一致，这被称为全额保险。（2）保险金额超过保险价值，这被称为超额保险或溢额保险。（3）如果被保险人只投保保险价值的一部分，即保险金额低于保险价值的，这种保险为不足额保险。按照《保险法》第55条等的规定，这三种情形下保险人的赔付责任各不相同。在全额保险中，保险标的因保险事故遭受全损的，保险人应按保险金额赔偿，但是超额保险、不足额保险要复杂得多。

1. 超额保险下的保险赔付责任

超额投保的，保险金额超出保险价值的部分无效，保险人无需赔付。在定值保险中，保险人以保险合同中约定的保险金额明显高于保险标的的实际价值为由，主张根据《海商法》第219条第2款的规定重新确定保险价值，就超出该保险价值部分免除赔偿责任的，应不予支持；但保险人提供证据证明，被保险人在签订保险合同时存在故意隐瞒或者虚报保险价值的除外。在不定值保险中，保险人主张根据《海商法》第219条第2款的规定确定保险价值，并以保险合同中约定的保险金额明显高于保险价值为由，主张对超过保险价值部分免除保险赔偿责任的，应予支持。但被保险人提供证据证明，保险人在签订保险合同时明知保险金额明显超过根据《海商法》第219条第2款确定的保险价值的除外。①

2. 不足额保险下的保险赔付责任

对于不足额保险，除合同另有约定外，保险人按照保险金额与保险价值的比例承担赔偿保险金的责任，即保险标的发生全损时，保险人赔付全部保险金额；发生部分损失时，保险人按照保险金额与保险价值的比例负赔偿责任。例如，被保险人将其价值100万元的货物投保，保险金额是80万元，在责任期间内发生部分损失，损失额为20万元，那么保险人仅需赔偿16万元，因为保险人只保了货物价值的80%，也就只对80%的货损承担责任。不足额投保的上述规则也适用于共同海损分摊的保险补偿。按照《海商法》第241条规定，保险金额低于共同海损分摊价值的，保险人按照保险金额同分摊价值的比例赔偿共同海损分摊。

3. 其他特殊情形下的保险赔偿

（1）重复保险

按照《海商法》第225条规定，被保险人对同一保险标的就同一保险事故向几个保险人重复订立合同的，为重复保险。重复保险中，如果保险金额总和超过了保险标的的价值，除合同另有约定外，被保险人可以向任何保险人提出赔偿请求。但是，被保险人获得的赔偿金额总和不得超过保险标的的受损价值，超过部分应退还给保险人。各保险人应按照其承保的保险金额同保险金额总和的比例承担赔偿责任，任何一个保险人支付的赔偿金额超过其应当承担的赔偿责任的，有权向赔偿金额不足的其他保险人追偿。

（2）连续损失

保险人赔偿保险损失应以保险金额（等于或低于保险价值时）为限，以事故原则为基础，即一次保险事故一个赔偿责任限额。但在整个保险期间内，可能发生多次保险事故，造成保险标的的多次损失，此时在保险赔付时不应将这些损失加起来，以一个保险金额为限来减轻保险人的赔偿责任。但是，如果发生部分损失，没有进行修复，其后又发生了全损（不论是否由保险事故造成），保险人不应再承担此前发生的部分损失，因为被保险人并未实际支付修理费用，其全损赔偿（不论是否可依据本保险得到赔偿）也未因此前的部分损失而减少。在其后发生推定全损时，如果被保险人选择修理，按部分损失索赔，保险

---

① 参见2022年《全国法院涉外商事海事审判工作座谈会会议纪要》第73条规定。

人则仍应赔偿此前发生的连续损失。①

（3）施救费用

施救费用是指被保险人为防止或减少根据保险合同可以得到赔偿的损失，而支出的必要的合理费用，包括为确定保险事故的性质、损失程度而支出的检验、估价的合理费用，以及为执行保险人的特别施救指示而支出的费用。被保险人为防止或者减少损失而采取的合理措施没有效果但仍产生了合理费用的，同样属于施救费用的范畴。但凡能够作为单独海损、共同海损或救助费用的，就不能以施救费用的名义向保险人索赔。施救费用也不包括保险人自行采取措施避免或减少保险标的的损失而发生的任何费用。

对于施救费用，保险人应在保险标的的损失赔偿之外，以单独的一个保险金额为限另行支付。这样有利于鼓励被保险人积极采取必要的合理措施，尽量避免或减少保险事故造成的损失。保险金额低于保险价值的，保险人可按保险金额同保险价值的比例赔偿施救费用。

（三）保险人的法定除外责任

《海商法》第242～244条对保险人可以免除保险责任的情形作出了规定。这主要包括：

（1）对于被保险人故意造成的损失，保险人不负赔偿责任。但故意行为必须是被保险人本人的，不包括船长、船员的不法行为。

（2）海上货物运输保险人的除外责任。除合同另有约定外，因下列原因之一造成货物损失的，保险人不负赔偿责任：航行迟延、交货迟延或者行市变化；货物的自然损耗、缺陷和自然特性；包装不当。现行人保"海洋运输货物保险条款"亦将这些除外责任包括在内。

【案例研习13-3】

上海申福化工有限公司与中国人民财产保险股份

有限公司上海市分公司海上保险合同纠纷案②

2008年10月14日，上海申福化工公司与住友香港公司签订买卖合同，向后者购买899.065吨苯酚，色度标准最大值为10铂钴，单价为1 450美元/公吨，总价为1 303 644.25美元。10月8日，中国人保上海市分公司（以下简称保险公司）签发货物运输保险单承保涉案货物。保险单记载被保险人为化工公司，总保险金额为人民币

---

① 参见司玉琢：《海商法》，法律出版社2007年版，第394页。

② 参见最高人民法院（2011）民申字第1516号民事裁定书。

8 941 305 元，承保险别为按中国人民保险公司海洋运输货物保险条款（1/1/81）承保一切险，包括仓至仓条款、战争险和岸罐计量短少 0.3% 以上的保险赔偿责任。

2008 年 9 月 7 日，德宝海运签发提单承运涉案货物，瑞士通用公证行（SGS）的分析报告记载涉案苯酚色度值小于 5 铂钴，含水量为 0.0167%。10 月 25 日，涉案货物自西班牙韦尔瓦港运抵常州港。化工公司委托上海东方天祥检验公司检验，发现涉案 2 个船舱中苯酚的色度值分别为左 1 舱 39 铂钴和右 1 舱 81 铂钴，所有苯酚的水分值为 0.050%。11 月 4 日，上海英斯贝克商品检验公司对涉案苯酚装船前的岸罐样本和起运前的船舱样本进行了检验，检验结果显示色度值分别为 6 铂钴和 4 铂钴。化工公司发现涉案苯酚色度变化后，分别以 4 731 元/吨单价卖出 300 吨，以人民币 4 780元/吨单价卖出 600 吨。2009 年 2 月 10 日，化工公司根据保险公司要求提供了涉案苯酚受损的相关索赔材料。化工公司索赔不成遂向法院起诉，请求判令保险公司支付保险赔偿金以及其他费用。

一审认为：（1）保险公司主张货损系由于货物的自然属性导致，但其未提供证据证明。同时，涉案货物随船小样的检验结果显示，货物色度值并未发生变化，进一步推翻了保险公司关于货物自然属性导致货物损失的说法。对该项抗辩理由不予采纳。（2）关于货损的金额，保险公司主张按照货物贬损率计算货物损失，贬损率为货物完好时的市场价格减去受损货物的实际价格，然后除以货物完好时的市场价格，该方法扣除了货物行市变化导致的损失，可予支持。根据化工易贸网站提供的苯酚价格信息显示，2008 年 11 月 20 日和 12 月 2 日，苯酚在华东市场的价格分别为人民币 5 900~6 000 元/吨和人民币 5 700~5 800 元/吨。故酌定以上述价格区间的中间值确定涉案货物的价格，则涉案货物销售时完好货物的市场价格分别为人民币 5 950 元/吨和人民币5 750 元/吨。涉案苯酚由于色度变化导致的贬损率分别为 20.49% 和 16.87%。涉案保险单显示货物保险金额为人民币 8 941 305 元。涉案苯酚实际货损为人民币1 616 289.90元。该部分损失属于保险公司承保的范围，其余损失系由于苯酚市场价格跌落导致的损失，保险人可以免责。（3）关于化工公司主张的施救费用。化工公司主张支付给东方天祥的检验费用人民币 4 750 元以及支付给英斯贝克的检验费人民币3 331.25元属于为确定保险事故性质、程度而支出的检验费用，应当由作为保险人的保险公司予以支付。化工公司主张的律师费用、关税和进口增值税不属于保险事故导致的直接损失，也不属于法律规定保险人在保险标的损失赔偿之外另行支付的范围，对该部分损失不予支持。（4）关于利息。化工公司主张的利息损失系因保险公司迟延赔付产生的孳息损失，应予支持。化工公司已经证明其于 2009 年 2 月 10 日前以及当日向保险公司提交了赔偿请求和证明，其后保险公司既未发出拒绝赔偿通知书，也未在此后 60 日即 4 月 10 日前予以理赔，化工公司主张从 2009 年 4 月 11 日起按照中国人民银行贷款利率计算利息，但未提供相关的贷款依据，故利息损失按中国人民银行同期活期存款利率自 2009 年 4 月 11 日起计算至判决生效之日止较为合理。二审赞同一审法院的主张，最高人民法院则驳回再审申请。

（3）船舶保险人的除外责任。除合同另有约定外，因下列原因之一造成保险船舶损失的，保险人不负赔偿责任：船舶开航时不适航，但是在船舶定期保险中被保险人不知道的除外；船舶自然磨损或者锈蚀。

运费保险比照适用上述规定。

【案例研习 13-4】

李某某、林某某与天安财产保险股份有限
公司深圳分公司海上保险合同纠纷案①

2019 年 4 月 25 日，李某某、林某某所有的"温妮"号游艇参加大帆船场地赛后，返回三亚途中触礁搁浅。施救过程中连续遭受台风影响，导致游艇翻沉灭失，构成全损。李某某、林某某向天安财产保险股份有限公司深圳分公司索赔被拒后，遂诉至法院。

一审认为，本次事故属于保险责任范围。案涉游艇持有有效的适航证书，驾驶人具有相应驾驶资格，事发当时已配备最新的电子海图。保险人关于案涉游艇未配备纸质海图属于不适航、违反保证义务的抗辩主张不能成立。一审判决保险人向李某某、林某某支付案涉保险赔偿款。二审法院加大调解力度、化解矛盾，最终调解结案。

第二节　海上保险条款

保险人通常使用自己制订或提供的格式保险条款与投保人或被保险人订立海上保险合同。在国际保险市场上，应用最广的是英国伦敦保险业协会所制订的"协会条款"，包括各种货物险条款、船舶和运费保险条款、特殊货物保险条款等。②在国内，中国人民保险

---

① 参见海口海事法院（2020）琼 72 民初 66 号民事判决书，海南省高级人民法院（2020）琼民终 431 号民事调解书。该案为最高人民法院发布的 2020 年度海事审判典型案例之一。

② 参见杨良宜、汪鹏南：《英国海上保险条款详论》，大连海事大学出版社 1996 年版，第 1~6 页。

公司（PICC）也参照上述条款制订了自己的海上货运险、船舶险等条款，通常称为"人保条款"，广泛应用于我国的海上保险实务中。2009 年《保险法》修订后，基于该法第135 条规定，① 其他保险公司也纷纷制订和使用自己的海上保险条款，但这些保险条款同人保条款基本相同。

一、海上货物运输保险

海上货物运输保险是以海上运输货物作为承保标的的保险，主要承保货物在运输途中遭受损坏或灭失的风险。海上货物运输保险是历史最悠久、业务量最大的货运保险类型，不仅在贸易中占据重要地位，与航运的关系也十分密切。

（一）我国海洋运输货物保险条款

我国海上货物运输保险实务中，曾长期采用人保（PICC）"海洋运输货物保险条款"，该条款于 1981 年制订，并于 2009 年进行了修订。目前，人保"海洋运输货物保险条款（2009 版）"在我国保险市场的应用较为广泛，其他保险公司备案的海洋运输货物保险条款也与该条款基本一致。

海洋运输货物保险通常分基本险、附加险和专门险三种。基本险又称主险，是指可以独立承保，不必附加在其他险别项下的险别，主要有平安险，水渍险和一切险三种，三者除承保责任范围不同外，其他条款是一致的。附加险是投保人在投保基本险时，为保障基本险范围以外可能发生的某些风险所附加的保险。附加险不能单独承保，它必须依附于主险。附加险一般可分为普通附加险、特别附加险和特殊附加险（包括战争险和罢工险）三类。鉴于现有海洋运输货物保险险别、条款繁多复杂，下面仅介绍基本险的主要内容。

1. 责任范围

基本险方面，"海洋运输货物保险条款（2009 版）"仍分为平安险、水渍险、一切险三种，其承保范围依次递增。被保险货物遭受损失时，保险人按照保险单上订明承保险别的条款规定，负赔偿责任。

平安险负责赔偿：（1）被保险货物在运输途中由于恶劣气候、雷电、海啸、地震、洪水自然灾害造成整批货物的全部损失或推定全损。当被保险人要求赔付推定全损时，须将受损货物及其权利委付给保险人。被保险货物用驳船运往或运离海轮的，每一驳船所装的货物可视作一个整批。推定全损是指被保险货物的实际全损已经不可避免，或者恢复、修

---

① 《保险法》第 135 条规定：关系社会公众利益的保险险种、依法实行强制保险的险种和新开发的人寿保险险种等的保险条款和保险费率，应当报国务院保险监督管理机构批准。国务院保险监督管理机构审批时，应当遵循保护社会公众利益和防止不正当竞争的原则。其他保险险种的保险条款和保险费率，应当报保险监督管理机构备案。保险条款和保险费率审批、备案的具体办法，由国务院保险监督管理机构依照前款规定制定。

复受损货物以及运送货物到原订目的地的费用超过该目的地的货物价值。（2）由于运输工具遭受搁浅、触礁、沉没、互撞、与流冰或其他物体碰撞以及失火、爆炸意外事故造成货物的全部或部分损失。（3）在运输工具已经发生搁浅、触礁、沉没、焚毁意外事故的情况下，货物在此前后又在海上遭受恶劣气候、雷电、海啸等自然灾害所造成的部分损失。（4）在装卸或转运时由于一件或数件整件货物落海造成的全部或部分损失。（5）被保险人对遭受承保责任内危险的货物采取抢救、防止或减少货损的措施而支付的合理费用，但以不超过该批被救货物的保险金额为限。（6）运输工具遭遇海难后，在避难港由于卸货所引起的损失以及在中途港、避难港由于卸货、存仓以及运送货物所产生的特别费用。（7）共同海损的牺牲、分摊和救助费用。（8）运输契约订有"船舶互撞责任"条款，根据该条款规定应由货方偿还船方的损失。

水渍险除上列平安险的各项责任外，还负责被保险货物由于恶劣气候、雷电、海啸、地震、洪水所造成的部分损失。水渍险与平安险的区别在于，平安险对于恶劣气候、雷电、海啸、地震、洪水自然灾害造成保险货物全部损失时才负赔偿责任；而水渍险不仅对上述列举的自然灾害所造成的保险货物全损、部分损失均负责赔偿。

一切险除上列平安险和水渍险的各项责任外，还负责被保险货物由于外来原因所造成的全损或部分损失。与平安险、水渍险相比，一切险的承保范围最为广泛。平安险和水渍险为列明风险，但一切险中的"外来原因"是否属于列明风险曾有较大争议。保险业界多认为"外来原因"为列明风险，仅指偷窃、提货不着、淡水雨淋、短量、混杂、玷污、渗漏、串味异味、受潮受热、包装破裂、钩损、碰损破碎、锈损等原因。反对者则认为，对一切险的风险承保范围可从字面上作文义解释，认为一切险承保海上运输中所有的风险，除非已被明确排除。目前司法实践中倾向于认为"外来原因"为非列明风险。

2. 除外责任

除外责任是保险人不负赔偿损失或费用的责任。保险条款中之所以要规定责任范围和除外责任，主要是为了划清保险人、被保险人双方对损失应负的责任，使保险人的赔偿责任更为明确。平安险、水渍险、一切险的除外责任是一致的，包括：（1）被保险人的故意行为或过失所造成的损失。（2）属于发货人责任所引起的损失。（3）在保险责任开始前，被保险货物已存在的品质不良或数量短差所造成的损失。（4）被保险货物的自然损耗、本质缺陷、特性以及市价跌落、运输延迟所引起的损失或费用。（5）该保险公司海洋运输货物战争险条款和货物运输罢工险条款规定的责任范围和除外责任。

3. 责任期间

责任期间，又称保险期间或保险期限，是指保险人承担保险赔偿责任的起讫期限。保险人的责任期间一般称为"仓至仓"责任，即自被保险货物运离保险单所载明的起运地仓库或储存处所开始运输时生效，包括正常运输过程中的海上、陆上、内河和驳船运输在内，直至该项货物到达保险单所载明目的地收货人的最后仓库或储存处所或被保险人用作分配、分派或非正常运输的其他储存处所为止。如未抵达上述仓库或储存处所，则以被保险货物在最后卸载港全部卸离海轮后满六十天为止。如在上述六十天内被保险货物需转运到非保险单所载明的目的地时，则以该项货物开始转运时终止。

不过，若由于被保险人无法控制的运输延迟、绕道、被迫卸货、重新装载、转载或承运人运用运输契约赋予的权限所作的任何航海上的变更或终止运输契约，致使被保险货物运到非保险单所载明目的地时，在被保险人及时将获知的情况通知保险人，并在必要时加交保险费的情况下，保险仍继续有效，保险责任按下列规定终止：（1）被保险货物如在非保险单所载明的目的地出售，保险责任至交货时为止，但不论任何情况，均以被保险货物在卸载港全部卸离海轮后满六十天为止。（2）被保险货物如在上述六十天期限内继续运往保险单所载原目的地或其他目的地时，保险责任仍按上一段关于"仓至仓"责任的规定终止。

4. 其他条款

其他条款主要涉及被保险人的义务、赔偿处理以及索赔期限等。条款第四部分"被保险人的义务"主要规定被保险人应及时提货、申请检验、提出索赔，迅速采取合理的抢救措施、防止或减少货物的损失，航程变更或发现保险单所载明的货物、船名或航程有遗漏或错误时立即通知保险人，索赔时提供必要单证或文件，以及获悉"船舶互撞责任"条款的实际责任后及时通知保险人等。此次2009年版修订增加了若被保险人未履行相关义务，保险人不负赔偿责任等的规定。

第五部分"赔偿处理"规定，保险人收到被保险人的赔偿请求后，应当及时就是否属于保险责任作出核定，并将核定结果通知被保险人。情形复杂的，保险人在收到被保险人的赔偿请求并提供理赔所需资料后三十日内未能核定保险责任的，保险人与被保险人根据实际情形商议合理期间，保险人在商定的期间内作出核定结果并通知被保险人。对属于保险责任的，在与被保险人达成有关赔偿金额的协议后十日内，履行赔偿义务。这一部分是2009年版新增加的内容，是对《保险法》第23条第1款规定的具体落实。①

第六部分"索赔期限"规定，保险索赔时效从保险事故发生之日起算，最多不超过二年。这一规定与1981年版不同，后者规定的索赔时效是从被保险货物在最后卸载港

---

① 《保险法》第23条第1款规定："保险人收到被保险人或者受益人的赔偿或者给付保险金的请求后，应当及时作出核定；情形复杂的，应当在三十日内作出核定，但合同另有约定的除外。保险人应当将核定结果通知被保险人或者受益人；对属于保险责任的，在与被保险人或者受益人达成赔偿或者给付保险金的协议后十日内，履行赔偿或者给付保险金义务。保险合同对赔偿或者给付保险金的期限有约定的，保险人应当按照约定履行赔偿或者给付保险金义务。"

全部卸离海轮后起算，最多不超过二年。2009 年版的这一修订是为了同《保险法》关于诉讼时效的规定保持统一，因为按照《保险法》第 26 条第 1 款规定，向保险人请求赔偿或者给付保险金的诉讼时效期间为二年，自其知道或者应当知道保险事故发生之日起计算。

【案例研习 13-5】

海南丰海粮油工业有限公司诉中国人民财产保险股份

有限公司海南省分公司海上货物运输保险合同纠纷案①

1995 年 11 月 28 日，丰海公司向海南人保投保了由印尼籍"哈卡"轮所运载的自印尼杜迈港至中国洋浦港的 4999.85 吨桶装棕榈油，投保险别为一切险。投保后，丰海公司向海南人保支付了保险费，后者向丰海公司签发了海洋货物运输保险单。根据保险条款规定，一切险的承保范围除包括平安险和水渍险的各项责任外，还"负责被保险货物在运输途中由于外来原因所致的全部或部分损失"。上述投保货物由丰海公司以 CNF 价格向新加坡丰益公司购买。根据买卖合同约定，发货人丰益公司与船东代理梁国际公司签订一份租约，约定由"哈卡"轮将丰海公司投保的货物 5000 吨棕榈油运至中国洋浦港。

1995 年 11 月 29 日，"哈卡"轮的期租船人、该批货物的实际承运人印尼 PSI 公司签发了已装船提单。该提单载明船舶为"哈卡"轮，装货港为印尼杜迈港，卸货港为中国洋浦港，装货数量为 4999.85 吨，清洁、运费已付。丰益公司将运费支付给梁国际，梁国际又将运费支付给 PSI 公司。丰海公司后向其开证银行付款赎单，取得了上述全套正本提单。1995 年 11 月 23 日至 29 日，"哈卡"轮在杜迈港装载 31623 桶、净重 5999.82 吨棕榈油启航后，由于"哈卡"轮船东印尼 BBS 公司与该轮的期租船人 PSI 公司之间因船舶租金发生纠纷，"哈卡"轮中止了提单约定的航程。丰益公司、丰海公司、海南人保多次派代表参加"哈卡"轮船东与期租船人之间的协商，但船东以未收到租金为由不肯透露"哈卡"轮行踪。直至 1996 年 4 月，"哈卡"轮走私至中国汕尾被我海警查获，船上 20298 桶棕榈油被广东省检察机关作为走私货物没收上缴国库。丰海公司随后向海南人保提出索赔申请，海南人保拒赔。丰海公司遂诉至法院。

---

① 参见最高人民法院（2003）民四提字第 5 号民事判决书，海南省高级人民法院（1997）琼经终字第 44 号民事判决书，海口海事法院（1996）海商初字第 096 号民事判决书。该案为最高人民法院发布的第 52 号指导性案例。

最高人民法院再审认为：本案争议的焦点在于如何理解涉案保险条款中一切险的责任范围。海上货物运输保险合同中的"一切险"，除包括平安险和水渍险的各项责任外，还包括被保险货物在运输途中由于外来原因所致的全部或部分损失。在被保险人不存在故意或者过失的情况下，由于相关保险合同中除外责任条款所列明情形之外的其他原因，造成被保险货物损失的，可以认定属于导致被保险货物损失的"外来原因"，保险人应当承担运输途中由该外来原因所致的一切损失。本案中保险标的的损失是由于"哈卡"轮船东 BBS 公司与期租船人之间的租金纠纷，将船载货物运走销售和走私行为造成的，故属于外来原因所致的损失，属于保险责任范围。

（二）伦敦协会货物保险条款

1. 1982 年协会货物保险条款

1982 年的协会货物保险条款取消了原来一切险、水渍险和平安险的名称，代之以协会货物险 A、B、C 条款，因为原先的名称实际上跟承保范围并不完全一致且容易产生误会。A、B、C 三套条款除承保范围外，各条名称相同，内容也大体一致。而协会货物险的责任范围主要包括风险、共同海损和互有过失碰撞三个条款。对于承保风险，A 条款采用概括方式，承保除除外责任以外的一切风险导致的保险标的的损失或损坏。而 B、C 条款则采用"列明风险"的方法，仅承保部分列明的风险。

（1）A 条款的责任范围

A 条款承保除该条款第 4、5、6、7 各条规定除外责任以外的一切风险（"all risks"）所造成的保险标的损失。这里的"all risks"包含意外发生的任何损失或损害，但不包括那些必然发生的损失或损害。而且，由于采用概括方式，因此 A 条款下被保险人的举证责任是比较轻的，通常只需证明在保险期间发生了某一事件或意外损失或损害即可。

根据 A 条款第 2 条，保险人还承保根据运输合同、准据法和惯例理算或确定的共同海损和救助费用。该项共同海损和救助的费用的产生，应为避免任何原因所造成的损失或与之有关的损失，但该条款第 4、5、6、7 各条或其他条款规定的不保责任除外。根据 A 条款第 3 条，保险人还负责赔偿被保险人根据运输合同中"双方有责碰撞"条款规定，由被保险人应负的比例责任。

（2）B 条款的责任范围

除第 4、5、6、7 各条规定的除外责任以外，B 条款承保三部分的损失：一是保险标的物的损失可合理归因于：火灾或爆炸；船舶或驳船遭受搁浅、擦浅、沉没或倾覆；陆上运输工具的倾覆或出轨；船舶、驳船或其他运输工具同除水以外的任何外界物体碰撞或接触；在避难港卸货；地震、火山爆发或雷电。二是由于下列原因引起的保险标的之损失：

共同海损的牺牲；抛货或浪击落海；海水、湖水或河水进入船舶、驳船、其他运输工具、集装箱或海运集装箱贮存处所。三是货物在船舶或驳船装卸时落海或跌落造成任何整件的全损。

此外，B条款还承保共同海损、救助费用以及"双方有责碰撞"责任，其具体规定与A条款的规定一致，但因其是限制性保险而显得更有实际意义。

（3）C条款的责任范围

C条款的责任范围要窄于B条款，它不承保合理归因于"地震、火山爆发或雷电"造成的灭失或损害；不承保"海水、湖水或河水进入船舶、驳船、船舱、运输工具、集装箱、托盘或贮存处所"所造成的灭失或损害；也不承保"装上或卸离船舶或驳船时从船上掉落或坠入水中而发生的整件货物的全损"。此外，B条款中的"抛弃或浪击落水"造成的损失在C条款中也改为仅承保"抛弃"造成的损失，亦即C条款不承保"浪击落水"造成的损失。这些是B、C两条款的唯一区别。除了责任范围方面C条款比B条款少了上述4项外，对于其他规定B、C两条款均完全一致。

（4）一般除外责任

B、C两条款的除外责任与A条款相比基本一致，但B、C两条款多了一项除外责任，且有时法律效果与A条款不尽相同。

A条款的除外责任包括：被保险人恶意行为（willful misconduct）所造成的损失和费用；保险标的通常渗漏，通常重量或体积的损失或通常磨损；由于保险标的包装或准备不足或不当造成的损失或费用；由于保险标的固有缺陷或特性造成的损失和费用；直接由延迟引起的损失或费用，即使延迟是由承保风险所引起；由于船舶所有人、经理人、租船人或经营人破产或经济困境造成的损失或费用；由于使用任何原子或核子裂变和（或）聚变或其他类似反应或放射性作用或放射性物质的战争武器造成的损失或费用。这些除外责任统一适用于A、B、C三个条款。

B和C条款在此基础上另外增加了一项除外责任事由，即任何人的非法行为对保险标的或其组成部分的故意损害或故意破坏。这一除外条款是A条款中所没有的。

（5）不适航和不适运除外责任

不适航和不适运的除外责任是指，保险人对于船舶或驳船不适航，或者船舶、驳船、运输工具、集装箱和托盘对安全运输保险标的不适合所致的灭失、损害或费用不负赔偿责任，只要在保险标的被装于其上时，被保险人或其雇员对此种不适航或不适合有私谋。对于不适航和不适运的除外责任，A、B、C三条款的规定完全一致。

（6）战争除外条款

对通常属于战争险的风险，货运险是不予承保的，这包括：战争、内战、革命、叛乱、暴动，或由此引起的内乱，或来自交战方或针对交战方的任何敌对行为；捕获、扣押、扣留、管制或拘押（海盗除外），及由此引起的后果或企图这么做的任何威胁；丢弃的水雷、鱼雷、炸弹或其他被遗弃的战争武器。

值得注意的是，在 A 条款内，"海盗"不在战争除外条款之内。但是 B、C 两条款将 A 条款"捕获、扣押、扣留、管制或拘押（海盗除外）"中的"海盗除外"删除了，也就是说，B、C 两条款并未排除海盗风险。但因为 B、C 两条款是列明风险，因此 B、C 两条款仍不承保海盗风险。而海盗同样不属于协会货物战争险条款承保的危险，因此 B、C 两条款的被保险人既使投保战争险，仍然可能无法就海盗危险获得保险保障。

（7）罢工除外条款

货运险也不承保由罢工工人、被迫停工工人或参加工潮、暴动或民事骚乱的人员造成的，或者罢工、停工、工潮、暴乱或民事骚乱引起的，或者恐怖分子或出于政治动机而作为的任何人员造成的灭失、损害或费用。值得注意的是，由于恐怖分子的行为或持政治动机人员的行为（应可包括政治煽动者和劫机、劫船者）引起的索赔，被排除在货运险的承保范围之外。对于罢工除外，A、B、C 三条款的规定完全一致。

（8）责任期间与索赔与理赔

保险责任期间包括三个条款，即"运输条款"（"仓至仓"条款）、"运输契约终止条款""变更航程条款"。A、B、C 三条款的规定完全一致。这些条款与我国人保"海洋运输货物保险条款"相似，此处不再赘述。

索赔理赔方面，主要包括"保险利益""续运费用""推定全损""增值""不受益""被保险人的义务""弃权"以及"法律与惯例"等条款，集中规定了保险索赔理赔中的诸多事项。对此，A、B、C 三条款的规定完全一致，但是法律效果可能存在差异。其中，最重要的是其第 19 条规定，"该保险受英国法律与惯例制约"。据此，该保险应受到英国 1906 年《海上保险法》、其他相关法律以及判例法的约束。

除此之外，还有协会战争险条款、协会罢工险条款和恶意损害险条款三类特殊险别，其中前两类可以作为附加险投保，也可以独立投保，后一类只能作为附加险投保。

2. 2009 年协会货物保险条款

1982 年协会货物保险条款在 2009 年进行了部分修订，分别被称为 Institute Cargo Clauses（A）（1/1/09）、Institute Cargo Clauses（B）（1/1/09）、Institute Cargo Clauses（C）（1/1/09）（以下简称 2009 年条款）。除了一些文字上的改变，2009 年条款的修订内容主要有：

（1）责任范围

2009 年（A）条款第 3 条"双方有责碰撞条款"改为"负责赔偿被保险人根据运输

合同上有关船舶互撞责任条款的规定，由被保险人就承保风险应承担的责任。在上述条款下由承运人向被保险人提起的索赔中，被保险人同意通知保险人，保险人有权自负费用为被保险人就此项索赔进行辩护。"这一表述更加清楚，也便于理解。

（2）除外责任

第4.3条关于"保险标的包装不足或不当造成的损失或费用"：2009年条款改为："本保险在任何情况下不负责赔偿：由于保险标的包装不足或包装不当或配装不当造成无法抵抗运输途中发生的通常事故而产生的损失或费用，此情况适用于：该种包装或配载是由被保险人或其受雇人完成或该种包装或配载是在本保险责任开始前完成。"

第4.5条关于"延误造成的损失或损坏"：1982年条款强调"直接由延迟引起"损失不赔，但是如何界定"直接引起的"损失一直是个难题。2009年条款就把"proximately（直接，近因）"一词删除了。因此在新条款下，迟延的损失已无需区分是直接还是间接的，均属于除外责任。

第4.6条关于"破产和经济困境除外"：对保险人基于船东破产或财务困境主张免赔进行了限制，仅限于在"保险标的装上船时，被保险人知道或在通常业务中应当知道此种破产或财务困境可能阻止该航程正常进行的"，保险人方可免赔。

第4.7条"核武器除外责任"：2009年条款改为"由于使用任何原子或核子裂变和（或）聚变或其他类似反应或放射性作用或放射性物质的武器或设备直接或间接造成的损失或费用"属于除外责任。与1982年条款相比有两点显著变化，一是用"武器或设备"代替了原先的"战争武器"，即扩大了核武器除外责任的范围；二是使用了"直接或间接造成"这一措辞，扩大了核除外的范围。

第5条关于"不适航与不适货除外"：2009年条款作了许多改动，其第5.1条规定："本保险在任何情况下均不承保由于下列原因引起的灭失、损害或费用：5.1.1 船舶或驳船不适航或不适合于保险标的的安全运输，如果在保险标的装上其上时，被保险人对此种不适航或不适运有私谋；5.1.2 集装箱或陆上运输工具不适合于保险标的的安全运输，如果向其装货发生于本保险责任开始之前，或装货是由被保险人或其雇员所为并且被保险人或其雇员在装货时对此种不适货有私谋。"

第7条关于"罢工和恐怖主义除外"：2009年条款有两点显著变化：一是将"恐怖主义"定义为"恐怖主义行为，或与恐怖主义行为相联系，任何组织通过暴力直接实施的旨在推翻或影响法律上承认的或非法律上承认的政府的行为"；二是将"任何人出于政治、信仰或宗教目的实施的行为"也排除在外。该除外条款比1982年版有所扩展。

（3）责任期间

2009年条款第8条作了部分改动。第8.1条扩展了保险责任的起讫期限，使之不仅包括运输过程，还包括了装货（即"为了开始航程立即搬运至运输车辆或其他运输工具的目的，开始进入仓库或储存处所时"）和卸货（即"完成卸货"）。而且，"被保险人或其雇员在正常运输过程之外选择任何运输车辆或其他运输工具或集装箱储存货物"成为一个新的可供选择的终点。

二、船舶保险

出于方便投保承保及索赔理赔的需要，现行船舶保险的标的已不再仅限于船舶本身，而是综合承保船舶因自然灾害、意外事故及船长、船员疏忽造成的船舶的损失及由此引起的碰撞责任。国际上通行的主要是英国协会船舶保险条款。我国曾长期采用人保 1986 年"船舶保险条款"，该条款在 2009 年进行了修订。目前，人保"船舶保险条款"（2009 年版）在我国保险市场的应用仍较为广泛，其他保险公司的"船舶保险条款"也与该条款基本一致。

（一）我国"船舶保险条款"

船舶保险的主险险别分为"全损险"和"一切险"，二者皆为列明风险，除责任范围不同外，其他条款如除外责任、免赔额、海运条款、保险期间、保险合同的解除、保费和退费、被保险人的义务、招标、索赔和赔偿、争议的处理等均完全相同。下面仅介绍一些主要内容。

1. 全损险的责任范围

船舶全损险承保由于下列原因所造成的保险船舶的全损：（1）地震、火山爆发、闪电或其他自然灾害；（2）搁浅、碰撞、触碰任何固定或浮动物体或其他物体或其他海上灾害；（3）火灾或爆炸；（4）来自船外的暴力盗窃或海盗行为；（5）抛弃货物；（6）核装置或核反应堆发生的故障或意外事故。

船舶全损险还承保由于下列原因所造成的保险船舶的全损：（1）装卸或移动货物或燃料时发生的意外事故；（2）船舶机件或船壳的潜在缺陷；（3）船长、船员有意损害被保险人利益的行为；（4）船长、船员和引水员、修船人员及租船人的疏忽行为；（5）任何政府当局，为防止或减轻因承保风险造成保险船舶损坏引起的污染，所采取的行动。但此种损失原因应不是由于被保险人、船东或管理人未恪尽职责所致的。

2. 一切险的责任范围

船舶一切险与船舶全损险的联系和区别在于：损失补偿方面，船舶一切险不仅负责船舶全损险承保的各项原因造成的保险船舶的全部损失，还承保由此造成的部分损失；责任范围方面，除船舶全损险责任范围外，船舶一切险还负责船舶的碰撞责任、共同海损分摊、救助费用以及施救费用。

（1）碰撞责任。船舶保险本为财产保险，但为了船东投保方便，船舶保险条款扩展至船东的碰撞责任，包括因保险船舶与其他船舶碰撞或触碰任何固定的、浮动的物体或其他物体而引起被保险人应负的法律赔偿责任。但是，"碰撞责任"条款对下列责任概不负责：①人身伤亡或疾病；②保险船舶所载的货物或财物或其所承诺的责任；③清除障碍物、残骸、货物或任何其他物品；④任何财产或物体的污染或沾污（包括预防措施或清除的费用）但与保险船舶发生碰撞的他船或其所载财产的污染或沾污不在此限；⑤任何固定的、浮动的物体以及其他物体的延迟或丧失使用的间接费用。

由于"碰撞责任"条款承保的是被保险人因碰撞或触碰事故应负的法律赔偿责任，因此当保险船舶与其他船舶碰撞双方均有过失时，除一方或双方船东责任受法律限制外，"碰撞责任"条款下的赔偿应按交叉责任的原则计算。当保险船舶碰撞物体时，亦适用此原则。此外，"碰撞责任"条款下的保险人责任（包括法律费用）是船舶一切险其他条款项下责任的增加部分，但对每次碰撞所负的责任不得超过船舶的保险金额。也就是说，保险人对碰撞责任的赔偿与船舶损失的赔偿分别计算，在另一个保险金额限度内予以赔偿，且每次碰撞所负的责任不得超过船舶的保险金额。

【案例研习 13-6】

中国人民保险公司青岛市分公司与
巴拿马浮山航运有限公司船舶保险合同纠纷案①

1997 年 1 月 1 日，巴拿马浮山航运公司所属"浮山"轮的经营管理人向青岛人保为"浮山"轮投保"一切险加战争险"，青岛人保同日出具编号为 009970098 的船舶保险单。该保险单规定的保险期限为自 1997 年 1 月 1 日北京时间 0 时起至 1997 年 12 月 31 日北京时间 24 时止，保险条件为根据人保船舶保险条款（1986 年 1 月 1 日）承保，保险险别为一切险加战争险，保险金额为 100 万美元，保险船舶为"浮山"轮。该"船舶保险条款"第 1 条"责任范围"第 2 款"一切险"为"本保险承保上述原因所造成被保险船舶的全损和部分损失以及下列责任和费用：1、碰撞责任①本保险负责因被保险船舶与其他船舶碰撞或触碰任何固定的、浮动的物体或其他物体而引起被保险人应负的法律赔偿责任"。

1997 年 5 月 31 日，"浮山"轮由青岛港引航站以航向 105° 出港时，突然向右转向，对着"继承者"轮（以下简称 S 轮）右舷首部开来，S 轮用 VHF 呼叫，没有回音。为避免碰撞，S 轮向左转向，避开了"浮山"轮，但由于落流的影响，S 轮被压

---

① 参见山东省高级人民法院（2001）鲁经终字第 314 号民事判决书。

向左舷的浅点，于16：20时搁浅在检疫锚地东南0.3海里处。6月3日至6月4日，青岛港务局派拖轮试拖，未能使S轮脱浅。6月6日，S轮船东委托烟台救捞局对S轮进行救助，并签订了"无效果—无报酬"合同，至6月12日09：30，S轮被拖离浅滩，使之起浮。青岛海监局认为，此次事故发生的原因是S轮避让"浮山"轮后，顾此失彼，没有充分考虑到向左转向后，重载船受横流作用，被压到浅滩而造成搁浅。

二审认为："继承者"轮与"浮山"轮之间发生了间接碰撞。间接碰撞已纳入了船舶碰撞的范围，间接碰撞应属于保险公司赔偿的范围。双方当事人所签保险合同中"碰撞责任"的除外责任中也未说明对间接碰撞不负赔偿责任。《保险法》第30条规定："对于保险合同的条款，保险人与投保人、被保险人或者受益人有争议时，人民法院或者仲裁机关应作有利于被保险人和受益人的解释。"《保险法》第17条规定："保险合同中规定有关于保险人责任免除条款的，保险人在订立保险合同时应当向投保人明确说明，未明确说明的，该条款不产生效力。"所以，青岛人保应对浮山航运船舶间接碰撞所造成的损失承担保险赔付责任。

在该案审理过程中，二审法院曾向最高人民法院请示。最高人民法院的答复是：根据最高人民法院《关于审理船舶碰撞和触碰案件财产损害赔偿的规定》第16条的规定，船舶碰撞包括两艘或者两艘以上船舶之间发生接触或者无接触的碰撞。"浮山轮"投保了"一切险"，船舶保险条款属于格式条款，该条款第1条订明的碰撞责任包括因被保险船舶与其他船舶碰撞而引起被保险人应负的法律赔偿责任，订立船舶保险合同时保险人并未向被保险人明示船舶碰撞排除无接触碰撞。根据诚信原则和《合同法》第41条的规定，对格式条款有两种以上解释的，应当作出不利于提供格式条款一方的解释。因此，本案船舶保险条款所指碰撞应当包括无接触碰撞。①

值得注意的是，在"奉化市顶盛船务有限公司与中国人民财产保险股份有限公司宁波市分公司船舶保险合同纠纷案"② 中，涉案保险条款即"沿海内河船舶一切险"第2条第1款"碰撞、触碰责任"第1项规定："本公司承保的保险船舶在可航水域碰撞其他船舶或触碰码头、港口设备、航标，致使上述物体发生的直接损失及费用。"被保险船舶触碰苏通大桥临时墩，造成苏通大桥临时墩严重损失。对此，最高人民法院再审认为：涉案保险条款第2条第1款"碰撞、触碰责任"第1项规定对触碰责任的范围作了列明性规定，保险人对触碰责任的承保范围仅限于"触碰码头、港口设施、航标"，致使上述物体发生的直接损失和费用。关于对本案"一切险"的理解，

———————————

① 《最高人民法院关于中国人民保险公司青岛市分公司与巴拿马浮山航运有限公司船舶保险合同纠纷一案的复函》[2002] 民四他字第12号。

② 最高人民法院（2009）民申字第572号民事裁定书。

保险条款已就船舶触碰的承保范围作了列明性的规定，故本案"一切险"的承保风险应当为列明风险，未在保险条款中列明的风险不属于保险公司的承保范围。故涉案保险事故不属于保险责任范围，保险公司无须承担赔付责任。

（2）共同海损和救助。船舶一切险也负责赔偿保险船舶的共同海损、救助、救助费用的分摊部分。保险船舶若发生共同海损牺牲，被保险人可获得对这种损失的全部赔偿，而无须先行使向其他各方索取分摊额的权利。共同海损的理算应按有关合同规定或适用的法律或惯例理算，如运输合同无此规定，应按《北京理算规则》或其他类似规则规定办理。

（3）施救费用。对因承保风险造成船舶损失或船舶处于危险之中，被保险人为防止或减少根据保险合同可以得到赔偿的损失而付出的合理费用，保险人应予以赔付。该项施救费用不适用于共同海损、救助或救助费用，也不适用于保险合同中另有规定的开支。而且，保险人对此项施救费用的赔偿责任是在其他保险条款规定的赔偿责任以外，即不受保险金额的限制，但不得超过船舶的保险金额。

3. 除外责任

无论是船舶全损险还是船舶一切险，保险人皆不负责下列原因所致的损失或费用：（1）不适航，包括人员配备不当、装备或装载不妥，但以被保险人在船舶开航时，知道或应该知道此种不适航为限。但船长、船员知道船舶开航时不适航，属于船员的疏忽，是本保险承保的危险之一。（2）被保险人及其代表的疏忽或故意行为。此处船舶保险的被保险人一般是指船东，即在航运经营活动中具有法人身份的船公司。被保险人的代表可能是被保险人指定的船技主管、管理公司或驻船代表等，但不包括代理人、船长、船员和普通雇员。①（3）被保险人恪尽职责应予发现的正常磨损、锈蚀、腐烂保养不周，或材料缺陷包括不良状态部件的更换或修理。船舶在正常航运中，船壳、机件磨损、锈蚀、腐烂是可能预见到的机械运动和物体本身受自然界影响的必然现象。为保证船舶航行安全，对被保险船舶进行正常维修，不属于保险人责任范围。而对于潜在缺陷造成的其他部件的损失，保险人负责赔偿，但不包括有潜在缺陷的部件本身的更换或修理费用。

此外，保险人也不负责下列原因所致的损失或费用：（1）战争、内战、革命、叛乱或由此引起的内乱或敌对行为。（2）捕获、扣押、扣留、羁押、没收或封锁。（3）各种战争武器，包括水雷、鱼雷、炸弹、原子弹、氢弹或核武器。（4）罢工、被迫停工或其他类似事件。（5）民变、暴动或其他类似事件。（6）任何人怀有政治动机的恶意行为。（7）保险船舶被征用或被征购。这些原因通常属于船舶"战争和罢工险"条款的承保范围和除外责任，因此船舶全损险和船舶一切险不予负责。此外，这些原因在1986年条款中是用

---

① 参见司玉琢：《海商法》，法律出版社2007年版，第410页。

"战争和罢工险条款承保范围和除外的责任"一句话来概括的，而 2009 年修订后将其逐一列举，显然后者更加直接明了、值得肯定。

【案例研习 13-7】

曲某某诉中国大地财产保险股份有限公司威海中心支公司、

中国大地财产保险股份有限公司石岛支公司海上保险合同纠纷案①

2011 年 5 月 25 日，曲某某与大地保险石岛支公司就其所有的"鲁荣渔 1813""鲁荣渔 1814"船订立两份保险合同，均约定险别为《中国大地财产保险股份有限责任格式远洋渔船保险条款》综合险，渔船保险价值 428.57 万元，保险金额 300 万元。两艘渔船于 2011 年 6 月 1 日后在山东省荣成市烟墩角北港渔码头进行维修保养。2011 年 6 月 25 日，曲某某为避台风同部分船员试图单靠"鲁荣渔 1814"船动力将两船（"鲁荣渔 1813"主机已吊出船舱维修）驾驶至南码头，后在途中因舵机失灵，在台风大浪作用下，两船搁浅导致报废。

最高人民法院再审认为，曲某某得知台风临近决定移泊避免台风损害，该项决定的动因正当合理。该两船在移泊过程中受海上大风浪作用失控而搁浅全损，在事故起因和损失成因中，台风具有直接、重要影响，但该事故也存在人为应对不当的因素：（1）移泊时两船均未修理完工，其中一船没有动力，在台风中移泊约 4 海里存在较大困难和风险，但曲某某没有配备足够船员，致使其与 3 名船长船员在移泊中难以顾全两船的驾驶与安全；（2）船长船员在移泊过程中没有尽适当注意对船舶机舱进行防水排水，对其中一船机舱进水失去动力并造成事故也有一定影响。据此可知，涉案事故系由台风、船东的疏忽、船长船员的疏忽三个原因共同造成，其中台风是主要原因。

涉案保险条款列明综合险承保的 3 项原因，其中第 1 项原因是"暴风雨、台风、雷电、流冰、地震、海啸、洪水、火山爆发、搁浅、触礁、沉没、碰撞、失火、锅炉或其他设备爆炸、油管破裂等自然灾害和意外事故"，"意外事故"通常被理解为非因当事人的故意或过失，而是由于当事人意志以外的原因而偶然发生的事故，据此可以认定第 1 项原因不含当事人方面的疏忽或者故意。第 3 项原因为"船长、大副、船员、引水员或修船人员的疏忽"，其中列明疏忽的人员范围不含船东本人。涉案保险条款已经清楚表明船东疏忽不属其列明的承保范围。涉案保险条款第三条（除外责

---

① 参见最高人民法院（2017）最高法民再第 413 号民事判决书，山东省高级人民法院（2016）鲁民终第 1542 号民事判决书，青岛海事法院（2012）海商初字第 240 号民事判决书。该案为最高人民法院发布的 2018 年度海事审判典型案例之一。

任）列明船东的疏忽为除外责任，表明该保险条款在除外责任部分同时（反向）强调保险人不负责赔偿船东疏忽引起的损失，而不能表明船东的疏忽原本在该条款列明的承保范围中。因此，在造成涉案事故的三个原因中，台风与船长船员的疏忽属于承保风险，而船东的疏忽为非承保风险。

涉案保险条款第3条（除外责任）载明，保险人对所列8项损失、费用和责任不负责赔偿，其中第1项、第2项分别为："由于被保险渔船不具备适航条件所造成的损失；由于船东及其代表的疏忽，船东及其代表和船长的故意行为造成的损失。"但是，根据《保险法》第17条第2款的规定，保险人在订立合同时未对免除保险人责任的条款向投保人作提示或者明确说明的，该条款不产生效力。大地保险石岛支公司未提供证据证明其在订立保险合同时已向曲某某明确说明除外责任条款。尽管曲某某确认与大地保险石岛支公司订立保险合同采用涉案保险条款并认可该条款的效力，但在曲某某对其中除外责任条款的效力提出异议的情况下，不能据此认定除外条款也与其他条款一并生效。曲某某主张涉案保险条款中的除外责任条款不生效，具有事实和法律依据，应予支持。

此外，《海商法》第244条第1款规定："除合同另有约定外，因下列原因之一造成保险船舶损失的，保险人不负赔偿责任：（一）船舶开航时不适航，但是在船舶定期保险中被保险人不知道的除外……"该条规定的船舶适航，是指船舶在各个方面适于预定航次的航行，具备承受该航次中可能遇到的一般海上风险的能力，使船舶处于安全航行状态。之所以限定于"开航时"，是因为在预定航次中，船舶可能遇到的风险大于港内，且船舶在港内修理、装卸等活动，客观上难以一直保持适于出港航行的状态。因此，该条中规定的"开航"，应指船舶离港，开始预定航次的航行，而不包括船舶在港内移泊。在航运实践中，船舶从锚泊、系岸、搁浅状态转换到非锚泊、非系岸、非搁浅状态，属于在航，但并非所有在航状态的开启均属于开航。因此，涉案船舶港内移泊不属于该条规定的"船舶开航"，大地保险石岛支公司不能据此主张免除保险责任。

如上所述，本案事故系由承保风险（台风与船长船员的疏忽）和非承保风险（船东的疏忽）共同作用而发生，其中台风为主要原因。根据上述各项风险（原因）对事故发生的影响程度，酌定大地保险石岛支公司对涉案事故承担75%的保险赔偿责任。

4. 其他规定

除以上内容外，"船舶保险条款"（2009年版）还对免赔额、海运条款、保险期间、保险合同的解除、保费和退费、被保险人的义务、招标、索赔和赔偿、争议的处理等进行了规定，限于篇幅不再赘述。

（三）英国协会船舶保险条款

英国1983年协会船舶保险条款，包括协会船舶定期保险条款、船舶航次保险条款、船舶港口险定期保险条款、船舶建造保险条款以及战争险和罢工险条款等，在国际上的应用十分广泛。协会船舶保险条款不断修订，在1995年又推出了对保险人更有利的新的协会船舶定期保险条款。

在这些条款中，内容最全面、影响最大、应用最广的是协会船舶定期保险条款。其承保的风险主要分为全损险和一切险两种。全损险只承保被保险船舶由于列明危险所造成的全部损失（实际全损和推定全损），而一切险则承保全损险承保的风险以及被保险船舶由于列明危险造成的单独海损、共同海损牺牲及分摊、救助费用和施救费用等。而在碰撞责任条款方面，协会条款只承保3/4的碰撞责任，而且还将碰撞限于保险船舶与他船发生的碰撞，不包括与船舶以外的任何装置、物体的触碰。

协会船舶定期保险条款仍采用列明风险的方式，其承保范围同我国"船舶保险条款"的规定基本一致，差别主要有两点：（1）协会条款只承保地震、火山爆发和闪电3种自然灾害，而我国"船舶保险条款"承保所有的自然灾害；（2）协会条款承保任何原因引起的"尾轴断裂"或"锅炉破裂"危险，但我国"船舶保险条款"只承保潜在缺陷危险。

1995年协会条款针对船舶经营和管理上的变化，主要做了以下三点修订：（1）须恪尽职责的主体不限于被保险人、船东或管理者本人，还包括监督船技状况的较低管理层，这意味着保险人有更多的拒赔机会；（2）增加了12个月的索赔时效的规定；（3）增加了船级保证条款。①

三、保赔保险

保赔保险是"保障与赔偿保险"的简称，由船东互保协会（保赔协会）承保，其承保范围随着船东责任的加重和船东互保协会的发展而不断变化。到目前为止，世界上已有20多家船东保赔协会，具有国际性的大中型船东保赔协会有十几家，我国也于1984年成立了"中国船东互保协会"。据统计，世界各国商船的90%以上都参加了船东保赔协会，而英国11家保赔协会吸收了世界80%的商船入会，伦敦因而成为国际船舶保赔业务的中心。

（一）保赔保险的性质及其法律调整

作为保赔保险的承担者，船东保赔协会是由船东自愿组织起来的一种不以营利为目的

---

① 参见杨良宜、汪鹏南：《英国海上保险条款详论》，大连海事大学出版社1996年版，第162页。

的相互保险组织，其所承保的风险往往是船东经常遇到的且不为商业性保险公司承保的风险，其会员既是保险人，又是被保险人。保赔协会最初只是会员之间松散的联盟，而现代的船东保赔协会则成为具有独立法人资格的有限责任公司甚至是上市的股份公司。

由此可见，保赔协会的性质不同于商业保险公司：其一，从主体上讲，保赔协会与其会员船东之间是一种利益一致的内部关系，而保险公司与被保险人之间是一种"对立"的外部关系。其二，从目的上讲，保赔协会的宗旨是为各会员服务，不以营利为目的，而保险公司的经营是以营利为目的的。其三，从责任上讲，保赔协会的赔偿责任除油污责任规定了最高的赔偿限额外，其他的赔偿责任是无限的，而保险公司的赔偿责任则以保险金额为限。其四，保赔协会承保的责任风险通常是商业保险公司不予承保的，对于能够通过其他保险方式获得保险补偿的，保赔协会即可免除补偿责任。除此之外，保赔协会在世界各主要港口都雇有通信联络人、律师、验船师、航海专家以及海事处理方面的专家，以向会员船东提供服务和技术指导，维护船东们的利益，这与商业保险公司也有不同。

据此，保赔保险在性质上属于相互保险，而不是商业保险，因此关于保赔保险的纠纷不能适用我国《保险法》的规定，因为《保险法》仅调整商业保险行为。① 不过，一般认为我国《海商法》是调整保赔保险行为的，虽然立法并未明确规定。此外，由于保赔协会与会员之间的关系主要是通过合同、协会章程、保险条款等方式来调整的，因此二者之间的纠纷还属于《民法典》等法律的调整范围。

值得注意的是，我国也有商业保险公司承保"船东保障和赔偿责任险"等类似保险。此类保险尽管在名称、内容等方面与保赔保险有很多相同点，但其毕竟属于商业保险范畴，因此由此产生的纠纷不仅可以适用《海商法》，亦可以援引《保险法》等的规定来解决。

（二）保赔保险的责任范围

保赔保险的责任范围，需要依据各保赔协会的章程和保险条款等予以确定。下面主要结合中国船东互保协会保险条款的规定进行介绍：

1. 人员伤、病或死亡

（1）会员船舶以外的人身伤亡或疾病。由于入会船舶及其雇佣人员的疏忽或过失行为引起入会船舶以外任何人员的受伤、生病或死亡，入会船舶对此应承担的医疗、住院或丧葬费用可向保赔保险人索赔，特别是在船舶装卸货物或在港停泊、移泊及作业过程中，任何从事装卸货物人员的人身伤亡或疾病所引起的费用，均由保赔保险人赔偿。

---

① 《保险法》第2条规定：本法所称保险，是指投保人根据合同约定，向保险人支付保险费，保险人对于合同约定的可能发生的事故因其发生所造成的财产损失承担赔偿保险金责任，或者当被保险人死亡、伤残、疾病或者达到合同约定的年龄、期限等条件时承担给付保险金责任的商业保险行为。

（2）会员船舶之船员的人身伤亡或疾病。对会员船舶上，或前往或离开该船途中的任何会员船舶之船员的人身伤亡或疾病而支付的医疗、住院、丧葬费或其他费用，包括该船员的遣返费及替工的派遣费可由保赔协会负责赔偿。船舶在航行中发生意外而引起的人身伤亡，其有关损失也应由保赔协会赔偿。

2. 船舶碰撞责任及清除残骸的费用

（1）超额碰撞责任，也就是船舶因碰撞而承担的责任赔款超过该轮在船舶险中的投保金额，不能从船舶险中得到赔偿的部分，可由保赔保险人承担赔偿。

（2）对障碍物、船舶残骸、货物及其他物体进行打捞、清除、拆毁或设置航标与照明的费用。

3. 污损责任

除船舶碰撞事故造成的油污损害外，船舶因触礁、搁浅等其他事故造成的油污损害也是十分严重的，此类风险大多是通过船舶保赔保险来获得保障的。船舶保赔保险负责赔偿入会船舶因排油、漏油或排出任何危险物质所引起的责任、损失、损害和费用，以及因采取任何防止或减轻污染或污染危险的措施而产生的费用。但由于油污责任之巨往往使保赔协会也难以对付，故保赔保险人承担责任也有一个限额，目前最高赔额是 5 亿美元。

4. 入会船舶碰撞或触碰固定物体或浮动物体（其他船舶除外）的损坏赔偿

如果船舶保险所承保的碰撞责任仅限于船舶与船舶之间的碰撞责任，那么船舶与固定物体（如码头）发生碰撞，及船舶与浮动物体（如浮标）发生的碰撞均不属于船舶之间的碰撞，由此引起的损害赔偿责任不在船舶保险的责任范围之内，这部分责任应由船舶保赔保险负责赔偿。

5. 无法索赔的共同海损分摊费

共同海损的牺牲和费用应由受益的各方共同分摊，但当会员船舶违反了运输合同条款的规定而不能向货方或其他有关方收取共同海损分摊费用、特殊费用或救助费用时，此笔共同海损分摊费可以由保赔保险负责承担。此外，由于确定共同海损分摊费用或救助费用的船舶价值高于船舶险的保险金额，船舶保险人不负担的共同海损分摊费、特殊费用和救助费，也可以由保赔保险承担。

6. 为安置难民及偷渡者所支出的费用

当船东发现为偷渡而藏匿于入会船舶上的人，或在海上救起难民时，这些人员在船上发生的费用（如食宿费等）以及送上岸后遣送回原籍的费用（如旅行费等），均可向船东互保协会索赔。目前此类情况日益增多，尤其是躲在承运的集装箱内偷渡的现象经常出现。

7. 海运承运人应承担责任的损失或费用

海运承运人应承担责任的损失或费用是指在被保险人作为海运承运人时，由于违反谨慎收受、积载、承运、保管、照料、卸载及交付货物或财产的义务，或由于被保险船舶不适航或不适货造成货物或其他财产的损失和费用。收货人对此可向货物保险人索赔，货物保险人取得代位求偿权后再向船东追索，船东必须承担责任。船东赔偿之后，则可依船舶保赔险向船东互保协会索赔。协会对此类货物索赔的承保，是船东经营过程中必不可少的保障。

8. 各项罚款

《中国船东互保协会章程》第 19 条规定，由于下列原因，任何法院或主管当局根据所在国法律或有关规定向会员或船员征收的各项罚款，可向船舶保赔协会索赔：船上未能保持安全的工作条件；申报的货物情况与单证上列明的不一致，或短卸、溢卸或溢交；违反海关规定；违反当地移民法则；油污或其他物质造成的污染；船员或船舶代理人在执行工作职责时的疏忽或错误。但是对超载或走私的罚款，该协会不予偿付。

（三）保赔保险的除外责任

根据《中国船东互保协会章程》的规定，除外责任主要有以下几项：（1）船舶保险人承保的风险；（2）战争风险和核风险；（3）重复保险；（4）入会船承运违禁品、偷越封锁线或从事非法贸易的索赔，或者保赔协会董事会考虑所有因素后，认为是入会船所进行的运输、贸易或航程不安全、不适当、草率或过于危险而引起的索赔；（5）会员的故意或轻率行为；（6）入会船舶的滞期或迟延而引起的损失，以及租约承租人取消租约给船东造成的损失；（7）免赔额。

四、其他海上保险

除海上货物运输保险、船舶保险、保赔保险外，海上保险还有运费保险、船舶建造保险、集装箱保险和海上油气开发有关的保险等类型。本部分主要介绍船舶建造保险、集装箱保险两种。

（一）船舶建造保险

船舶建造保险是以建造中的船舶为标的的一种保险。它的承保范围广，并具有财产保险、工程保险、船舶保险、运输保险、责任保险和保赔保险等多种保险内容的综合保障性质。目前我国各保险公司的船舶建造保险条款基本相同，通常承保被保险船舶的下列损失、责任和费用：

1. 保险船舶在船厂建造、试航和交船过程中，包括建造该船所需的在保险价值内的一切材料、机械和设备在船厂范围内装卸、运输、保管、安装以及船舶下水、进出坞、停靠码头过程中，由于下列原因所造成的损失和费用：（1）自然灾害或意外事故；（2）工人、技术人员、船长、船员及引水人员的疏忽过失和缺乏经验；（3）船壳和设备机件的潜在缺陷；（4）因船台、支架和其他类似设备的损坏或发生故障；（5）保险船舶任何部分因设计错误而引起的损失；（6）在保险船舶下水失败后为重新下水所产生的费用；（7）为确定保险责任范围内损失所支付的合理费用，以及对船舶搁浅后为检查船底而支付的费用，即使没损失，保险公司也予负责。

2. 对于下列责任和费用，也属于承保范围：（1）共同海损牺牲和分摊；（2）救助费用；（3）发生碰撞事故后，保险船舶对被碰撞船舶及其所载货物、浮动物件、船坞、码头或其他固定建筑物损失和延迟、丧失使用的损失以及施救费用、共同海损和救助费用依法应负的赔偿责任，但以保险船舶的保险金额为限；（4）保险船舶遭受本条款责任范围内的损失事故后引起的清除保险船舶残骸的费用、对第三者人身伤亡赔偿责任，可以按保险公司保障与赔偿条款的有关规定给予赔偿但以保险船舶的保险金额为限；（5）在发生碰撞或其他事故后，被保险人在事先征得保险公司书面同意后，为争取限制赔偿责任所支付的诉讼费用；（6）保险船舶的保险金额如低于保险价值，保险公司对本款所列各项的责任或费用，按保险金额和保险价值的比例计算赔偿。

3. 但是，下列各项属于除外责任的范畴：（1）由于被保险人故意或违法行为所造成的损失；（2）对设计错误部分本身的修理、修改、更换或重建的费用及为了改进或更改设计所发生的任何费用；（3）由于被保险人对雇佣的职工的死亡、伤残或疾病所应承担的责任和费用；（4）核反应、辐射或放射性污染引起的损失或费用；（5）由于战争、敌对行为、武装冲突、炸弹的爆炸、战争武器、没收、征用、罢工、暴动、民众骚动引起的损失、费用和责任，以及任何人的恶意行为或政治动机所引起的任何损失；（6）建造合同规定的罚款以及由于拒收和其他原因造成的间接损失；（7）由于任何国家或武装集团的拘留、扣押、禁制，使航程受阻或丧失；（8）其他不属于保险责任范围内的损失、责任和费用。

此外，各保险公司的船舶建造保险条款还对保险期间、保险价值和保险金额、承保区域、赔款处理、被保险人义务以及争议解决条款等进行了规定，此处不再详述。

【案例研习 13-8】

中国人民财产保险股份有限公司航运保险运营中心与
泰州三福船舶工程有限公司船舶建造保险合同纠纷案

案情介绍请见本章第 13-1 号案例。本案争议焦点在于设计错误是否属于承保范围以及保险责任范围该如何确定。一审认为，三福公司因船舶吃水设计错误所遭受的经济损失属于船舶建造险的承保范围，判决人保航运中心赔偿该损失及其利息。二审基本同意一审判决意见，但认为一审判决没有扣除保险单约定的免赔额人民币14万元不当，遂在此基础上相应改判。最高人民法院再审认为，船舶设计时错误预估空船重量导致船舶载重吨达不到约定标准，属于设计错误，故属于该船舶建造险的承保范围。就"保险船舶任何部分因设计错误而引起的损失"而言：（1）该损失应当限于被保险人按照造船合同约定所应当承担的损失，包括合理预期损失，且涉案船舶建造险条款"除外责任"第6项规定"由于拒收和其他原因造成的间接损失"，即涉案保险不承保间接损失而仅承保直接损失。对此，经计算三福公司因船舶设计错误引起的损失共为91.65万美元，包括船舶设计错误引起的交船迟延赔偿金49.65万美元，以及载重吨不足与干舷吃水增高的损失赔偿额42万美元，但应依据保险条款扣减保险免赔额人民币14万元。（2）三福公司与赫密恩公司签订备忘录协商同意降价286万美元，这超出了造船合同项下三福公司所应承担的违约损害赔偿额。由于被保险人与船舶买方在造船合同约定之外另行协商赔偿，超出保险合同当事人订立合同时的合理预期，超出部分保险人有权拒绝赔付。故判决赔偿三福公司因船舶设计错误引起的损失人民币5780640.45元（91.65万美元），在扣减保险免赔额人民币14万元后为人民币5640640.45元。

（二）集装箱保险

集装箱保险是集装箱的所有人或租借人对因在集装箱运输管理中的各种危险而产生的集装箱箱体的灭失、损坏等进行的保险。在该保险产生之前，集装箱的风险是通过运输工具保险或运输货物保险来承保的。但是，在这些保险中，保险人不可能对因集装箱所有、管理和使用而出现的各种风险予以全部承保，而只能对每种风险办理单独保险。这样一来，在该保险中难免会发生重保或漏保的现象。为了解决这一难题，产生了集装箱专门保险。在保险实务中，一般将集装箱及其内装货物作为同一保险标的，通过一张保险单来承保集装箱在多式联运中的各种风险。①

目前我国各保险公司的集装箱保险条款基本相同，分为全损险和综合险两种，被保险集装箱发生损失时，保险公司按承保险别和保险条款规定负责赔偿。全损险负责集装箱的全部损失。综合险负责集装箱的全部损失或部分损失，但对于集装箱的机器部分损失仅限下列原因：（1）运输船舶的沉没、触礁、搁浅、碰撞引起的（包括同冰碰撞）；（2）陆上或空中运输工具的碰撞、倾覆及其他意外事故引起的；（3）外来的火灾、爆炸引起的。此外，不论是承保全损险或综合险，保险公司对共同海损分摊、救助和集装箱受损后，被保险人立即采取的有效抢救措施和防止损失扩大而支付的合理费用也负责补偿，但对上述抢

---

① 参见张湘兰：《海上保险与索赔理赔》，人民法院出版社2002年版，第121页。

救和防损费用的补偿金额以不超过被救助集装箱的保险金额为限。

但是，保险公司对下列原因造成的损失、责任和费用不负责赔偿：（1）集装箱不符合国际标准，或由于其内在缺陷和特性，或工人罢工，或延迟引起的损失和费用。（2）正常磨损及修理费用。（3）集装箱所有人国家的政府行使的拘留、扣押、没收或征用。（4）战争、敌对行为或武装冲突；以及由于战争、敌对行为或武装冲突引起的拘留、扣押、没收或封锁。（5）各种常规武器，包括水雷、鱼雷或炸弹。（6）原子弹、氢弹等核武器所造成的损失。（7）与投保集装箱经营有关的或由其引起的第三者责任和费用。

第三节　海上保险的索赔与赔付

一、概述

（一）海上保险的索赔

海上保险的索赔，是指被保险人在保险标的遭受损失后，凭保险单等单据向保险人要求赔偿损失的行为。《保险法》第21条规定，投保人、被保险人或者受益人知道保险事故发生后，应当及时通知保险人。故意或者因重大过失未及时通知，致使保险事故的性质、原因、损失程度等难以确定的，保险人对无法确定的部分，不承担赔偿或者给付保险金的责任，但保险人通过其他途径已经及时知道或者应当及时知道保险事故发生的除外。该通知表示索赔行为已开始，不再受保险索赔时效的限制。被保险人除向保险人报损以外，根据保险人的要求，还应向损失涉及的有关各方提出索赔。

按照《保险法》第22条规定，保险事故发生后，按照保险合同请求保险人赔偿或者给付保险金时，投保人、被保险人或者受益人应当向保险人提供其所能提供的与确认保险事故的性质、原因、损失程度等有关的证明和资料。保险人按照合同的约定，认为有关的证明和资料不完整的，应当及时一次性通知投保人、被保险人或者受益人补充提供。

在海上货物运输保险索赔中，被保险人通常应提交下列单证：（1）保险单或保险凭证；（2）运输单证，如提单等；（3）货损货差证明；（4）发票、装箱单和磅码单；（5）向第三方提出索赔的文件；（6）检验报告等。在船舶保险索赔中，被保险人通常应提交下列单证：（1）保险单或保险凭证；（2）船长的海事报告；（3）航海日志、机舱日志和海图；（4）船检报告和修理后船级社检验师的批注；（5）费用清单和单据；（6）有关第三方责任的交涉文件等。保险船舶需要进行修理的，应先征得保险人的同意。对于不合理的修理费和其他费用，保险人有权扣除。保险人有权决定船舶的修理港口及修理地点，因遵循保险人的要求所产生的实际额外航程费用，由保险人补偿给被保险人。

（二）海上保险的理赔

保险人处理保险索赔案的过程称为保险的理赔。实践中，保险人在收到被保险人的报损通知后，通常应审查以下事项：（1）索赔人是否具有可保利益。在国际贸易中，由于保险单是可以转让的，所以在提出索赔时，被保险人必须具有可保利益，否则不能获得赔偿；（2）损失是否由保险事故引起；（3）保险标的的损失如何；（4）是否以及如何承担保险赔偿。

按照《保险法》第23条的规定，保险人收到被保险人或者受益人的赔偿或者给付保险金的请求后，应当及时作出核定；情形复杂的，应当在30日内作出核定，但合同另有约定的除外。保险人应当将核定结果通知被保险人或者受益人；对属于保险责任的，在与被保险人或者受益人达成赔偿或者给付保险金的协议后10日内，履行赔偿或者给付保险金义务。保险合同对赔偿或者给付保险金的期限有约定的，保险人应当按照约定履行赔偿或者给付保险金义务。保险人未及时履行上述义务的，除支付保险金外，应当赔偿被保险人或者受益人因此受到的损失。

《保险法》第24~25条还规定，保险人依照上述《保险法》第23条的规定作出核定后，对不属于保险责任的，应当自作出核定之日起3日内向被保险人或者受益人发出拒绝赔偿或者拒绝给付保险金通知书，并说明理由。保险人自收到赔偿或者给付保险金的请求和有关证明、资料之日起60日内，对其赔偿或者给付保险金的数额不能确定的，应当根据已有证明和资料可以确定的数额先予支付；保险人最终确定赔偿或者给付保险金的数额后，应当支付相应的差额。

值得注意的是，保险人支付全损赔偿与支付部分赔偿的后果是不同的。在发生全损的情形下，保险人支付全部保险金额后，即可取得对保险标的的全部权利。这里的全损包括实际全损和推定全损，前者可能会出现损余，如船舶残骸或货物的残余物等，后者可能会进行委付。但无论何种全损，保险人支付全部保险金额的，即可取得保险标的的全部权利。但是，在不足额保险发生全损的情形下，保险人只能按照保险金额与保险价值的比例取得对保险标的的部分权利而不是全部权利。而在部分损失中，保险人支付了部分赔偿的，保险标的仍归被保险人所有，保险人不能享受保险标的的权利。

此外，在发生保险事故后，保险人还可以放弃对保险标的的权利，以全额支付合同约定的保险赔偿为代价，解除其对保险标的的义务。但是，保险人行使该项权利，应当自收到被保险人有关赔偿损失的通知之日起的7日内通知被保险人。被保险人在收到通知前，为避免或者减少损失而支付的必要的合理费用，仍然应当由保险人偿还。

二、海上保险中的委付

委付是海上保险中所特有的一种法律行为，即当保险标的发生推定全损时，被保险人把保险标的全部权利和义务转移给保险人，保险人则向其支付全部保险金额。

（一）委付的要件

委付的要件包括：（1）委付应以推定全损为条件。（2）委付及于保险标的的全部。这就是委付的不可分性，因为若一部分标的请求委付，另一部分标的不请求委付，容易引起争议。但是，如果保险单上包括的保险标的的种类繁多，而仅仅是其中一部分发生推定全损，并且这部分标的可与其他标的分离独立，那么可以对这一部分标的请求委付。（3）委付不能附带条件。提出委付请求又附上条件，必然会使保险双方关系复杂化。如船舶失踪，被保险人提出委付，但又要求日后船舶有着落时返还其船舶，同时再返还受领的保险金，这样必然影响保险人的权益，也为法律所不容。（4）委付须经接受方为有效。有些国家保险法规定，委付为单方法律行为，一方意思表示即可发生效力。但我国《海商法》认为委付是一种双方法律行为。被保险人提出委付后，保险人可以接受，也可以不接受，但是应当在合理的时间内将接受委付或者不接受委付的决定通知被保险人。保险人不接受委付的，不影响被保险人的索赔权利。委付一经接受，不得撤回。

（二）委付的效力

我国《海商法》第250条规定："保险人接受委付的，被保险人对委付财产的全部权利和义务转移给保险人。"因此，委付成立后，保险标的的权利和义务同时转移至保险人。如船舶在沉船事故发生时或事故发生后应收取的运费，转由保险人所有，该沉船影响航道需要打捞时，打捞费用亦转由保险人承担。由于保险标的权利已转移，即使保险人处理保险标的或对第三者行使损害赔偿请求权所得到的利益超过其所赔偿的保险金，超额部分仍应归保险人所有。

委付另外产生一个效果就是保险金额的给付。保险人接受委付后，即应按照全损予以赔付。

三、海上保险中的代位求偿

海上保险代位求偿权，是指保险人在其保险责任范围内赔付被保险人保险标的的全部或者部分损失后，在赔偿金额范围内享有的向海上保险事故的责任方即第三人请求赔偿的权利。海上保险代位求偿权主要规定在《海事诉讼特别程序法》和《海商法》中，上述立法没有规定的，则适用《保险法》的规定。海上保险代位求偿权的基础法理与一般代位求偿权并无不同，故不再详述。

（一）海上保险代位求偿权的取得

保险人取得代位求偿权必须具备以下条件：

1. 被保险人因海上保险事故对第三人享有损害赔偿请求权。如果被保险人对第三人的损害赔偿请求权存在瑕疵，例如第三人存在法定免责事由等，保险人则可能也无法享有和行使代位求偿权。

2. 被保险人对第三人的损害赔偿请求权未实现或未能完全实现。保险人的代位求偿权只能发生在被保险人并未向加害的第三人提出索赔，或者虽提出索赔但并没有获得实际赔偿的场合。被保险人从第三人处得到了部分赔偿的，其仅可就未得到的赔偿部分向保险人提出索赔。

3. 保险人已经实际支付保险赔偿。只有当保险人按照保险合同约定和法律规定实际支付了保险赔偿的，保险人才能代位取得对第三人的损害赔偿请求权。仅达成赔偿的默契或协议但没有实际支付赔偿的，保险人不能取得代位求偿权。但是，如果被保险人未经保险人同意放弃向第三人要求赔偿的权利，或者由于被保险人的过失或过错致使保险人不能行使代位求偿权的，保险人可以相应扣减保险赔偿金，以保障保险人的代位求偿权。例如，因被保险人的故意或过失致使对第三人索赔的诉讼时效期间届满的，或者被保险人拒不提供必要的文件、资料或其他情况，致使保险人无法行使代位求偿权的，保险人都可以相应扣减保险赔偿金。

同时具备上述条件的，自保险人支付赔偿之日起，被保险人向第三人要求赔偿的权利，相应转移给保险人。

（二）海上保险代位求偿权的行使

1. 保险人应以保险赔偿范围为限行使代位求偿权。保险人只能在保险赔偿范围内行使代位求偿权，也就是说代位求偿权仅限于保险人实际赔付的数额，不允许保险人借此获得额外利益。如果保险人从第三人处取得的赔偿，超过其支付的保险赔偿的，按照《海商法》第 254 条第 2 款规定，超过部分应当退还给被保险人。

2. 保险人得以自己的名义提起代位求偿诉讼。《海商法》和《保险法》对保险人如何行使代位求偿权没有明确规定，理论上对此存在争议。《海事诉讼特别程序法》生效后，保险人行使代位求偿权的方式得到明确，即保险人应以自己的名义提起诉讼，这包括：（1）保险人行使代位求偿权时，被保险人未向造成保险事故的第三人提起诉讼的，保险人应当以自己的名义向该第三人提起诉讼。（2）保险人行使代位求偿权时，被保险人已经向造成保险事故的第三人提起诉讼的，保险人可以向受理该案的法院提出变更当事人的请求，代位行使被保险人对第三人请求赔偿的权利。

保险人以自己的名义提起代位求偿诉讼的，应当向受理该案的海事法院提交保险人支付保险赔偿的凭证，以及参加诉讼应当提交的其他文件。未能提交实际支付保险赔偿凭证的，法院不予受理，已经受理的，应当裁定驳回起诉。受理代位求偿纠纷案件的法院应当仅就造成保险事故的第三人与被保险人之间的法律关系进行审理，一般不再涉及保险赔偿事项。此外，保险人因发生船舶触碰港口设施或者码头等保险事故，行使代位求偿权向造成保险事故的第三人追偿的案件，应适用《海商法》的规定。

3. 被保险人应尽力协助保险人行使代位求偿权。被保险人应当向保险人提供必要的文件和其所需要知道的情况，并尽力协助保险人向第三人追偿。所谓"必要的文件"包括被保险人的索赔权利已经转让给保险人的证明文件，如权益转让书等，以及能确认被保险人遭受损失的程度和第三人责任的各种证据和资料。所谓"所需要知道的情况"是指保险人为行使代位求偿权需要了解的情况，通常是指事故的发生以及事故责任等情况。这是被保险人应尽的义务，被保险人应尽其所能，协助保险人行使其代位求偿权。①

（三）海上保险代位求偿权的行使效果

保险人行使代位求偿权时，被保险人已经取得的财产保全或担保权益及时效中断等程序权益，在保险人代位的范围内对保险人有效。例如，保险人有权享有被保险人因申请扣押船舶取得的担保权利；有权以被保险人向第三人提起诉讼、提交仲裁、申请扣押船舶或者第三人同意履行义务为由主张诉讼时效中断等。但是，对于被保险人因自身过错产生的不利后果，保险人则不予承担。

此外，如果被保险人取得的保险赔偿不能弥补第三人造成的全部损失的，保险人和被保险人可以作为共同原告向第三人请求赔偿。例如，因投保了不足额保险，或者协议取得的保险赔偿不足以弥补损失，或者保险合同约定有免赔额等，都可能发生被保险人取得的保险赔偿不能弥补第三人造成的全部损失的情形。

【案例研习 13-9】

中交第四航务工程局有限公司与中国人民财产保险股份有限公司
广东省分公司等海上保险代位求偿（海上货物运输合同）纠纷案②

2002 年 12 月 31 日，中远航运就其"沙河口"轮向中国人保广东省分公司投保，险别为一切险，保险期限从 2003 年 1 月 1 日 0 时起至 2003 年 12 月 31 日 24 时止，保险金额为 300 万美元。2003 年 3 月 22 日，中交四航局安游项目部与中远航运签订《海上运输合同》，约定由后者提供其所属的"沙河口"轮为安游项目部承运 10 个大水泥沉箱和 10 个小水泥沉箱由三亚港至榆林港，运费为 12 万美元。"沙河口"轮于 2003 年 3 月 30 日至 4 月 3 日从三亚港装运 3 个大沉箱和 4 个小沉箱至榆林港。4 月 4 日，"沙河口"轮在榆林港压水作业过程中艉部座底。海南海事局作出的事故原因调

---

① 参见傅旭梅：《中华人民共和国海商法诠释》，人民法院出版社 1995 年版，第 462 页。

② 参见最高人民法院（2009）民提字第 38 号民事判决书。

查报告认为：小沉箱倾倒沉没是造成"沙河口"轮艉部下沉座底的直接原因；船方忽视沉箱海上安全起浮的特殊要求，未按安全操作规程的要求进行作业，是造成小沉箱倾倒沉没的主要原因；船货双方的现场指挥和作业人员缺少足够和必要的协调配合是造成事故的重要原因；本案是一起主要由于船员过失所造成的重大责任事故。

2003年7月17日，中远航运与保险公司达成赔偿协议书。保险公司向中远航运支付"沙河口"轮保险赔偿金220万美元。同日，中远航运向保险公司出具了保险赔偿金收据和权益转让书。保险公司据此向中交四航局提起代位求偿权之诉。保险公司认为，其向中远航运赔付了船舶损失220万美元，折合人民币18183000元，保险公司另支出检验费139500元，两项合计共损失18322500元。该事故完全是由于被告的严重过失造成的，请求法院判令被告按60%的责任比例赔偿保险公司11049300元及其利息。

最高人民法院再审另查明："沙河口"轮发生座浅事故后，对该轮的救助费用为362万元，后中远航运将"沙河口"轮残值以10618068.78元出售，"检验报告"所述的1339万元船舶修理费并未实际发生。保险公司在一、二审中主张，其赔付的保险金包含1339万元船舶修理费，但并未将出售"沙河口"轮残值的价款予以扣减，故其赔付的保险金与保险责任范围内船舶的实际损失不符。保险公司主张其赔付的保险金中包括了"沙河口"轮在友联船厂修理期间发生代理费、引航费、港口费等77843元，船舶临时修理费329000元，经查，上述费用系中远航运在其诉中交四航局、安游项目部、中港四航局第三工程公司、中港四航局海南分公司海上货物运输合同一案中所提出的主张，该案一审由海口海事法院作出（2004）海商初字第026号民事判决书，二审由海南省高级人民法院作出（2005）琼民二终字第33号民事判决书，均未支持中远航运关于上述费用的主张。保险公司系中远航运的代位求偿权人，并未从中远航运取得关于上述费用的代位求偿权，且其在本案一审、二审中并未就上述费用提出主张，故不予支持。

据此，最高人民法院经审理认为：根据《海商法》第252条第1款的规定，保险标的发生保险责任范围内的损失是由第三人造成的，被保险人向第三人要求赔偿的权利，自保险人支付赔偿之日起，相应转移给保险人，故保险公司从航运公司取得的代位求偿权的范围，仅限于"沙河口"轮发生的保险责任范围内的损失。"沙河口"轮投保险别为一切险，其保险责任范围内的损失应包括船舶的实际损失及救助费。该保险金额为300万美元（依赔付时美元与人民币的中间价1：8.25计算，折人民币24795000元），事故发生后航运公司将其残值出售，获10618068.78元，故本案船舶的实际损失应为保险金额减去出售船舶所得，为14176932.22元。该项船舶实际损失及救助费 362 万元，共计 17796931.22 元为"沙河口"轮所发生的保险责任范围内的损失。综上，"沙河口"轮在保险责任范围内的损失为 17796931.22 元，而非 220 万美元（折人民币 18183000 元）。最终依此作出判决。

四、海上责任保险中的第三人直接索赔（直接请求权）

在海上油污责任保险中，我国参加的国际公约以及《海事诉讼特别程序法》等国内相关立法规定了海上油污责任保险的直接索赔制度，这在本书第九章中已有论述。

对于其他的海上责任保险，如船舶碰撞责任险、修船责任险、造船责任险等，《海商法》以及其他一些特别法均无明确规定，因此应适用我国《保险法》的相关规定。按照《保险法》第 65 条规定，保险人对责任保险的被保险人给第三者造成的损害，可以依照法律的规定或者合同的约定，直接向该第三者赔偿保险金。责任保险的被保险人给第三者造成损害，被保险人对第三者应负的赔偿责任确定的，根据被保险人的请求，保险人应当直接向该第三者赔偿保险金。被保险人怠于请求的，第三者有权就其应获赔偿部分直接向保险人请求赔偿保险金。责任保险的被保险人给第三者造成损害，被保险人未向该第三者赔偿的，保险人不得向被保险人赔偿保险金。

但是对于保赔保险的直接索赔，还存在一些特殊性。作为一种相互保险形式，保赔保险是以会员分摊的方式来补偿某个或某些会员的损失，因此为维护会员的自身利益，保证保赔协会的财政稳定，在保赔保险中通常会有关于"先行支付"（简称先付，pay to be paid）的约定。先行支付是保赔保险合同下的基本条款，也是保赔保险下被保险人的基本义务，其典型措辞是："除非董事会作出相反的决定，会员就任何责任、支出和费用获得协会赔偿的先决条件是，他首先承担了相同的责任或支付了相等的费用"。先付条款是保险法上损失补偿原则的充分体现，而且它与保赔协会的宗旨是一脉相承的，因为保赔协会作为一种互保性的组织，通常以维护会员船东的利益为宗旨，而无需考虑第三方的利益。因此，先付条款通常被认为是有效的，会员只有在先行向第三人承担了责任或支付了费用之后，才能向协会提出索赔。否则，协会有权拒赔。

虽然先付条款对当事人是有效的，但它能否对抗第三人则并不确定，对此各国的做法并不一致，我国也没有相应的立法规定。我们认为，应按照不同情形区别对待：（1）如果第三人享有法定的直接索赔权的，则先付条款不能对抗第三人的直接索赔要求，因为先付条款作为一项合同条款，它不具有对抗法定权利的效力。（2）如果第三人享有的直接索赔权是基于当事人的约定产生的，则要区分不同情形：如果是基于被保险人（会员船东）与第三人的约定而产生的，那么第三人的直接索赔将无法对抗保赔协会与被保险人的"先行支付"的约定；如果该直接索赔权来源于保赔协会与被保险人的约定，则该直接索赔权可以对抗保赔协会。（3）如果第三人并不享有法定的或约定的直接索赔权，第三人将无法向保赔协会直接提出索赔。

【专业术语】

海上保险	Marine Insurance
海上风险（危险）	Marine Perils
保险标的	Subject Matter Insured
保险价值	Insured Value
保险金额	Insured Amount；Sum Insured
保险责任	Insurance Liability
除外责任	Excluded Liability
保险期间	Insurance Period
保险费	Premium
最大诚信原则	Principle of Utmost Good Faith
告知或披露	Disclosure
陈述	Representation
担保或保证	Warranty
保险利	Insurable Interest
损失赔偿原则	Principle of Indemnity
"无损失无赔偿"	No Lose No Indemnity
近因原则	Principle of Proximate Cause
保赔保险	Protection and Indemnity Insurance，P&I
委付	Abandonment
保险代位求偿权	Right of Subrogation

【拓展阅读】

1. 张湘兰主编：《海上保险与索赔理赔》，人民法院出版社 2002 年版。

2. 杨召南、徐国平、李文湘：《海上保险法》，法律出版社 2009 年版。

3. 初北平：《海上保险法》，法律出版社 2020 年版。

4. 初北平、王欣编著：《海上保险实务与法律》，大连海事大学出版社 2020 年版。

5. 郑睿：《海上保险：法律与实务》，上海中医药大学出版社 2021 年版。

6. 王海波：《海上保险法与保险法之协调研究》，法律出版社 2019 年版。

7. 汪鹏南：《海上保险合同法详论》，大连海事大学出版社 2017 年版。

8. 巴里斯·索耶：《英国保险法改革对〈1906 年海上保险法〉的影响》，载《中国海商法研究》2014 年第 4 期。

第十四章　海事争议解决

不同于陆上事业，海上事业面临各种各样的海上特殊风险，相应地，与普通的民商事争议解决制度相比，海事争议解决制度在争议解决方式及相应的程序规则等方面均有其特殊性。

第一节　海事争议解决概述

一、海事争议的涵义与类型

（一）海事争议的涵义

海事争议，有广义与狭义之分。广义而言，海事争议就是人类因海上活动而引发的一切纠纷，包括但不限于民事性质的海事争议。此外，"海事争议"，也不局限于在海上发生的事故或争议，还包括与船舶活动、海洋开发利用有关的一切法律争议。只要这种争议的原因、过程、结果等主要因素之一在海上发生，都可以称之为海事争议。其中的"海上"不仅指海洋，还包括与海相通的可航水域。

狭义而言，海事争议是指通过特定方式解决或由特定争议解决机构主管的海事争议。狭义的海事争议具有相对性，在不同的语境下，其内涵并不相同。本章涉及的海事争议，是一种狭义的海事争议，主要指通过和解、调解、海事仲裁或海事诉讼等特定方式解决的平等主体之间的海事法律争议。

（二）海事争议的类型

根据海事争议的起因，可以将其区分为以下四类：（1）海商合同争议，指因海上运输、海上开发以及与此有关的合同关系而引起的争议。（2）海事侵权争议，指因船舶活动、海洋开发活动及与此相关的活动而产生的侵权争议。（3）海事不当得利争议。（4）海事无因管理争议。

根据海事请求的权利属性，还可将其区分为海事物权争议和海事债权争议。前者主要表现为对船舶、船载货物、通航设施、海上人工设施等财物的所有权、担保物权或用益物权之争；后者主要表现在海商违约、海事侵权、海事不当得利及海事无因管理之争。

（三）海事争议的解决途径

海事争议的解决途径，是指解决海事争议当事人之间法律纠纷的方或救济程序。根据当事人意志自治原则，争议双方当事人可以事先或事后选择解决其海事争议的途径。目前，世界各国解决海事争议的途径主要有：和解、第三方调解、海事仲裁、海事诉讼。本章主要讲述后两种争议解决程序。

二、海事争议的诉讼时效

海事诉讼时效是民事诉讼时效中的特别时效，它是指海事请求权人依照法律规定或合同的约定，请求海事管辖权法院或仲裁机构强制保护其海事请求权的有效期限。[①] 海事诉讼时效作为民事诉讼时效的特别制度，适用民事诉讼时效的一般规定，但我国《海商法》或其他特别法律另有规定的，优先适用特别法的规定。[②]

（一）海事诉讼特别时效的期间及其计算

1. 海事合同关系的诉讼时效

（1）海上货物运输合同的诉讼时效。就海上货物运输向承运人要求赔偿的请求权，时效期间为 1 年，自承运人交付或者应当交付货物之日起计算。此外，根据最高人民法院1997 年《关于承运人就海上货物运输向托运人、收货人或提单持有人要求赔偿的请求权时效期间的批复》的规定，承运人就海上货物运输向托运人、收货人或提单持有人要求赔偿的请求权，比照适用《海商法》第 257 条第 1 款的规定，时效期间为一年，自权利人知道或者应当知道权利被侵害之日起计算。

（2）海上旅客运输合同的诉讼时效。就海上旅客运输向承运人要求赔偿的请求权，时效期间为 2 年。有关旅客人身伤害的请求权，自旅客离船或者应当离船之日起计算；有关旅客死亡的请求权，发生在运送期间的，自旅客应当离船之日起计算；因运送期间内的伤害而导致旅客离船后死亡的，自旅客死亡之日起计算，但是此期限自离船之日起不得超过三年；有关行李灭失或者损坏的请求权，自旅客离船或者应当离船之日起计算。

（3）船舶租用合同的诉讼时效。有关船舶租用合同的请求权，时效期间为 2 年，自知道或者应当知道权利被侵害之日起计算。

（4）海上拖航合同的诉讼时效。有关海上拖航合同的请求权，时效期间为 1 年，自知道或者应当知道权利被侵害之日起计算。

---

①　海事管辖权法院是指我国具有海事管辖权的各级法院，包括各地海事法院及相应的高级人民法院、最高人民法院。

②　参见《民法典》第 198 条。

（5）海上保险合同的诉讼时效。根据海上保险合同向保险人要求保险赔偿的请求权，时效期间为2年，自保险事故发生之日起计算。

2. 其他海事、海商法律关系的诉讼时效

（1）船舶碰撞诉讼时效。有关船舶碰撞的请求权，时效期间为2年，自碰撞事故发生之日起计算。

（2）海难救助诉讼时效。海难救助请求权的时效期间为2年，自救助作业终止之日起计算。

（3）共同海损分摊诉讼时效。有关共同海损牺牲和费用分摊的请求权，时效期间为1年，自理算结束之日起计算。

（4）船舶油污损害诉讼时效。有关船舶发生油污损害的请求权，时效期间为3年，自损害发生之日起计算；但是，在任何情况下时效期间不得超过自造成损害的事故发生之日起6年。

（二）海事诉讼时效的中止与中断

《海商法》关于海事诉讼时效中止的规定同《民法典》一致：在诉讼时效期间的最后六个月内，因不可抗力或其他障碍，不能行使请求权的，诉讼时效中止。自中止时效的原因消除之日起，时效期间继续计算。

但是二者关于中断的规定却有较大区别。按照《海商法》规定，时效因请求人提起诉讼、提交仲裁或者被请求人同意履行义务而中断。但是，请求人撤回起诉、撤回仲裁或者起诉被裁定驳回的，时效不中断。请求人申请扣船的，时效自申请扣船之日起中断。自中断时起，时效期间重新计算。①

三、海事争议解决的法律适用

涉外海事关系的法律适用比较复杂。虽然《涉外民事关系法律适用法》等对涉外民事关系的法律适用作出了比较明确的规定，但海商法作为民事特别法，其法律适用仍然具有较显著的特殊性。《海商法》第十四章不仅明确了涉外海事法律关系法律适用的基本原则，而且规定了若干特殊的海事法律适用规则。因此，在涉外海事关系法律适用问题上，应优先适用《海商法》中的特别规定。

（一）涉外海事关系法律适用的基本原则

关于法律适用问题，我国海商法确立了以下基本原则：（1）国际条约优先适用原则，即除已予以保留的外，我国缔结或者参加的国际条约与我国海商法有不同规定的，优先

---

① 参见向明华：《中国海事诉讼时效"中断难"法律问题研究——兼析〈海商法（修订征求意见稿）〉相应修改方案》，载《法学杂志》2020年第8期。

地、直接地适用国际条约的规定；（2）国际惯例补充适用原则，即在我国法律和我国缔结或者参加的国际条约均没有规定的条件下，可以直接适用而不是参照适用相应的国际惯例；（3）当事人意思自治原则，即当事人双方可以选择应适用的法律，但法律另有限制的除外；（4）最密切联系原则，即在合同当事人没有选择准据法的条件下，应适用与合同有最密切联系的国家的法律；（5）公共秩序保留原则，即在依法应适用外国法律或者国际惯例的条件下，如果该法律适用违背我国的法律基本原则或损害社会公共利益，应当排除相应外国法律或国际惯例的适用。

（二）特殊涉外海事关系的法律适用

对于特殊的涉外海事关系的法律适用问题，我国《海商法》确立了以下规则：（1）船舶所有权的取得、转让和消灭，适用船旗国法律。（2）船舶抵押权适用船旗国法律。如果船舶在光船租赁以前或者光船租赁期间设立船舶抵押权的，适用原船舶登记国的法律。（3）船舶优先权，适用受理案件的法院所在地法律。（4）船舶碰撞的损害赔偿，适用侵权行为地法律。如果船舶碰撞发生在公海上，其赔偿案件应适用受理案件法院所在地法律；但同一国籍的船舶，不论碰撞发生于何地，碰撞船舶之间的损害赔偿适用船旗国法律。（5）共同海损理算，适用理算地法律。（6）海事赔偿责任限制，适用受理案件的法院所在地法律。

第二节　海事仲裁

一、海事仲裁概述

（一）海事仲裁的概念

海事仲裁（Maritime Arbitration），是指海事争议的双方当事人，根据仲裁协议，将他们之间发生的海事争议提交某一国的海事仲裁机构或仲裁员裁决的制度。目前，各主要海运国家中，英国作为传统的海运强国，其海事仲裁制度最为完善，对世界其他国家的海事仲裁制度产生了巨大影响。

（二）海事仲裁的特征

海事仲裁属于一种比较特殊的替代性争议解决方式（Alternative Dispute Resolution，ADR），具有如下显著特征。

第一，与海事诉讼程序比较，就裁决机构的法律性质而言，海事仲裁机构属于一种社会团体，而海事法院属于国家的审判机关；就案件管辖权的来源而言，海事仲裁庭的管辖权完全来自当事人双方的合意，而海事法院的管辖权来自《海事诉讼特别程序法》《民事诉讼法》的强制性规定，即使当事人双方达成管辖权协议的，也不得违反上述立法中的强制性规定；就争议当事人的自治权而言，海事仲裁的双方当事人可以就仲裁机构、仲裁地点、仲裁规则、仲裁员等内容作出广泛的选择；而海事诉讼，当事人的管辖权协议不能违背有关级别管辖、专属管辖、专门管辖等方面的强制性规定，更不能选择审理的地点、办案法官和诉讼规则；就裁决的效力而言，海事仲裁实行"一裁终局"制，败诉方未自动履行仲裁裁决的，胜诉方可向有管辖权的法院申请强制执行；而海事诉讼实行"两审终审"制，法院依法保障生效裁决的强制执行。

第二，与和解、调解程序比较，海事仲裁介于典型的自力救济手段与公力救济手段之间，其审理程序比较规范，仲裁裁决的效力亦可以得到有关国家相应的强制性保障。

第三，与其他类型的国际商事仲裁比较，海事仲裁制度具有较高的国际统一性。在海商法界，不仅各国的海事仲裁制度深受英美等国相应做法的影响，而且高度发展的国际海商法一体化进程加快了各国海事仲裁界的交流与沟通，从而形成了比较统一的海事仲裁文化及制度。

第四，基于海运业的商业效率传统，海事仲裁非常强调效率原则。各国的海事仲裁组织更倾向于制定或采用比诉讼程序规则更加简洁、快捷的程序规则。仲裁庭在仲裁过程中比较注重引导当事人自行和解，并提倡灵活地运用调解方式，在线调解、网络仲裁等便捷仲裁方式亦得到了广泛运用。与此同时，海事临时仲裁也得到广泛接受。

二、中国的海事仲裁机构与受案范围

（一）海事仲裁机构

中国的专业海事仲裁机构是中国海事仲裁委员会。其前身是中国国际贸易促进委员会1958年内设的审理海事仲裁案件的专门机构，于1988年改名为"中国海事仲裁委员会"（China Maritime Arbitration Commission，CMAC）。中国海事仲裁委员会目前采用的仲裁规则是其2021年版的仲裁规则。较其前版本，2021年规则有较大发展和突破，不仅充分利用现代信息技术成果发展网络仲裁，还首次规定了公布仲裁裁决的条件，进一步提高仲裁透明度，[①] 并参考美国仲裁员协会国际争议解决中心（ICDR）及国际商会仲裁院（ICC）等知名国际仲裁机构仲裁规则的先进做法，引入责任限制条款，规定"除非仲裁地法律另有规定，仲裁委员会及其工作人员、仲裁员、仲裁庭秘书，以及仲裁庭指定的专家，不就与仲裁相关的行为向当事人承担责任"，以解除仲裁机构和仲裁员依法裁决的后顾之忧。

临时仲裁是国际商事仲裁尤其是海事仲裁广泛采用的争议解决方式。其以灵活、快

---

① 《中国海事仲裁委员会仲裁规则》第58条第10款规定，经征得当事人同意，仲裁委员会仲裁院可在裁决作出后，对当事人名称及其他可识别信息进行脱密处理，公开发布裁决书。

捷、经济见长，得到了世界主要国家和《纽约公约》的认可，但我国《仲裁法》对其尚未予肯定。中国海事仲裁委员会为了满足中外当事人多元化仲裁服务的实际需求，中国海事仲裁委员会与中国海商法协会于 2022 年 3 月 18 日联合发布《中国海事仲裁委员会临时仲裁服务规则》《中国海商法协会临时仲裁规则》，为我国临时仲裁制度的建立与完善先行先试。

（二）海事仲裁的受案范围

根据中国海事仲裁委员会 2021 年版的仲裁规则，其受案范围不区分有关案件是否含有涉外因素或涉港澳台因素，也不要求有关争议是否产生于"远洋、近洋、沿海和与海相通的可航水域的运输、生产和航行等"有关过程中。具体而言，中国海事仲裁委员会可以受理下列性质的契约或非契约争议案：

（1）海事、海商争议案件。具体包括：租船合同、多式联运合同或者提单、运单等运输单证所涉及的海上货物运输、水上货物运输、旅客运输争议；船舶、其他海上移动式装置的买卖、建造、修理、租赁、融资、拖带、碰撞、救助、打捞，或集装箱的买卖、建造、租赁、融资等业务所发生的争议；海上保险、共同海损及船舶保赔业务所发生的争议；船上物料及燃油供应、担保争议，船舶代理、船员劳务、港口作业所发生的争议；海洋资源开发利用、海洋环境污染所发生的争议；货运代理，无船承运；集装箱的运输、拼箱和拆箱，快递，仓储，加工，配送，仓储分拨，物流信息管理，运输工具、搬运装卸工具、仓储设施、物流中心、配送中心的建造、买卖或租赁，物流方案设计与咨询，与物流有关的保险，与物流有关的侵权争议，以及其他与物流有关的争议；渔业生产、捕捞等所发生的争议。

（2）航空、铁路、公路等交通运输争议案件。

（3）贸易、投资、金融、保险、建设工程争议案件。

（4）当事人协议由中国海事仲裁委员会仲裁的其他争议案件。

三、海事仲裁协议

（一）海事仲裁协议概述

海事仲裁协议（Maritime Arbitration Agreement），是指双方当事人合意将他们之间已经发生或者将来可能发生的海事争议交付仲裁机构解决的一种协议。

海事仲裁协议是海事仲裁机构行使仲裁管辖权的基础与依据，其不仅可以约束仲裁机构，而且可以约束当事人及法院：仲裁协议当事人之间发生了协议上所载明的争议后，只应依约提请仲裁机构解决他们之间的争议，而不能向法院起诉；同样，法院也不应受理当事人协议应提交仲裁的案件。在一方当事人不履行仲裁裁决的条件下，仲裁协议还是对方当事人申请法院强制执行的基本依据之一。

（二）海事仲裁协议的形式

海事仲裁协议原则上应当以书面形式存在，其主要表现为三种形式：（1）仲裁条款（Arbitration Clause），即合同当事人在订立的合同中，表明愿意将可能发生的合同争议提交仲裁解决的合同条款。①（2）仲裁协议书（Arbitration Agreement），即双方当事人在争议发生之前或之后，为把争议提交仲裁解决而单独订立的协议书。（3）表明当事人愿将争议提交仲裁的其他书面材料，如双方当事人在往来函电或其他文件中就仲裁事宜达成一致意见的。

在我国，《仲裁法》第16条明确要求仲裁协议必须以书面方式订立。因此，当事人以口头形式达成仲裁协议的，不受法律保护，但当事人参加仲裁程序，事实上接受仲裁管辖的除外。

（三）海事仲裁协议的内容

海事仲裁协议的内容原则上由当事人自由约定，一般包括仲裁意愿、仲裁机构、仲裁地点、提交仲裁的事项、仲裁应适用仲裁规则和准据法、仲裁裁决的效力等内容。在我国，有效的海事仲裁协议必须具备以下三项内容：

（1）请求仲裁的意思表示。在海运实务中较常见的争议是，提单仲裁条款是否属于提单当事人的共同意思表示。由于提单往往由承运人单方制作、签发，提单受让人往往因此主张，其既未事先参与提单仲裁条款的订立，也未事后追认该条款，因此其不受该条款的约束。但海商法学界的通说是，在承运人与提单持有人没有其他不同约定的情况下，当事人接受提单就意味着接受其中的仲裁条款。

（2）仲裁事项。海事仲裁机构的主管范围包括但不限于各类海事、海商、物流、渔业争议或类似性质的其他契约性或非契约性争议。仲裁协议对仲裁事项没有约定或者约定不明确的，当事人可以补充协议；达不成补充协议的，仲裁协议无效。

（3）选定的仲裁委员会。当事人通过仲裁协议选定仲裁机构时，一般要求明确所选定仲裁委员会的名称，如"中国海事仲裁委员会""英国伦敦海事仲裁员协会""美国纽约海事仲裁员协会""法国巴黎海事仲裁院"等。仲裁协议约定的仲裁机构为多个时，一般不应视为对仲裁机构的约定不明确，当事人可以协议选择其中的一个仲裁机构申请仲裁。当事人不能就仲裁机构的选择达成一致的，仲裁协议无效。

在海运实务中，许多仲裁条款仅约定了仲裁地点而没有选定仲裁机构，如国际上广泛

---

① 中国海事仲裁会推荐的仲裁示范条款（Model Arbitration Clause）：Any dispute arising from or in connection with this contract shall be submitted to China Maritime Arbitration Commission（CMAC）for arbitration in accordance with CMAC Arbitration Rules currently in force at the time of applying for arbitration. The arbitral award is final and binding on all the parties.

使用的波罗的海国际航运公会的定期租船合同、金康航次租船合同等格式合同中的仲裁条款。这些仲裁条款在许多国家是有效的，但依照我国《仲裁法》，就可能因未事先选定仲裁机构，事后又未能补充选定，而被认定为无效。为避免仲裁协议的效力因此受损，许多国际仲裁机构提供了供当事人参照使用的仲裁协议示范条款。如中国海事仲裁委员会推荐使用的海事仲裁协议示范条款是，"凡因本合同引起的或与本合同有关的任何争议，均应提交中国海事仲裁委员会，按照申请仲裁时该会现行有效的仲裁规则进行仲裁。仲裁裁决是终局的，对双方均有约束力"。

（四）海事仲裁协议的效力

海事仲裁机构对提交仲裁的案件能否取得管辖权，其仲裁裁决能否依法得到法院的支持，均涉及海事仲裁协议是否有效这一前提条件。许多国内与国际仲裁立法对仲裁协议的效力要件有明确要求。根据《1958年承认与执行外国仲裁裁决的公约》（以下简称《1958年纽约公约》）的规定，有效的仲裁协议必须满足以下条件：（1）仲裁协议应当是书面的；（2）提交仲裁的争议属于可裁事项；（3）当事人在签订协议时具有完全行为能力。我国《仲裁法》除提出上述要求外，还要求约定有明确的仲裁机构，协议的内容是当事人的真实意思表示而非欺诈或胁迫的结果。

四、海事仲裁程序

海事仲裁程序是海事仲裁机构和海事争议双方当事人在仲裁过程中应当遵循的程序和规则。作为一种程序规范，世界各国的海事仲裁机构几乎均订有自己的仲裁程序规则，但相互之间的差异不大。在临时仲裁条件下，仲裁规则由当事人或被选定的仲裁员自行确定。

根据《2021年中国海事仲裁委员会仲裁规则》，海事仲裁程序自仲裁委员会仲裁院收到仲裁申请书之日起开始。仲裁的基本程序包括：

（一）仲裁申请、受理、答辩、反请求

1. 申请

申诉人申请仲裁的，应向仲裁委员会提交仲裁申请书，并附具请求所依据的证据材料、主体资格证明以及其他证明文件。仲裁申请书应写明：（1）申请人和被申请人的名称和住所，包括邮政编码、电话、传真、电子邮箱或其他电子通讯方式；（2）申请仲裁所依据的仲裁协议；（3）案情和争议要点；（4）申请人的仲裁请求；（5）仲裁请求所依据的事实和理由。同时，申请人还应按照仲裁委员会仲裁费用表的规定预缴仲裁费。

2. 受理

仲裁委员会根据当事人之间的仲裁协议和一方当事人的书面申请，受理案件。

仲裁委员会秘书处收到申请人的仲裁申请书及其附件后，经审查认为申请仲裁的手续不完备的，可以要求申请人在一定期限内予以完备；认为申请仲裁的手续完备的，应将仲裁通知、仲裁委员会仲裁规则和仲裁员名册发送给申请人，并将申请人的仲裁申请书副本及其附件、仲裁通知、仲裁委员会仲裁规则和仲裁员名册发送给被申请人。

案件受理后，仲裁委员会仲裁院将指定一名案件经办人，为仲裁案件提供管理服务。经征求仲裁委员会仲裁院意见，仲裁庭可以指定仲裁庭秘书予以协助。仲裁委员会仲裁院工作人员可以担任仲裁庭秘书，但不得担任同一仲裁案件的经办人。

3. 答辩

被申请人应在收到仲裁通知之日起 30 天内，向秘书处提交答辩书。答辩书应写明答辩的事实、理由并附上相关的证据。被申请人确有正当理由请求延长答辩期限的，由仲裁庭决定；仲裁庭尚未组成的，由仲裁委员会仲裁院决定。仲裁庭有权决定是否接受逾期提交的答辩书。

被申请人未提交答辩书，不影响仲裁程序的进行。

4. 反请求

被申请人如有反请求，最迟应在收到仲裁通知之日起 30 天内，以书面形式提交仲裁委员会。仲裁庭认为有正当理由的，可以依申请适当地延长该期限。仲裁庭尚未组成的，由仲裁委员会仲裁院决定。

仲裁委员会仲裁院认为被申请人提出反请求的手续已完备的，应向双方当事人发出反请求受理通知。申请人应在收到反请求受理通知后 30 日内针对被申请人的反请求提交答辩。申请人对被申请人的反请求未提出书面答辩的，不影响仲裁程序的进行。

（二）海事保全、临时措施

1. 海事保全

当事人申请海事财产保全、证据保全、海事强制令，或申请设立海事赔偿责任限制基金的，仲裁委员会应当将当事人的申请提交被申请人住所地或其财产所在地、证据所在地、海事纠纷或事故发生地、合同履行地或者船舶扣押地的海事法院或其他有管辖权的法院。

当事人在仲裁程序开始前申请上述海事保全措施的，应依照《海事诉讼特别程序法》的规定或其他有关规定，直接向相应的海事管辖权法院提出。

2. 临时措施

应一方当事人的请求，仲裁庭可以决定采取其认为必要或适当的临时措施，并有权决定由请求临时措施的一方当事人提供适当的担保。

另外，中国海事仲裁委员会还借鉴有关国家的先进做法，实施紧急仲裁员程序。在仲裁庭组成前，当事人需要仲裁委员会给予紧急性临时措施救济的，可以根据所适用的法律或当事人的约定，依据《中国海事仲裁委员会紧急仲裁员程序》的规定，向管理案件的仲裁委员会仲裁院申请启动仲裁员程序。

根据申请人提交的申请书、仲裁协议及相关证据，仲裁委员会仲裁院经初步审查决定是否适用紧急仲裁员程序。如果决定适用紧急仲裁员程序，仲裁委员会仲裁院应在收到申请书及申请人预付的紧急仲裁员程序费用后1日内指定紧急仲裁员，并立即将受理通知及申请人的申请材料一并移交给指定的紧急仲裁员和被申请采取紧急性临时救济措施的当事人，同时还应将受理通知抄送给其他各方当事人。当事人请求紧急仲裁员回避的，应在收到受理通知或得知回避事由后2日内书面提出。紧急仲裁员可以决定采取必要或适当的紧急性临时救济措施。紧急仲裁员的决定对双方当事人具有约束力。紧急仲裁员程序不影响当事人依据所适用的法律向有管辖权的法院请求采取相应临时措施的权利。紧急仲裁员的权力以及紧急仲裁员程序至仲裁庭组成之日终止。

（三）仲裁庭的组成

仲裁庭可由一名仲裁员成立，或由三名仲裁员组成。当事人就仲裁庭的组成有约定的，从其约定，但其约定违背仲裁地法律规定、无法实施或可能导致裁决无效的除外。当事人和仲裁委员会主任可以从《中国海事仲裁委员会仲裁员名册》中选定或指定仲裁员，也可以在仲裁委员会仲裁员名册外选定仲裁员。但除非仲裁委员会另有决定，首席仲裁员和独任仲裁员应从仲裁委员会仲裁员名册中产生。当事人在仲裁委员会仲裁员名册外选定仲裁员，应当符合仲裁地法律的规定。仲裁委员会根据本规则的规定组成仲裁庭时，应考虑争议的适用法律、仲裁地、仲裁语言、当事人国籍，当事人有关仲裁庭组成的特殊约定，以及仲裁委员会认为应予考虑的其他因素。

（四）审理

仲裁庭审理案件不公开进行。双方当事人要求公开审理的，由仲裁庭决定是否公开审理。

仲裁庭应当开庭审理案件。但双方当事人约定并经仲裁庭同意，或仲裁庭认为不必开庭审理并征得双方当事人同意的，可以只依据书面文件进行审理。经征求当事人意见，仲裁庭可以决定开庭审理以远程视频会议或仲裁庭认为适当的其他通讯方式进行。①

除非当事人另有约定，仲裁庭可以按照其认为适当的方式审理案件。仲裁庭认为必要时，可以经征求当事人意见决定就案件审理采取适当的程序措施，包括但不限于制作审理

---

① 参见《民事诉讼法》第16条："经当事人同意，民事诉讼活动可以通过信息网络平台在线进行。民事诉讼活动通过信息网络平台在线进行的，与线下诉讼活动具有同等法律效力。"第90条："通过电子方式送达的判决书、裁定书、调解书，受送达人提出需要纸质文书的，人民法院应当提供。"

范围书，发布程序令，发出问题单，举行庭前会议，以及与当事人讨论网络安全、隐私和数据保护，为仲裁程序安全合规提供适当保障等。

（五）调解、裁决

仲裁庭应当在组庭之日起 6 个月内，根据事实，依照法律和合同规定，参考国际惯例，并遵循公平合理原则，独立公正地作出裁决。在仲裁庭的要求下，仲裁委员会秘书长认为理由正当且确有必要的，可以延长该期限。

仲裁庭认为必要或者当事人提出经仲裁庭同意时，可以在最终裁决作出之前的任何时候，就案件的任何问题作出中间裁决或部分裁决。任何一方当事人不履行中间裁决，不影响仲裁程序的继续进行，也不影响仲裁庭作出最终裁决。

仲裁庭在作出裁决前，可以先行调解。当事人自愿调解的，仲裁庭应当调解。调解达成协议的，仲裁庭应当制作调解书或者根据协议的结果制作裁决书。调解书与裁决书具有同等法律效力。调解不成的，应当及时作出裁决。

仲裁裁决是终局的，对双方当事人均有约束力。裁决书中应写明仲裁请求、争议事实、裁决理由、裁决结果、仲裁费用的承担、裁决的日期和地点。但当事人协议不写明争议事实和裁决理由的，以及按照双方当事人和解协议的内容作出裁决书的，可以不写明争议事实和 裁决理由。裁决书一般还应明确当事人履行裁决的具体期限及逾期履行所应承担的责任。

（六）海事仲裁裁决的强制执行

1. 申请强制执行国内海事仲裁裁决

当事人应当依照裁决书载明的期限自动履行裁决；裁决书未写明期限的，应当立即履行。一方当事人不履行的，向被执行的财产所在地或者被执行人住所地海事法院提出。被执行的财产所在地或者被执行人住所地没有海事法院的，向被执行的财产所在地或者被执行人住所地的中级人民法院提出。如果被执行人或者其财产不在中国领域内，由当事人直接向有管辖权的外国法院申请承认和执行。

2. 对外国海事仲裁裁决的承认与执行

基于《1958 年纽约公约》、我国缔结的其他国际条约或互惠原则，对于需要中国法院承认和执行的外国海事仲裁裁决，由当事人依法直接向被执行人住所地或者其财产所在地的海事法院或中级人民法院申请。被执行的财产所在地或者被执行人住所地没有海事法院的，亦应向被执行的财产所在地或者被执行人住所地的中级人民法院提出。被执行的财产为船舶的，无论该船舶是否在海事法院管辖区域范围内，均由海事法院管辖。船舶所在地没有海事法院的，由就近的海事法院管辖。

【案例研习 14-1】

东盛航运有限公司申请承认和执行外国仲裁裁决案①

申请人东盛公司与被申请人宏达公司，就双方之间的租船合同纠纷依约提交英国伦敦进行仲裁。仲裁裁决作出后，东盛公司向上海海事法院申请承认和执行该仲裁裁决。宏达公司提出管辖权异议，认为其作为注册在马绍尔群岛共和国的外国公司，在中国未设立主要办事机构，也无任何财产，中国法院对本案无管辖权。

上海海事法院经审查认为，根据《海事诉讼特别程序法》的规定，当事人申请承认和执行国外海事仲裁裁决的，可向被执行人住所地或者财产所在地海事法院提出。宏达公司虽然系注册在马绍尔群岛的离岸公司，但案涉租船确认书、仲裁裁决均记载其经营地在中国上海，且在案涉业务往来邮件中亦称宏达公司与其关联公司为同一家公司，而该关联公司办公地址与案涉租船确认书记载的宏达公司地址一致。综合上述证据，可以确认中国上海系宏达公司的主要办事机构所在地，上海海事法院依法对案件具有管辖权，裁定驳回宏达公司的管辖权异议。宏达公司不服裁定提出上诉，上海市高级人民法院二审维持一审裁定。

第三节　海事诉讼

一、海事诉讼的概念与特征

（一）海事诉讼的概念

海事诉讼是海事法院在海事争议当事人和其他诉讼参加人的参加下，依法审理和裁决海事案件的全部活动过程。各国基于海事法律关系的特殊性质，往往制定了若干与普通的民事诉讼制度差别明显的海事诉讼特别制度。我国也专门制定了《海事诉讼特别程序法》。在我国进行海事诉讼，优先适用《海事诉讼特别程序法》的特别规定。

（二）海事诉讼的特征

1. 实行专门管辖

基于海事案件专业性强、涉外因素多等特殊性质，为保证海事审判的质量，部分国家或地区成立了专门的海事法院审理海事案件，部分国家或地区指定级别较高的法院专门管

---

① 参见上海海事法院（2020）沪 72 协外认 1 号民事裁定书。该案为最高人民法院发布的 2021 年全国海事审判典型案例之一。

辖海事案件或将海事案件交专门的法庭或法官审理。在英国和我国香港特区，其高等法院内设有海事法庭，配备有专门的海事法官。我国大陆地区则专门组建了海事法院体系，依法对各类海事案件行使专门管辖权。各海事法院的上诉法院为其所在地的高级人民法院。

2. 优先适用特别程序法

海事诉讼虽然属于民事诉讼的一种，但许多国家基于海事审判的独特需要，为海事诉讼设置了若干特别制度，优先适用。如在美国，海事案件由联邦法院管辖，审理海事案件时，除适用其《联邦民事诉讼规则》外，还应优先适用专为海事诉讼制定的特别规范——《联邦海事诉讼补充规则》。就我国的诉讼法体系而言，《海事诉讼特别程序法》作为民事诉讼的特别立法，主要规定了若干海事诉讼特别程序制度，因此，海事法院开展海事审判时，应优先适用《海事诉讼特别程序法》的特别规定。

3. 涉外因素多

海运船舶及其载货往往在不同国家的港口之间移动，相应的海事业务往往涉及不同国家的当事方及利益相关方。有关纠纷的当事人中可能有外国人或无国籍人，保全对象或争议标的物可能位于国外，争议事实可能发生在国外，提交的证据可能在国外形成，海事法院需查明、适用相应的国际条约、国际惯例或外国准据法等。上述众多的涉外因素大大增加了海事审判的难度，对海事法官的综合素质提出了更高的要求。

4. 海事管辖权国际冲突问题较突出

海事管辖权国际冲突比普通的民事管辖权冲突更严重。其客观原因是船舶往来于各国港口，与当地的船货代理业、港口业、金融保险业、船舶服务业、海洋开发业等相关行业发生广泛联系，从而为各国法院行使其管辖权创设了众多的连结点；其主观原因是各国基于海运业对其本国政治、经济、军事、社会等方面的重要意义，有关国家在海事领域往往采取扩张性的管辖权政策，积极争夺海事管辖权。通过扣押船舶"择地诉讼"的做法得到了有关国际公约和各国海事诉讼制度的普遍承认。[1] 对于即使与本国没有任何联结点的协议管辖，一般也予授受。[2] 在海事诉讼领域，保全法院的管辖权、仲裁管辖权、协议管辖权、专门管辖权、专属管辖权、属地管辖权、属人管辖权、最密切联系管辖权等各种管辖权之间经常发生冲突，从而使海事案件的受理法院及其裁决结果具有较大的不确定性。

---

① 参见 1999 年《国际扣船公约》第 7 条的规定。

② 如我国《海事诉讼特别程序法》第 8 条亦规定，海事纠纷的当事人都是外国人、无国籍人、外国企业或者组织，当事人书面协议选择中华人民共和国海事法院管辖的，即使与纠纷有实际联系的地点不在中华人民共和国领域内，中华人民共和国海事法院对该纠纷也具有管辖权。在朝鲜豆满江船舶会社诉 C.S. 海运株式会社船舶碰撞损害责任纠纷案中，尽管当事人双方及船舶碰撞事故等各涉案因素，无一与中国有关，但当事人双方在事故发生后，协议将事故纠纷交上海海事法院管辖，既体现其对中国海事审判制度的信赖，也符合上述规定。

5. 对物诉讼地位部分得到认可

根据英美法系的对物诉讼（Action in Rem）原理，海事请求权人可以将肇事船舶作为被告，申请法院扣押该船舶，并以船舶的价值清偿其债权。在国际海运业中，海事请求权人通过扣押当事船舶或姊妹船以担保或受偿债权，具有特别重要的意义。因此，对物诉讼原理先后得到《1952年统一海船扣押某些规则的国际公约》及《1999年船舶扣押国际公约》等公约的肯定。我国最高人民法院于1986年及1994年颁布的两个诉讼前扣押船舶规则，亦肯定了反映对物诉讼精神的当事船舶、姊妹船扣押制度。该制度后来进一步得到《海事诉讼特别程序法》的确认。①

二、海事管辖权制度

（一）海事管辖的特征

1. 专门管辖与专属管辖相结合

基于海事案件较强的专业性及涉外性，许多国家授权专门的海事法官、海事法庭或海事法院对海事案件进行专门管辖。此外，对于与所在地存在重大利害关系的海事案件，如港口作业合同、海洋勘探开发合同、海域污染等纠纷，往往由所在地海事法院专属管辖。

2. 协议管辖普遍但受到更多限制

协议管辖又称合意管辖或约定管辖，是当事人意思自治原则在诉讼管辖权问题上的具体运用，是当今国际社会普遍承认的一种管辖权原则。该原则要求，如果争议的双方当事人在争议发生前或争议发生后，以书面协议的形式自愿将争议交由某国法院审理，相关法院和当事人对于这种管辖权约定应予尊重。在海事、海商领域，协议管辖的现象相当普遍，各种海商事格式合同通常都订有管辖权条款。但在各国推崇扩张性海事管辖权政策的国际大背景下，管辖权协议的效力并不稳定。如对于非对称排他性管辖权条款的效力争议。非对称排他性管辖权的特点是，仅限制协议一方当事人而非双方的管辖选择权，表面上具有不对等性，似乎有违公平原则。但这种做法在国际海运界得到了较广泛的认可，具有行业习惯性。另如，提单中的管辖权条款可能被有关法院以提单受让人未明示接受等理由认定其无效。

3. 海事管辖权的连结点众多

海事法律关系以船舶为中心，船舶作为一种海上运输工具，航行于世界各地的可航水域，与所航经地区的各关联方广泛地发生各种物权、债权或其他法律关系，为各国法院行使其管辖权创设了众多的连结点。故除了常见的被告住所地、侵权行为地、合同履行地、

---

① 如我国《海事诉讼特别程序法》第25条规定，海事请求人申请扣押当事船舶，不能立即查明被请求人名称的，不影响申请的提出。

诉讼标的物所在地等通常的管辖权连结点外，船籍港所在地、装货港、卸货港、船舶所在地、转运港、交船港、还船港、船员登船港、船员离船港、扣船措施实施地、海事责任限制基金设立地等均是海事案件特有的管辖权连结点。

4. 保全管辖权与实体管辖权相对独立

与普通民事保全程序须从属于、服务于本案诉讼程序不同，海事纠纷的涉外性往往使实体管辖权法院所在地与债务人财产所在地、证据所在地或行为保全实施地等发生分离。因海事请求保全、证据保全或海事强制令均宜由被保全对象所在地或被强制行为实施地的法院管辖，从而使海事保全程序可以甚至应当与相应的实体审理程序分别在不同地区或不同国家的法院进行。

5. 借助保全管辖权可进一步创制实体管辖权

根据普通民事诉讼的管辖权规则，一般认为应由本案法院附带地行使保全管辖权，但不可逆向适用，使保全法院通过实施保全措施取得相应的实体管辖权。但是，在海事保全程序与相应实体审理程序发生分离的条件下，不可避免地会发生上述不同法院之间程序的衔接与配合困难。故由采取保全措施的法院行使相应的实体管辖权，对于被保全对象的监管、处分以及对日后生效裁决的强制执行，均有其不可比拟的属地管辖优势。因此，将采取保全措施，特别是扣押船舶程序作为创设实体管辖权的连结点之一，有其客观合理性。

（二）中国海事诉讼管辖制度

1. 海事法院的地域管辖权

地方人民法院的地域管辖范围与其所在地行政区划范围重合，但海事法院的地域管辖权与此不同。我国海事审判实行专门管辖和跨行政区域管辖相结合的地域管辖权原则，从而使海事法院的管辖区域与其所在行政市的行政区划绝不重合。

目前，我国11家海事法院的管辖区域分别为：

（1）广州海事法院，成立于1984年，管辖西至北部湾英罗河道中心线，东至与福建省交界处的延伸海域，南至与海南省交界处的延伸海域和珠江口至广州港的一段水域，其中包括南澳岛及其他海上岛屿和湛江、黄埔、广州、深圳、汕头、惠州等主要港口。

（2）上海海事法院，成立于1984年，管辖上海沿海海域（包括洋山深水港及附近海域）和长江浏河口以下的通海可航水域。

（3）青岛海事法院，成立于1984年，管辖南自山东省与江苏省交界处、北至山东省与河北省交界处的延伸海域，其中包括黄海一部分、渤海一部分、海上岛屿和石臼所、青岛、威海、烟台等主要港口。

（4）天津海事法院，成立于1984年，管辖南自河北省与山东省交界处、北至河北省与辽宁省交界处的延伸海域，其中包括黄海一部分、渤海一部分、海上岛屿和天津、秦皇岛等主要港口。

（5）大连海事法院，成立于 1984 年，管辖南自辽宁省与河北省的交界处、东至鸭绿江口的延伸海域和鸭绿江水域，其中包括黄海一部分、渤海一部分、海上岛屿，以及黑龙江省的黑龙江、松花江、乌苏里江等与海相通可航水域、港口。

（6）武汉海事法院，成立于 1984 年，管辖上起四川省宜宾市合江门下至安徽省和江苏省交界处的长江主干线及相应的与海相通的可航长江支流水域，其中的长江干线区域贯穿五省一直辖市（四川、重庆、湖南、湖北、江西、安徽），连接长江支流与海相通的可航水域包括岷江、沱江、嘉陵江、乌江、湘江、汉江、赣江和洞庭湖、鄱阳湖两大湖区等。

（7）海口海事法院，成立于 1990 年，管辖海南省所属港口和水域以及西沙、中沙、南沙、黄岩岛等岛屿和水域。

（8）厦门海事法院，成立于 1990 年，管辖南自福建省与广东省交界处、北至福建省与浙江省交界处的延伸海域，其中包括东海南部、台湾省、海上岛屿和福建省所属港口。

（9）宁波海事法院，成立于 1992 年，管辖浙江省所属港口和水域，包括所辖岛屿、所属港口和通海的内河水域。

（10）北海海事法院，成立于 1999 年，管辖广西壮族自治区所属港口、水域、北部湾海域及其岛屿和水域，以及云南省的澜沧江至湄公河等与海相通的可航水域发生的海事、海商案件。北海海事法院与广州海事法院的管辖区域以英罗湾河道中心线为界，河道中心线及其延伸海域以东由广州海事法院管辖，以西由北海海事法院管辖。

（11）南京海事法院，成立于 2019 年，管辖自江苏省与山东省交界处至江苏省与上海市交界处的延伸海域，自江苏省与安徽省交界处至江苏省浏河口之间长江干线及支线水域，以及江苏省行政区域内的港口与通海可航水域。

2. 海事法院的事项管辖权

海事法院自 1984 年成立以来，其事务管辖范围，即其受案范围经历了多次调整，呈现不断扩大的趋势。根据 2016 年《最高人民法院关于海事法院受理案件范围的若干规定》，海事法院具体受理下列各类海事、海商、海事行政及海事特别程序案件：

（1）海事侵权纠纷案件，包括以下 10 类：①船舶碰撞损害赔偿案件，包括浪损等间接碰撞的损害赔偿纠纷案件；②船舶触碰海上、通海水域、港口及其岸上的设施或者其他财产的损害赔偿纠纷案件，其中包括船舶触碰码头、防波堤、栈桥、船闸、桥梁以及触碰航标等助航设施和其他海上设施的损害赔偿纠纷案件；③船舶损坏在空中架设或者在海底、通海水域水下敷设的设施或者其他财产的损害赔偿纠纷案件；④船舶排放、泄漏、倾倒油类、污水或者其他有害物质，造成水域污染或者他船、货物及其他财产损失的损害赔偿纠纷案件；⑤船舶的航行或者作业损害捕捞、养殖设施及水产养殖物的责任纠纷案件；⑥航道中的沉船沉物及其残骸、废弃物，海上或者通海可航水域的临时或者永久性设施、装置，影响船舶航行，造成船舶、货物及其他财产损失和人身损害的责任纠纷案件；⑦船舶航行、营运、作业等活动侵害他人人身权益的责任纠纷案件；⑧非法留置或者扣留船舶、船载货物和船舶物料、燃油、备品的责任纠纷案件；⑨为船舶工程提供的船舶关键部件和专用物品存在缺陷而引起的产品质量责任纠纷案件；⑩其他海事侵权纠纷案件。

（2）海商合同纠纷案件，包括以下 42 类：船舶买卖合同纠纷案件；船舶工程合同纠纷案件；船舶关键部件和专用物品的分包施工、委托建造、订制、买卖等合同纠纷案件；船舶工程经营合同（含挂靠、合伙、承包等形式）纠纷案件；船舶检验合同纠纷案件；船舶工程场地租用合同纠纷案件；船舶经营管理合同（含挂靠、合伙、承包等形式）、航线合作经营合同纠纷案件；与特定船舶营运相关的物料、燃油、备品供应合同纠纷案件；船舶代理合同纠纷案件；船舶引航合同纠纷案件；船舶抵押合同纠纷案件；船舶租用合同（含定期租船合同、光船租赁合同等）纠纷案件；船舶融资租赁合同纠纷案件；船员劳动合同、劳务合同（含船员劳务派遣协议）项下与船员登船、在船服务、离船遣返相关的报酬给付及人身伤亡赔偿纠纷案件；海上、通海可航水域货物运输合同纠纷案件，包括含有海运区段的国际多式联运、水陆联运等货物运输合同纠纷案件；海上、通海可航水域旅客和行李运输合同纠纷案件；海上、通海可航水域货运代理合同纠纷案件；海上、通海可航水域运输集装箱租用合同纠纷案件；海上、通海可航水域运输理货合同纠纷案件；海上、通海可航水域拖航合同纠纷案件；轮渡运输合同纠纷案件；港口货物堆存、保管、仓储合同纠纷案件；港口货物抵押、质押等担保合同纠纷案件；港口货物质押监管合同纠纷案件；海运集装箱仓储、堆存、保管合同纠纷案件；海运集装箱抵押、质押等担保合同纠纷案件；海运集装箱融资租赁合同纠纷案件；港口或码头租赁合同纠纷案件；港口或者码头经营管理合同纠纷案件；海上保险、保赔合同纠纷案件；以通海可航水域运输船舶及其营运收入、货物及其预期利润、船员工资和其他报酬、对第三人责任等为保险标的的保险合同、保赔合同纠纷案件；以船舶工程的设备设施以及预期收益、对第三人责任为保险标的的保险合同纠纷案件；以港口生产经营的设备设施以及预期收益、对第三人责任为保险标的的保险合同纠纷案件；以海洋渔业、海洋开发利用、海洋工程建设等活动所用的设备设施以及预期收益、对第三人的责任为保险标的的保险合同纠纷案件；以通海可航水域工程建设所用的设备设施以及预期收益、对第三人的责任为保险标的的保险合同纠纷案件；港航设备设施融资租赁合同纠纷案件；港航设备设施抵押、质押等担保合同纠纷案件；以船舶、海运集装箱、港航设备设施设定担保的借款合同纠纷案件，但当事人仅就借款合同纠纷起诉的案件除外；为购买、建造、经营特定船舶而发生的借款合同纠纷案件；为担保海上运输、船舶买卖、船舶工程、港口生产经营相关债权实现而发生的担保、独立保函、信用证等纠纷案件；与上述合同或者行为相关的居间、委托合同纠纷案件；其他海商合同纠纷案件。①

（3）海洋及通海可航水域开发利用与环境保护相关纠纷案件，包括以下 15 类：海洋、通海可航水域能源和矿产资源勘探、开发、输送纠纷案件；海水淡化和综合利用纠纷案件；海洋、通海可航水域工程建设（含水下疏浚、围海造地、电缆或者管道敷设以及码头、船坞、钻井平台、人工岛、隧道、大桥等建设）纠纷案件；海岸带开发利用相关纠纷案件；海洋科学考察相关纠纷案件；海洋、通海可航水域渔业经营（含捕捞、养殖等）合同纠纷案件；海洋开发利用设备设施融资租赁合同纠纷案件；海洋开发利用设备设施抵押、质押等担保合同纠纷案件；以海洋开发利用设备设施设定担保的借款合同纠纷案件，但当事人仅就借款合同纠纷起诉的案件除外；为担保海洋及通海可航水域工程建设、海洋开发利用等海上生产经营相关债权实现而发生的担保、独立保函、信用证等纠纷案件；海域使用权纠纷（含承包、转让、抵押等合同纠纷及相关侵权纠纷）案件，但因申请海域使用权引起的确权纠纷案件除外；与上述合同或者行为相关的居间、委托合同纠纷案件；污染海洋环境、破坏海洋生态责任纠纷案件；污染通海可航水域环境、破坏通海可航水域生态责任纠纷案件；海洋或者通海可航水域开发利用、工程建设引起的其他侵权责任纠纷及相邻关系纠纷案件。

（4）其他海事海商纠纷案件，包括以下 11 类：船舶所有权、船舶优先权、船舶留置权、船舶抵押权等船舶物权纠纷案件；港口货物、海运集装箱及港航设备设施的所有权、留置权、抵押权等物权纠纷案件；海洋、通海可航水域开发利用设备设施等财产的所有权、留置权、抵押权等物权纠纷案件；提单转让、质押所引起的纠纷案件；海难救助纠纷案件；海上、通海可航水域打捞清除纠纷案件；共同海损纠纷案件；港口作业纠纷案件；海上、通海可航水域财产无因管理纠纷案件；海运欺诈纠纷案件；与航运经纪及航运衍生品交易相关的纠纷案件。

（5）海事行政案件，包括以下 7 类：因不服海事行政机关作出的涉及海上、通海可航水域或者港口内的船舶、货物、设备设施、海运集装箱等财产的行政行为而提起的行政诉讼案件；因不服海事行政机关作出的涉及海上、通海可航水域运输经营及相关辅助性经营、货运代理、船员适任与上船服务等方面资质资格与合法性事项的行政行为而提起的行政诉讼案件；因不服海事行政机关作出的涉及海洋、通海可航水域开发利用、渔业、环境与生态资源保护等活动的行政行为而提起的行政诉讼案件；以有关海事行政机关拒绝履行

---

① 当事人就《最高人民法院关于海事法院受理案件范围的若干规定》中有关合同所涉事由引起的纠纷，以侵权等非合同诉由提起诉讼的，应由海事法院受理。

上述相关行政管理职责或者不予答复而提起的行政诉讼案件；以有关海事行政机关及其工作人员作出上述相关行政行为或者行使相关行政管理职权损害合法权益为由，请求有关行政机关承担国家赔偿责任的案件；以有关海事行政机关及其工作人员作出上述相关行政行为或者行使相关行政管理职权影响合法权益为由，请求有关行政机关承担国家补偿责任的案件；有关海事行政机关作出上述相关行政行为而依法申请强制执行的案件。

（6）海事特别程序案件，包括以下 23 类：申请认定海事仲裁协议效力的案件；申请承认、执行外国海事仲裁裁决，申请认可、执行香港特别行政区、澳门特别行政区、台湾地区海事仲裁裁决，申请执行或者撤销国内海事仲裁裁决的案件；① 申请承认、执行外国法院海事裁判文书，申请认可、执行香港特别行政区、澳门特别行政区、台湾地区法院海事裁判文书的案件；申请认定海上、通海可航水域财产无主的案件；申请无因管理海上、通海可航水域财产的案件；因海上、通海可航水域活动或者事故申请宣告失踪、宣告死亡的案件；起诉前就海事纠纷申请扣押船舶、船载货物、船用物料、船用燃油或者申请保全其他财产的案件；海事请求人申请财产保全错误或者请求担保数额过高引起的责任纠纷案件；申请海事强制令案件；申请海事证据保全案件；因错误申请海事强制令、海事证据保全引起的责任纠纷案件；就海事纠纷申请支付令案件；就海事纠纷申请公示催告案件；申请设立海事赔偿责任限制基金（含油污损害赔偿责任限制基金）案件；与拍卖船舶或者设立海事赔偿责任限制基金（含油污损害赔偿责任限制基金）相关的债权登记与受偿案件；与拍卖船舶或者设立海事赔偿责任限制基金（含油污损害赔偿责任限制基金）相关的确权诉讼案件；申请从油污损害赔偿责任限制基金中代位受偿案件；船舶优先权催告案件；就海事纠纷申请司法确认调解协议案件；申请实现以船舶、船载货物、船用物料、海运集装箱、港航设备设施、海洋开发利用设备设施等财产为担保物的担保物权案件；地方人民法院为执行生效法律文书委托扣押、拍卖船舶案件；申请执行海事法院及其上诉审高级人民法院和最高人民法院就海事纠纷作出的生效法律文书案件；申请执行与海事纠纷有关的公证债权文书案件。

当事人提起的民商事诉讼、行政诉讼包含《最高人民法院关于海事法院受理案件范围的若干规定》所涉海事纠纷的，由海事法院受理。法律、司法解释或者上级人民法院指定海事法院管辖其他案件的，亦由海事法院管辖。

尽管最高人民法院上述规定仅列举了六大类 108 种海事案件，但由于在各大类案件中均采用了"其他"相关案件这类"兜底"条款，所以海事法院的受理范围实际上远远不止上述明确列举的案件。

此外，最高人民法院正在试点海事法院管辖权改革。宁波海事法院是全国海事法院中

---

① 参见 2017 年《最高人民法院关于审理仲裁司法审查案件若干问题的规定》第 1 条。

首家海事刑事案件管辖试点法院，并由此开启了海事刑事、民事、行政"三审合一"的海事审判模式改革试点。① 另外，最高人民法院为了加强对海南自由贸易港建设的司法保障，指定海口海事法院探索民商事、海事行政及海事刑事审判的"三合一"改革。最高人民法院主要通过个案指定管辖的方式，授权海口海事法院受理特定海事刑事案件，探索形成以民商事、行政案件为主，涵盖特定刑事案件的海事案件"三合一"专业化审判机制。②

3. 海事法院的专属管辖权

海事专属管辖权是一种强制性的、排他性的法定管辖权，是指对于某些海事争议，本国或法院所在地具有重大利益，因此法律授权只能由内国特定的法院管辖，其他外国法院及本国的其他法院均无权管辖，当事人也不能以协议方式变更管辖。这主要包括：（1）因沿海港口作业纠纷提起的诉讼，由港口所在地海事法院管辖。（2）因船舶排放、泄漏、倾倒油类或者其他有害物质，或海上生产、作业或者拆船、修船作业造成海域污染损害提起诉讼，由污染发生地、损害结果地或者采取预防污染措施地的海事法院管辖。（3）因在我国领域和有管辖权的海域履行的海洋勘探开发合同纠纷提起的诉讼，由合同履行地海事法院管辖。其中的"有管辖权的海域"，主要是指我国领海以外的毗连区、专属经济区、大陆架以及有管辖权的其他海域。

【案例研习 14-2】

益利船务有限公司与施某某等光船租赁担保合同纠纷案③

2010 年 7 月 14 日，香港益利公司与案外人五洲公司签订《光船租赁合同》，将"Fortune East"轮光租给五洲公司使用。被告施某某等三人与益利公司签订《个人担

---

① 最高人民法院办公厅于 2017 年 2 月 26 日签发《关于指定宁波海事法院作为海事刑事案件管辖试点法院审理宁波"5·7"涉外海上交通肇事案的复函》，该院于 2017 年 6 月受理首例海事刑事案件，即艾伦·门多萨·塔布雷（Allan Mendoza Tablate）涉外海上交通肇事案，该案也是最高人民法院发布的 2017 年度十件海事审判典型案例之一。目前该院已经受理 30 多宗海事刑事案件，主要包括海上交通肇事，重大责任事故，非法收购、运输、出售珍贵、濒危野生动物，走私普通货物、国家禁止进出口的货物等犯罪。参见曹兴国：《海事刑事案件管辖改革与涉海刑事立法完善》，《中国海商法研究》2017 年第 4 期。

② 参见《最高人民法院关于人民法院为海南自由贸易港建设提供司法服务和保障的意见》（法发〔2021〕1 号）第二条第 6 款的规定。如海口海事法院在审理某外籍渔民在我国南海海域非法捕捞水产品及刑事附带民事公益诉讼案中，不仅依法判处被告有期徒刑，还判令承担生态修复费用。参见海口海事法院（2020）琼 72 刑初 1 号刑事判决书。

③ 参见厦门海事法院（2020）闽 72 民初 239 号民事裁定书，福建省高级人民法院（2020）闽民辖终 114 号民事裁定书。该案为最高人民法院发布的 2020 年全国海事审判典型案例之一。

保书》，为五洲公司提供担保。其中的管辖权条款约定，担保人同意香港法院拥有排他管辖权，但同时约定并不限制船东在其他法院提起诉讼。后因五洲公司未能按时支付租金，益利公司起诉施某某等三人，要求承担连带保证责任。施某某以香港法院对本案具有专属管辖权为由，提出管辖权异议。

厦门海事法院一审认为，《个人担保书》有关管辖权的约定为非对称排他管辖权条款，即仅在债权人选择香港法院起诉时，香港法院享有排他管辖权，但不排除债权人选择向香港以外的其他法院起诉的权利。该条款应认定为有效。益利船务有限公司未选择香港法院起诉，而是选择厦门海事法院起诉，符合合同约定和内地法律规定。一审裁定驳回施某某的管辖权异议。福建省高级人民法院二审驳回施某某的上诉，维持一审裁定。

三、海事请求保全与海事担保

（一）海事请求保全

1. 海事请求保全的定义

海事请求保全是指海事法院根据海事请求人的申请，为保障其海事请求的实现，对被请求人的特定涉海财产所采取的强制措施。上述"特定财产"主要指船舶、船载货物、船用燃油以及船用物料等，对于除此之外的其他财产的保全，可适用《民事诉讼法》有关财产保全的相应规定。

2. 海事请求保全的特征

（1）主管法院专门化

基于海事诉讼专门管辖原则，诉讼请求保全亦适用专门管辖，即海事请求保全必须由海事法院或具有海事管辖权的高级人民法院主管。特别对于船舶扣押与拍卖程序而言，这种保全管辖权是独占性、排他性的。[①]

（2）请求保全的实体依据特定化

申请人申请海事保全，其目的是保障其海事请求的实现。2016年《最高人民法院关于海事法院受理案件范围的若干规定》对海事请求的范围作出了限制，主要包括基于前述10类海事侵权纠纷、43类海商合同纠纷、15类海洋及通海可航水域开发利用与环境保护相关纠纷案件、12类其他海事海商纠纷及7类海事行政海事请求。在涉及强制执行措施的海事特别程序案件中，可能存在执行措施性质的查封、扣押、冻结等强制措施，但这与海

---

① 但海事保全专门管辖权具有一定的相对性，如对于20总吨以下小型船艇以及其他海上财产的扣押和拍卖，可以由地方法院依照民事诉讼法规定的扣押和拍卖程序进行。

事保全措施存在本质的差别。

（3）保全程序相对独立化

我国对海事请求保全程序的定位不同于英美法系对物诉讼中的船舶扣押，前者只被定位为财产保全、证据保全或行为保全措施，被视为本案诉讼的辅助程序；而后者是对物诉讼的必要组成部分，二者甚至可作为同义词使用。但不可否认的是，海事保全程序具有较强的独立性。实务中，相当多的海事纠纷在保全程序启动后并未进入诉讼或仲裁程序，而是以当被申请人执行海事强制令的要求、当事人在证据保全后了解有关事实真相后自行和解、申请人申请法院释放被保全财产等方式结案。

（4）财产保全对象特定化

海事财产保全措施指向的对象，主要是承载了船舶优先权等船舶物权的当事船、被请求人所有或者光船租赁的姊妹船，或者属于被请求人所有的船载货物、运费、租金、燃油和船用物资等特定财产。

（5）保全管辖权实体化

不同于普通民事财产保全程序的从属性，海事请求保全程序的相对独立性，使保全法院具备了对相应实体纠纷行使管辖权的属地优势。特别在保全管辖权及实体管辖权法院位于不同国家时，涉及较深层次的司法协助问题，有关程序之间的衔接与配合困难更加严重。故有关国际立法及国内法往往将保全程序本身作为一个管辖权连结点，赋予保全法院对相应实体纠纷的次优管辖权。

3. 海事请求保全的程序

（1）申请

海事请求人申请海事请求保全，应当向海事法院提交书面申请。申请书应当载明海事请求事项、申请理由、保全的标的物以及要求提供担保的金额等内容，并附上相关证据。当事人在起诉前申请海事请求保全，应当向被保全的财产所在地海事法院提出。当事人在诉讼前请求保全已经卸载但仍在承运人掌管之下的货物，如果货物所在地不在海事法院管辖区域的，既可以向卸货港所在地的海事法院提出，也可以向货物所在地的地方人民法院提出。在海事诉讼中，受理保全申请和进行实体审理的管辖法院可以相对独立，故只要该财产位于其管辖区域内，非受理实体案件的海事法院也可进行保全。如果外国法院已受理相关海事案件或者有关纠纷已经提交仲裁，但涉案财产在我国领域内，当事人向财产所在地的海事法院提出海事请求保全申请的，海事法院应当受理。

（2）反担保

虽然《海事诉讼特别程序法》未将保全申请人提交反担保确定为强制性义务，但因申请保全时，争议的实体权利义务往往并不明确，难免发生保全错误。为保障被申请人的合法权益，海事法院往往要求海事请求人提供反担保。反担保金额应与可能发生的保全错误所导致被申请人及其他利害关系人遭受损失的金额相当。申请人不按法院要求提供的，驳回其申请。

（3）裁定与复议

海事法院接受申请后，应当立即予以审理，并在 48 小时内作出裁定。裁定采取海事请求保全措施的，应当立即执行；对不符合海事请求保全条件的，裁定驳回其申请。当事人对裁定不服的，可以在收到裁定书之日起 5 日内申请复议一次。海事法院应当在收到复议申请之日起 5 日内作出复议决定。复议期间不停止裁定的执行。

（4）执行

海事法院裁定准予海事申请人的保全申请的，应当立即采取执行措施。执行方式主要取决于被保全财产的性质，包括扣押、查封、冻结、拍卖或变卖等措施。如扣押船舶的，在作出准予扣押船舶裁定的同时，应制作扣押船舶命令，由执行人员登轮向船长宣读和送达扣押船舶裁定及扣押船舶命令，并将扣押船舶命令张贴在被扣船舶的桅杆或驾驶室等显著位置。

（5）解除保全措施或拍卖被保全财产

保全措施实施后，如果被请求人提供了充分有效的释放担保，或者被请求人或其他利害关系人有正当理由申请解除保全措施的，海事法院应当及时解除保全措施。海事请求人在法律规定的扣押期间内，未提起诉讼或者未按照仲裁协议申请仲裁的，海事法院应当及时解除保全措施或者返还担保。被请求人未按要求提交担保，且被扣押的船舶或其他保全财产不宜继续保存的，申请人可以在提起诉讼或申请仲裁后，申请保全法院拍卖被保全财产，使被保全财产转化为金钱形式。对无法保管、不易保管或者保管费用可能超过其价值的物品，海事请求人可以申请提前拍卖。

【案例研习 14-3】

福建省中江石化有限公司与利比里亚籍"GAS PRODIGY"
轮船舶所有人等诉前海事请求保全案①

2020 年 2 月 10 日，福建省中江石化有限公司（以下简称中江石化公司）紧急从某国进口 2400 吨丙烯用于制作防疫用口罩、防护服。承运船舶利比里亚籍"GAS PRODIGY"轮在福清江阴港卸货时，货泵出口焊接处出现裂纹，造成丙烯泄漏。2020

---

① 参见厦门海事法院（2020）闽 72 财保 2 号民事裁定书。该案为最高人民法院发布的 2020 年全国海事审判典型案例之一。

年 3 月 10 日，中江石化公司向厦门海事法院申请诉前扣押"GAS PRODIGY"轮，并责令被申请人提供 1258.82 万元的担保。

厦门海事法院受理海事保全申请后，快速促成中江石化公司与"GAS PRODIGY"轮船东达成和解。被申请人向中江石化公司出具保函，厦门海事法院裁定准许中江石化公司撤回诉前海事保全申请。

（二）海事强制令

1. 海事强制令的概念和性质

海事强制令是指海事法院根据海事请求人的申请，为使其合法权益免受侵害，责令被请求人作为或者不作为的海事特别程序。海事强制令本质上属于一种行为保全程序，其保全对象为行为。它弥补了我国早期民事诉讼制度中行为保全机制缺失的缺陷，我国《民事诉讼法》2017 年修订时吸收该成果，引入了民事行为保全制度。

海事强制令不仅可以消极地禁止当事人从事某种行为，如禁止船舶开航，或禁止船舶出租人撤回船舶等，其更多的是用于责令当事人做出某种积极的行为，如责令承运人签发提单，或责令其及时装卸或交付货物等。适当地适用海事强制令，可以及时、有效地预防损害的发生或者减少不必要的损失。

2. 海事强制令的程序

（1）申请

海事强制令实行"不告不理"原则，即必须由当事人申请，海事法院不能依职权主动采取海事强制令措施。海事强制令相对独立于相应海事请求的实体审理程序，其管辖权不受当事人之间的诉讼管辖协议或者仲裁协议的约束。当事人在起诉前申请海事强制令，应当向海事纠纷发生地的海事法院提出。海事法院受理海事强制令申请的，可以责令海事请求人提供反担保。海事请求人不提供的，驳回其申请。

（2）审查和裁定

海事法院接受海事强制令申请后，应当迅速审理，判断其是否具备下列条件：①请求人具有具体的海事请求；②被请求人存在需要纠正的违法或者违约行为；③情况紧急，不立即作出海事强制令将造成损害或者使损害扩大。海事法院根据审查结果，应在 48 小时内作出准予或不准予申请的裁定。符合法定条件的，海事法院应当制作民事裁定书并发布海事强制令，立即执行；对不符合条件的，裁定驳回其申请。

（3）复议和异议

当事人对海事强制令裁定不服的，可以在收到裁定书之日起 5 日内申请复议一次。海事法院应当在收到复议申请之日起 5 日内作出复议决定。复议期间不停止裁定的执行。

其他利害关系人认为海事强制令损害其利益的，可以提出异议，海事法院经审查认为理由成立的，应当裁定撤销海事强制令。海事法院经审查认为理由不成立的，应当书面通知利害关系人。

（4）执行

被申请人拒不履行海事强制令内容的，海事法院可以依据民事诉讼法的有关规定对被申请人给予罚款或拘留等处罚。构成犯罪的，依法追究刑事责任。

（5）错误申请的赔偿责任

海事请求人申请海事强制令错误的，应当赔偿被请求人或者利害关系人因此遭受的损失。有关海事强制令错误损害赔偿的争议，由作出海事强制令的海事法院受理。

【案例研习 14-4】

联盟多式联运有限合伙公司与深圳运达
物流供应链服务有限公司海事强制令案①

日本联盟公司（Soyuz Trans Link LLP.）为运输一批民生热电设施，委托运达公司办理从日本横滨港经海运至我国江苏省连云港，再继续通过铁路运输运抵哈萨克斯坦的货运代理事宜。货物自日本横滨港运往我国江苏省连云港后，按计划应继续通过铁路运输运抵哈萨克斯坦共和国。运达公司以联盟公司的关联企业案外人 Soyuz Trans Link（Dubai）欠付其费用为由，拒绝安排后续货物运输事宜，致使货物长期滞留连云港。联盟公司向运达公司支付货运代理费，并发函解除双方之间的合同。之后，联盟公司以保障其合法权益，避免损失进一步扩大为由，向上海海事法院提出海事强制令申请，请求责令运达公司向其交付涉案货物。

上海海事法院审理认为，根据本案证据，运达公司系安排涉案货物运输的货运代理人。货物经海上运输抵达连云港后，运达公司并未按计划办理铁路运输事宜。联盟公司向运达公司支付了货运代理费，并主张解除双方之间的货运代理合同。运达公司无正当理由，拒绝将货物交付联盟公司，违反合同约定及相关法律规定。货物已在连云港滞留半年，为避免损失进一步扩大，联盟公司向上海海事法院申请海事强制令，符合相关法律规定，上海海事法院裁定予以准许，并责令运达公司立即向联盟公司交付涉案货物。

---

① 参见上海海事法院（2017）沪72行保4号民事裁定书。本案为最高人民法院发布的2017年全国海事审判典型案例之一。

（三）海事证据保全

1. 海事证据保全的概念

海事证据保全是指海事法院根据海事请求人的申请，对有关海事请求的证据予以提取、保存或者封存的强制措施。由于船舶的流动性大，相关证据的提取难度高，受损人往往难以确定有关损失事实的因果关系，甚至无法确定真正的责任人，因此，海事请求人往往需要通过海事证据保全措施保全有关的证据，了解有关事实真相，以便确定损害原因及其责任人。

2. 海事证据保全程序

（1）申请

海事请求人申请海事证据保全，应当向海事法院提交书面申请。在起诉前申请的，应当向被保全的证据所在地的海事法院提出。海事法院受理海事证据保全申请的，可以责令海事请求人提供反担保。反担保的数额应相当于被申请人因执行保全措施可能遭受的合理损失。海事请求人不提供的，驳回其申请。

（2）审查和裁定

海事法院受理海事证据保全申请后，应当及时审查该申请是否符合下列条件：①请求人是海事请求的当事人；②请求保全的证据对该海事请求具有证明作用；③被请求人是与拟保全的证据有关的人；④情况紧急，不立即采取证据保全就会使证明该海事请求的证据灭失或者难以取得。海事法院接受申请后，应当在48小时内作出裁定。裁定采取海事证据保全措施的，应当立即执行；对不符合海事证据保全条件的，裁定驳回其申请。

（3）复议和异议

被请求人对海事证据保全的裁定不服的，可以在收到海事证据保全裁定书之日起5日内申请复议一次。海事法院应当在收到复议申请之日起5日内作出复议决定。复议期间不停止裁定的执行。被请求人申请复议的理由成立的，应当将保全的证据返还被请求人。

利害关系人可以对海事证据保全提出异议。海事法院经审查，认为理由成立的，应当裁定撤销海事证据保全；已经执行的，应当将与利害关系人有关的证据返还利害关系人。

（4）执行

海事法院进行海事证据保全时，可根据案件的具体情况，对证据予以封存，也可以提取复制件、副本，或者进行检验、拍照、录像，制作节录本、调查笔录等。确有必要的，还可以提取证据原件。海事请求人申请海事证据保全错误的，应当赔偿被请求人或者利害关系人因此所遭受的损失。

3. 海事证据保全与实体管辖权

诉讼前或者仲裁前申请海事证据保全后，当事人就该海事请求，可以向采取证据保全的海事法院或者其他有管辖权的海事法院提起诉讼，但当事人之间订有诉讼管辖协议或者仲裁协议的除外。

（四）海事担保

1. 海事担保的概念

海事担保属于一种司法担保，指在海事诉讼及其相关活动中，依照法律规定或当事人约定，一方当事人为保障对方当事人或其他利害关系人的合法权益得以实现或不遭受损害而提供的担保。

2. 海事担保的类型

（1）按照申请保全的主体，海事担保可区分为申请人提供的担保和被申请人提供的担保。前者是指海事请求人提供的、保证赔偿因申请海事请求保全错误而给相关方造成的损失的担保，俗称"反担保"；后者是指海事法院实施海事保全措施后，被请求人为解除保全措施而提供的担保，其旨在替代海事法院所保全的对象。申请人提供反担保通常是海事保全申请获得法院准许的前提条件之一，而获得海事担保则是申请海事保全的目的及结果。

（2）按照海事保全程序的类型，海事担保可分为海事请求保全担保、海事强制令担保和海事证据保全担保。

（3）根据海事担保的形式，可区分为现金担保、保证、抵押和质押等四种担保。在海事请求保全的司法实践中，应用得较多的担保方式是现金担保和保证。.

3. 海事担保程序

（1）海事担保的提交

海事请求人的反担保应当提交给海事法院。海事反担保的金额，应相当于因保全申请错误可能造成的损失；反担保的方式，应当是可靠的。被请求人的担保可以提交给海事法院，也可以提供给海事请求人。被申请人担保的方式、金额等由海事请求人和被请求人自由协商。在当事人双方协商不成的条件下，应由海事法院决定，以避免协商程序久拖不决或被滥用。

（2）海事担保的减少、变更和取消

诉讼或仲裁程序表现为一种动态的发展过程，海事请求及保全需求可能会因审理程序的展开而发生变化。故在海事担保提供后，担保提供人具有正当理由的，可以申请海事法院减少、变更或者取消相应的担保。这种正当理由主要包括：海事请求人请求担保的数额过高；被请求人已采取其他有效的担保方式；海事请求人的请求权消灭等。

（3）海事担保的发还

海事担保提交后，如果提交担保的事实基础发生重大变化，就会导致相应的海事担保被发还。如在诉讼前申请海事保全，但海事请求人未在规定的期间内提起诉讼，或者未按照仲裁协议申请仲裁的，海事法院应当及时解除保全或者返还担保。

（4）对海事担保的执行

在海事请求人与被请求人或被担保人之间的实体争议经诉讼或仲裁程序裁决后，海事担保的被担保人（即债务人）拒不自动履行相应的生效裁决的，法院即可依法强制执行相应的海事担保或反担保。

四、海事审判特殊特别程序

（一）海事简易程序、督促程序和公示催告程序

1. 海事简易程序

海事简易程序是对一审海事普通程序的简化，主要适用于审理事实清楚、权利义务明确、争议不大的简单的海事案件。该程序具有简便起诉方式、受理程序、传唤方式及审理程序，提高诉讼效率、节约诉讼成本等优势。

2. 海事督促程序

海事督促程序就是海事法院依海事债权人的申请，依法向相应的海事债务人发出限期支付款项命令的救济程序。海事法院展开海事督促程序，适用《民事诉讼法》的相应规定。《海事诉讼特别程序法》对民事督促程序的突破是，明确了海事支付令的域外效力，规定海事督促程序可适用于境外的当事人，即如果债务人是外国人、无国籍人、外国企业或者组织，但其在我国领域内有住所、代表机构或者分支机构并能够送达支付令的，债权人也可以向有管辖权的海事法院申请支付令。

3. 海事公示催告程序

在航运实务中，提单等重要的物权凭证遗失、被盗或灭失后，不但导致持单人无法提取货物，船方也不敢轻易交付货物。为及时结束这种权利义务的不确定状态，维护正常的交易秩序，当事人可以申请海事公示催告程序。公示催告期满无人异议的，法院应依申请人的请求作出除权判决。海事公示程序亦适用《民事诉讼法》的相应规定。

（二）海事债权登记与受偿程序

1. 债权登记与受偿程序

债权登记与受偿是海事法院拍卖船舶程序或设立海事赔偿责任限制基金程序中相对独立但前后紧密相联的两个重要程序或环节。其中的债权登记程序，是指海事法院发布拍卖船舶或受理设立海事赔偿责任限制基金的公告后，债权人应当根据公告的要求，按期就与被拍卖船舶有关的债权或者就与特定场合发生的海事事故有关的债权申请登记，否则产生一定法律后果的程序。债权受偿程序，是指继债权登记、确认环节后，将船舶拍卖价款及

其利息，或者海事赔偿责任限制基金及其利息依法予以分配的程序。

债权登记与受偿程序具有重要的程序和实体意义。它可以：（1）督促各方利害关系人及时主张债权，平衡各债权人之间的利益冲突。（2）在拍卖船舶条件下，清结随船债务，保障"二手船舶"交易的安全；在责任限制基金分配条件下，导致特定海事事故条件下所有的限制性债权一并消灭，而无论其是否参与基金分配或是否得到足额清偿。（3）为债权登记法院或责任限制基金设立法院创设集中管辖权，避免当事人的累讼及各法院之间的管辖权冲突。

2. 债权登记与受偿基本程序

（1）申请债权登记。债权人向海事法院申请登记债权的，应当提交书面申请，并提供有关的债权证据。债权证据，包括可证明债权的、具有法律效力的判决书、裁定书、调解书、仲裁裁决书和公证债权文书，以及其他可以初步证明其具有海事请求权的证据材料。

（2）债权登记申请的审查和裁定。海事法院应当对债权人的申请进行审查，对提供债权证据的，裁定准予登记；对不提供债权证据的，裁定驳回申请。

（3）裁定确认债权或进入确权诉讼程序。如果债权人提供债权证据的是我国法院、仲裁机构作出的判决书、裁定书、调解书、仲裁裁决书，或者公证机关制作的公证债权文书的，海事法院经审查认定上述文书真实合法的，裁定予以确认。如果债权人提供的是外国的判决书、裁定书、调解书和仲裁裁决书，海事法院还应适用《民事诉讼法》规定的司法协助审查程序予以审查，以决定是否确认。如果申请人提供的是其他海事请求证据的，则应当在办理债权登记以后，在受理债权登记或设立责任基金的海事法院提起确权诉讼。当事人之间有仲裁协议的，应当及时申请仲裁。所谓"确权程序"，是原告请求海事法院就其债权的真实性、关联性及其性质、金额等问题进行确认的"一审终审"特别程序。对于海事法院作出的确权裁决，当事人不得提起上诉。

（4）召开债权人会议。比照破产程序，海事债权登记与受偿程序同样实行债权人自治原则，即海事法院在确认债权后，通知全体债权人召开债权人会议，对船舶拍卖价款或者海事赔偿责任限制基金的分配方案作出决定，签订受偿协议。受偿协议经海事法院裁定认可，具有法律效力。

（5）船舶拍卖款或海事赔偿责任基金的分配。受偿协议经海事法院裁定认可后，即可按协议分配船舶拍卖款或海事赔偿责任基金。债权人会议协商不成的，由海事法院依照法《海商法》及其他有关法律规定的受偿规则，裁定船舶拍卖款或责任限制基金的分配方案。对于船舶拍卖款，由海事法院按下列优先顺序裁定分配方案：首先，应当按序从拍卖价款中先行补偿应由责任人承担的诉讼费用，为保存、拍卖船舶和分配船舶价款产生的费用，以及为债权人的共同利益支付的其他费用。第二顺序受偿的是受船舶优先权担保的海事请求。第三顺序受偿的是受船舶留置权担保的海事请求。第四顺序受偿的是受船舶抵押权担保的海事请求。第五顺序受偿的是其他各类普通的海事债权。它们不分成立时间先后按比例同时受偿。上述各类债权受偿后拍卖款尚有剩余的，应当退还船舶原所有人。

（三）船舶优先权催告程序

1. 船舶优先权催告程序的概念

船舶优先权催告程序是海事法院根据船舶受让人的申请，以公告方式，催促船舶优先权人于一定期限内向海事法院申明其权利，否则产生附着在受让船舶上的船舶优先权消灭的法律后果的海事非讼专门程序。通过公示方法催促权利人及时行使权利是船舶优先权的非公示性、物上追及性等法律属性的必然要求。船舶优先权催告程序主要用于清除受让船舶上的船舶优先权，以保障和促进"二手船"交易。①

2. 船舶优先权催告的基本程序

（1）申请。船舶转让合同订立后船舶实际交付前，受让人即可向转让船舶交付地或者受让人住所地的海事法院提出船舶优先权催告申请。申请书应当载明船舶的名称、申请船舶优先权催告的事实和理由，并附具船舶转让合同、船舶技术资料等文件。

（2）审查和裁定。海事法院在收到申请书以及有关文件后，应当进行审查，在7日内作出准予或者不准予申请的裁定。船舶受让人对裁定不服的，可以申请复议一次，海事法院应当在7日内作出复议决定。

（3）公告。海事法院准予船舶优先权催告申请的裁定生效后，应当通过报纸或者其他新闻媒体连续公告3日，催促船舶优先权人在催告期间主张船舶优先权。优先权催告的船舶航行于国际航线的，应当通过对外发行的报纸或者其他新闻媒体发布公告。船舶优先权催告期间为60日。

（4）船舶优先权登记。船舶优先权催告期间，船舶优先权人主张权利的，应当在海事法院办理登记；不主张权利的，视为放弃船舶优先权。

（5）申请除权判决。船舶优先权催告期间届满，无人主张船舶优先权的，海事法院应当根据当事人的申请作出判决，宣告该转让船舶不附有船舶优先权。判决内容应当依法公告。除权判决可导致既存的船舶优先权被依法除权。

---

① 例如，在德国航运贷款银行诉艾斯姆阿明航运有限公司、舍库萨格凯斯航运有限公司船舶权属纠纷案中，伊朗舍库萨格凯斯航运公司自阿明航运公司购买了"阿明2"轮。但该"二手船"买卖未依法申请相应的船舶优先权催告，该船舶负担的各种物上追及权随船转移。当该船舶航行至我国福建漳州港时，该船舶的抵押权人德国航运贷款银行申请厦门海事法院扣押该船舶，要求行使船舶抵押权。其后该船舶被司法拍卖，相关海事请求权人依法申请海事债权登记，并参与对船舶拍卖款的分配。

【专业术语】

海事纠纷	Maritime Disputes
海事诉讼	Maritime Actions
海事仲裁	Maritime Arbitration
海事法院	Maritime Court
中国海事仲裁委员会	China Maritime Arbitration Commission（CMAC）
中华人民共和国海事诉讼特别程序法	Special Maritime Procedure Law of the People's Republic of China
中国海仲会海事仲裁规则	Rules of Arbitration of the China Maritime Arbitration Commission（CMAC）
海事专门管辖权	Maritime Jurisdiction
海事专属管辖权	Exclusive Maritime Jurisdiction
指定管辖权	Jurisdiction of Designation
协议管辖权	Jurisdiction of Agreement
诉讼管辖协议	Jurisdiction Agreement
仲裁管辖协议	Arbitration Agreement
海事诉讼当事人	Parties to Maritime Cases
海事请求保全	Preservation of Maritime Claims
船舶扣押	Arrest of Ships
当事船	Ship Concerned
姊妹船	Sister Ship
船载货物的扣押与拍卖	Attachment and Auction of Cargo Carried by Ships
活扣押	Quasi-seizure
船舶拍卖	Judicial Sales of Ships
申请复议	Apply for Review
海事强制令	Maritime Injunction
海事证据保全	Preservation of Maritime Evidence
海事担保	Maritime Security
设立海事赔偿责任限制基金	Constitution of Limitation Fund for Maritime Claims

续表

债权登记与受偿	Registration and Repayment of Debt
船舶优先权催告	Exigence of Maritime Liens
承认和执行外国法院判决、裁定	Recognition and Enforcement of a Judgment or Order of a Foreign Court
承认和执行外国海事仲裁裁决	Recognition and Enforcement of a Foreign Maritime Arbitration Award

【拓展阅读】

1. 向明华:《经济全球化背景下的船舶扣押法律制度比较研究》,法律出版社 2013 年版。

2. 杨薇薇:《中国海事请求保全制度正当性研究》,人民交通出版社 2014 年版。

3. 贺万忠:《国际海事诉讼管辖权问题研究》,世界知识出版社 2008 年版。

4. 张丽英:《船舶扣押及相关法律问题研究》,法律出版社 2009 年版。

5. 邢海宝:《海事诉讼特别程序研究》,法律出版社 2002 年版。

6. 邓杰:《伦敦海事仲裁制度研究》,法律出版社 2002 年版。

7. 关正义:《扣押船舶法律制度研究》,法律出版社 2007 年版。